A PREVISÃO DO FUTURO

ROBERT J. SHAPIRO

A PREVISÃO DO FUTURO

COMO AS NOVAS POTÊNCIAS TRANSFORMARÃO OS PRÓXIMOS 10 ANOS

Tradução
Mario Pina

best.
business

CIP-BRASIL. CATALOGAÇÃO-NA-FONTE
SINDICATO NACIONAL DOS EDITORES DE LIVROS, RJ

S54p
Shapiro, Robert J.
A previsão do futuro: como as novas potências transformarão os próximos 10 anos / Robert Shapiro; tradução Mario Pina. — Rio de Janeiro: Best Business, 2010.

Tradução de: Futurecast: how superpowers, populations, and globalization will change the way you live and work
Inclui índice
ISBN 978-85-7684-294-1

1. História econômica - Século XXI. 2. Política internacional - Século XXI. I. Título.

10-0541
CDD: 330.9
CDU: 330(09)

Texto revisado segundo o novo Acordo Ortográfico da Língua Portuguesa.

TÍTULO ORIGINAL NORTE-AMERICANO
Futurecast
Copyright © 2008 by Robert J. Shapiro
Copyright da tradução © 2009 by Editora Best Seller Ltda.

Capa: Sergio Carvalho
Editoração eletrônica: Mari Taboada

Todos os direitos reservados. Proibida a reprodução,
no todo ou em parte, sem autorização prévia por escrito da editora,
sejam quais forem os meios empregados.

Direitos exclusivos de publicação em língua portuguesa para o Brasil
adquiridos pela EDITORA BESTBUSINESS, um selo da EDITORA BEST SELLER LTDA.
Rua Argentina, 171, parte, São Cristóvão
Rio de Janeiro, RJ - 20921-380
que se reserva a propriedade literária desta tradução

Impresso no Brasil
ISBN 978-85-7684-294-1

Seja um leitor preferencial Record.
Cadastre-se e receba informações sobre nossos lançamentos e nossas promoções.

Atendimento e venda direta ao leitor
mdireto@record.com.br ou (21) 2585-2002

Para meus pais e professores

Agradecimentos

Este livro começou em um momento de humildade e de desconforto íntimo há alguns anos. Eu estava em um painel em Washington, falando sobre vários desafios econômicos e políticos enfrentados pelos Estados Unidos quando percebi que eu já dissera muitas coisas sobre esse país e as economias globais há uma década ou mais. Eu não podia negar ou ignorar que muita coisa havia mudado e que todas as mudanças requeriam novas considerações importantes. Ouvi os demais presentes naquele painel e em outros nos meses seguintes, e percebi que a maior parte das visões oferecidas pelos analistas e políticos também não haviam mudado durante mais de uma década. Então, passei a reconsiderar o que eu sabia e acreditava, reavaliando os fatores e as forças que determinam as condições econômicas e políticas básicas em meu próprio país e nas outras principais sociedades do mundo.

O que começou como um exercício de atualização de pensamento se transformou em genuína reeducação. O envelhecimento de todas as sociedades importantes no mundo, em plena ocorrência nos anos 1990, estava agora ao alcance. A globalização que todos nós vimos surgir no início dos anos 1990 fora transfigurada em algo vastamente mais poderoso e impetuoso com a queda do comunismo e a modernização sem precedentes da China. E a geopolítica do mundo mudou a maior parte dela, com o fim da União Soviética e do bloco comunista e a ascensão da primeira superpotência mundial isolada, sem concorrentes, em mais de mil anos.

Ninguém, exceto este autor, tem qualquer responsabilidade pelo que este livro considera ser o significado desses acontecimentos para os principais países do mundo. Mas a análise e o livro em si não teriam certamente existido sem a ajuda, o apoio e o encorajamento de muitas pessoas generosas e inteligentes. Meu amigo Ivan Kronenfeld me estimulou a escrever o livro desde o início e ofereceu conselhos com visões consistentemente aprofundadas todas as semanas durante três anos. Meu agente e amigo, Frank Weimann, me convenceu de que as respostas às questões que eu me fazia reuniam as qualidades de um livro, e convenceu a St. Martin's Press no mesmo sentido. Meu editor na St. Martin's, Michael Flamini, foi excepcionalmente paciente e prestimoso, e ninguém estaria lendo este livro a não ser por seus esforços.

Meus diversos amigos e colegas me ajudaram de modos que a maioria não se deu conta. Kurt Almquist, Amy Armitage, Antonia Axson-Johnson, Frank Arnold, Tim Barnicle, Evan Bayh, Eric Bergloff, Alan Blinder, Andrei Cherny, Bill Clinton, Hillary Clinton, Peter Harter, Kevin Hassett, Robert Hormats, Vicky Johnson, Elaine Kamarck, Greg Mertz, David Miliband, Gary Mathias, Shelby Perkins, Justin Peterson, Jonathan Powell, Mark Penn, Nam Pham, Sigrid Rausing e David Rothkopft, todos forneceram visões valiosas em conversas improvisadas em encontros, durante jantares ou mesmo tarde da noite. Eu queria agradecer especialmente a Paul Stockton, da Stanford University, que entende de geopolítica tão bem como qualquer especialista mundial, a Al From, da Democratic Leadership Council, e a Simon Rosenberg, do NDN, que entende de política nos EUA melhor do que qualquer outro em Washington. E duas pessoas muitos especiais para mim, Bonnie Anthony e Annie Maccoby, merecem menção especial pelo encorajamento quando eu estava tentado a desistir de tudo e por me trazer de volta à realidade quando eu queria levar mais um ano ou dois para concluir o livro. Minha irmã Betty e meu irmão Alan sempre foram indulgentes comigo quando eu ia muito longe com relação a qualquer assunto com o qual eu lidava naquele momento.

Perceber o que estava realmente ocorrendo na demografia, globalização e geopolítica do mundo requereu pesquisas imensas, e uma legião de pessoas jovens e talentosas que me ajudaram a descobrir. Primeiro está Giwon Jeong, agora no Institute for International Economics, que elaborou uma pesquisa sobre a Ásia. Também aprendi imensamente a partir da pesquisa sobre as economias da Europa feita por Timo Behr, da School for Advanced International Studies. Meus agradecimentos também a Georgina Voss, da University of Sussex, e Greg Tenentes, do U.S. Bureau of Economic Analysis, por suas pesquisas sobre tecnologia. Meaghan Casey, agora na Kinsinger McClarty Associates, e Giannis Doulimis, na George Washington University, me ajudaram a entender o terrorismo. Também quero agradecer a David Datelle, por sua pesquisa extensiva e intensiva sobre assistência à saúde.

Finalmente, agradeço a Josie Weefus e Amber Leggett, por seu amor durante toda essa produção.

Sumário

1. O esquema global — 13

2. O terremoto demográfico — 71

3. A primazia da globalização — 125

4. Os dois polos da globalização: China e Estados Unidos — 193

5. A nova economia do declínio na Europa e no Japão — 261

6. A nova geopolítica do superpoder único: os participantes — 317

7. A crise que se aproxima na saúde, na energia e no meio ambiente global — 361

8. As imprevisibilidades da história: terrorismo catastrófico e os avanços tecnológicos significativos — 417

Notas — 469
Índice remissivo — 495

Capítulo 1

O esquema global

Mudanças enormes ocorrem com a maioria das pessoas durante um período de dez a 15 anos. Seu cérebro e corpo, carências e desejos, circunstâncias e planos, tudo muda quando você cresce de 5 anos para um jovem adulto de 20, de um casamento aos 25 para o início da meia-idade e de 50 anos, no auge de sua carreira, para um avô de 65. As sociedades usualmente mudam menos do que a maior parte dos indivíduos em períodos de 15 anos. A maioria das sociedades apresenta, também, períodos de vida muito mais longos – embora ocasionalmente um grande evento como uma guerra ou um boom econômico excepcional possa abalar as condições e perspectivas de uma nação rapidamente. Forças mais amplas e poderosas, além do controle de qualquer país ou de seu líder, podem alterar o curso dos acontecimentos. Alguma força nova muda a maneira como as pessoas abordam a vida familiar, como, por exemplo, o surgimento de novas tecnologias que transformam fatores fundamentais em todas as economias, ou, então, a queda de um império global. Esses eventos ocorrem uma vez em muitos séculos. Vivemos em um período em que três acontecimentos de grandes proporções estão se desdobrando ao mesmo tempo.

Essas forças globais estão atualmente remodelando nosso futuro próximo. A primeira é uma extraordinária mudança demográfica global.

Durante o último meio século toda sociedade avançada e a maior parte dos países em desenvolvimento passaram por um baby boom (forte crescimento na taxa de natalidade) seguido por um baby bust (retração na taxa de nascimento). A praga matou um quarto da população da Europa no século XIII e as guerras mundiais do século XX dizimaram a população jovem masculina de alguns países. Mas o que está acontecendo hoje na maior parte do mundo – envelhecimento da população jamais visto, em paralelo a menores números relativos registrados de pessoas na idade de trabalho – não tem precedentes históricos. Isso terá grande efeito tanto sobre quão rapidamente os diferentes países crescem quanto sobre a capacidade básica de os governos atenderem às necessidades de dezenas de milhões de pessoas que serão idosas.

A segunda grande força é a globalização, principalmente o rápido avanço de redes mundiais de enorme complexidade de dinheiro, recursos, produção e necessidades do consumidor. Houve alguns períodos anteriores em que o comércio e as comunicações mundiais se expandiram rapidamente – em especial na era de exploração no século XVII e na disseminação do telégrafo e da eletricidade no final do século XIX. A fase atual é mais profunda, com as novas tecnologias de informação afetando as sociedades com mais rapidez. Também é mais abrangente, com 151 países concordando com regras gerais da Organização Mundial do Comércio (OMC), o que abre cada um deles ao investimento estrangeiro e à competição externa e interna mais intensas. Se a maioria das pessoas na Europa, no Japão ou nos EUA prospera ou simplesmente se arranja, isso dependerá de como, e se, seus governos e sociedades encontram um caminho para prosperar sob essas regras e para competir com as combinações sem precedentes de tecnologias avançadas com o imenso número de trabalhadores especializados e de baixo custo na China e na Índia.

O terceiro grande evento histórico é a queda da União Soviética, seu império europeu e sua ideologia política. Impérios e ideologias ruíram muitas vezes em momentos anteriores, mas, desde Roma, nenhum evento desse tipo deixou uma superpotência militar e econômica em tal situação. E a ascensão de Roma não coincidiu com o período de mudança mundial gerada por uma globalização econômica. Nem a queda dos impérios passados foi acompanhada por outras mudanças sísmicas na geopolítica do tipo que vemos hoje – a saber, a rápida transformação dos maiores países do mundo do socialismo para uma forma turbinada de capitalismo e a mudança do centro da política global das nações do Atlântico para a costa do Pacífico. No lugar da Guerra Fria e de tudo o que ela exigiu da maioria dos países a geopolítica dos próximos 15 anos será conduzida por uma combinação de todos esses acontecimentos extraordinários.

Esses eventos e suas combinações e interações terão efeito profundo no curso de cada sociedade importante e na vida diária de sua população, e nenhuma nação ou pessoa pode optar por evitar suas consequências. Falando de maneira mais estrita, não irão determinar o futuro preciso de ninguém. Guerras e novas alianças, booms e recessões, progresso social e terríveis conflitos domésticos se sucederão nos próximos 15 anos, e cada um surgirá de inúmeras decisões e eventos que ninguém pode conhecer hoje. Mas, o que quer que o futuro próximo reserve exatamente para todos nós, ele se desdobrará em um mundo em que essas três grandes forças darão forma a seu início e a seus resultados.

Os efeitos poderosos dessas forças advêm de sua profundidade e de sua amplitude. As decisões de planejamento familiar de bilhões de pessoas durante mais de duas gerações mudaram gradualmente a demografia da maior parte das nações e produziram o envelhecimento sem precedentes da população. As raízes da globalização moderna e a razão para que ela não desapareça são elementares e semelhantes. A globalização, como a conhecemos hoje, vem das respostas de dezenas de milhares de negócios à nova disponibilidade de mão de obra especializada e de baixo custo; à capacidade crescente de nações em desenvolvimento para atrair capital e tecnologia externas; aos avanços tecnológicos repentinos na manufatura que permitiram que os produtores dividissem e distribuíssem os componentes de seus processos produtivos por bases em diferentes países e à disseminação de tecnologias de informação para administrar e coordenar as redes globais. E a posição dos EUA como a única superpotência mundial vem não somente do colapso da União Soviética mas também de decisões sustentadas durante meio século de despender o que fosse necessário para ser mais forte do que outras nações, e de importantes potências como o Japão e a Europa dependerem dos Estados Unidos quanto à segurança. A profunda solidez desses eventos lhes deu enorme impulso e poder.

Com o passar do tempo, todas as nações têm poucas escolhas a não ser responder de algum modo às pressões criadas por essas forças históricas. Elas podem afetar a maneira como essas forças influenciam suas sociedades por meio de políticas que mudam o comportamento da maior parte dos indivíduos e das empresas. Mas as mudanças levam tempo para ser implementadas e mais tempo ainda para afetar os acontecimentos – em meu entendimento, de dez a 15 anos. Esse potencial para mudanças limita nossa previsão para, aproximadamente, até 2020.

Nesse intervalo, por exemplo, nada pode alterar a dinâmica demográfica que produz o atual envelhecimento de todas as sociedades importantes e seu impacto sobre a poupança, a taxa de crescimento e a sustentabilidade dos sistemas de previdência e de saúde de um país. O Japão e os principais países da Europa poderiam abrandar as restrições sobre imigração para expandir a força de trabalho de suas gerações baby bust e ajustar suas obrigações com pensões estatais e com assistência à saúde. Se essas mudanças viessem a acontecer – e ainda não há sinal que ocorra –, os efeitos econômicos e sociais iniciais poderiam ser sentidos em cerca de uma década. De modo semelhante, a França, a Alemanha ou o Japão poderiam hoje realizar as difíceis reformas econômicas necessárias para torná-los participantes da globalização com maior êxito – pelo menos a França agora fala a esse respeito –, mas isso levaria pelo menos dez anos para causar impacto na taxa de crescimento e na renda e produtividade das pessoas. As forças da China e dos EUA na nova economia global também poderiam desassociar-se, por exemplo, se a China tivesse de confrontar sérias perturbações sociais que diminuíssem sua modernização, ou, ainda menos provável, se os EUA se voltassem para o mercado doméstico em termos econômicos. Os papéis fundamentais desses dois países na globalização, contudo, muito improvavelmente mudarão de modo significativo em uma década. Em geopolítica, é concebível que a China ou a União Europeia possam dobrar ou triplicar permanentemente seus investimentos militares, a partir de hoje. Isso é improvável porque desaceleraria a modernização chinesa e redobraria as pressões sobre os sistemas de redes de segurança sociais da Europa. Entretanto, se eles fizessem isso, levaria uma geração desses investimentos para criar capacidade e desafiar com êxito os EUA, como superpotência, mesmo em bases regionais.

Considerando a próxima geração ou a seguinte, mudanças profundas certamente ocorrerão em muitas sociedades. Não podemos saber como será a vida nos EUA, na Europa, no Japão ou na China em 2035 ou 2050. Mas o envelhecimento das populações de cada país, as oportunidades e armadilhas da globalização econômica e as consequências de uma geopolítica organizada em torno de uma única superpotência são forças suficientemente interligadas e de longo alcance para fornecer um único plano global do caminho provável nos próximos dez a 15 anos.

O terremoto da mudança demográfica

Um processo de envelhecimento histórico está ocorrendo hoje em praticamente todas as sociedades. Em todo o mundo, a idade média da população em quase todas as nações está aumentando. Esse é o tipo de mudança que eventualmente ocorria no passado para um ou alguns poucos países de uma vez, quando uma guerra ou epidemia aniquilava parte de uma geração mais jovem. A Alemanha e a França perderam, cada uma, cerca de 10% de sua população jovem masculina na Primeira Guerra Mundial – mais do que 3 milhões de pessoas – e a gripe espanhola de 1918-1919 foi responsável por 30 milhões de vidas, com a maioria delas entre 15 e 35 anos, em mais de dez países. Agora, pela primeira vez na história registrada, quase todos os países no mundo estão apresentando uma situação não usual, com uma geração populosa seguida de uma com pequena taxa de natalidade. Mas as causas e os resultados econômicos diferem entre os países.

Na Europa Ocidental, nos EUA e na maioria dos países avançados o baby boom inicial ocorreu pela decisão de dezenas de milhões de casais de adiar o casamento ou ter filhos durante a Depressão e a Segunda Guerra Mundial – e, assim que a paz e a prosperidade retornaram, eles escolheram ter muito mais filhos do que seus pais haviam tido. Resultado igual estava ocorrendo quase no mesmo momento em um grande número de sociedades menos desenvolvidas, mas por motivos diferentes: lá, dezenas de milhões de jovens casais descobriram que muitas de suas crianças estavam sobrevivendo mais do que no passado, principalmente por causa do amplo avanço em saúde básica e condições sanitárias. Um segundo fator também surgiu na Ásia, Europa e EUA: o avanço da medicina estava aumentando o tempo de vida, especialmente para a 3ª idade. De 1960 a 2000, a expectativa de vida de norte-americanos, japoneses e europeus aumentou em sete a 13 anos; e alcançou 83 a 85 anos para aqueles com 65 ou mais. No mesmo período, a expectativa de vida dos chineses quase dobrou, de 35 para 70 anos.

Finalmente, uma série de fatores distintos levou esses baby booms a uma parada na geração seguinte, quando as oportunidades econômicas se expandiram especialmente para mulheres – melhor cuidado com os bebês e anticoncepcionais baratos levaram as mulheres da época do baby boom ao redor do mundo a escolher ter menos filhos do que suas mães. Colocando todas essas forças juntas, a ordem clara de geração sucedendo geração – a estável estrutura de idades que a maioria dos países tinha desde o início dos anos 1800 – mudou radicalmente ao redor do mundo.

O que aconteceria com sua família se, após algumas décadas de crescentes salários para você e seu companheiro, repentinamente um de vocês não pudesse mais trabalhar por tempo integral e um parente seu sem recursos tivesse de mudar para ficar com vocês? Para começar, essa é uma crise familiar e, a menos que você tenha um plano para de alguma maneira elevar sua renda, as condições materiais da vida de sua família deteriorariam de forma razoavelmente rápida. As refeições se tornariam mais básicas e as férias menos frequentes. Os carros que vocês dirigem ficariam velhos e enguiçariam com mais frequência. Você teria de viver com mais estresse e sua saúde em geral poderia sofrer uma piora. O tempo e a energia que você teria para ajudar na igreja ou na escola de seus filhos poderiam desaparecer lentamente. No final, essa crise destrói casamentos e, quase sempre, as crianças sofrem tanto em casa quanto na escola.

Os resultados são os mesmos para um país, quando o número de pessoas em idade de trabalho, que produzem tudo, desde alimentos e produtos farmacêuticos até educação e bombardeiros supersônicos, cai, exatamente quando aumenta o número de pessoas que necessitam e esperam bastante ajuda do governo. Ao longo do tempo, a qualidade da vida nacional também pode deteriorar. Com menos pessoas produzindo riqueza e mais pessoas idosas necessitando de renda e de tratamento médico, os impostos aumentarão e os investimentos cairão. Menores taxas de investimentos significam que, ao longo do tempo, os salários da maioria das pessoas crescerão mais lentamente – ou irão parar de crescer por completo –, mesmo quando seus impostos aumentam.

Mudanças demográficas são forças muito poderosas, mas seus resultados finais não são predeterminados. Citando o famoso ensaio de Thomas Malthus de 1798, as pessoas se preocupavam com o envelhecimento de uma geração mais populosa, como o que vários países estão enfrentando hoje, a qual exigiria demais dos recursos de um país e enfraqueceria sua economia, com frequência bem antes que a geração "baby boom" alcançasse a meia-idade. Malthus não é muito lido atualmente por causa de suas previsões, mas esses cenários sombrios são mantidos na mente de muitas pessoas. Em um período tão recente quanto os anos 1970, a Academia Nacional de Ciências dos Estados Unidos (U.S. National Academy of Sciences) e as Nações Unidas alertaram para o fato de que o intenso aumento na população mundial deixaria muitas pessoas em piores condições. Uma comissão presidencial de acadêmicos e representantes do governo, presidida por John D. Rockfeller III, assim se pronunciou: "Concluímos que não resultariam benefícios substanciais do contínuo crescimento das populações das nações", e o crescimento populacional nulo "permitiria 'ganhar tempo' ao diminuir o ritmo no qual os problemas relacionados ao crescimento se acumulam".[1] Como Malthus, eles subestimaram o poder das tecnologias de vanguarda de criarem novos recursos e extraírem mais daqueles que temos; subestimaram a riqueza que poderia ser gerada ao educar melhor todas aquelas pessoas a mais; e não entenderam quão bem algumas economias e sociedades podem ajustar-se a mudanças de condições.

Uma família, como uma nação presa entre menos renda e maiores despesas, tem alternativas, embora nenhuma completamente atrativa. Um dos pais pode voltar a estudar e aprender um novo conjunto de técnicas específicas que renderão mais. A família poderia trazer uma prima em idade de trabalho em condições semelhantes e criar um pool de rendas. Também há opções que ninguém gosta de considerar, como, por exemplo, pedir a um parente idoso para reduzir seus gastos com medicamentos. Uma nação, como uma família, tem alternativas, mesmo que suas respostas sejam moldadas por outros fatores. Nos Estados Unidos, a sociedade aprendeu novas habilidades: os gastos do governo e as ambições de empreendedores e de cientistas promoveram o desenvolvimento de computadores e de softwares que resultaram no aumento da produtividade, de tal modo que mesmo um número menor de trabalhadores norte-americanos podia produzir mais. A China foi mais adiante. Lá, uma nova geração de líderes não limitados pela revolução de 1948, ou pela perversa ideologia de Mao Tsé-tung, abriu sua economia atrasada à tecnologia avançada do Ocidente e a seus métodos de negócios. Os Estados Unidos, a China e os países da Ásia Oriental, e mais tarde grande parte da Europa Central, também desregulamentaram diversas indústrias e abriram os mercados aos produtores estrangeiros.

Essas mudanças custaram aos EUA, basicamente, cerca de um terço de seus empregos no setor de manufaturas, como também na Europa e no Japão. Uma diferença crucial foi que estes, em geral, mantiveram a maior parte de suas regulamentações, enquanto nos Estados Unidos a desregulamentação trouxe mais intensidade na competição, produzindo pressões econômicas que criaram muitos empregos. Outra diferença foi que, à medida que a geração baby boomer envelhecia, os Estados Unidos abriam suas fronteiras para mais imigrantes, que suplementaram sua força de trabalho, enquanto a maior parte dos outros países avançados manteve suas fronteiras fechadas. As rápidas mudanças na China e no Sudeste da Ásia também custaram para muitas dezenas de milhões de pessoas seus meios de vida tradicionais, enquanto outros fatores criavam oportunidades econômicas em grande parte da Ásia. Uma vez que as quedas das taxas de mortalidade infantil reduziram o número médio de nascimentos para muitas mulheres ao redor da Ásia, milhões a mais de mulheres asiáticas foram trabalhar.

Em alguns países, políticas corretas ajudaram a transformar as gerações populosas no que os eruditos chamam de milagre econômico. Todos os investimentos em educação e assistência à saúde na Ásia Oriental nos anos 1950 e 1960, ajudaram a tornar a grande geração de bebês mais saudável e mais produtiva; e nos anos 1970 e 1980 essas sociedades tinham as economias de mais rápido crescimento no mundo. O baby boom chegou um pouco mais tarde à Irlanda do que à Ásia Oriental e à maior parte da Europa. Desde o início dos anos 1990, o "Tigre Celta" foi a economia de mais rápido crescimento na Europa – enormes concessões tributárias e regulatórias para companhias estrangeiras de TI explicam esse fato. Mas os economistas avaliam que a expansão da geração baby boomer, com um número bem maior de irlandeses mais educados entrando no mercado de trabalho nos anos 1980 e 1990, explica dois quintos desses resultados. Enquanto as pequenas nações dinâmicas como Coreia do Sul e Irlanda criaram economias que podem ajudar a suportar suas expansões demográficas à medida que a geração baby boomer se aposenta, países que aproveitaram menos as novas condições demográficas se encontram com verdadeiros problemas. A maior parte da América Latina ignorou a expansão demográfica ou a entendia como um ônus. Quase duas gerações de ditaduras militares desprezaram a educação de massa e as políticas que poderiam produzir modernização sensível, deixando um legado de crescimento lento e políticas voláteis para seus mais democráticos sucessores, que agora se deparam com a rápida expansão de suas forças de trabalho decorrentes de suas gerações baby boom defasadas. O Japão, a Alemanha e a França investiram na educação de suas gerações baby boomer nos anos 1960 e 1970. A resistência às demandas da globalização nos anos 1980 e 1990, no entanto, custou a esses países uma produção de dividendos potencialmente muito elevados que seriam gerados pela questão demográfica, e os deixou sem suporte para quando suas gerações baby boomer atingirem a idade de aposentadoria, nos próximos 15 anos.

Essas mudanças, e as respostas variadas das diferentes sociedades, estão enviando ondas de choque pelas economias e pela vida diária de cada região e país. No Japão e na maior parte da Europa a geração baby bust está começando a encolher as forças de trabalho; e, a menos que a robótica produza uma nova força de trabalho cibernética, esse fator, sozinho, reduzirá as poupanças, o investimento e o crescimento econômico global nos próximos 15 anos. Na maioria das outras nações importantes, o número de novos trabalhadores continuará a se expandir, porém mais lentamente do que antes, produzindo alguns dos mesmos efeitos de forma mais suave. Entre hoje e 2020, por exemplo, a queda da taxa de natalidade nos Estados Unidos será protegida pelos efeitos de duas gerações de elevadas imigrações. Na China e na maior parte do Sul e do Sudeste Asiático, e talvez na Índia – todos entre os países de mais rápido envelhecimento no mundo –, importantes progressos na assistência à saúde e o desabrochar das economias de mercado tornarão as pessoas mais capazes de trabalhar por mais tempo e de modo mais produtivo, contendo parte significativa dos custos nacionais da queda de suas taxas de natalidade. Nos próximos anos, a expansão ou a contração da força de trabalho de um país também ocasionarão enormes efeitos sociais à medida que suas gerações baby boomer vão envelhecendo. A população mais idosa em todos esses países se expandirá entre 35 e 60% nos próximos 15 anos, forçando os governos em quase todos os lugares a elevar gastos públicos e aumentar impostos – ou incorrer em déficits enormes – para pagar os cuidados médicos básicos e a aposentadoria. Nas economias em que a base tributária em encolhimento e o crescimento lento reduzirem a riqueza nacional, essas questões provavelmente polarizarão o debate público e, no final, produzirão conflitos políticos intensos e desagradáveis.

Um novo cenário econômico

Mudanças amplas e profundas no modo como as economias importantes do mundo funcionam são uma segunda força histórica que dará forma ao futuro de todos. Nos últimos 30 anos, o comércio e o investimento entre os países se expandiram duas vezes mais rápido do que o crescimento e o investimento de todos os países individualmente, criando um novo cenário global. Em 2020, a maior parte do que os europeus, os americanos e os asiáticos dirigem, usam, operam e consomem – a maioria dos produtos manufaturados e muitos serviços para negócios e pessoais – será produzida ou fornecida por fábricas e complexos de escritórios em países em rápido desenvolvimento e com baixos salários; não somente na China, mas também em lugares como Bangladesh, Malásia, Indonésia, México, Brasil, Polônia, Romênia, Tunísia e Gana. Hoje, Renault, Daewoo e DaimlerChrysler produzem carros na Romênia. No mesmo país, Vodafone e Qualcomm produzem eletrônicos, a Hewlett-Packard e a IBM produzem peças de computadores e a Procter & Gamble, a Colgate e a Coca-Cola produzem suas marcas lá. Pneus Goodyear, sabões e produtos de toalete da Procter & Gamble e a Coca-Cola, que americanos e europeus usam e consomem, podem ter vindo de Marrocos; enquanto o atum StarKist, da Pioneer Foods, o alumínio da Kaiser e da Alcoa e a Coca-Cola são todos também produzidos atualmente em Gana.

Eruditos e políticos começaram a falar sobre globalização nos anos 1990; mas, em seu modo atual, ela começou realmente na década de 1970, quando mudou sua forma ao se afastar da dinâmica do comércio internacional de séculos passados. Uma razão para a mudança foi a decisão unilateral dos Estados Unidos no final de 1971 quanto a terminar com o regime de taxas de câmbio fixas estabelecido após a Segunda Guerra Mundial. Pela primeira vez, as companhias ocidentais podiam trocar os lucros que obtinham no exterior por suas moedas às taxas de câmbio de mercado, que mudavam pouco a pouco, dia a dia. Exatamente tão importante quanto a mudança cambial, a OPEP triplicou o preço do petróleo aproximadamente no mesmo período. Todas as companhias grandes lutavam para cortar seus custos e começaram a olhar com mais atenção para os países em desenvolvimento mais bem-sucedidos, onde tudo, exceto energia, era bem mais barato do que no Ocidente. Logo atrás dessas mudanças os investimentos estrangeiros dispararam. As empresas dos Estados Unidos e do Japão expandiram suas operações no exterior e suas relações de negócios no mundo em desenvolvimento, especialmente na Ásia, onde as mudanças demográficas e as melhorias locais em saúde e educação estavam criando uma força de trabalho ampla, relativamente especializada e com salários baixos. Ao final dos anos 1970, as multinacionais ocidentais estavam transferindo tecnologias e construindo unidades pela Ásia Oriental. Os Estados Unidos, a Europa e o Japão começaram a perder empregos na produção manufatureira, e o milagre dos "Tigres Asiáticos" decolou.

Mesmo então, não havia uma economia global de que se pudesse falar a respeito. A maior parte das relações econômicas entre países ocorria dentro dos dois grandes blocos geopolíticos, e raramente entre eles. O primeiro, de maneira razoável, chamado de "mundo livre", compreendia países não socialistas em desenvolvimento da Ásia, América Latina e da região sul da África, nações que exportavam commodities como petróleo, minerais e alimentos – principalmente para as economias avançadas da Europa, Japão e Estados Unidos, que também exportavam bens acabados mais sofisticados, principalmente uns para os outros. O segundo bloco compreendia a União Soviética, Europa Oriental, China, Índia e Cuba, e envolvia padrões de comércio similares. Os dois blocos se enfrentaram na Guerra Fria, e durante 50 anos tiveram pouco a ver um com o outro em termos econômicos.

Esses blocos separados política e economicamente de repente se dissolveram, nos anos 1990, alterando a forma básica da economia internacional. Primeiro, a União Soviética entrou em colapso, em 1989, acabando com o bloco econômico socialista. Pela primeira vez, as empresas norte-americanas, europeias e japonesas obtiveram acesso às enormes forças de trabalho e recursos da China, e, em menos intensidade, da Índia, que, por si própria, estavam educando uma parcela de sua expansão demográfica. O pool de potenciais trabalhadores disponíveis de alguma maneira para as companhias ocidentais se expandiu em centenas de milhões de pessoas em menos de uma década – um evento sem precedentes na história econômica –, todos prontos para trabalhar por uma fração dos salários pagos no Ocidente, ou mesmo nos Tigres Asiáticos ou na América Latina.

A dificuldade era que, em 1990, a maior parte desses trabalhadores especializados e com baixos salários estava empregada em monopólios estatais que não podiam produzir muita quantidade de qualquer produto que os ocidentais comprariam. Mas, com a queda espetacular do comunismo de sua posição fundamental, as economias de mercado tornaram-se a única estratégia econômica nacional ou global que restou. Portanto, no início dos anos 1990, as principais economias de mercado, lideradas pelos Estados Unidos, conduziram as negociações globais para estabelecer a nova Organização Mundial de Comércio (OMC). Tecnicamente, a OMC simplesmente substituiu o antigo GATT (General Agreement on Tariffs and Trade), que os países adotaram durante 50 anos para negociar cortes em tarifas e cotas. Desde seu início, a OMC tem tido ambições mais amplas, com práticas que canalizaram as crenças dos EUA e de seu ex-presidente, Bill Clinton, para os benefícios e a inevitabilidade dos investimentos globais, as transferências globais de tecnologia e os mercados globais.

Em 1º de janeiro de 1995, 74 países se reuniram, incluindo todas as economias avançadas e inúmeras nações em desenvolvimento, desde o Brasil e a Coreia do Sul até Bangladesh e Quênia. Com a maioria das economias mais significativas no mundo participando, a OMC começou negociando e estabelecendo as regras que todos os países teriam de seguir para integrar o capitalismo global, cobrindo a maior parte dos principais aspectos da vida econômica de um país. Os países tinham de concordar em desfazer gradualmente as leis nacionais e as regras que restringiam as importações, setor por setor, desde móveis e semicondutores até a compra de bens para o governo e as telecomunicações. Eles também tinham de concordar com a revisão de barreiras que existiam em certos setores, como, por exemplo, restrições aos estrangeiros com relação a propriedades ou sobre concorrência doméstica. O limite era tal que os países que quisessem ser parte da globalização, no estilo da OMC, tinham de eliminar subsídios e proteções que usaram durante décadas ou séculos para resguardar as próprias indústrias.

Países em desenvolvimento como China e Índia sofreram os maiores choques: tiveram de jogar fora seus monopólios estatais e, setor a setor, abrir-se ao investimento ocidental, às joint ventures com as companhias ocidentais e à própria competição doméstica interna. Desses dois, a China realizou o processo de forma mais extensiva e profunda do que a Índia, e se tornou uma potência, de modo que a Índia provavelmente não se igualará a ela durante mais de uma geração. Ainda assim, à medida que esses dois países gigantescos, junto a inúmeros países pequenos, em geral abriam sua economia aos mercados, a disseminação-relâmpago de novas tecnologias de informação intensificou o ritmo da mudança ao permitir que os negócios nos EUA, Europa e Japão pudessem permutar moedas e realizar operações através de continentes e culturas, e acompanhar seus fornecedores, subcontratantes e clientes no mundo em desenvolvimento.

A combinação desses fatores impulsionou o processo de duas maneiras distintas: aumentou a capacidade de muitos países em desenvolvimento de atrair capital para construir fábricas e criar organizações de negócios modernas e aumentou a capacidade das companhias ocidentais de transplantar sua tecnologia e modos de fazer negócios. Os primeiros investidores ocidentais na China, tais como IBM e o fabricante de válvulas de água Watts Water Technologies, não obtiveram muito lucro com suas joint ventures iniciais dos anos 1990 – a mão de obra era barata, mas não confiável, o transporte era primitivo, os funcionários do governo escolhiam seus fornecedores entre seus conhecidos e as práticas de negócios na China da época colidiram com os métodos modernos. Gradualmente, cada lado aprendeu o que o outro necessitava – não somente na China, mas também na maior parte do restante da Ásia e em grande parte da Europa Oriental e Central. No ano 2000, pela primeira vez na história, companhias com tecnologia de ponta e métodos de negócios eficientes operavam legal e eficientemente em países com número ilimitado de trabalhadores razoavelmente especializados para trabalhar por uma pequena fração do salário médio global.

Com as nações importantes incluídas, o novo terreno econômico global ajudará a moldar a trajetória e o destino de todos. Em 2020, as manufaturas pesadas importantes desaparecerão de modo substancial das economias avançadas, e a produção da maior parte dos automóveis e aço, aparelhos domésticos e eletrônicos – a despeito dos nomes de marcas ocidentais – será transferida definitivamente para países em desenvolvimento. Bens pesados cujo transporte é caro serão feitos em economias em desenvolvimento próximas aos mercados das nações avançadas. Por exemplo, a China e a Indonésia produzirão bens pesados para o mercado japonês, a Turquia e a Romênia para o mercado europeu e a América Latina para o mercado americano. Produtores globais de commodities mundiais sempre manterão uma base de produção em seus principais mercados ocidentais, portanto, fábricas automobilísticas e de computadores nos EUA, Europa e Japão não desaparecerão completamente de seu próprio país e de cada um dos outros. Entretanto, em 2020, a maioria dos serviços atuais nos EUA, Europa e Japão, em indústrias que competem diretamente com a China e outros países em modernização e com baixos salários, terá desaparecido.

Se há alguma dúvida sobre o poder dessas mudanças para destruir empregos, considere que os Estados Unidos perderam mais empregos no setor manufatureiro em três anos, de 2001 a 2004, cerca de 2,8 milhões, do que durante os anos de desindustrialização no "Rust Belt",* do final da década de 1970 até o início dos anos 1990. E durante os anos do forte crescimento americano, de 2003 a 2005, fabricantes de equipamentos eletrônicos e elétricos, produtores de automóveis e de equipamentos de transporte e produtores de equipamentos industriais e para computadores fecharam mais do que 600 fábricas no país. Os políticos americanos e europeus e seus partidos não conseguem reverter essas forças, quaisquer que sejam suas promessas, e trazer de

---

* Região do norte dos Estados Unidos marcada pelo predomínio de indústrias pesadas, que estão em declínio. (*N. da E.*)

volta a fabricação de pneus e de máquinas grandes para Toledo ou Liverpool. Na melhor das hipóteses, podem afetar o modo como esses países respondem a essas forças.

Entre hoje e 2020, a globalização vai realizar basicamente a mesma alquimia em muitos serviços. Os fundamentos já existem nas extensas redes de negócios e de relações financeiras atuais, de Chicago, Nova York e Londres até Xangai, Taipei, Bangalore e Budapeste.

O novo elemento importante reside nos avanços contínuos no desenvolvimento de softwares que permitam às companhias fracionar um serviço complexo, tal como projetos de pesquisa e desenvolvimento, em suas partes constituintes – exatamente como ocorreu na produção de manufaturas –, e distribuir os componentes para companhias em qualquer local que possa lidar com elas de forma acessível e eficiente. Em algumas áreas, esse processo já está bem avançado, incluindo centros de serviços e programação de softwares, e também algumas áreas de pesquisa e desenvolvimento. Em certos setores de serviços de empresa, financeiros e de saúde, programas permitem que pessoas com habilidades razoavelmente básicas executem tarefas bastante sofisticadas. Hoje, os softwares incorporam a maior parte das operações técnicas associadas à preparação de devolução de tributos, demonstrações financeiras e contabilidade e a realização de exames médicos. Esses programas cobrirão amplas áreas de controle de estoques, diagnósticos médicos, engenharia e análise jurídica. A única barreira a mudanças nessas tarefas, através das fronteiras, é o idioma, por isso a contratação externa de serviços para negócios por parte dos Estados Unidos tem sido, até agora, concentrada na Índia, enquanto as companhias alemãs, francesas e italianas olham para a Europa Central.

Nos próximos 15 anos, a globalização de serviços pode ter efeitos mais amplos do que a anterior globalização das manufaturas. Para os consumidores e as empresas, a globalização reduzirá os preços de muitos serviços pessoais e de negócios básicos, tanto quanto reduziu o preço dos aparelhos de televisão, automóveis, DVDs e computadores. As implicações econômicas têm amplas consequências. Os serviços não somente constituem dois terços ou mais de todas as economias avançadas, comparados à parcela média das manufaturas, com aproximadamente um quinto. Além disso, o mercado mundial de serviços está pronto para decolar: as rendas certamente aumentarão de modo acentuado na China, Índia e em grande parte do mundo em desenvolvimento nos próximos 15 anos; e, como os economistas há tempos observaram, quando as pessoas ganham mais, gastam uma parcela maior de sua renda com serviços.

Com os programas de computador liderando a onda, esse acontecimento também poderia impulsionar a produtividade em muitas economias avançadas. Afinal, o rápido crescimento e aumento de rendas nos EUA, nos anos 1990, foi fomentado pela disseminação da tecnologia de informação. A razão pela qual ela se propagou tão rapidamente foi a queda de seus preços – uma vez que a produção da maior parte dos computadores, dispositivos de armazenagem e modos de transmissão havia sido transferida para as atividades de baixos salários na Ásia. Economias semelhantes ainda não aconteceram nos serviços de software e na maioria dos serviços de informação porque eles ainda são produzidos, principalmente, por trabalhadores com altos salários nas costas Leste e Oeste dos Estados Unidos, na Irlanda, na Suécia, na Finlândia e na Alemanha – e em algumas cidades da Índia.

Espere alguns anos. Em breve, muitos desses empregos serão transferidos. A boa notícia para os americanos – e, com menos intensidade, para os europeus e japoneses – é que os preços de novos softwares cairão; e isso pode ter fortes efeitos econômicos. Os preços dos computadores em queda disseminam tecnologias de informação pela maior parte das economias ocidentais, mas algumas companhias e setores ficaram para trás, especialmente os de saúde e educação. Os preços em queda dos softwares tornarão as tecnologias mais eficazes em termos de custos para os retardatários. Como saúde e educação, em particular, são partes importantes de toda nação avançada, os ganhos de produtividade, à medida que alcançam tecnologicamente os setores de finanças e de manufaturas, produzirão grandes resultados para os negócios e para os consumidores. Também podem melhorar a qualidade do cuidado com a saúde das pessoas ao permitir a utilização de muito mais informações entre médicos em geral e especialistas. John Driscoll, um executivo sênior da Medco, o maior distribuidor de produtos farmacêuticos por reembolso postal dos Estados Unidos, descreve a necessidade de mais compartilhamento de informação desta maneira: "Para pessoas realmente doentes, seus clínicos gerais sabem mais sobre eles, mas fazem pouco, enquanto alguns especialistas sabem muito menos e têm de fazer muito mais."[2]

Se a difusão inicial da computação serve como guia, a disputa entre hospitais, colégios e instituições de treinamento e dezenas de milhares de companhias de pequenos serviços para se tornarem mais produtivas, também aumentará a competição, forçando todos a repensar a maneira como exercem suas atividades. Pelo menos, é provável que isso ocorra onde a regulamentação não inibe a competição. Aí, todos os negócios, de clínicas médicas e lavanderias a fast-food e jardinagem, criarão novos serviços e oferecerão os antigos a custos menores. E, exatamente como ocorre na produção de manufaturas, também custará o emprego atual de milhões de pessoas.

Com base em como a globalização da produção manufatureira já mudou o mundo, a globalização de serviços pode ter efeito profundo – como a borboleta que acaba provocando um furacão a meio mundo de distância. Em uma economia genuinamente global como a que evolui hoje, quando um país tão grande quanto a China moderniza suas indústrias de exportação, gera novas pressões sobre empregos e salários no mundo. Nos anos 1990, por exemplo, a China abrandou as restrições sobre a concorrência doméstica e os investimentos estrangeiros na produção de vestuário e de móveis, como também em inúmeros outros setores. Enquanto essas mudanças tornavam rapidamente mais eficientes os produtores de vestuário e de móveis chineses, os rivais coreanos e tailandeses enfrentavam competições mais acirradas. Alguns descobrem como sobreviver e competir, outros, não; e, na margem, investimentos e expertise na Coreia do Sul e na Tailândia mudaram para outros setores, tais como eletrônicos e equipamentos médicos, e com mais capital e expertise os melhores fabricantes de eletrônicos e de equipamentos na Coreia do Sul e na Tailândia desenvolveram novos produtos e se tornaram mais eficientes, intensificando a competição com os concorrentes da Alemanha e dos EUA. Na última década, esse processo ocorreu repetidas vezes, em inúmeros países e indústrias manufatureiras, deixando quase todos, em toda parte, enfrentando uma competição mais intensa. Nos próximos anos, esse mesmo processo se estenderá para inúmeros setores de serviços.

O problema é o que ocorre com os empregos e os salários quando a competição se torna acirrada: as empresas encontram dificuldade para elevar seus preços, mesmo quando seus custos com saúde e energia aumentam; então, elas se voltam para os empregos e os salários, a fim de cortar os custos totais. Isso é exatamente o que tem acontecido nos Estados Unidos e na maior parte da Europa nos últimos cinco anos. Essas economias têm crescido razoavelmente bem. Apesar do crescimento, os Estados Unidos e a Europa têm apresentado mais do que meia década de rendas estagnadas ou em queda e uma criação de emprego lenta ou travada. À medida que a globalização vai se espalhando pelo setor de serviços, essas forças se intensificarão. Para países avançados como os Estados Unidos e a maior parte da Europa, dezenas de milhões de pessoas sem especialização e com habilidades não obsoletas não serão mais capazes de depender do crescimento econômico para garantir empregos com bons salários.

Países que estão enfrentando essas pressões, do mesmo modo que os indivíduos, têm escolhas. Eles podem avaliar o novo ambiente global e tentar se adaptar a ele. Ao seguirem, em essência, esse caminho, os Estados Unidos e a Inglaterra, em grande parte, afastam-se da Alemanha, França, Japão, Itália e de outros países. De muitas outras maneiras, grande parte da Europa tem estado em prolongada situação de contradição. A intensidade dessa contradição parecia evidente na França em 2006, quando jovens provocaram tumultos violentos por conta de uma proposta modesta do governo que permitia que as empresas demitissem trabalhadores durante os dois primeiros anos no emprego simplesmente quando faria sentido econômico agir assim. Em maio de 2007, Nicholas Sarkozy concorreu e venceu a disputa presidencial na França com propostas de reformas econômicas que eram bem-vistas pelo mercado. Muito parecido com a mente reformista do primeiro-ministro japonês

Junichiro Koizumi, Sarkozy não foi capaz de cumprir muitas promessas, pelo menos não nos primeiros seis meses no cargo. Mas, pela primeira vez, a França tem um presidente que reconhece publicamente que a globalização requer mudanças sérias na maneira como os governos europeus administram sua economia.

Uma razão para muitos governos europeus parecerem indiferentes às verdadeiras limitações da globalização pode estar no fato de que a maioria ainda faz comércio quase inteiramente entre eles ou com os EUA e o Japão, enquanto uma parcela muito maior do comércio dos Estados Unidos e da Inglaterra envolve mercados em desenvolvimento. Como um vestígio de seus períodos coloniais ou somente como força do hábito, o fato é que muitos negociantes europeus parecem ver o restante do mundo como postos avançados empoeirados que quase não merecem sua atenção. O mesmo vale para o investimento global. Em 2004, apenas 7% das ações estrangeiras de propriedade de europeus – somente 3% na Alemanha – eram de companhias de países em desenvolvimento, comparadas com quase 23% das ações estrangeiras possuídas por americanos e 20% das ações estrangeiras possuídas por britânicos. O contraste é especialmente intenso para investimentos na China, embora, nesse caso, o Japão, e não a Inglaterra, se junte aos Estados Unidos na decisão de correr os riscos: o investimento alemão na China mal chega a um quinto dos níveis dos Estados Unidos ou do Japão; e França, Itália e Inglaterra ficam ainda mais atrás. Esse registro dos europeus continentais sugere uma forma de dissonância cognitiva financeira, já que os mercados emergentes têm melhor desempenho do que os próprios mercados europeus.

Importa saber onde um país faz comércio e investe, porque é o caminho principal por meio do qual as companhias e sociedades aprendem como ser parte da vida econômica de outro país. Todo esse comércio e investimento dos Estados Unidos e do Japão na China criam o conhecimento, as relações e as redes de fornecedores, distribuidores e administradores que tornarão as companhias americanas e japonesas parte integrante da economia chinesa em 2020. E ao competir tão ativamente no mercado de maior crescimento e de mais rápidas mudanças no mundo, as companhias norte-americanas e japonesas estão sendo forçadas a ficar atentas, desenvolvendo novos produtos, serviços e meios de se fazerem negócios. Posteriormente, os resultados moldarão também as próprias economias domésticas, porque negócios totalmente voltados a mercados como a China aumentarão a produtividade e os lucros de suas operações não somente lá, mas também em toda parte. A menos que as grandes nações europeias mudem sua atitude e os padrões de comércio e investimento há muito arraigados, em 2020 a maioria estará lutando dentro dos próprios mercados domésticos em processo de contração.

Até então, as economias avançadas terão de se concentrar não em manufaturas ou serviços básicos, mas na criação de novos bens e serviços, para os trabalhadores de outros lugares produzirem em grande quantidade; na administração de operações globais que coordenem redes de produção mundiais e fiscalizem seu financiamento, marketing e distribuição; e na produção de bens locais e serviços pessoais mais customizados, especialmente em áreas como educação e assistência médica. Promover essa inovação será um problema para a maior parte da Europa e para o Japão. A desconfiança de muito tempo com relação à competição por livre-arbítrio, que conduz à inovação, será aumentada pelo lento crescimento e pelos elevados impostos associados à redução da força de trabalho e ao crescente número de idosos. A perspectiva é melhor para um pequeno nicho de economias avançadas – principalmente Irlanda, Suécia e Finlândia –, que demonstraram capacidade singular de criar tecnologias novas e de alcance mundial.

A Inglaterra é sempre considerada mais disposta à desregulamentação e à inovação do que a França ou a Alemanha, e Margaret Thatcher e Tony Blair se mostravam bem favoráveis a elas. Porém, boa parte de suas ações foram paliativas. Em 1999, o chefe de equipe de Blair me pediu (à época, eu era subsecretário de Comércio para Assuntos Econômicos dos Estados Unidos) para resumir para os consultores econômicos do primeiro-ministro como os Estados Unidos usavam novas tecnologias visando a acumulação de amplos ganhos de produtividade. Em uma ensolarada sala de conferência, no número 10 da Downing Street, com retratos dourados alinhados, expus como o poder da competição, especialmente das jovens empresas, tanto conduzira ao desenvolvimento de TI de última geração quanto levara outras atividades a mudar o modo como faziam negócios, passando a fazer bom uso da nova TI. Os especialistas políticos e os técnicos operacionais fizeram perguntas investigativas; mas, quando terminamos, concordaram que o tipo de competição que leva as companhias a mudar ainda era desagradável para muitos ingleses. Dois anos depois, os "blairetes" (colaboradores de Blair) estavam de volta, pedindo recomendações concretas sobre como o primeiro-ministro poderia romper o ciclo de baixo crescimento de produtividade. Expliquei a eles que a única coisa poderosa que podiam fazer seria afrouxar as mais rígidas barreiras burocráticas e regulatórias para que se iniciassem novos negócios. Mais uma vez, ouvi das pessoas mais poderosas na política britânica o pesar pela aversão de muitos cidadãos e do governo pela competição que a globalização requer.

A perspectiva para os Estados Unidos é mais promissora. Recorrendo à maior e mais diversificada rede mundial de pesquisa e desenvolvimento, as empresas americanas devem continuar a produzir mais tecnologias e serviços de última geração do que as companhias em qualquer outro lugar. Ao mesmo tempo, os Estados Unidos investem quase tanto em ideias quanto em indústrias, equipamentos e terra. Igualmente importante é que os americanos aceitam competições mais intensas – e assimilam as maiores desigualdades e insegurança no emprego delas decorrentes – do que a maioria dos europeus e japoneses jamais tolerou. Essas diferenças devem continuar a impulsionar o aumento de produtividade nos negócios americanos mais rapidamente do que os negócios na maioria dos outros países avançados. Essa vantagem, por sua vez, também deve continuar a fazer com que o país permaneça como um forte ímã para o investimento estrangeiro. Daqui a uma década os EUA ainda serão a maior e mais tecnologicamente avançada economia do mundo, e a única com o maior impacto sobre todas as outras.

Mas nada vai evitar que a globalização destrua a segurança no emprego de milhões de americanos, juntamente a europeus e japoneses. De 1997 a 2003, mais do que 5 milhões de americanos perderam seus empregos em extensas demissões em massa e nunca foram chamados de volta.[3]

Em 2003, amplas demissões desse tipo atingiram locais como Fresno e Salinas, Califórnia e Chicago, em indústrias tanto de processamento de alimentos e manufatura de máquinas quanto fabricantes de computadores e serviços administrativos. Mercados domésticos relativamente livres, mais inovações e negócios novos criarão alternativas para milhões de trabalhadores demitidos dos setores de serviço e manufatureiro nos Estados Unidos. Mas a transição é frequentemente brutal para os trabalhadores e suas famílias, e o emprego seguinte deles, em geral, paga bem menos. Será especialmente ruim para milhões de trabalhadores mais velhos que também podem perder parte de suas pensões privadas, junto com sua dignidade. Diferentemente dos ciclos normais de desemprego em épocas anteriores, em que a globalização captava as perspectivas de todos, eles encontrarão muito mais dificuldade em achar um emprego comparável ou "retreinar" para um novo e bom emprego. Os políticos que disseram que a tecnologia e a globalização que estão desorganizando a vida dessas pessoas podem, de algum modo, ser paradas por uma nova lei ou programa de governo serão o alvo justificado da ira delas.

A China é a outra importante economia bem-posicionada para obter vantagens da globalização. Seu mercado doméstico potencialmente enorme e sua força de trabalho com habilidades e baixos salários continuarão a atrair investimentos e transferências de tecnologia de todas as nações avançadas. Como o único país importante provável de se igualar aos Estados Unidos no capitalismo de mercado livre (e desigualdade econômica), a China deve ser capaz de usar esse investimento, essa tecnologia e a mão de obra especializada para se estabelecer em 2020 como uma das duas economias indispensáveis no mundo. Como veremos, na China também esse progresso impõe fardos pesados a centenas de milhões de famílias forçadas a abandonar suas fazendas ou empregos em empresas estatais. E, sob a atual lei chinesa, não há compensação pelo desemprego para ajudar a reduzir o impacto, nem cobertura para saúde e pensão para a maioria. Nem a China é a única nesse aspecto – se a Índia espera modernizar-se com a amplitude e a velocidade da China, também terá de deslocar centenas de milhões de trabalhadores do campo, hoje presos a um dos setores agrícolas menos produtivos do mundo.

A grande diferença é que os chineses rurais têm pouca escolha, a não ser fazer as malas e ir para áreas urbanas em que poderiam encontrar novos empregos (pelo menos os jovens chineses podem fazer isso), enquanto os indianos rurais têm saídas políticas para desacelerar ou mesmo interromper todo o processo.

A despeito de todo o fulgurante modernismo de Xangai, Pequim e Cantão, as duas décadas de crescimento recorde e surpreendente do país e o entusiasmo de muitos comentaristas ocidentais, a ascendência econômica chinesa na próxima década não está garantida. A maioria dos chineses, hoje, ainda é mais pobre do que os outros asiáticos, latino-americanos e alguns africanos da região subsaariana; e o país deles ainda carece da maior parte das instituições e arranjos básicos que compreendem a infraestrutura econômica e social de uma economia moderna e em bom funcionamento. O sistema financeiro é primitivo, sem contar com um verdadeiro Banco Central, financiamento hipotecário ou mercados de títulos de dívida corporativos; direitos de propriedade, contratos e leis de falência são todos ao acaso; a infraestrutura básica fora das principais cidades costeiras é, em geral, obsoleta ou decadente e a geração e a transmissão de energia em grande parte do país são irregulares. Mesmo a grande capacidade manufatureira da economia chinesa ainda é, em certo sentido, importante ou em grande parte transplantada do exterior. O mundo testemunhou a intensidade da defasagem das manufaturas nativas chinesas com relação à manufatura transplantada em 2006 e 2007 e também os reguladores chineses ficarem atrás dos equivalentes em quase todos os outros países, quando autoridades americanas, europeias e latino-americanas encontraram contaminantes mortais ou imperfeições nas exportações chinesas de frutos do mar, roupas e brinquedos de crianças, alimentos para cachorros e gatos, pastas de dente, vitaminas e xaropes para tosse. Se a China, em 2020, será uma potência econômica global pelos próprios méritos, ou um país pobre com um futuro incerto, conhecida por absorver muitas produções manufatureiras de todas as empresas globais ocidentais, essa é uma questão importante e ainda aberta. A resposta dependerá, até certo ponto, de ela poder fazer em dez ou 15 anos o que levou a maior parte de um século para todas as outras economias e sociedades modernas, e realizar isso sem sacrificar o rápido crescimento econômico, do qual os líderes chineses acreditam que a estabilidade social e econômica do país depende.

Geopolítica sem comunismo

A terceira força histórica que moldará os próximos 15 anos é o radical rearranjo da geopolítica, introduzido com a queda da União Soviética. É difícil superestimar como esse evento está transformando o mundo. Para iniciantes, permitiu que a China rompesse totalmente com a economia socialista e criasse condições para seu progresso econômico relâmpago e, a tempo, sua nova proeza militar. A queda soviética e a ascensão chinesa também estão alterando o foco dos negócios no mundo para a Ásia, marginalizando o papel da Europa na segurança global.

Em vez da competição na Guerra Fria, que sempre ameaçou tornar-se muito acirrada, a geopolítica do futuro próximo será definida e ordenada por duas novas condições. Pela primeira vez em mais de 1.500 anos – desde os dias em que Roma dominava a maior parte do mundo –, existe uma superpotência militar e econômica global sem qualquer concorrência. Com a maior economia e os maiores mercados, e com gastos militares quase iguais ao restante do mundo combinado, os Estados Unidos entraram em guerra com o Iraque diante das objeções de aliados sem afetar sua superioridade militar e econômica. Mesmo que essa guerra acabasse perdida, os EUA poderiam fazê-la novamente e não diminuíam seu poderio militar e econômico.

A ascendência de uma única superpotência sem similares também mudou o padrão de conflitos na política mundial, ou pelo menos daqueles que importam. Pela primeira vez em muitos séculos, conflitos internacionais com consequências envolvem principalmente diferenças não entre países poderosos, mas entre aqueles conectados entre si por redes globais de comércio, dinheiro e informação e aqueles deixados bem afastados e não conectados. Uma indicação clara desse novo cenário é o registro de combates militares estrangeiros desde a queda da União

Soviética. Teoricamente, toda operação militar estrangeira foi iniciada pelos Estados Unidos, e quase todas envolveram militares americanos em países ainda fora da órbita da globalização – no Caribe (Haiti), África Subsaariana (Somália e Serra Leoa), Bálcãs (Kosovo e Bósnia), Oriente Médio (Iraque e Kuwait), Ásia Central (Afeganistão) e Sudoeste da Ásia. As exceções parciais envolvem disputas sobre territórios entre países fora do sistema econômico global, mas onde os Estados Unidos não estavam envolvidos diretamente – principalmente a invasão do Kuwait pelo Iraque e as incursões em seus vizinhos pelos países da África Subsaariana.

Outra indicação clara da nova geopolítica está no surgimento de instituições voltadas à administração de problemas econômicos, que emergem entre países de *dentro* da órbita da globalização, especialmente a Organização Mundial do Comércio (OMC), a Organização Mundial de Propriedade Intelectual (World Intellectual Property Organization, ou WIPO), a União Europeia (UE), a Organização de Cooperação Econômica da Ásia-Pacífico (Asia-Pacific Economic Cooperation Organization, ou APEC) e o renovado papel do Fundo Monetário Internacional (FMI) na ajuda aos países no que diz respeito a administrar estresses gerados por fluxos de bens, de serviços ou de moedas internacionais. Grande parte da oposição crescente à globalização está direcionada a essas organizações, talvez simplesmente porque têm nomes próprios, endereços verdadeiros e encontros anuais, o que permite protestos. Algumas dessas oposições, como ataques aos direitos tradicionais de propriedades intelectuais, são estimuladas por Brasil, Argentina, Índia e alguns outros governos de nações em desenvolvimento, que querem legalizar formas modernas de pirataria e falsificações, de modo que possam produzir (e exportar) versões genéricas de inovações surgidas nos países desenvolvidos. A OMC também é suspeita em muitos locais, e especialmente entre dois grupos. O primeiro é composto de muitos nacionalistas em países em desenvolvimento que veem os produtos ocidentais e as organizações de negócios importados por meio da globalização como um ataque a seus valores e tradições culturais – e, com frequência, sobre seu próprio poder político dentro de seus países. A OMC também atrai antagonistas na Europa e nos Estados Unidos, inclusive aqueles que quase suspenderam as atividades no encontro anual de 1999, em Seattle, Washington. Muitos são órfãos ideológicos da repentina morte do socialismo global, que, agora, destituídos de verdadeira alternativa, vituperam de modo violento contra as injustiças do capitalismo global.

Outro indicador da forma da geopolítica na era da globalização e de uma só superpotência é o surgimento do terrorismo islâmico. Com os Estados Unidos como a única grande potência militar no mundo, a fonte de violência internacional se transferiu das nações para um movimento sem fronteiras. Esse movimento transnacional é centrado quase totalmente fora da órbita da globalização e justifica sua missão e sua violência rejeitando tudo que a globalização representa e promete. Os terroristas islâmicos certamente não são aliados dos antagonistas antigos da OMC ou dos críticos com relação à WIPO nas grandes nações em desenvolvimento. Mas tentam reivindicar uma causa comum à dos países muçulmanos com tradicionalistas religiosos, cuja fidelidade tácita e às vezes concreta suporta as necessidades dos terroristas islâmicos, pelo menos por razões de credibilidade.

Uma questão importante que tudo isso levanta é se as redes e instituições da globalização acabaram ou não com a competição militar e os conflitos entre as principais nações. Elas provavelmente acabaram por ora – enquanto os Estados Unidos permanecerem como uma superpotência sem concorrente e prontos para governar o sistema. Países fora da órbita da globalização, mais notavelmente a Coreia do Norte e o Irã, podem entrar em conflito aberto com os Estados Unidos e alguns de seus aliados. Mas conflitos de grandes potências são muito improváveis. O próximo na sequência após os Estados Unidos, a China, está pelo menos duas gerações distante de se tornar concorrente militar e econômico em relação aos EUA em uma escala global, apesar de seu rápido crescimento de gastos militares. Ainda assim, em 2020, a China pode alcançar esse status em sua própria região. A Europa e o hemisfério Ocidental permanecerão além do alcance militar da China por muito tempo; mas, dentro de uma década, a China pode estar disputando com os Estados Unidos a influência no Norte, Sul e Sudeste da Ásia, incluindo Japão e Coreia do Sul – e talvez por bases no Oriente Médio também.

Mesmo assim, os fluxos de centenas de bilhões de dólares em bens, serviços, investimentos e ideias entre os chineses e os americanos – como também entre a maior parte das outras economias e a China, e a maior parte das outras economias e os Estados Unidos – desencorajarão firmemente conflitos entre eles. Mas esses fluxos não evitarão que confrontos perigosos ocorram entre seus aliados – mais visível e perigosamente, Paquistão e Índia.

A história ensina sobre os riscos de se acreditar que a globalização pode garantir a paz. De meados até o final do século XVIII e novamente no final do século XIX e início do século XX, comércio internacional, investimentos e comunicações, todos se intensificaram tanto quanto no nosso próprio tempo, ou quase isso. O primeiro período de globalização presenciou uma vasta expansão no comércio oceânico, os primeiros negócios de amplitude mundial e a disseminação da máquina a vapor, junto com o auge dos impérios globais francês e espanhol. Mesmo no Novo Mundo, John Jay escreveu em *The Federalist Papers* sobre como esses avanços abriam o comércio com os países mais distantes do mundo: "No comércio para a China e a Índia, interferimos em mais do que uma nação, porquanto isso nos permite tomar parte nas vantagens que eles tinham em um modo de comércio monopolista, e enquanto nós, desse modo, nos abastecíamos com commodities que costumávamos comprar deles."[4] O segundo grande período da globalização trouxe eletricidade, telégrafo e telefone, conluios de investimentos multinacionais e a coroação dos impérios globais britânicos e germânicos. Em ambos os exemplos, toda essa globalização não evitou que as maiores potências comerciais do mundo travassem guerras terríveis entre si – pois havia mais de um país com capacidade para fazer isso, com esperança de sucesso. Cada dia dos próximos anos, e além disso, os estrategistas militares dos Estados Unidos e da China contemplarão a lição da história que mostra que mesmo profundas relações econômicas não impedem guerras entre as partes, uma vez que tenham poderio militar semelhante.

Mesmo sem conflito militar direto entre a China e os Estados Unidos durante a próxima década – do mesmo modo que não houve nenhum entre os Estados Unidos e a URSS, desde a crise dos mísseis em Cuba, em 1962, até a queda da União Soviética, mais do que um quarto de século após –, a competição sino-americana será uma força poderosa que moldará a política global. Bem antes de 2020 os Estados Unidos e a China terão de administrar uma competição violenta sobre recursos energéticos. Eles certamente terão de trabalhar juntos para conter as tensões regionais e o terrorismo em um mundo em que o controle da proliferação nuclear fracassou há bastante tempo, como eles fracassaram recentemente com a Coreia do Norte – embora, até então, não tenham encontrado um objetivo comum com relação ao Oriente Médio, incluindo Iraque e Irã. Os Estados Unidos e a China também provavelmente trabalharão juntos e com outros principais países para eliminar ameaças à arquitetura global da internet.

Enquanto isso servir a seus propósitos, os Estados Unidos e a China, agindo juntos, também estabelecerão alguma ordem nos assuntos econômicos globais. Por exemplo, se os dois países concordarem sobre o escopo futuro dos direitos de propriedade intelectual, o restante do mundo em desenvolvimento certamente os seguirá. Esse acordo será crucial para ambas as economias, já que a maior parte do valor dos equipamentos industriais, laptops e outros bens sofisticados que a China produz (ou simplesmente monta) vem de ideias desenvolvidas no Ocidente, e o valor dessas ideias constitui a força central das economias ocidentais. Igualmente importante é o fato de que as relações de comércio e financeira entre os EUA e a China são decisivas para uma crise potencial de crescimento global. Desde que a globalização deslanchou, no final dos anos 1990, as importações dos Estados Unidos, agora alcançando US$ 2 trilhões por ano, ajudaram a manter grande parte do restante do mundo em crescimento – com a China e alguns outros países financiando os gigantescos déficits comerciais dos EUA ao emprestar ou negociar centenas de bilhões de dólares de excesso de poupanças para os Estados Unidos. A menos que esses enormes desequilíbrios sejam reduzidos, acabarão gerando uma fuga do dólar que irá parar as economias ao redor do mundo. Os EUA e a China terão de administrar politicamente essa transição juntos – ambos os países terão de concordar com o realinhamento de suas moedas enquanto os Estados Unidos eleva sua poupança nacional e a China aumenta seu consumo nacional.

Em todas essas questões, a marginalização geopolítica da Europa parece tudo, menos certa. A Europa tem continuamente cortado suas capacidades e compromissos de defesa, e o lento crescimento econômico que se apresenta adiante provavelmente significará novos e mais profundos cortes. Além disso, tanto a Europa quanto o Japão provavelmente estarão politicamente preocupados com os conflitos domésticos que certamente surgirão quando o lento crescimento colidir com os aumentos de impostos e os cortes de gastos requeridos para manter os sistemas de previdência e assistência médica em funcionamento. Pode ser difícil imaginar hoje, quando grande parte da Europa desdenha o poder americano, mas esses fatos podem fortalecer a Aliança do Atlântico. Por mais que alguns intelectuais europeus reclamem disso, uma forte Aliança do Atlântico será o único caminho para preservar a voz europeia na política global. E se a escolha da Europa for os EUA ou a China, seria um passo muito ousado para a Europa se aliar à nação com o autoritarismo em mais rápido crescimento e contra a democracia líder no mundo.

O poderio militar e econômico crescente da China tornará a mesma escolha mais desconfortável para o Japão, mas não menos inevitável. A Rússia terá opções diferentes, devido à sua longa fronteira com a China e à ausência de uma herança democrática compartilhada. Em muitos aspectos, a Rússia se encontrará na posição que a China ocupou no auge da Guerra Fria – com um pé em cada campo, tentando tirar vantagem dessa posição. Mas a fraqueza econômica e militar russa, junto com sua crise demográfica crescente, também tornará a ex-poderosa superpotência em um ator menor na maioria dos conflitos. A Rússia está perdendo população a uma taxa sem precedentes para um país razoavelmente desenvolvido – chegando a 1 milhão de pessoas por ano – e em 2020 sua população será 50 milhões menor do que a da Nigéria ou de Bangladesh e pouco maior do que a do México.[5] Além disso, com taxas de mortalidade entre os jovens russos aumentando para mais do que três vezes a dos Estados Unidos, os especialistas da Rand Corporation acreditam que até 2015, ou antes disso, a Rússia terá dificuldades para dispor dos soldados e do policiamento necessários para simplesmente patrulhar suas fronteiras e manter a ordem interna.[6]

Por causa de todos esses acontecimentos, a linha básica nessa época global ainda dividirá aqueles engajados na globalização e aqueles que estão fora de sua órbita. Enquanto alguma forma de competição sino-americana será um fato básico da vida geopolítica em 2020, nenhuma nação estará mais em risco do que os Estados Unidos e a China na defesa da globalização contra os ataques daqueles que estão do lado de fora e dos céticos que se encontram do lado de dentro.

As minguantes perspectivas de igualdade

Essas três forças históricas ajudarão a moldar a vida diária na próxima década, tanto diretamente quanto por meio de várias condições sociais que resultarão de como elas interagem. Inicialmente, a demografia e a globalização intensificarão a desigualdade econômica praticamente em toda parte. A China e os Estados Unidos – os dois principais líderes da globalização – já são as duas sociedades principais mais desiguais no mundo. Não é por acaso. Onde quer que a globalização e suas tecnologias se estabeleçam, o retorno dos investimentos aumenta e torna o rico mais rico, enquanto a competição mais intensa, doméstica e internacional segura a maior parte dos ganhos salariais do trabalhador, mesmo quando sua produtividade cresce. Isso nem considera o choque econômico e o sofrimento de milhões de trabalhadores em países avançados que perderão seus empregos e, no ambiente competitivo atual conduzido pela tecnologia, acabarão aceitando um trabalho, que paga menos.

A crescente desigualdade também é parte de outra dinâmica ligada às tecnologias de informação que estão "turbinando" a globalização: ideias estão substituindo ativos físicos como fonte principal de riqueza e crescimento. A economia baseada em ideia não é mais uma metáfora, mas uma dura realidade. As corporações americanas agora investem tanto em "intangíveis", principalmente propriedade intelectual, quanto em indústrias, equipamentos, escritórios, fábricas e imóveis. Vinte anos atrás, o valor de mercado dos ativos físicos das 150 maiores empresas abertas dos Estados Unidos – o "valor no balanço" – respondia por 75%

do valor total de suas ações. Uma empresa valia aproximadamente o que suas fábricas, escritórios, equipamentos, imóveis e outros apresentavam como preço de venda. Em 2004, o valor contábil das 150 maiores empresas respondia por apenas 36% do valor total de suas ações. Hoje, quase dois terços do valor de uma grande companhia vêm dos intangíveis – o que ela sabe e as ideias e as relações que possui: suas patentes e seus direitos autorais, banco de dados e marcas, arranjos organizacionais e o treinamento de capital humano para utilizar essas ideias.

As ideias em si flutuam no éter econômico, com seus valores algumas vezes protegidos por sólidas leis de patentes e de direitos autorais. Todos as encontram nas tecnologias e nos métodos de negócios que as incorporam e geram a produtividade e o lucro que dão sustentação a uma economia baseada em ideias. A boa notícia é que novas ideias tendem a gerar mais do mesmo, portanto, o número e o poder de novas informações e tecnologias da internet, as novas nano e biotecnologias e as novas estratégias de negócios não têm limites mesmo para o futuro próximo. E, uma vez que uma nova ideia é aceita no mercado, qualquer um, em qualquer lugar do mundo, pode usá-la – embora algumas vezes se tenha de pagar para fazer isso. O lado negativo é que, com mais riqueza econômica e renda ligadas tão diretamente a todas as novas (e antigas) ideias, será bem mais difícil para qualquer pessoa que tenha gasto a maior parte de sua vida na economia antiga ter uma vida de classe média e sustentar uma família. Já trabalhadores comuns nos Estados Unidos e nas economias europeias com melhor desempenho têm visto seu salário real estagnar ou declinar durante cinco anos, apesar dos saudáveis ganhos de produtividade na maior parte desses países, com somente profissionais, administradores e investidores desfrutando de padrões de vida em alta em quase todas as nações avançadas.

Tão certo quanto a morte e os impostos, esses eventos intensificarão as desigualdades em todos os principais países. Praticamente no mundo todo, as forças de mercado desencadeadas pela globalização e pela tecnologia estão pressionando para cima o valor das habilidades dos aproximadamente 20% que trabalham adaptados a ideias, e reduzindo o valor do trabalho que muitas outras pessoas executam. Já é um fato: os últimos anos de expansão econômica têm apresentado as menores taxas de expansão de emprego e aumentos salariais para a maioria das pessoas em relação a qualquer outra expansão em mais de 50 anos – e os maiores ganhos para os trabalhadores com alto nível acadêmico e para as pessoas ricas com direito aos retornos crescentes sobre o capital investido.

Além dessas mudanças, sociedades em processo de envelhecimento também tendem a se tornar mais desiguais, porque as pessoas idosas, como um grupo, recebem rendas menores do que as pessoas que ainda trabalham. Portanto, à medida que o número de idosos americanos, europeus e japoneses aumentar, durante os próximos dez ou 15 anos, a parcela dessas sociedades que vive com rendas relativamente pequenas aumentará. E isso não será confortável para o restante da população – não apenas porque a globalização e uma economia baseada em ideias tendem a segurar a renda de muitas pessoas não idosas, mas também porque os impostos em geral subirão para poder manter as pensões e os gastos com saúde de todos os aposentados.

A tempestade perfeita na assistência médica

O futuro próximo reserva outras perspectivas problemáticas, porque a demografia e a globalização também colocaram cada nação avançada em uma direção que pode gradualmente degradar a assistência médica para a maioria das pessoas. Três fatores estão convergindo para gerar uma versão de assistência à saúde que é uma tempestade perfeita. Não apenas o número de pessoas idosas inevitavelmente aumentará em 35 a 50% em todos os países avançados entre hoje e 2020, mas, além disso, os avanços da medicina – todos eles caros – estão transformando doenças agressivas em situações controláveis e permitindo que pessoas em condições terminais sobrevivam durante mais alguns meses ou anos. Além disso, os programas de governo em todas as nações avançadas garantem que toda pessoa idosa possa demandar qualquer novo tratamento. Essas pressões de custos não estão limitadas aos idosos. Por exemplo, as taxas gerais de câncer e os custos para se tratar cada caso têm crescido. O dr. Alan Lotvin, que chefia a M/C Communications, um importante fornecedor de educação continuada para médicos, estima que, enquanto há cinco anos os pacientes com câncer de cólon eram tipicamente tratados com duas drogas que custavam cerca de US$ 500 e, em média, viviam aproximadamente oito meses, hoje recebem quimioterapia e vivem em média de 13 a 20 meses, ao custo de US$ 300 mil a US$ 500 mil.[7]

A globalização em si está expandindo o número de novos e mais caros avanços médicos ano após ano. Pela primeira vez há um mercado global potencial para qualquer novo produto biotecnológico e farmacêutico, custando centenas ou milhares de dólares para cada tipo de tratamento, e para toda nova peça de equipamento médico, que é vendida por dezenas ou centenas de milhares de dólares. Essa enorme expansão no mercado de tecnologia, ligada à assistência à saúde, está mudando a economia de pesquisa e desenvolvimento, criando um risco razoável para empresas que gastam US$ 1 bilhão ou mais para desenvolver um novo produto. E como a essência para promover a inovação é a proteção da propriedade intelectual, que garantirá a seus criadores preços monopolistas para suas invenções, o preço dos novos produtos médicos bem-sucedidos permanece elevado por muitos anos.

O que vai suceder dessa tempestade perfeita nos custos com assistência médica, especialmente com o rápido envelhecimento, seria mais fácil de administrar se o número de pessoas que estão trabalhando e pagando impostos para financiá-los também não estivesse diminuindo na maior parte da Europa e no Japão, ou desacelerando nos Estados Unidos. Como resultado, os custos médicos em disparada certamente produzirão tempestades políticas na maioria dos países mais avançados. Os conflitos políticos que se seguirão não estarão limitados aos programas governamentais para os idosos, porque as mesmas forças continuarão a elevar os custos, com cuidados médicos para o restante da população. O que fazer com relação a isso pode ser a questão política central da próxima década.

Diferentemente dos déficits orçamentários ou do desempenho educacional, a crise dos custos com assistência à saúde confunde as abordagens usuais de compromisso político. Com a demografia expandindo continuamente os votos dos idosos, que partido político vai cortar a assistência médica deles – especialmente quando sua vida pode depender disso? Talvez seja mais fácil cortar o acesso de outros, nem que seja porque o tratamento deles é menos rotineiramente uma questão de vida ou morte. Mas isso não significa que as famílias trabalhadoras na Europa, no Japão ou nos Estados Unidos tolerarão políticos que querem aumentar seus impostos para pagar o tratamento médico de outros, especialmente quando eles próprios estão do lado perdedor na crescente desigualdade e sua própria assistência à saúde está sendo eliminada.

Ao contrário das mudanças demográficas e da globalização econômica que sustentam esse problema, há pouca certeza sobre quão precisamente ele irá terminar. Se a inovação responde às pressões de mercado – algo que muitos economistas duvidam –, podemos ver o desenvolvimento de tecnologias a custos muito menores. O caminho mais provável é: maiores despesas pessoais, reformas tributárias que dediquem indiretamente mais impostos para a assistência à saúde e deixem menos para o restante – implicitamente racionando por meio de esperas mais longas para tratar qualquer coisa a não ser condições que ameaçam a vida –, direitos de patente mais fracos, que reduzem o passo do avanço da medicina, e uma mudança discreta para tratamentos com menos tecnologia. A única certeza é que em todos os países o problema alimentará conflitos políticos ameaçadores.

As batalhas com relação à energia e o clima global

Muito semelhante à assistência médica, os mercados de energia e o clima global estão apontando para um momento decisivo no longo prazo. Durante quase uma geração a demanda mundial de petróleo cresceu de modo consistente mais rápido do que a capacidade mundial de produzi-lo. Nos próximos dez ou 15 anos esse hiato será alargado. A rápida industrialização e o rápido crescimento da propriedade de automóveis na China, Índia e em outras grandes nações em desenvolvimento serão as principais fontes dessa demanda crescente. Dentro de uma década, essas nações, nenhuma com reservas significativas de petróleo, terão as economias mais intensas em energia do mundo.

Uma consequência quase certa será o aumento dos preços de energia, em bases permanentes, mesmo que os vários motores híbridos ou outros alternativos enterrem o automóvel de combustão gasolina. A Europa e o Japão serão menos afetados do que o restante da Ásia ou os Estados Unidos, graças a impostos sobre petróleo e gás elevados que forçaram o aumento da eficiência energética. No entanto, com mais da metade das necessidades de energia global sendo atendida pelos regimes mais politicamente instáveis do mundo, no Oriente Médio, na Ásia Central e na África, nenhuma política protegerá alguém dos choques de energia e das consequentes recessões praticamente certas nos próximos 15 anos.

A aplicação bem-sucedida de tecnologia e de investimentos durante os próximos 15 anos pode tornar esses desafios muito mais administráveis. O mundo pode enfrentar escassez de petróleo leve barato, mas não está pobre em termos de energia. Canadá, Rússia e Venezuela possuem mais reservas de petróleo pesado do que todas as reservas convencionais de petróleo leve no mundo. A Rússia e o Oriente Médio também dispõem de reservas enormes de gás natural; e reservas de carvão enormes e comparáveis se encontram na China, Índia, Estados Unidos, África do Sul e Rússia. Os governos e as corporações podem desenvolver, produzir e transferir os investimentos, as tecnologias e a infraestrutura necessária para atender a qualquer demanda global de energia nos próximos 15 anos e bem mais do que isso – se puderem dispor dos trilhões de dólares requeridos para desenvolver alternativas de reduzir a viscosidade e os contaminantes nos petróleos pesados, liquefazer gás natural em grandes quantidades e transportá-lo pelo mundo, perfurar reservas profundas de petróleo nos oceanos, armazenar e administrar a energia nuclear e descarbonizar o carvão com aquecedores supercríticos e gaseificação. A alternativa é a expansão em 80% da produção de petróleo no golfo Pérsico até 2020 – a preços muito mais elevados.

A verdade é que os preços de energia continuarão a subir em qualquer cenário. Por mais que o debate científico sobre o risco de mudanças climáticas esteja efetivamente estabelecido, os economistas concordam que preços mais elevados para a energia baseada no carbono serão necessários para mudar os negócios e os consumidores para combustíveis e tecnologias alternativas. À medida que os preços dos combustíveis vão aumentando, algumas alternativas se tornarão economicamente viáveis e populares. É impossível saber que inovações irão importar até que realmente ocorram, mas, hoje, muitos especialistas nessa área estão apostando em duas novas fontes, sujeitas a avanços tecnológicos adequados. A principal alternativa aos combustíveis fósseis é o uso de células a combustível (hidrogênio), que poderiam ser adaptadas para automóveis, baterias de laptops e aquecimento e resfriamento de casas. Para usos mais amplos de energia, como prédios de escritórios e bases industriais, o "dinheiro inteligente" dos investidores está apostando que avanços com a energia solar baseada na nanotecnologia serão capazes de gerar vapor para acionar turbinas e correntes elétricas através de placas acumuladoras.

O início de graves problemas ambientais globais pode gerar mais ímpeto para esses investimentos, especialmente por parte dos governos. O consenso político sobre o início e os efeitos do aquecimento global certamente crescerão e se aprofundarão nos próximos anos, promovendo sérios debates políticos em toda parte. Mas, com o momento do aquecimento global ainda incerto, ninguém pode dizer se levará dez anos ou duas gerações para se verem as mudanças climáticas que acabarão tornando a energia alternativa uma escolha universal – qualquer que seja o custo.

O evento mais certo é que o descompasso entre oferta e demanda de energia irá expor a mais fulgurante anomalia na globalização e na geopolítica, a crescente importância da região mais instável e economicamente insular do mundo, o Oriente Médio, o que afetará o crescimento e a estabilidade dos principais países do mundo. A China e o restante da Ásia já são atualmente duas vezes mais dependentes do golfo Pérsico do que a Europa e os Estados Unidos. Em 2020, a Ásia importará 75% de seu petróleo, 80% dele provavelmente do Oriente Médio. No entanto, os governos autocráticos dos países com petróleo do golfo Pérsico, que enfrentam desafios dos fundamentalistas islâmicos, consistentemente resistem aos investimentos estrangeiros e à competição doméstica. A região mais crucial para o crescimento global se isolou das forças que transformam o restante do mundo.

Essa anomalia tornará o planeta um lugar mais perigoso nos próximos 15 anos. A perspectiva mais óbvia é que a dinastia saudita (House of Saud) possa vir a ruir ou que um ou mais de seus vizinhos do golfo possa deparar com suas próprias insurreições baseadas na religião. Mesmo que o mundo impeça que isso ocorra e as autocracias das realezas do golfo permaneçam estáveis, a energia será, de forma crescente, uma questão séria entre os EUA e quase todos os outros países. Com os Estados Unidos desempenhando o papel opressivo na opinião pública do Oriente Médio, seria simplesmente natural que Pequim, Bonn e Deli, e outras capitais, administrassem suas relações com os países produtores de petróleo do modo mais independente possível. Sinais iniciais já se fazem evidentes na extensa rede de contratos de longo prazo e alianças que a China está firmando com Irã, Rússia, Nigéria, Venezuela e outros grandes exportadores de petróleo. Dentro de uma década, esses negócios e alianças arrastarão a China para a geopolítica não somente do Sul da Ásia, mas também para o Oriente Médio, Rússia e partes da Ásia Central.

No entanto, mesmo com os contratempos e erros dos EUA no Iraque, a aritmética básica da globalização e da energia intensificará o envolvimento desse país no Oriente Médio. Para seu próprio interesse, os Estados Unidos terão de fazer o melhor para assegurar que a Ásia possa atender às suas necessidades de energia e conter os custos de energia para si mesma e para outras economias importantes. Se a criação de arranjos administrados global e cooperativamente para a questão energética se mostrar além de sua capacidade diplomática – como parece provável –, os Estados Unidos ainda terão de fazer com que o petróleo continue fluindo, mantendo, de alguma maneira, a estabilidade política no Oriente Médio. Dia a dia e ano a ano a Marinha norte-americana – a única "blue-water fleet"* do mundo – oferecerá segurança marítima para as cargas de petróleo através dos oceanos Índico, Pacífico e Atlântico. E, como a mais destacada plataforma tecnológica entre todos os países, os Estados Unidos terão também de comprometer imensos recursos para desenvolver algumas das fontes alternativas de energia.

As situações imprevisíveis

Há dois outros grandes eventos que afetarão o caminho das nações e a vida da maioria das pessoas nos próximos 15 anos. Mas não são forças estruturais com implicações que podem ser razoavelmente previstas, e as probabilidades de sua ocorrência permanecem um tanto pequenas. A primeira dessas forças imprevisíveis decorre do terrorismo e do crescente poder político do fundamentalismo islâmico. É usual, mas perigoso e errado, fundir esses dois fatos. É verdade que muitos terroristas de nossa época são islâmicos; e a maioria dos fundamentalistas islâmicos, junto a grupos terroristas, rejeita valores políticos, culturais e econômicos associados à globalização e a seu promotor líder, os Estados Unidos. Mas a maioria dos fundamentalistas muçulmanos não é terrorista em qualquer sentido – e alguns dos grupos terroristas mais violentos e bem organizados do mundo, como o Hamas e o Hezbollah, não são fundamentalistas. Além disso, muitas das principais ações terroristas da última década não envolveram qualquer causa islâmica, desde o ataque de Timothy McVeigh na cidade de Oklahoma e o ataque com gás sarin do culto Aum Shinrikyo no metrô de Tóquio, até o ataque de 17 de novembro na Grécia e o ataque dos bascos separatistas na Espanha.

A maioria dos grupos terroristas islâmicos no Oriente Médio e na Ásia tem agendas domésticas que, a não ser pela pequena probabilidade de desestabilizarem ou destruírem Israel, deve provocar pouco impacto direto na vida da Europa, Japão ou Estados Unidos durante os próximos

---

* A expressão *blue-water fleet* é usada para descrever uma força marítima capaz de operar em águas profundas, em oceanos abertos. (*N. do T.*)

15 anos. Esses grupos mais parecem os terroristas que atormentaram a paz e o desenvolvimento da Irlanda do Norte e da Colômbia no passado recente, sem efeitos significativos na geopolítica ou na economia dos países mais avançados. A Al Qaeda e seus imitadores, que compreendem alguns poucos milhares de seguidores e combatentes, são diferentes, porque a agenda deles é explicitamente global e suas táticas têm como objetivo os Estados Unidos, seus principais aliados e os países produtores de petróleo. No entanto, os registros revelam que os terroristas de fato alteram o curso dos acontecimentos de um país quando a violência é, ao mesmo tempo, prolongada e penetrante. Um ataque singular, localizado, como o 11 de Setembro, não teve efeito no poder macroeconômico nem internacional dos Estados Unidos. Um ataque nuclear ou biológico virulento provavelmente é a única maneira como a Al Qaeda ou outros grupos semelhantes poderiam infligir um choque penetrante e prolongado e perdas que realmente poderiam alterar o curso de uma grande sociedade como os Estados Unidos, Japão, Alemanha ou Grã-Bretanha. Essa probabilidade é totalmente especulativa e razoavelmente remota – mas é real, especialmente porque pouco tem sido feito para controlar estritamente materiais nucleares ao redor do mundo, especialmente na antiga União Soviética. Don Clark, que conduziu a investigação do FBI no ataque ao World Trade Center em 1993, observa que perigos desse tipo poderiam aumentar sensivelmente se a Al Qaeda mais uma vez garantisse o apoio de um Estado – por exemplo, pelo domínio do Paquistão por um grupo fundamentalista.[8]

O fundamentalismo islâmico representa uma imprevisibilidade diferente para os próximos dez ou 15 anos. Ele não tem nem a ambição nem a capacidade de desviar a globalização ou o curso da geopolítica. No entanto, um cenário possível que manteria os geoestrategistas acordados seria o domínio do Paquistão pelos fundamentalistas. Esse evento poderia capacitar o terrorismo da Al Qaeda a usar o fundamentalismo para garantir pelo menos proteção temporária do Estado e acessar armas nucleares. E terrorismo nuclear é um risco diferente de qualquer outro – um evento com potencial para mudar a civilização e que alteraria a vida e a liberdade de todas as sociedades avançadas.

Outro cenário facilmente imaginado que afetaria a todos seria o domínio da Arábia Saudita pelos fundamentalistas. O mundo e suas principais potências sobreviveram ao domínio do Irã por fundamentalistas; mas o choque dos preços do petróleo que se seguiu gerou uma inflação que afetou a todos. As nações desenvolvidas são muito mais eficientes em termos energéticos do que eram no final dos anos 1970. Mas a Arábia Saudita é um ator muito maior do que o Irã era, e a globalização está aumentando vastamente o consumo de energia global. Uma interrupção prolongada ou um corte amplo nas exportações de petróleo saudita em qualquer momento na próxima década devastarão o crescimento e a prosperidade ao redor do mundo. Talvez o mais importante seja a possibilidade de enfraquecer a estabilidade social da China, com base na aposta atual de seu líder quanto a manter o monopólio sobre o poder do Estado para gerar crescimento econômico sem-fim. No entanto, mesmo esse evento não faria com que a globalização saísse dos trilhos, como o exemplo do Irã, que também sugere que um governo fundamentalista em Riad cuidaria de restaurar as ofertas de petróleo de modo razoavelmente rápido.

Avanço tecnológico é a outra imprevisibilidade que poderia afetar o curso do futuro próximo, o positivo yin do assustador yang do terrorismo. Não há dúvida de que as tecnologias de informação em 2015 e 2020 desempenharão tarefas que praticamente não podem ser imaginadas hoje, e que os países que promoverem sua disseminação se tornarão mais ricos e fortes por essa razão. Avanços da medicina acabarão com o sofrimento e os custos elevados para o tratamento de algumas doenças e ferimentos, e a nanotecnologia pode mudar tanto a maneira pela qual incontáveis produtos são feitos quanto levar a milhares de novos produtos.

As mudanças sociais, econômicas e políticas dos próximos dez a 15 anos também afetarão o curso desse progresso tecnológico. As alterações demográficas já estão concentrando mais P&D em assistência à saúde para pessoas mais idosas e no aumento de produtividade para o número de trabalhadores, que cresce lentamente. A globalização transmitirá esses avanços através de fronteiras, sociedades e culturas com velocidade e intensidade jamais vistas durante as ondas de computação dos anos 1980 e 1990. E o status dos EUA como a única superpotência sem concorrente próximo pode significar que relativamente menos recursos de P&D estarão concentrados em tecnologias militares do que, por exemplo, durante as corridas espaciais e de mísseis nos anos 1960 e 1970.

A tecnologia é uma imprevisibilidade frustrante, porque sua trajetória não pode ser mais do que imaginada. Uma série de importantes nanocientistas – inclusive Paul Alivisatos, de Berkeley, e Sumio Iijima, do National Institute of Advanced Science and Technology, do Japão (Alivisatos foi pioneiro na nanoescala dos cristais semicondutores e Iijima desenvolveu o primeiro nanotubo de carbono) – veem potenciais avanços repentinos de curto prazo na nanotecnologia, que significariam energia muito mais barata, abundante e limpa. Mas, dez anos atrás, outros previram os mesmos resultados de avanços repentinos em outros campos que nunca aconteceram. E muitos cientistas proeminentes se concentraram em decifrar o genoma humano, tal como William Haseltine e Susan Greenfield, da Oxford University, que veem cura para doenças como fibrose cística e as doenças de Huntington e Parkison, na próxima década, a partir de mapeamento genético, avanços nas pesquisas com células-tronco e o amplo uso de "neurochips" (geneticamente alterados, ou células selecionadas em circuitos integrados que são implantados nas pessoas). Contudo, 20 anos atrás, alguns de seus antecessores esperavam encontrar cura para o câncer dentro de uma década. Ninguém consegue mapear sequer os próximos cinco anos de progresso tecnológico com confiança, e ele está além da previsão ou da imaginação de qualquer um para que se descubra como os avanços científicos podem afetar os países e a economia global. Como imprevisibilidade, a probabilidade de avanços tecnológicos importantes e que sacudam as economias parece bastante certa – mesmo que seu caráter particular e suas implicações permaneçam desconhecidos.

A convergência de demografia, globalização e geopolítica

A rotina de todos será principalmente afetada não por conta de cada uma dessas forças em separado, mas por sua combinação – e essa combinação tornará mais difícil para os governos administrarem suas implicações de modo separado. Comecemos com a demografia. Todo ano, até 2020, o número de idosos europeus que recebem pensões públicas e assistência médica aumentará aproximadamente 3% ao ano, enquanto o número de europeus em idade de trabalho cai em torno de 1% ao ano. O Japão está preso a uma pressão demográfica ainda mais rígida. Essas mudanças estão dominando os países tão rápida e sensivelmente que até 2020 o número de idosos tanto no Japão quanto na Europa alcançará mais do que metade da população economicamente ativa. E os problemas que isso cria não estão se dissipando: através da Europa e do Japão, o número de crianças e de adolescentes que se tornarão os adultos que estarão trabalhando e pagando impostos em 2025 e 2035 está caindo ainda mais rapidamente do que a população economicamente ativa.

Quando essas mudanças demográficas colidirem com as pressões da globalização, o Japão e grande parte da Europa enfrentarão um ciclo vicioso que irá, gradual e continuamente, degradar a vida de muitos de seus cidadãos. A menos que a trajetória dessas economias mude inesperadamente, elas não poderão evitar anos de crescimento lento e parcos ganhos de produtividade, que impedirão que quaisquer esforços incrementais suavizem o impacto negativo sobre seu crescimento econômico. Em vez disso, o caminho natural é que a parcela de rendas e riqueza da sociedade que será reivindicada para pensões públicas e serviços de assistência à saúde aumente, forçando o aumento dos impostos e a desaceleração dos investimentos, que por sua vez sufocarão ainda mais o crescimento. A OCDE vê a economia da França crescendo apenas 1,5% ao ano em 2020, e isso leva a crer que a próxima década de globalização não exigirá custos maiores com relação à competitividade e ao emprego do que os atuais. Com a mesma advertência, os principais analistas da Alemanha veem crescimento pouco acima de 1% ao ano em 2020, momento em que as pensões públicas e a assistência à saúde consumirão 18% do PIB. Essa parcela do PIB é igual a 80% da parcela reivindicada hoje por todo o governo federal dos EUA.

Acelerar a globalização pode tornar esses desafios ainda mais terríveis para milhões de europeus e japoneses. A mudança contínua dos empregos no setor de manufaturas e de serviço para os países em desenvolvimento em rápido crescimento deixará os países avançados apenas com duas opções reais: aumentar a produtividade do setor de serviços não comercializáveis que eles ainda têm com o exterior e desenvolver novas indústrias ao se tornar uma fonte de influência inovadora. Ambos requerem recursos e mudanças que hoje parecem além da capacidade social e política normal do Japão e de grande parte da Europa. Saltos em produtividade requerem a vontade de mudar o modo de operação dos negócios, de forma que eles possam conseguir vantagens com novas tecnologias, e também poupanças e investimentos elevados. Investir em tecnologia não é o problema: nos anos 1990, a Europa e o Japão investiram quase tanto quanto os EUA em avanços em TI, embora de forma consistente apenas um ano ou dois mais tarde. Mas obtiveram poucos ganhos de produtividade, porque isso envolveria demissões em larga escala, novas designações e redefinições de empregos que sua cultura e seus sindicatos fortes não aceitarão. Poupança e investimentos elevados também serão um problema para a Europa e o Japão. O crescimento lento e o aumento de impostos desses países arrancarão renda e poupança da maioria das pessoas; os gastos e os déficits do governo provavelmente aumentarão, e o número de trabalhadores na faixa etária em que as pessoas poupam mais, no final dos 30 e começo dos 50 anos, declinará lentamente.

Uma cultura econômica e política que conduza à inovação também parece fora de alcance para a maior parte da Europa e do Japão, porque isso depende de leis e atitudes que apoiem diretamente o empreendedorismo. Camadas de subsídios, regulamentação e redes informais continuam a proteger cada negócio estabelecido no Japão e na maior parte da Europa, como fizeram durante décadas, e criar uma nova empresa ainda é quase uma anomalia. Na Inglaterra, novas lojas pequenas são depreciadas porque maculam a observação de um espaço verde a quase 1 quilômetro de distância. Na França, um novo trabalhador, não importa quão especializado seja, não pode ganhar mais que metade do que recebe um trabalhador médio e não pode ser demitido durante 18 meses. Os mercados de capitais da Europa há muito tempo foram organizados para financiar os déficits do governo, e não os negócios empreendedores.

A preferência pelo antigo e estabelecido espalha-se por culturas inteiras. Enquanto os americanos admiram Bill Gates, Sam Walton e outros empreendedores que passaram de malvestidos a ricos, os japoneses e os europeus mais provavelmente reverenciam as famílias que fundaram setores industriais há gerações, desde os Schlumberger da Alemanha e os Agnelli da Itália até os Hitachi do Japão e os Axison-Jonhson na Suécia.

Não há sinais de mudança concreta. Menos do que meia década atrás a resposta da França ao aumento do desemprego não foi desregulamentar ou encorajar negócios que poderiam criar mais empregos, mas sim reduzir a idade da aposentadoria compulsória em cinco anos – pense no que isso fará com os custos das pensões no longo prazo – e instituíram uma carga semanal de trabalho de 35 horas, que deixa o trabalhador com 14% menos horas do que a média de outros países avançados. Outra reforma francesa aprovada em 1997, para determinar alguma forma de poupança privada, encontrou tamanha resistência que nunca foi implementada e finalmente foi arquivada em 2002. A eleição de Nicolas Sarkozy como presidente da França em 2007 poderia gerar reformas verdadeiras, mas elas não vingaram até agora. De modo similar, na Alemanha, pessoas jovens com baixa especialização perdem tantos benefícios públicos quando aceitam um trabalho que suas rendas após os impostos são maiores quando permanecem desempregadas. A Alemanha também aprovou leis que impedem que as empresas demitam um trabalhador sem "justa causa", e essas causas não incluem planos para reorganizar a força de trabalho após aperfeiçoar suas tecnologias.

Nesse curso, França, Alemanha e outros países acabarão perdendo ainda mais espaço na globalização, exatamente quando a mudança demográfica atingir seus orçamentos com força total. Para financiar as pensões e os cuidados com saúde que os idosos europeus e japoneses esperam, eles terão de cortar esses benefícios. Se isso não for politicamente possível – e onde foi assim? –, eles terão de elevar os impostos. Com uma força de trabalho encolhendo e uma "mordida" tributária na Europa que já está em 45%, quem pagará esses impostos mais elevados? A última alternativa são mais déficits governamentais, ano após ano, que espremerão os investimentos nos negócios e enfraquecerão suas moedas, produzindo ainda mais obstáculos sobre produtividade e crescimento, que, no final, financiam tudo.

A próxima década lidará com a incapacidade do bem-estar do socialismo-democrata de honrar seus contratos sociais básicos com dezenas de milhões de europeus, de modo muito parecido com o comunismo, que não pôde manter as promessas econômicas a seus indivíduos nos anos 1970 e 1980. Essa é uma fórmula para sérios conflitos políticos e para a polarização, e um dos piores ambientes possíveis, tanto social quanto politicamente, para a drástica desregulamentação que a Europa e o Japão precisam estimular em uma era de globalização. Isso já começou com os ataques virulentos contra os imigrantes muçulmanos em muitos países europeus, como também tumultos violentos e demonstrações na França e na Alemanha, protestando contra os passos mínimos para afrouxar regulamentações e ajustar benefícios.

Será necessário o talento político de Winston Churchill e as habilidades persuasivas de Ronald Reagan para convencer os eleitores europeus e japoneses de que, para o bem deles, devem aceitar menos benefícios e menos segurança econômica de seus governos. E a expansão da União Europeia – compreendendo dezenas de milhões de trabalhadores com os salários mais baixos da Europa Oriental e da Europa Central, que serão capazes de mudar para onde escolherem dentro da UE – somente aprofundará a crise. Esse tipo de emergência social, algumas vezes, cria um grande líder, o qual poderia emergir em um ou dois países – mas não na maioria dos lugares. Após mais do que meio século de estabilidade social e política na Europa e no Japão, essas pressões podem gerar uma nova era de políticas mais extremas tanto da direita quanto da esquerda.

Se o desafio para a Europa e o Japão fosse meramente demográfico, seria possível tentar proteger suas indústrias a estimular artificialmente o crescimento, sem se preocupar com a forma de resposta dos novos investidores e produtores estrangeiros. Se o desafio envolvesse apenas as pressões da globalização, seria possível cortar impostos e transferir recursos para a educação e os investimentos sem se preocupar tanto com os custos de pensão e assistência médica. É a convergência dessas duas forças poderosas e amplamente inalteráveis que está gerando consequências que os governos democráticos consideram tão difíceis de administrar. A menos que a maior parte da Europa e do Japão possa convencer a população a aceitar mudanças que certamente considerará radicais, até 2020 eles se encontrarão em um período de verdadeiro declínio.

Em ambas as regiões haverá bolsões de sucesso econômico. Empresas com boas lideranças podem evitar as pressões que impedem o desenvolvimento de uma sociedade por meio de estratégias de investimentos, escolhendo e deslocando operações para locais em que os impostos e tudo mais sejam menos dispendiosos. Nenhum país avançado tem sido mais resistente à desregulamentação e à mudança do que o Japão, especialmente quando há a possibilidade de afetar seu setor de serviços – o menos produtivo no mundo avançado. Mas as companhias exportadoras japonesas líderes – Sony, Toyota e outras – há muito tempo aceitaram os fatos da competição global. Enquanto muitas empresas japonesas caminharam aos tropeços, aquelas foram capazes de criar novos produtos e estratégias operacionais ano após ano – enquanto também moveram grande parte de sua produção para a China e outros países asiáticos com salários baixos.

Em uma escala maior, Irlanda, Suécia e Finlândia desenvolveram abordagens que criaram nichos econômicos de sucesso: gerar crescimento para manter uma pequena sociedade próspera por meio do desenvolvimento de algumas tecnologias de classe mundial em uma grande demanda global, ou algumas companhias multinacionais que produzem commodities globais. A Suécia reduziu drasticamente impostos corporativos e recorreu à dedicação nacional à engenharia para produzir algumas dessas empresas – Erikson, Tetra Laval e IKEA –, que abasteceram o mundo com tecnologia celular, empacotamentos baratos e móveis pré-fabricados. Na Finlândia, a Nokia, uma companhia que fazia botas de borracha, tornou-se líder na produção de telefones celulares em um período no qual a explosão de demanda pelo produto podia carregar uma economia minúscula. E em 15 anos apenas o Tigre Celta foi da posição de membro mais pobre e com o crescimento mais baixo da UE para o topo da Europa; ele combinou políticas que poderiam ajudar a atrair investimentos estrangeiros e empreendedores como, por exemplo, cortes de impostos e de gastos gerais do governo (incluindo pensões públicas e os impostos nas folhas de pagamentos que os sustentam), expansão de gastos com educação e treinamento, extinção da maior parte das restrições sobre contratação, demissão e investimento estrangeiro, além de outras medidas. A Irlanda teve a sorte de fazer tudo isso exatamente quando a globalização decolou e as companhias de tecnologia dos Estados Unidos, Inglaterra e Europa estavam procurando ativamente novos locais para expansão.

Letônia, Eslovênia e até mesmo Espanha e Polônia enviaram especialistas políticos e líderes de negócios a Dublin para verificar como seria possível importar o milagre irlandês para seus países – mas não os países muito maiores e muito mais ricos da UE: Alemanha, França e Itália não poderiam usar o milagre irlandês – especialmente quando o que funciona em um país pequeno ou em único setor não é capaz de movimentar economias grandes e muito diferenciadas que lutam com a combinação de populações em processo de envelhecimento e globalização. Na sua ausência, eles precisam administrar o desejo político de reformar seus impostos, regulamentações e pensões públicas em seus aspectos importantes. Desse modo, esses países não mais podem ter esse contrato social, o qual parecem incapazes de consertar.

Em muitos aspectos, a globalização, a demografia e a respectiva combinação desses fatores na China e nos Estados Unidos se colocam em posições mais fortes do que na Europa ou no Japão. Embora o número de pessoas idosas venha a crescer mais rapidamente nos EUA e na China do que na Europa e no Japão nos próximos 15 anos, o número de americanos e chineses em idade de trabalho também crescerá. Isso fará toda a diferença. Em 2020, os americanos idosos que necessariamente contribuirão pouco para a produtividade ainda serão menos do que 28% dos trabalhadores, e os idosos chineses serão menos do que 20% dos trabalhadores da China. Compare esse quadro com a Europa e o Japão, onde os idosos serão mais do que 50% dos trabalhadores. Além disso, o sistema de seguro social norte-americano oferece benefícios muito menores do que a maioria das outras nações avançadas (com a notável exceção do Reino Unido e da Irlanda), e a maioria dos chineses não recebe aposentadoria pública nem serviço de assistência à saúde.

Essas diferenças podem tornar a sociedade europeia mais justa e igual, e certamente mais generosa. Mas as abordagens americana e chinesa podem sustentá-los durante a próxima geração, enquanto os sistemas japonês e europeu não têm essa capacidade.

Hoje, a China e os Estados Unidos são as sociedades importantes mais profundamente pragmáticas do mundo. Ambas aceitam amplamente o mundo pelo que ele é, mesmo que as ambições norte-americanas e as estratégias domésticas da China algumas vezes excedam sua capacidade. O Japão e grande parte da Europa se apegam aos antigos compromissos e esperanças de que a globalização e sua demografia não mais deixarão de se realizarem, o que impede firmemente sua capacidade de mudança. Se eles não mudarem na próxima década, o mundo como é inexoravelmente destruirá seu bem-estar econômico, suas influências políticas e muitos de seus apreciados valores sociais.

De forma crucial e crítica, a China e os Estados Unidos devem ocupar dois polos de acomodação bem-sucedida à pressão da globalização pelo menos na próxima década. A China terá centenas de milhões de trabalhadores relativamente especializados e com baixos salários produzindo bens que o mundo todo quer, com tecnologias e métodos de negócios importados por meio da maior inundação de investimento estrangeiro direto na história. Os Estados Unidos terão muitos milhões a mais de trabalhadores e gerentes com salários elevados envolvidos na extensa rede de negócios globalizados do que haverá na Europa ou no Japão. Também terá milhões a mais de trabalhadores especializados, administradores e cientistas produzindo novos itens e serviços que o mundo também precisará, propelidos por novos negócios e pelo sistema com o maior nível científico e de educação no mundo. Finalmente, o sistema mais desregulamentado dos EUA deve levar suas companhias mais abertas a adotarem novas ondas de tecnologia e métodos de negócios, quer seja a partir da internet da próxima geração, nanotecnologias ou áreas totalmente novas conhecidas hoje apenas por cientistas e engenheiros.

A ascendência econômica da China será construída não somente sobre suas centenas de milhões de trabalhadores com salários baixos que usam tecnologias ocidentais, mas também sobre o que é notadamente o mais simples programa de modernização que o mundo já viu. Boa parte dele seria inimaginável se não fosse pelo colapso da União Soviética, embora ele tenha começado uma década antes de Mikhail Gorbachev, quando uma sucessão de líderes soviéticos esclerosados se apegaram firmemente às formas totalmente fracassadas e corruptas de planejamento de Estado desenvolvido nos anos 1950 e 1960. A maioria dos ocidentais não percebeu através da neblina da Guerra Fria, mas, no final dos anos 1970 e início dos anos 1980, Deng Xiaoping estava descartando a pureza socialista em nome da modernização econômica. Começou com um período de experiência na agricultura, um caminho sensato para um país em desenvolvimento atrasado e com imensos recursos naturais, e a experiência ensinou à geração seguinte de líderes muito sobre como administrar as transições mais amplas que os esperavam. Com uma série de ordens implacáveis, Deng relaxou décadas de controle do Estado sobre os preços e a distribuição de grãos, e, no processo, forçou centenas de milhões de agricultores, a milhares de quilômetros longe de Pequim, a saírem das colheitas intensivas em terras. A produtividade subiu, e o primeiro superávit de alimentos que a China viu em séculos levou a uma baixa de preços, deixando dezenas de milhões de fazendeiros chineses desamparados. Ao mesmo tempo, Deng repeliu a restrição de Mao com relação a empreendimentos privados em vilas e cidades, e alguns dos milhões de fazendeiros desempregados, junto a líderes locais, criaram dezenas de milhares de pequenos negócios que começaram a fornecer esses produtos a empresas estatais. Em menos de uma década, a China transferiu incontáveis milhões de trabalhadores agrícolas para outros setores – um movimento que levou duas gerações na Europa e nos Estados Unidos –, e no final dos anos 1980 os negócios nas vilas e cidades formavam o maior setor isolado no PIB e no crescimento de emprego na China.

Um salto ainda maior ocorreu com o colapso da URSS. Durante os anos 1990, a China descartou as inibições ideológicas que haviam impedido o progresso econômico e social dos soviéticos durante duas gerações. A liderança chinesa virou as costas para o axioma de Lênin que dizia que a qualidade de uma sociedade é proporcional ao tamanho de seu setor estatal, e começou a conter dinheiro público e empréstimos para indústrias estatais consideradas menos essenciais à nação. Esse processo foi tão rigoroso e abrangente que a China hoje tem um setor público oficial menor do que qualquer nação na Europa, e muito pouco ou nada maior do que o dos Estados Unidos ou Japão. Eles chegaram até a jogar fora, tranquilamente, a primazia ideológica dos trabalhadores, escrevendo uma nova plataforma de partido que tornou o desenvolvimento de produção e cultura a prioridade máxima, e que seria realizado no interesse não do proletariado, mas das massas. Mesmo enquanto alguns intelectuais europeus ainda se apegavam aos axiomas socialistas dos anos 1930, Jiang Zemin sinalizou que uma nova geração de empreendedores, o coração humano do capitalismo, seria trazida para o seio do partido e de seu programa de modernização. Enquanto os russos vendiam suas empresas estatais a seus gerentes por ações quase sem valor, e seus recursos naturais para um punhado de oligarquias em troca de empréstimos de curto prazo para o governo, os líderes chineses gradualmente e de forma implacável desfizeram grande parte das empresas estatais e permitiram que centenas de milhares de jovens chineses montassem novos negócios para assumir o lugar das estatais. Até o final dos anos 1990, o Partido Comunista da China não era mais um partido de Lênin ou de Mao. Ele jurava explicitamente encorajar empresas privadas.

A liderança sustentava suas palavras com uma rápida sucessão de reformas adicionais designadas a penetrar na força central dos mercados privados – a capacidade de transferir recursos de todos os tipos entre empresas através de setores e fronteiras. Eles jogaram fora o *hukuo*, registro geográfico nacional que restringia a migração interna de vilas, bairros ou cidades. Tão importante quanto isso, eles abriram a economia chinesa ao comércio e ao investimento estrangeiro, de modo que os novos empreendedores chineses pudessem criar alianças com companhias estrangeiras ansiosas para transferir seu capital e tecnologia. Ao fazer isso, eles minaram os empreendimentos das pequenas cidades e vilas que uma década antes haviam formado a primeira frente do capitalismo moderno chinês. Em meados dos anos 1990, seus mercados haviam deteriorado agudamente, tomados, primeiro, pelos negócios fundados no exterior e, depois, pelas companhias domésticas chinesas. Até 2005, aproximadamente 50 mil companhias chinesas contavam com parceiros externos que tinham investido mais que US$ 125 bilhões em suas joint ventures, incluindo quase US$ 90 bilhões em manufaturas.

A principal crítica ocidental a essa modernização-relâmpago, a ausência de liberdade política de qualquer tipo, tem sido uma de suas forças secretas. Diferentemente da maior parte da Europa, onde sindicatos, fazendeiros e indústrias antigas se mantêm firmes às regulamentações e restrições que preservam um *status quo* não adequado à globalização, os políticos chineses não oferecem canal algum a qualquer resistência às mudanças maciças que abalam sua sociedade. O teste real dessa abordagem pode vir nos próximos dez ou 15 anos. As mudanças que estão tornando a China uma potência econômica ocorreram, até aqui, principalmente nas cidades e regiões da costa do Pacífico. Muito semelhante aos Estados Unidos na primeira metade do século XIX, a gigantesca extensão física da China havia mantido as mudanças revolucionárias que sacodem o país centenas ou milhares de quilômetros distante da maioria das pessoas.

Durante a próxima década ou algo em torno disso, essas mudanças chegarão para centenas de milhões de chineses. Nesse curto período, a China terá de construir ou criar as complexas instituições financeiras e sociais que os países avançados do Ocidente levaram meio século ou mais para estabelecer. Hoje, a China não tem bancos privados modernos, sistemas de seguros ou de financiamentos hipotecários. Seu sistema financeiro consiste, principalmente, de vários bancos estatais enormes que são canalizadores de pequenas poupanças de centenas de milhões de chineses para empréstimos que financiam as empresas estatais remanescentes. À medida que essas empresas vão desaparecendo, os muitos bilhões de dólares de empréstimos ruins terão de ser lançados como perdas. E, como as manufaturas antes deles, as finanças chinesas importarão modernização. A menos que haja uma crise econômica – digamos, o barril do petróleo a US$ 150 –, o investimento estrangeiro aliviará o problema de insolvência de alguns dos enormes bancos estatais. De acordo com os cronogramas de atividades atuais, a China se abrirá aos conglomerados bancários ocidentais e asiáticos que administram as finanças do mundo desenvolvido. O processo já teve início com joint ventures, e será seguido em breve por uma combinação de bancos e companhias de seguro domésticas e estrangeiras. O verdadeiro desafio será político: dizer não, de uma vez por todas, a mais empréstimos para as empresas estatais fracassadas que ainda empregam dezenas de milhares de chineses.

O mesmo padrão está ocorrendo na infraestrutura. Durante a próxima década, a China construirá mais novas estradas, pontes, sistemas de cabos óticos, aeroportos, trilhos de alta velocidade, metrôs e estações de tratamento de água e esgoto do que os Estados Unidos e a Europa juntos. A liderança realmente espera que as companhias ocidentais aceitem ansiosamente os custos para a maior parte das construções na área de telecomunicações e transportes – e elas provavelmente aceitarão. Até 2005, já havia quase 600 importantes projetos de transporte e telecomunicações com parceiros estrangeiros que tinham investido mais de US$ 6 bilhões. Para suas formas de infraestrutura pública, a China terá de levantar muitas centenas de bilhões de dólares a partir da base tributária em rápido crescimento.

A China necessita de estradas modernas, sistemas de trânsito, aeroportos e estações de tratamento não apenas para tornar sua economia eficiente da maneira básica que as sociedades avançadas aceitam, mas também para criar uma economia nacional mais integrada a partir de suas dezenas de milhares de cidades. Enormes disparidades econômicas entre pessoas no litoral e no interior do país já são aparentes para a maioria dos chineses. Se o hiato piora, pode promover o tipo de demanda social popular com a qual a China nunca lidou com êxito. Para uma liderança compromissada com a negação dos direitos políticos, uma infraestrutura moderna é o caminho para estender uma promessa realista de prosperidade a dezenas de milhares de cidades e municípios menores nas regiões centrais e ocidentais, e reduzir pressões que poderiam tornar-se ressentimentos explosivos.

Na mesma década, a China também terá de construir um sistema de bem-estar social que possa oferecer alguma forma de segurança para aposentadoria, assistência à saúde e compensação por desemprego. Esses sistemas também podem ajudar a levar centenas de milhões de homens e mulheres chineses comuns – deslocados e desorientados pelas ondas de mudanças radicais que emanam de Pequim – a essas mudanças. Com o tempo – não muito tempo, a julgar pelos registros –, a China importará serviços de consultoria de empresas e de governos ocidentais para ajudar a estabelecer esses sistemas. Em 2005, mais de 4.500 projetos de joint ventures estrangeiros em serviços sociais e cuidados com saúde já estavam em andamento, com mais de US$ 8 bilhões de investimentos estrangeiros. Além disso, por quase uma década a China tem convidado representantes ocidentais a visitar e explicar esses sistemas a eles.

Eu soube disso em primeira mão. Em 1999, quando eu era subsecretário de Comércio para Assuntos Econômicos, fui convidado a ir a Pequim com Janet Yellen, então presidente do Conselho de Consultores Econômicos (Council of Economic Advisors), do presidente Clinton, e Roger Ferguson, vice-presidente do Federal Reserve. Passamos três dias nos deslocando de um prédio governamental cinzento a outro, falando sobre maneiras diferentes como os governos podem dar apoio às pessoas quando envelhecem ou perdem seus empregos. Por trás da retórica oficial chinesa de "socialismo baseado no mercado", um oficial após outro fez muitas perguntas básicas sobre administração pública e finanças no Ocidente. O que se faz com relação a pensões para pessoas que não podem ou não irão trabalhar? Como se pode pagar por tudo isso sem afetar o crescimento? Que papel o governo local pode ter? As reuniões culminaram com uma audiência com o primeiro-ministro em uma grande sala de reuniões ornamentada em dourado, no prédio em que a liderança da China vive e trabalha, à beira de um lago privado no meio de Pequim. Na condição de representante oficial sênior, o dr. Yellen sentou em uma plataforma elevada com o primeiro-ministro, enquanto o restante sentou em cadeiras ordenadas por posto. Enquanto mulheres jovens em vestidos de seda longos serviam chá, o primeiro-ministro falava sobre as tarefas de modernização da economia sem um murmúrio sequer sobre socialismo.

Na tentativa de realizar tudo isso, a China apresenta vantagens incalculáveis. Primeiro, porque a globalização está trabalhando a favor desse país. Quando Inglaterra, Alemanha, França e Estados Unidos aceitaram desafios similares, cada um começou do nada. Ou a tarefa nunca havia sido tentada, ou eles imaginavam que tinham pouco a aprender com aqueles que já haviam feito isso. A China está se modernizando em um período de redes de negócios mundiais em movimentos muito rápidos e estabelecendo relações governamentais globais. Nos próximos 15 anos a China escolherá as melhores corporações multinacionais ocidentais para construir e administrar inicialmente seus novos e modernos sistemas, enquanto suas próprias companhias domésticas se tornam fornecedores e, finalmente, concorrentes.

A China apresenta outra vantagem inestimável. Diferentemente da maioria das sociedades democráticas, o país não tem apenas líderes políticos totalmente comprometidos com mudanças radicais, mas um consenso único para realizá-las entre quase todos que poderiam afetar seu sucesso. Isso vai bem além da ausência de partidos de oposição e grupos de interesse privado que usualmente obstruem grandes mudanças em todas as outras situações. Ao aceitar as enormes incumbências envolvidas em sua modernização rápida como um relâmpago a China até aqui evidenciou extraordinária unidade de propósito e disciplina, e uma surpreendente ausência de hesitação, apoiada pelo poder e o aparato do Partido.

Em 2020, os Estados Unidos serão a única superpotência militar do mundo, sem qualquer outro país próximo a ele. Mas a globalização também apoiará a ascendência geopolítica da China, pois não apenas está gerando os recursos para o país construir uma moderna estrutura militar com uma economia moderna, mas também está estendendo sua influência sobre a economia de todos os outros países importantes voltados para o mercado. Os círculos políticos desses países sempre acompanharão respeitosamente aqueles que podem afetar sua economia.

A China tem outro trunfo para usar no jogo da geopolítica nos próximos 15 anos: a única superpotência sem similar próximo torna todos nervosos. De Paris a Moscou e de Deli a Tóquio, sempre que seus interesses se veem envolvidos em um conflito ou um problema em algum outro lugar, levanta-se a questão sobre o que Washington fará e como poderia influenciar no ocorrido. Somente em raras ocasiões qualquer país sozinho será capaz de pressionar os EUA de maneira significativa. Mas com o envolvimento cada vez mais profundo dos EUA e da China nas questões econômicas recíprocas, uma posição comum entre Europa e China, ou Rússia e China, ou Japão e China, fará com que Washington pelo menos ouça.

Isso tudo sugere que as questões geopolíticas centrais nos próximos 15 anos serão a forma de evolução da relação sino-americana. Enquanto a Europa, o Japão e a Rússia tentarão influenciar quando o problema assim exigir, os Estados Unidos sempre estarão à espreita para cooperar com ou conter o poder crescente da China, administrando questões globais inevitáveis, como a crescente dependência de petróleo da região mais instável do mundo; a ameaça de terrorismo nuclear e as crises financeiras que ainda são parte do DNA dos mercados de capitais globais. Em algumas ocasiões, os Estados Unidos certamente tratarão a China como uma ameaça, uma atitude evidente pela expansão acelerada de suas instalações militares no solo de muitos vizinhos da China. Como rival ou parceira, o poder e a riqueza crescentes dos chineses exigirão o preço mais alto que uma superpotência única pode pagar – seu reconhecimento da influência e dos desejos da China, pelo menos na Ásia.

Não há como de optar por fugir desse futuro. Nenhum país tem a liberdade de decidir que simplesmente não gosta do que a demografia, a globalização e a nova forma da geopolítica reservam para ele. Optar por sair não será, dessa vez, uma alternativa maior do que foi na época da industrialização em massa e do surgimento do militarismo na Alemanha. Como naquele período, cada país acabará entendendo como se adaptar a essas forças. Nada no horizonte pode alterar substancialmente ou compensar as forças fundamentais prontas para tornar mais lenta a mobilidade para cima de centenas de milhões de pessoas através da Europa, Japão e mesmo nos Estados Unidos. Nenhuma decisão ou evento nos próximos 15 anos pode desfazer o rápido crescimento do pool de mão de obra educada nos maiores países do mundo, em processo de rápido desenvolvimento e munidos com o capital e a tecnologia das companhias globais dos EUA, Europa e Japão. E no mesmo período apenas os eventos mais extremos e históricos poderiam desfazer a situação de superpotência militar e econômica dos Estados Unidos e a ascendência da riqueza e da influência da China.

Capítulo 2

O terremoto demográfico

O quadro geral

QUALQUER PESSOA CONSEGUE lembrar-se de que as economias mais avançadas cresceram o suficiente para permitir que a maior parte da população melhorasse continuamente suas condições de vida. Em décadas recentes, os governos de todos os países avançados também prometeram, de modo crível, a seus cidadãos, que quando eles se aposentassem o padrão de vida básico deles não declinaria de modo significativo. Em ambos os casos, a demografia essencial desempenhou papel crucial, expandindo continuamente a força de trabalho que cria riqueza e paga os impostos que sustentam os que estão aposentados. No entanto, essas demografias têm mudado de tal modo que nos próximos dez ou 15 anos isso afetará significativamente o padrão de vida e a garantia de aposentadoria de centenas de milhões de pessoas.

Durante centenas de anos, em quase todo país, cada geração era apenas modestamente maior ou menor em tamanho do que aquelas que vieram imediatamente antes ou depois dela. Até a segunda metade do século XX, a história registra apenas um punhado de casos em que eventos extraordinários – uma terrível praga ou guerra, ou uma grande onda de imigrantes – afetaram o tamanho relativo de uma geração de modo significativo, e isso somente em um ou dois países. Desde a Peste Negra, há 650 anos, não houve exemplos de muitas sociedades que vivenciaram gerações significativamente menores ao mesmo tempo. E não há qualquer registro de países em todos os continentes produzindo em sequência, repentinamente, gerações baby boom e baby bust, ou seja, maior e menor do que as que as precederam.

Governos e sociedades modernas tratam naturalmente muitas de suas responsabilidades básicas com esse padrão persistente em mente. Comunidades constroem escolas e ruas para durar décadas, confiantes de que haverá crianças para ocupá-las e carros para andar nas ruas daqui a 20 ou 40 anos. Todo país moderno também assumiu uma expansão populacional relativamente estável para moldar sua abordagem básica, de modo a promover empregos e crescimento e oferecer segurança social.

Esse padrão foi quebrado com uma intensidade sem precedentes nas duas últimas gerações. Primeiro, por diversas razões, em diferentes sociedades, uma geração com forte expansão da taxa de natalidade, muito maior e com mais longevidade do que a que a precedeu, surgiu em país após país; e foi seguida por uma geração com encolhimento da taxa de natalidade, significativamente menor, não apenas em relação àquela que a produziu, mas também, em termos de taxa de nascimentos, menor do que qualquer outra em séculos. Essas gerações com expansão e contração surgiram em série, praticamente em todas as regiões do mundo, exceto na África Subsaariana e em partes do Oriente Médio.

Essas grandes mudanças demográficas ajudarão a moldar os acontecimentos econômicos e sociais de todas as nações nos próximos dez ou 15 anos. À medida que os nascidos na geração baby bust forem alcançando a idade adulta, seu número reduzido desacelerará o crescimento da força de trabalho ou até mesmo causará contração no número de trabalhadores. Inevitavelmente, esse quadro reduzirá as taxas de poupança e de investimentos e, com elas, a capacidade de crescer em termos econômicos. À medida que a geração baby boom chega à aposentadoria, no mesmo momento em que a geração baby bust chega à idade adulta, o número desproporcional de pessoas da geração baby boom prejudicará as finanças governamentais ao redor do mundo, produzindo debates políticos violentos e desacordos quanto ao aumento dos impostos sobre as famílias trabalhadoras já em dificuldades financeiras; cortará benefícios, como pensões básicas e de assistência médica, de dezenas de milhões de pessoas idosas; e muito mais que isso. Por trás de estatísticas populacionais, essas ondas demográficas afetarão de modo vital o conforto e a segurança na vida da maioria das pessoas.

Esses eventos imutáveis atingirão especialmente as pessoas no Japão e em grande parte de Europa, porque suas gerações baby bust são tão pequenas que suas forças de trabalho começarão a encolher ano após ano. Em tempos bons, suas economias serão capazes de expandir talvez 1 a 2% ao ano, deixando dezenas de milhões de famílias trabalhadoras com pouca perspectiva de melhorar suas condições. Os efeitos sociais e políticos podem ser tão intensos quanto os econômicos. Otimismo e grande apoio público a políticas de consenso ocorrem tipicamente em locais com crescimento econômico. Em muitos países na Europa, atitudes sociais críticas podem lentamente aflorar, deixando o desapontamento e a raiva evidentes, como recentemente ocorreu entre minorias étnicas economicamente marginalizadas na França, Dinamarca e Alemanha. E quando essas economias irrompem em recessão, de tempos em tempos, como sempre acontece, as contracorrentes da globalização podem reduzir a renda da maior parte de seus habitantes com uma intensidade não vista desde os primeiros anos do pos-guerra. Nos próximos dez ou 15 anos, milhões de famílias de classe média em Lyon, Munique, Turim, Osaka e centenas de outros lugares provavelmente descobrirão que não poderão mais desfrutar do conforto normal de uma vida de classe média como a deles. Milhões de filhos dessas famílias podem questionar ou rejeitar os valores de seus pais, como trabalhar arduamente e seguir algumas regras, mais ainda do que muitos jovens já fazem de fato. Se a história serve como guia, essas tensões econômicas também aumentarão a incidência de casamentos desfeitos, depressão, crimes e uma série de outros problemas pessoais e sociais – e haverá pouco que qualquer pessoa poderá fazer para realmente mudar sua condição.

Os conflitos políticos e sociais serão particularmente severos na Itália, Alemanha, França e em outros países, que terão de enfrentar custos em rápido crescimento por conta da aposentadoria de suas respectivas gerações baby boomer dentro de sistemas de previdência que estão entre os mais generosos do mundo. As opções para seus líderes se resumirão em elevar os impostos incidentes sobre a geração baby bust trabalhadora, já em dificuldade financeira e descontente, desapontar um número enorme de idosos da geração baby boom, ao cortar seus benefícios, ou ao tentar proteger a própria carreira política, fazendo empréstimos de dezenas de bilhões de euros e de dezenas de trilhões de ienes – incapacitando ainda mais o crescimento econômico de seus países. Alguns países europeus escaparão do pior nesse processo. A Irlanda evitará a maior parte desses problemas e estresses, com base na forte imigração para o país, nas taxas de natalidade relativamente elevadas em sua geração baby bust, nos benefícios como pensões públicas comparativamente menores e no fato de ser a economia europeia com melhor desempenho. A insatisfação dos britânicos também deve ser menos severa do que a que está reservada para a Alemanha, Itália e França. Não somente a demografia dos britânicos é menos inclinada, como também o legado de profundos cortes nas pensões estatais ocorridos uma geração atrás reduzirão os problemas financeiros e políticos relacionados à aposentadoria dos cidadãos de sua geração baby boomer. Mas esses cortes gerarão os próprios problemas, visto que, quando os benefícios da aposentadoria sofrerem lenta contração nos próximos dez a 15 anos, os líderes britânicos terão de elevar impostos e dívida pública para amenizar o problema – o caminho provável – ou pagar a milhões de britânicos idosos uma aposentadoria em situação de penúria.

Os desafios demográficos dos EUA serão menos terríveis do que aqueles que a maioria dos países avançados enfrentará. A taxa de natalidade relativamente elevada desse país criou uma geração baby boom maior do que as que foram vistas na Europa e no Japão; porém, um declínio subsequente menos severo nas taxas de natalidade e a forte imigração também produziram uma geração baby bust relativamente maior. Novos imigrantes representam mais do que a metade do crescimento da força de trabalho norte-americano desde 1990; e, entre todos os principais países mais avançados, somente a força de trabalho dos EUA continuará a crescer a taxas decentes nos próximos dez ou 15 anos. A tensão política decorrente da aposentadoria da geração baby boomer também será menos severa nos Estados Unidos, porque haverá mais pessoas em idade de trabalho para pagar as pensões e porque os idosos têm direito a pensões públicas menores do que a maioria dos europeus. Problemas sérios para o sistema de seguridade social dos Estados Unidos acabarão emergindo, mas não por uma década ou até depois de 2020. Como veremos adiante, a área em que a demografia provavelmente causará rupturas na prosperidade e na política dos EUA nos próximos anos é a de assistência médica aos idosos.

No mundo em desenvolvimento, a perspectiva é mais favorável aos trabalhadores dos Tigres Asiáticos, onde amplas reformas econômicas e investimentos em educação permitiram que sua geração com taxas elevadas de natalidade construísse a economia mais rica que sua população já viu. Em contraste, em grande parte da América Latina o bolsão de novos trabalhadores da geração baby boomer pode gerar profundas tensões econômicas e políticas, porque seus governos deixaram de reformar a economia de modo que pudessem criar empregos para a geração baby boomer; e negligenciaram os investimentos educacionais que poderiam ter feito com que grupos de indivíduos da geração baby boomer fossem utilizados em ativos produtivos.

A população da China está envelhecendo mais rapidamente do que qualquer outra no mundo, inclusive uma geração baby bust com a mais aguda queda em nascimentos do que em qualquer outro local; mas algumas características únicas ainda produzem uma perspectiva amplamente favorável. Bem antes de 2020 uma geração baby boomer maior do que a população combinada dos Estados Unidos e da Europa, e o mais extensivo e inexorável programa de modernização jamais visto, tornarão a China a segunda maior economia no mundo. Além disso, grande parte do impacto do severo baby bust deve ser compensada com o enorme salto em produtividade do país, à medida que as reformas econômicas vão movendo centenas de milhões de pessoas da agricultura do século XVIII para a indústria e o comércio do século XXI. A menos que a coesão social e política da China comece a se desfazer, seu extraordinário progresso econômico fará com que o estímulo econômico supere as taxas de natalidade em forte queda. Mas as ondas demográficas da China ainda podem gerar tensões sociais e políticas consideráveis. A decisão da liderança quanto a retirar, nos anos 1980 e 1990, a maioria das pensões públicas e as garantias com assistência à saúde, com o objetivo de ajudar a financiar a modernização, dará origem a duas grandes questões em aberto para a nova geração de líderes: a geração baby boomer da China aceitará aposentadorias pobres, enquanto o país cresce em riqueza, ou a geração baby buster aceitará menor crescimento para financiar a restauração gradual das pensões e da assistência médica para seus pais e avós? Com a perspectiva de quase 170 milhões de chineses idosos até 2020 – número maior do que a população atual de todos, exceto de quatro países –, a China pode ser forçada a reconstruir algo semelhante ao suporte social antigo ou enfrentar intranquilidade social.

As ondas demográficas em diferentes países

Até o início do século XVIII a população mundial havia crescido lentamente, porém, de modo contínuo, durante centenas de anos. Levou três séculos, de 1500 a 1800, para a população global dobrar. Mas no começo dos anos 1800 o crescimento da população acelerou, especialmente nos países em industrialização; e o número de pessoas no planeta aumentou em mais de 75% em 100 anos. No padrão típico, as sociedades que haviam sido organizadas em torno de famílias grandes e com períodos curtos de vida começaram a mudar quando melhorias no saneamento básico e na saúde pública permitiram que mais crianças sobrevivessem durante a infância e a adolescência, e que mais adultos vivessem mais tempo. Com vida mais longa, mais pessoas começaram a demandar educação, de modo que pudessem ganhar mais e poupar para compras maiores, possivelmente até para a aposentadoria. Começando na Europa e nos Estados Unidos, esse padrão se tornou parte essencial da transição à modernidade praticamente em todos os lugares. No início do século XX a expectativa de vida aumentara acentuadamente no Ocidente; mas como as mudanças levaram várias gerações para se desenrolar, ela não produziu inicialmente uma geração do tipo baby boomer.

Na segunda metade do século XX outros fatos se acumularam para produzir as gerações baby boomer não apenas no Ocidente, mas na maioria dos países. Nas nações industrializadas, as taxas de nascimento aumentaram de modo acentuado no início do período pós-Segunda Guerra Mundial; em parte, como eco de uma pequena expansão da taxa de natalidade que havia ocorrido após a Primeira Guerra Mundial e pela epidemia causada pelo vírus *influenza* em 1918-1919, e em parte como resultado de decisões de milhões de casais no sentido de adiar o começo de suas famílias durante a Grande Depressão e a Segunda Guerra Mundial. Em grande parte do mundo em desenvolvimento as taxas de natalidade não aumentaram após a Segunda Guerra Mundial; mas, como o Ocidente nos anos 1800, avanços no saneamento básico e na saúde pública reduziram de modo significativo as taxas de mortalidade de bebês e crianças. Mas, em contraste com a Europa e os Estados Unidos no século XIX, em que a melhoria gradual nos sistemas de esgoto e de saúde pública causou aumentos graduais na população, muitas nações em desenvolvimento na segunda metade do século XX replicaram os sistemas de saneamento básico e de saúde pública em uma década ou menos, gerando um aumento grande e abrupto no tamanho de suas gerações do pós-Primeira Guerra Mundial e do pós-Segunda Guerra Mundial.

Durante 150 anos antes do último baby boom do século XX os cientistas ocidentais e os críticos sociais se preocuparam com o que poderia acontecer a um país se sua população crescesse de repente de forma rápida. Com o que sabemos hoje, a maioria se esquivou. Citando Thomas Malthus no final do século XVIII, os pessimistas achavam que populações em rápido crescimento levariam a maioria dos locais com essa expansão a quedas em espirais, já que os novos seres a alimentar, vestir e manter aquecidos consumiriam seus recursos ou forçariam todos a abandonar suas profissões e suprir essas necessidades. A visão sombria subestimava muito a engenhosidade das pessoas na maioria das sociedades, especialmente a habilidade de descobrir maneiras de expandir colheitas, fornecer combustíveis, e a maior parte de tudo mais que seu país pudesse necessitar – ou, em uma era global, sua habilidade de adaptar com êxito estratégias de outros lugares. Seria desnecessário mencionar a visão de Malthus hoje, apenas o fato de que há pouco tempo, nos anos 1970, o Conselho Populacional das Nações Unidas (United Nations Population Council), a Academia Nacional de Ciências dos Estados Unidos (U.S. National Academy of Sciences) e comissões na Europa e nos EUA solenemente previram que os baby booms reduziriam drasticamente o crescimento em quase toda parte.

Uma visão oposta e muito mais otimista veio do ganhador do Prêmio Nobel Simon Kuznets e pela economista dinamarquesa Ester Boserup: uma população em expansão leva naturalmente ao progresso e ao crescimento, não apenas porque a pressão sobre os recursos faz com que os engenheiros e cientistas se concentrem no problema, mas também porque uma população maior significa, em geral, mais pessoas inteligentes e motivadas; e porque sociedades maiores podem tirar vantagem de maiores economias de escala. Essa visão não se mostrou equivocada – isso simplesmente não acontece sempre. As gerações baby boomer atingiram a maior parte da América Latina nos anos 1960 e 1970, que por essa linha de pensamento deviam ter trazido boom econômico no final dos anos 1980 e 1990. De fato, as economias na América Latina se contraíram quase 1% anual ao longo dos anos 1980 e cresceram apenas 1,6% ao ano nos anos 1990. É necessário mais do que um número expressivo de pessoas inteligentes para lidar com a demanda de uma população em rápido crescimento – as pessoas têm de ser bem-educadas e treinadas, todas têm de receber cuidados com a saúde e os líderes de um país têm de apoiar as mudanças que aliviam os eventuais problemas.

A visão que faz mais sentido sobre o que realmente aconteceu é que um país com uma população em rápido crescimento pode progredir e crescer quando toma decisões específicas que colaboram com o progresso. À medida que o número de jovens aumenta, por exemplo, os investimentos sociais em saúde e educação, as oportunidades de emprego também têm de aumentar, pelo menos na mesma proporção. Famílias, negócios e governo têm de poupar mais do que ganham ou recebem com impostos, de modo que possam pagar por mais professores, escolas, hospitais, clínicas e médicos. O país tem de continuar a poupar à medida que suas gerações vão se tornando velhas demais para trabalhar, a fim de financiar investimentos públicos em estradas e telecomunicações, investimentos privados em tecnologias, fábricas e edifícios comerciais que todos os novos trabalhadores necessitarão para se tornar produtivos. Em países que favorecem os mercados, como, por exemplo, os Estados Unidos, ou em menor grau, parte da Europa, as políticas tributárias mudaram para encorajar níveis maiores de poupança necessários no sentido de expandir o investimento privado. Em regiões mais céticas quanto aos mercados, incluindo aí a maior parte da Ásia dos anos 1960 e 1970, quando suas gerações baby boomer entraram para a força de trabalho, muitos investimentos decorreram de grandes subsídios do governo, impulsionados por políticas industriais.

Com as incontáveis diferenças entre as nações, alguns países estão sempre à frente de outros no desenvolvimento de tecnologias e de métodos de negócios que possam ajudar a tornar uma geração baby boom próspera. Como inúmeros países atualmente compartilham acesso uns aos outros, os demais podem tentar levar as companhias que detêm as tecnologias e o pessoal que sabe como usá-las, incitando-as a investir e se estabelecer em seus países – uma das dinâmicas centrais da moderna globalização. Se uma sociedade em desenvolvimento educou sua geração baby boomer, pode oferecer às companhias estrangeiras um grande número de trabalhadores especializados que aceitam trabalhar com salários relativamente baixos. Ela não tem de permitir apenas que companhias estrangeiras invistam lá; também tem de proteger suas propriedades e ideias e criar um ambiente econômico e político estável que reduza o risco de que os investimentos desapareçam em uma revolução, uma hiperinflação ou uma epidemia mortal.

Onde tudo isso aconteceu – mais notavelmente na Ásia desde os anos 1970 –, a geração baby boom ajudou a gerar crescimento econômico. Onde não ocorreu – na maior parte da América Latina, em partes da Europa Oriental e da Europa Central, na União Soviética e em grande parte da África –, gerações com taxas elevadas de natalidade trouxeram desaceleração econômica ou situações piores que os malthusianos esperavam. Onde isso não ocorreu inicialmente, apenas mais tarde – notadamente na China e na Índia –, longos períodos de estagnação econômica foram seguidos por grandes surtos de crescimento.

Quando a geração baby boomer chegou aos países mais avançados do mundo, eles já dispunham das provisões sociais básicas que podiam transformá-la em ativos econômicos nacionais. No Japão, na Alemanha, na França e em outras importantes sociedades europeias melhorias na educação e na saúde eram parte do processo de reconstrução que ocorreu após a Segunda Guerra Mundial, e junto com o amadurecimento de suas gerações baby boomer no mercado de trabalho essas reformas colaboraram em seus "milagres econômicos" dos anos 1960 e 1970. Os Estados Unidos também desempenharam papel singular como patrocinador tácito da prosperidade da geração baby boomer tanto em outras economias avançadas quanto em nações em desenvolvimento. Enquanto a Europa estava se reconstruindo, os EUA criavam novas tecnologias e métodos de negócios que ajudaram no salto inicial dessa reconstrução e nos milagres da Ásia Oriental. Nos anos 1970 e 1980 o Japão e a Alemanha também se tornaram fontes de tecnologia e de métodos de negócios que impulsionavam o crescimento para o restante do mundo – até os anos 1990, quando as políticas industriais persistentes do Japão e as obstruções do estado de bem-estar da Alemanha os aprisionaram. Até então, as companhias e as instituições financeiras americanas estavam expandindo agressivamente seus investimentos diretos e financeiros no exterior, tornando os Estados Unidos o agente estrangeiro líder da recente industrialização turbinada na China, Coreia do Sul e em outros países.

De outras maneiras também os Estados Unidos têm sido a economia indispensável no mundo ao longo das ondas demográficas do último meio século. As economias em desenvolvimento bem-sucedidas e com pronunciadas gerações baby boomer apresentam tipicamente altas taxas de poupança, que podem financiar aumento da oferta de educação, saúde públicas e negócios nativos de que necessitam para fazer verdadeiros progressos. O outro lado de poupança nacional elevada é o baixo consumo. Portanto, todos os trabalhadores na Ásia e em outros lugares tiveram de vender seus bens a outras pessoas. A partir dos anos 1950, os Estados Unidos progressivamente e algumas vezes unilateralmente abriram seus mercados para bens importados, oferecendo aos consumidores o que muitos outros países necessitavam vender para manter a economia conduzida por investimentos em crescimento. Como realmente aconteceu, os EUA fizeram isso não porque seus economistas acreditavam ser a melhor opção, mas porque os presidentes, desde Truman até Carter, ofereciam um mercado estrangeiro rico a qualquer país que se alinhasse com os Estados Unidos na Guerra Fria. Por quase 40 anos esse comércio geopolítico isolou amplamente o bloco soviético, bem como seus aliados, Índia, China, Cuba e Coreia do Norte, da riqueza e dos avanços tecnológicos do Ocidente, negando a eles recursos indispensáveis para suas gerações em forte crescimento.

Embora muitos pensadores tivessem ponderado o impacto de uma população em rápido crescimento, poucos pensaram o suficiente sobre por que as taxas de natalidade poderiam repentinamente desacelerar de modo acentuado – até que isso começasse a acontecer no mundo. Verificou-se que muitos dos mesmos fatores que expandiram o tamanho da primeira geração do pós-Segunda Guerra Mundial também provocaram a redução de tamanho das segunda e terceira gerações. Quando as taxas de mortalidade de bebês e crianças caíram nas nações em desenvolvimento da Ásia e na União Soviética, dezenas de milhões de casais perceberam que poderiam alcançar o tamanho de família que queriam com menos filhos – e as taxas de natalidade começaram a cair. Em 1950, uma mulher tailandesa ou sul-coreana típica tinha seis filhos; hoje, o número médio é dois. Saneamento básico e assistência à saúde decentes não apenas reduziram as doenças e a mortalidade infantil como também estenderam a vida média dos adultos. Na Ásia, a expectativa de vida aumentou de 43 anos em 1950 para 72 anos atualmente. Na Europa Ocidental, Japão e Estados Unidos, onde essas melhorias básicas eram história antiga, novas tecnologias médicas, ganhos de renda e mudanças no estilo de vida também reduziram as taxas de mortalidade na meia-idade e nos primeiros anos de aposentadoria. De 1960 a 2000, a expectativa de vida aumentou sete anos nos Estados Unidos, nove anos na França e 13 anos no Japão; e boa parte veio da vida mais longa das pessoas na faixa dos 50 anos ou ainda mais idosas. Esse processo não está encerrado. Do mesmo modo que a vacinação de crianças e adolescentes foi desenvolvida plenamente nas duas primeiras décadas da geração baby boom – reduzindo a mortalidade infantil –, os anos de aposentadoria desses nascidos na geração baby boomer poderão presenciar grandes inovações na gerontologia, como também na cura de um grande número de doenças nos adultos. Muitos cientistas acreditam que nos próximos 20 anos as linhas de pesquisas atuais em biotecnologia e com genomas aumentarão a vida média em mais outra década.

Expectativas de vida maiores contribuíram para a desaceleração das taxas de nascimento. À medida que a maioria das pessoas se acostuma com a probabilidade de viver mais na velhice, seus horizontes de tempo ampliam. Diante de um futuro mais longo, as pessoas ao redor do mundo aumentaram suas poupanças e gastos com educação – e maiores poupanças e mais educação, ao lado de progresso tecnológico, estimularam mais investimentos em negócios. O resultado final foram mais oportunidades econômicas, especialmente para que o mundo feminino trabalhasse fora de casa. De 1950 a 2000, a parcela de mulheres americanas adultas que trabalham saltou de 37 para 77%; e o aumento do número de mulheres economicamente ativas nos países europeus era comparável. Quando as mulheres têm emprego, tendem a ter menos filhos – especialmente quando um controle de natalidade barato também está disponível. O primeiro contraceptivo oral foi desenvolvido nos anos 1950 pelo dr. Gregory Pincus; e nos anos 1970 as pílulas de controle de natalidade, os DIUs e os abortos nos estágios iniciais de gestação estavam todos amplamente disponíveis e eram usados na Europa e nos Estados Unidos. E com as preocupações nos anos 1970 com os "limites de crescimento", na ausência de controle populacional, os Estados Unidos disseminaram o evangelho e as tecnologias de planejamento familiar para grande parte do mundo.

Do mesmo modo que a onda de gerações baby boomer se moveu da Ásia Oriental e do Japão para a Europa Ocidental e para os Estados Unidos, e, então, para a China, América Latina e Europa Oriental e Central, as subsequentes gerações baby buster seguiram o mesmo caminho. Hoje, o declínio nas taxas de natalidade está em franco progresso na China, Centro-sul da Ásia e América Latina, seguido mais recentemente pela Índia e Bangladesh. A África do Norte e o Oriente Médio alcançaram índices de vida mais longos recentemente, e se a experiência do restante do mundo é um guia apropriado, suas taxas de natalidade começarão a cair.

Dois locais estão separados dessas mudanças demográficas históricas. Uma geração baby boom moderna nunca ocorreu na África Subsaariana porque avanços nas condições básicas de saúde e educação não ocorreram em larga escala, e fome, guerras e a epidemia de Aids e outras doenças mortais continuam a manter a expectativa de vida baixa. O outro caso especial é a Rússia. A União Soviética teve uma geração baby boomer típica do pós-guerra, que foi seguida por uma geração baby buster normal nos anos 1970 e 1980. Um breve aumento nas taxas de natalidade se seguiu no final dos anos 1980, mas a taxa de nascimento voltou a cair sensivelmente, pela metade, nos anos 1990. Na última década, a população russa diminuiu em 3 milhões, e se espera que caia outros 3 milhões na próxima década.[1] Além disso, a expectativa de vida entre os homens russos começou a declinar nos anos 1960, alcançando apenas 59 anos em 2003, menor do que a expectativa de vida masculina em países como Egito, Guatemala e Vietnã. Essa tendência acelerou nos anos 1990, incluindo aumento acentuado nas taxas de mortalidade infantil, na medida em que os gastos com saúde pública despencaram nos países mais pobres do mundo: em 2003, o gasto *per capita* com saúde na Rússia era somente 3% do gasto *per capita* com saúde nos Estados Unidos.[2] A combinação de baixas taxas de natalidade e taxas de mortalidade em ascensão tornou a Rússia o primeiro exemplo nos tempos modernos de um país desenvolvido em que a expectativa de vida e a população total estão ambas diminuindo acentuadamente.

Embora esse padrão de expansão e de contração nas taxas de natalidade seja evidente em quase todo o mundo, muitos países apresentam condições que criam variações notáveis na intensidade de sua onda demográfica. Essas variações terão amplas consequências no destino das sociedades nos próximos dez ou 15 anos.

De início, durante ambas as fases de expansão e contração das taxas de natalidade os americanos geraram comparativamente mais crianças do que a maioria dos europeus e japoneses. Nas décadas de boom, nos anos 1950 e 1960, a taxa de natalidade americana era quase 50% maior do que na Suécia, aproximadamente 30% maior do que a dos britânicos ou a dos alemães, cerca de 20% maior do que na França ou na Itália, e 16% maior do que no Japão. Nos anos de redução das décadas de 1970 e 1980, a taxa de natalidade caiu quase tanto nos EUA quanto na Europa – mas a partir de suas taxas de expansão, muito mais elevadas. (A Suécia é uma exceção a esse padrão, começando com as taxas mais baixas da Europa durante a expansão e, então, declinando menos durante o período de contração.) O resultado é que a taxa de natalidade americana durante os anos de boom ainda era 40% maior do que na Alemanha, quase 25% maior do que na Itália ou na Suécia, 15% maior do que na Inglaterra e 6 a 7% maior do que na França ou no Japão. Além das taxas de natalidade consistentemente mais elevadas, os Estados Unidos também têm permitido com frequência imigrações muito maiores. Nos anos recentes, a taxa líquida de migração para os Estados Unidos foi quase dez vezes maior do que no Japão, quatro vezes maior do que na França, duas vezes a da Itália e da Inglaterra e 50% maior do que na Alemanha.

Além dos números, a imigração teve efeitos muito distintos na Europa e nos Estados Unidos. Uma parcela significativa da recente imigração para os EUA é composta de pessoas de muito longe – quase um terço sai da Ásia ou da Europa –, e com frequência elas já têm níveis elevados de educação e treinamento. Os outros dois terços vêm principalmente do México e do restante da América Central, e, em geral, ocupam empregos de baixo nível na agricultura, hotéis, restaurantes e serviços pessoais que muitos americanos desprezam. Em contraste, quase 90% dos imigrantes na Europa vêm da própria Europa, muitos de países islâmicos, e competem por empregos que os jovens europeus menos educados ficam felizes em aceitar, por conta dos benefícios e garantias que oferecem. Na Europa, a imigração é uma questão profundamente passional, misturada com religião e medo de terrorismo, e os imigrantes atuais contribuem pouco para a maior parte das economias europeias. Certamente, a imigração é controversa nos Estados Unidos, mas a questão para a maioria dos americanos é como integrar da melhor maneira os milhões de pessoas nascidas no exterior que agora vivem lá – e não como enviá-las de volta para onde estavam da maneira mais rápida possível.

A próxima geração não apoiará os da geração baby buster no Japão e na Europa, porque suas baixas taxas de natalidade já entraram na segunda geração. Em alguns casos, as taxas de natalidade ainda estão declinando, reduzindo o número de futuras mães e também de futuros filhos. Nas tendências atuais, as Nações Unidas projetam que a Europa Ocidental terá aproximadamente menos 2 milhões de crianças abaixo de 14 anos em 2020 do que tinha em 2005 – um declínio de 7%. Há diferenças entre essas nações, mas o resultado final é semelhante. Espera-se que a França e o Reino Unido tenham de 3 a 4% menos crianças em 2020 do que tinham em 2005, enquanto o número de crianças alemãs e japonesas despencará em cerca de 9%. O pior caso é o da Itália, onde o número de crianças cairá mais do que 1 milhão, ou seja, acima de 12%, até 2020. Uma exceção a esse padrão da segunda geração é a Suécia, que em 2020 deve ter aproximadamente o mesmo número de crianças que tem hoje.

O número de crianças norte-americanas, contudo, permanece extraordinariamente alto. O baby bust deu lugar a um eco do baby boom, em grande parte devido às elevadas taxas de natalidade de milhões de imigrantes de primeira geração. Em 2020, os EUA devem ter aproximadamente mais 5 milhões de crianças do que têm hoje, um aumento de mais de 8%. Mas é a Irlanda que mais se destaca entre os países avançados. A taxa de natalidade irlandesa durante os anos de baby boom quase igualou à norte-americana, e, em seguida, declinou muito menos nos anos 1970 e 1980. Além disso, a Irlanda atraiu imigrantes nos últimos anos a uma taxa 40% maior do que até mesmo os Estados Unidos. Muitos são nascidos na Irlanda, mas agora estão retornando, com a renda *per capita* do país 12% mais elevada do que na França ou na Alemanha e 23% maior do que a média da União Europeia. Muitos outros são americanos ou ingleses com bom nível, que se mudaram para lá a fim de trabalhar para companhias estrangeiras ou começar os próprios negócios. A forte imigração para a Irlanda e mais as taxas de natalidade devem gerar quase 12% a mais de crianças em 2020, em comparação com os números de hoje.

A China representa uma mitigação em termos nacionais para muitos desses padrões. Em nenhum lugar o baby boom foi maior do que lá, porque em nenhum lugar a mudança foi mais repentina, de um país atrasado de grandes famílias com taxas de mortalidade infantil elevadas para uma nação modernizadora com saneamento e assistência à saúde decentes, e com rápido aumento da expectativa de vida e taxas de sobrevivência infantil que acompanham as melhores condições de vida. Nos anos 1950 e 1960, quando a China levou assistência médica básica e saneamento às suas comunas agrícolas e cidades em rápido crescimento, suas taxas de natalidade permaneceram pré-modernas – mais do que o dobro das taxas dos Estados Unidos e da Europa durante o boom. O resultado foi uma geração baby boom chinesa, nascida entre meados dos anos 1950 e meados dos anos 1970, maior do que o dobro em tamanho, relativo à população de qualquer país avançado.

Além disso, em nenhum outro lugar a queda de nascimentos foi mais acentuada do que na China. As taxas de natalidade começaram a cair no final dos anos 1970 e 1980 no padrão típico de sociedades em que os pais reconhecem que podem alcançar o tamanho de família desejado, com menos nascimentos. Na China, a taxa de natalidade caiu inicialmente pela metade, em relação às taxas norte-americanas em seu período de baby boom, nos anos 1950 e 1960. Nos anos 1990, a China alcançou taxas genuínas de gerações baby buster, quando as reformas econômicas e sociais após a Revolução Cultural e a morte de Mao trouxeram educação em larga escala para as mulheres, controle de natalidade amplamente disseminado e perspectivas de emprego inimagináveis para elas uma década antes. Com todos esses fatores em vigor, as políticas oficiais que penalizavam as chinesas por terem mais de um filho provavelmente desempenharam papel menos central do que usualmente é assumido no Ocidente, já que reforçavam as escolhas que dezenas de milhões de chineses já estavam fazendo. Na última meia década do século XX a taxa de natalidade na China caiu abaixo da dos Estados Unidos e da Irlanda; e hoje a taxa de fertilidade da mulher chinesa (o número médio de crianças nascidas de uma mulher durante a vida) é 1,7. Isso é mais baixo do que nos EUA, Japão e maior parte da Europa; e em Pequim e Xangai, a taxa de fertilidade mal chega a 1. Na China, o declínio dos nascimentos é tão acentuado que, de acordo com as projeções das Nações Unidas, espera-se que o país, em 2020, tenha menos 55 milhões de crianças do que tinha em 2005, um declínio superior a 13%.

A China também passou por mudanças profundas no outro extremo do espectro de idade. Desde 1970 a expectativa de vida disparou de 41 para 72 anos, e por isso agora é somente seis anos menor que nos Estados Unidos e oito do que na Europa. De fato, a população na China envelhecerá mais rapidamente nos próximos 15 anos em relação a qualquer outro país. Entretanto, essas enormes mudanças demográficas provavelmente terão diferentes efeitos sobre a trajetória econômica e política da China – sensivelmente mais positivas – do que teriam em um país mais avançado. O baby boom de tamanho duplo da China até aqui tem sido bem adequado às políticas de modernização acelerada do país, fornecendo dezenas de milhões de trabalhadores razoavelmente especializados para novas empresas domésticas e de propriedade estrangeira. À medida que a China vai se tornando uma nação totalmente industrializada, com agricultura moderna, nos próximos dez e 15 anos, o efeito do baby bust deve ser suficiente para se ajustar ao crescimento mais lento das necessidades de mão de obra de uma economia mais madura. No entanto, para evitar os assustadores problemas sociais e econômicos que acompanhariam essas mudanças democráticas de proporções sísmicas em um país avançado, a China necessitará de contínua paciência de centenas de milhões de chineses. Em 2020, o país terá quase 170 milhões de pessoas idosas – quase 70% mais do que hoje –, e a cada ano até lá, 10 a

20 milhões de chineses das gerações baby boomer e baby buster perderão seus empregos para as forças da modernização econômica. No entanto, não mais do que 20% dos chineses hoje são qualificados para pensões públicas e assistência médica, e os benefícios em caso de desemprego são desconhecidos. Para administrar essas ondas demográficas que inundarão a China nos próximos dez ou 15 anos e bem além disso, os líderes terão de implementar, aos poucos, esses suportes sociais de forma rápida o suficiente para preservar o apoio popular ao regime, mas gradualmente, a fim de manter os investimentos com a modernização da economia.

O preço do efeito baby bust: o fim do intenso crescimento na Europa e no Japão

Nada que qualquer governo possa fazer nos próximos dez ou 15 anos afetará esses números ou seus efeitos sobre a vida das pessoas. O ponto econômico crucial da questão demográfica, em especial para os países avançados, é quão rapidamente essas forças irão expandir – ou *se* irão expandir. Em tempos normais, a força de trabalho da maioria das nações cresce continuamente em cerca de 1% ao ano, portanto, a cada ano, há mais pessoas trabalhando para produzir bens e serviços. As mudanças demográficas do período alteram esse fator básico, estimulando as taxas de crescimento quando a geração baby boomer ocupa empregos na economia e reduzindo a taxa quando a geração baby buster substitui a baby boomer. Um país pode desperdiçar o crescimento extrapotencial decorrente da rápida expansão da força de trabalho se deixar de educar seus novos trabalhadores ou de fornecer condições e incentivos que possam aumentar a produtividade média. Quando a força de trabalho de um país se mostra em contração, sua economia funciona com sérias desvantagens; e mais investimentos em educação, treinamento, tecnologia e métodos de negócios que podem elevar a produtividade tornam-se o único meio de sustentar um crescimento vigoroso.

Focalizando esse fato central, torna-se claro que a posição do Japão até 2020 é a mais terrível: até lá, terá quase 9 milhões de pessoas a menos na faixa etária de 20 a 60 anos do que tem hoje, uma contração de quase 1% ao ano no número de pessoas disponíveis, para gerar a maior parte da riqueza da nação. A única compensação é que os japoneses mais idosos tendem a se manter trabalhando durante algum tempo após os 60 anos do que as pessoas em outras nações avançadas. Como a rapidez de crescimento de um país é basicamente o produto de quantos trabalhadores novos são contratados e quão rapidamente a produtividade de seus trabalhadores aumenta, um crescimento normal de produtividade de 1,5 a 2,5% ao ano na próxima década deixará o Japão perpetuamente margeando a beira da recessão. De fato, o crescimento da produtividade no Japão flutuou em torno de 1% ao ano na década de 1990, embora tenha acelerado nos últimos anos.

O Japão não está sozinho para enfrentar essa dificuldade. O número de italianos economicamente ativos cairá 9% até 2020, enquanto o tamanho do potencial da força de trabalho da Alemanha e da França declinará aproximadamente 4 a 5%. A perspectiva para a Suécia e para o Reino Unido é um pouco melhor: a força de trabalho sueca ficará estagnada na próxima década ou algo em torno disso, enquanto o pool de potenciais trabalhadores britânicos subirá em média cerca de 0,25% ao ano nos próximos 12 anos. O lado positivo para a Alemanha, França e Itália é que suas persistentes elevadas taxas de desemprego devem cair na próxima década à medida que a geração baby buster for substituindo a geração baby boomer no centro de suas forças de trabalho. Mas, mesmo com o índice de desemprego menor, crescimento mais lento significará menos progresso econômico para a família média na maior parte da Europa, nos próximos dez ou 15 anos.

Uma razão para essa perspectiva infeliz, ligada diretamente às mudanças demográficas, é que as pessoas economicamente ativas respondem pela maior parte das poupanças pessoais de todos os países; e o quanto uma nação poupa afeta os recursos financeiros que o país tem para investir. Não há nada obscuro com relação a quanto o envelhecimento afeta a poupança e o investimento – simplesmente o comportamento quanto à poupança de um indivíduo está intimamente ligado ao que está acontecendo nas demais áreas de sua vida. Pessoas jovens gastam mais do que ganham, estabelecendo um lar e família, enquanto aposentados gastam o que pouparam para manter a saúde e o estilo de vida, já que ganham pouco ou nada (além de pensões do governo). Em qualquer país, quem está no apogeu de seus anos de trabalho, de meados da faixa dos 30 anos a meados da faixa dos 50 anos, contribui com a maior parte da poupança de uma sociedade.

Nos próximos 15 anos, com dezenas de milhões de europeus e japoneses saindo da faixa de auge com relação a seus ganhos e caminhando para a aposentadoria, e com menos jovens caminhando para os anos de apogeu salarial, suas nações terão menos recursos para expandir suas riquezas. O Japão já demonstra o que essas ondas demográficas podem fazer com a taxa de poupança de um país: de 1975 a 2005, com o aumento acentuado do número de japoneses idosos, e com a desaceleração do número de japoneses na idade do apogeu salarial, que, então, começou a cair, a taxa de poupança do país despencou de 25% para menos de 5% – e um estudo recente da McKinsey and Company projeta que chegará a zero em 2020, ou logo após.[3] Certamente, a demografia não foi a única razão para o colapso virtual da poupança japonesa. Com o princípio da globalização contemporânea, as políticas econômicas japonesas que funcionaram durante décadas tornaram-se disfuncionais e finalmente destrutivas, estimulando e depois estourando bolhas financeiras no setor imobiliário e no mercado de ações; e as ineptas políticas governamentais que vieram a seguir levaram o Japão a uma paralisação do crescimento da economia por mais de uma década, processo que começou no início dos anos 1990. Um dos resultados foi a deflação persistente e suave que levou à redução dos ganhos com a poupança – os indivíduos, por isso, pouparam ainda menos. Mesmo assim, a mudança demográfica básica não somente explica diretamente pelo menos metade do declínio da poupança no Japão, como também contribui para as menores taxas de crescimento do país – portanto, as famílias japonesas que queriam manter seu estilo de vida – e quem não quer? – tinham menos para poupar.

Até 2020, as taxas de poupança pessoal cairão na maior parte dos países, à medida que a parcela de suas populações composta por pessoas mais idosas vai aumentando, enquanto a parcela de pessoas na faixa de 30 e 50 anos cai. A menos que ocorra aumento repentino de produtividade – como somente os EUA, a Irlanda e alguns outros poucos países viram nos últimos dez ou 15 anos –, menores taxas de poupança pessoal reduzirão sensivelmente a riqueza que as famílias de classe média serão capazes de acumular. No Japão, onde a idade média atingirá 50 anos em 2020, e aumentos na riqueza familiar dependem principalmente da poupança privada, especialistas esperam que a riqueza familiar média realmente decline. Na Alemanha, na França e na Itália os ativos da maioria das famílias vão meramente estagnar. Em muitos países entre os mais ricos do mundo a vida da maioria das pessoas deixará de melhorar, e muitas poderão encontrar-se mais próximas da pobreza do que jamais imaginaram.

Para uma nação, o padrão de envelhecimento é aquele em que o número de pessoas que entram para a força de trabalho e se movem para os anos de auge salarial e de poupança aumenta um pouco mais rapidamente do que o número de pessoas que deixam a força de trabalho e se movem para os anos de aposentadoria e de baixa poupança, algo semelhante a tirar um par de reis em um jogo de pôquer. Isso não é suficiente para ganhar o jogo, mas o mantém em boa posição. Para tirar a sorte grande, uma sociedade necessita tirar outras boas cartas – por exemplo, uma realização científica vibrante em que se desenvolvam novas tecnologias de grande porte, uma cultura empreendedora que encoraje as pessoas a comercializarem essas tecnologias e um setor financeiro que canalize recursos para empreendedores com potencial. Com isso, há condições de compensar taxas de poupança reduzidas atraindo poupanças de outras sociedades – como os Estados Unidos têm atraído nesse período. Ou um país poderia ter milhares de negócios produzindo bens e serviços que todos querem no mundo – como fazem os EUA e a Irlanda –, gerando lucros elevados que também podem fornecer recursos financeiros para compensar poupanças pessoais baixas. Com qualquer uma dessas condições, uma nação pode permanecer no jogo mesmo com uma demografia ruim – e se sua demografia é adequada, ela tem chances reais de obter riquezas.

Essa é a razão pela qual os Estados Unidos puderam aumentar tanto sua riqueza durante os últimos 20 anos, mesmo quando sua taxa de poupança pessoal caiu acentuadamente (e não somente por razões demográficas). Durante a geração passada, a riqueza financeira de uma família americana média cresceu aproximadamente 4%, mesmo quando as taxas de poupança privada caíram, principalmente pelo acentuado aumento do valor das ações e das contas de poupança em que eles investiam suas razoavelmente escassas poupanças anuais. No entanto, mesmo com melhor demografia e perspectiva de crescimento do que a maioria das outras nações avançadas, o envelhecimento nos EUA durante os próximos 20 anos pode ainda cortar pela metade a taxa em que uma família média aumenta seus ativos. Mesmo nos Estados Unidos, continuar a fazer o que eles têm feito não será suficiente para manter amplos e crescentes ganhos econômicos para a maioria das pessoas – isso exigiria outro salto no progresso tecnológico que pudesse elevar a produtividade novamente com base no longo prazo.

Nos próximos dez a 15 anos, Alemanha, França ou Japão poderiam fazer o que os Estados Unidos têm feito durante a última geração. Qualquer um deles pode compensar parte da lentidão econômica criada pelo rápido envelhecimento ao se tornarem estufas para inovações e ao se posicionarem como líderes globais em seus negócios. Como veremos mais adiante, agir assim envolve mudanças tão profundas e extensivas que eles poderiam não mais se reconhecer – e mudanças que parecem bem além da capacidade reformista atual de seus partidos políticos. E o rápido envelhecimento de suas populações tornará ainda mais complicada para os políticos a venda de reformas difíceis, quando a geração baby boom que se aposenta reivindica mais recursos por parte da nação, em termos de pensões e assistência médica.

Vários países tentaram suavizar o impacto do aperto demográfico de outras maneiras – por exemplo, procurando convencer mais pessoas idosas a se manterem trabalhando. Sem demanda popular para trabalhar por mais tempo, essa abordagem mostrou-se bem além da capacidade política dos governos em toda a Europa. As pessoas idosas desses países deixam de trabalhar não apenas porque, em geral, não querem, mas também porque, quase sempre, suas pensões estatais são tão generosas que elas não têm de trabalhar; além disso, seus políticos não estão interessados em cortar esses benefícios tão acentuadamente que as pessoas de mais idade tenham de continuar a trabalhar.

Por exemplo, a Alemanha tentou manter mais trabalhadores idosos no emprego; mas empregar pessoas jovens sem trabalho tem prioridade política, especialmente porque os idosos não estão lutando para trabalhar, enquanto os jovens, sim. Portanto, embora Berlim ofereça às companhias alemãs um subsídio especial para manter pessoas com idade acima de 55 anos no trabalho, pelo menos em tempo parcial, o programa também requer que as empresas contratem jovens para compensar a diferença entre o tempo parcial do trabalho do mais idoso e o tempo integral. Em uma economia com desemprego estrutural superior a 10%, ambas as provisões se cancelam. Poucos anos atrás o governo alemão tentou adotar uma medida diferente ao cortar o número de meses oferecido para o auxílio-desemprego. Mas ele perdeu a coragem e instituiu o benefício suplementar de dois anos, que a maioria das pessoas reivindica. O governo também tentou reduzir os cortes normais nos subsídios na forma de renda e os benefícios de assistência à saúde, livres para pessoas de salários mais baixos que trabalham, mas fez isso de modo tão desajeitado que criou um incentivo para o trabalho em tempo parcial, de forma a se manterem mais benefícios. No final, nenhuma dessas políticas pode superar as leis que permitem que os alemães trabalhem em tempo parcial a partir de 55 anos, sem terem suas pensões estatais reduzidas; e que encorajam as esposas mais idosas a ficarem em casa, por cobrar impostos pesados aos que trabalham como segunda renda da família e, ainda, por fornecer assistência médica livre a esposas apenas se não trabalharem. O resultado final de todas essas políticas, junto com a preferência das pessoas quanto a trabalhar menos, é que quase 60% dos alemães com idade entre 55 e 64 não trabalham.

O efeito acentuado da geração baby bust criou uma restrição econômica da qual a maior parte da Europa e o Japão não podem escapar por pelo menos uma geração, a menos que queiram aceitar mudanças mais amplas e mais difíceis, que possam ajudar a criar empregos bem mais atrativos, tornando desemprego, trabalho em tempo parcial e aposentadoria precoce menos desejáveis. Franceses, alemães e italianos têm desejado fazer algo desse tipo. Eles estão orgulhosos da segurança econômica que seus sistemas de seguridade social oferecem – e por que não deveriam estar? –, mas a maioria das pessoas que contam com o apoio generoso do governo quando estão sem trabalho perde a urgência de encontrar novos empregos. Desse modo, enquanto os salários-desemprego nos Estados Unidos duram seis meses – e não há esse benefício na China –, os europeus que perdem o emprego os recebem durante 18 a 24 meses, e os valores são bem maiores do que os dos americanos. Nenhum primeiro-ministro europeu ou japonês está preparado para tornar a vida das pessoas desempregadas significativamente menos segura.

É difícil culpar os líderes eleitos por falta de convicção para reformar essa parte de seus benefícios que geram bem-estar. Raramente políticos pedem aos eleitores para fazer sacrifício – pelo menos quando eles não estão lutando em uma guerra importante –, a menos que possam prometer, de modo plausível, que isso ajudará os eleitores a ficarem em melhor situação em um período de tempo razoavelmente curto. Isso significaria não apenas o desemprego ou a aposentadoria precoce mais insuportável, como também aceitar mudanças ainda mais difíceis e abrangentes, que poderiam encorajar os negócios na Europa e no Japão, com a criação de novos e bem-remunerados empregos para as pessoas forçadas a abrir mão de alguns de seus generosos benefícios. E eles não podem prometer isso sem desconstruir grande parte dos arranjos sociais e econômicos que suas sociedades fomentaram no último meio século.

Em vez disso, à medida que suas forças de trabalho e taxas de poupança vão declinando cada vez mais, a Europa e o Japão parecem gostar de criar empecilhos para a prosperidade futura com atos ostensivos de bondade social. Como veremos, sistemas complexos de regulamentações e barreiras ao comércio no Japão e na Europa criam tanta segurança econômica artificial para aqueles que têm emprego quanto o governo oferece para aqueles sem empregos. O preço desses empecilhos é menos competição e, por isso, os negócios na Europa e no Japão sentem menos pressão para criar novos produtos e alternativas de conduzir os negócios – e, direta e indiretamente, isso é o que leva as economias modernas a criarem novos empregos.

Em muitos casos, as regulamentações enfraquecem diretamente a inovação e a criação de empregos, que poderiam amenizar as consequências econômicas de sua demografia. Na França e na Itália, uma empresa que queira reorganizar-se ou mudar a maneira como opera não pode legalmente transferir um trabalhador sem "motivo" – e obter vantagem com novas tecnologias para se tornar mais eficaz não é motivo suficiente. Isso cria uma forma restrita de segurança para aqueles que têm emprego – mas também desencoraja os negócios a partir da criação de outros empregos. E faz pouco sentido econômico em um mundo aberto no qual as companhias francesas e italianas competem nos próprios mercados e pelo mundo com os americanos e asiáticos, que podem contratar, demitir e transferir empregados à vontade. Essas regulamentações estão lentamente drenando a competitividade de milhares de negócios na Europa – e isso não é tudo. A segurança econômica do berço ao túmulo apreciada pelos europeus custa dezenas de bilhões de euros, com a maior parte desses custos financiados por meio de impostos sobre a renda muito mais elevados do que aqueles com que as companhias americanas e asiáticas têm de arcar. Mesmo quando uma empresa quer adotar medidas que gerariam empregos, os impostos sobre os novos trabalhadores as desencorajam. Os impostos sobre a renda na Alemanha representam 25% dos custos com mão de obra, e na Itália, 32%; na França, esse índice é 38%. Mesmo no Japão, os impostos sobre a renda representam 21% dos custos com mão de obra. Somente nos Estados Unidos e no Reino Unido, com, respectivamente, 14% e 17%, os impostos sobre a renda são apenas uma barreira modesta para a criação de empregos.

Não acidentalmente por duas décadas os negócios norte-americanos criaram empregos a taxas que são três, quatro ou até mesmo dez vezes maiores que as taxas das principais economias da Europa e do Japão. Não é por acaso que o desemprego na Europa tem sido duas vezes o dos EUA durante o mesmo período, ou que negócios sejam criados a taxas muito menores do que as dos Estados Unidos. É consequência direta dos contratos sociais europeus, que prometiam segurança – e cumpriam a custos econômicos toleráveis – quando a geração baby boomer constituía suas forças de trabalho e os mercados e os concorrentes externos eram muito menos importantes. Com a globalização e a demografia muito menos favorável, o projeto social europeu está sufocando a prosperidade – e, mais tarde, a obediência social – daqueles que deveriam proteger. Nos próximos dez ou 15 anos, as gerações baby buster da Europa e do Japão tornarão os ônus econômicos de seus sistemas de bem-estar social irreconciliáveis com um crescimento econômico saudável.

A perspectiva é muito mais positiva na China, apesar das mudanças demográficas que reduzem uma das economias mais avançadas do mundo. A imensa geração baby boomer da China – duas vezes o tamanho relativo de qualquer nação avançada – tem se mostrado bem adequada aos programas de modernização de grande amplitude, fornecendo dezenas de milhões de trabalhadores para as dezenas de milhares de novos negócios domésticos e de propriedade estrangeira. À medida que a economia chinesa for amadurecendo nos próximos dez ou 15 anos, sua geração baby buster deve ser suficiente para atender o crescimento mais lento das necessidades de mão de obra de uma sociedade industrializada.

Com relação à questão crucial do tempo que a China tem antes que a queda da taxa de natalidade comece a reduzir o tamanho de sua população economicamente ativa, a China fica entre os EUA (e Irlanda) e o restante do mundo avançado. A queda vertiginosa das taxas de fertilidade que produziram o abalo sísmico da geração baby bust na China ocorreu uma ou duas décadas mais tarde do que no Ocidente. A força de trabalho chinesa crescerá aproximadamente 90 milhões até 2015, quando o efeito de sua baixa taxa de fertilidade começar a aparecer, e sofrerá contração somente por volta de 2020. Olhando mais adiante, não se veem reversões: nos próximos 15 anos, projeta-se que o número de crianças chinesas decline em 7%, e a passos acelerados.

A China tem outro trunfo para ajudar a suportar sua onda demográfica. Mesmo quando sua força de trabalho começar a encolher, sua agenda de desenvolvimento e sua posição única na economia global devem proteger a capacidade de gerar riqueza por algum tempo. A transferência de dezenas de milhões de trabalhadores chineses da agricultura e das antigas empresas estatais produzirá excedentes de mão de obra até bem além de 2020. Os excedentes podem ser tão grandes que, de acordo com as palavras de Hu Angang, um dos principais economistas da China, podem levar a "uma guerra de desemprego, com pessoas lutando por empregos que não existem".[4] Essa competição também evitará que os salários na China aumentem mais rapidamente do que a produção do país por um longo tempo. E a realocação profissional de dezenas de milhões de chineses em negócios privados, dotados de tecnologias ocidentais de produção, deve continuar a estimular a produtividade e o crescimento do país.

O desafio demográfico da China nos próximos dez ou 15 anos será mais político do que econômico. Hoje, nesse país, apenas uma pequena fração das centenas de milhões de trabalhadores deslocados e de pessoas idosas está qualificada a obter qualquer benefício ou suporte do governo. O controle bem-sucedido das pressões que acompanham as vastas mudanças demográficas requererá contínua paciência de sua parte, mesmo quando virem muitos de seus conterrâneos aumentarem continuamente o nível de prosperidade.

O preço dos baby booms: a crise financeira diante das pensões do governo

As ondas demográficas criarão problemas políticos em países avançados que vão além das reações previstas das pessoas quanto ao crescimento decepcionante. À medida que a geração baby boomer começar a se aposentar aos milhões, as políticas em muitos países serão moldadas por debates acalorados sobre os prazos e a solvência do sistema de previdência estatais. Com frequência, as batalhas políticas são inevitáveis em muitos lugares, porque os grupos relativamente menores de baby busters terão de arcar com a maior parte dos trilhões de dólares, euros e ienes requeridos para manter os benefícios das gerações baby boomers que estão se aposentando em números que crescem rapidamente.

A maneira mais direta de entender esse dilema é enfrentar a situação verificando quantos trabalhadores potenciais cada país terá nos próximos dez a 15 anos, comparados com quantas pessoas idosas terão de ajudar a sustentar. Mesmo hoje, Alemanha, Itália e Japão parecem, em termos demográficos, bastante com a Flórida (sem todo o brilho do sol), onde milhões de americanos se aposentam. Esses três países têm pouco mais de duas pessoas com idade entre 20 e 60 anos para cada uma com idade acima de 60. Suécia, França e Reino Unido estão em situação um pouco melhor, com relações entre 2,25 e 2,5 de pessoas economicamente ativas para cada pessoa idosa.

Esses números são piores do que aqueles que constam em muitas fontes oficiais, porque as análises produzidas regularmente pela União Europeia e pelos governos do Japão e da Europa definem "idade de trabalho" entre 15 e 65 anos, embora relativamente poucas pessoas nos países avançados entrem para a força de trabalho antes de 20 anos ou continuem a trabalhar muito após os 60 anos. Ao incluir adolescentes e idosos na força de trabalho e excluir aposentados mais jovens do grupo dos idosos, eles podem alegar que as mudanças sísmicas que abalam a sociedade de algum modo não requererão mudanças de política radicais – até que realmente exijam.

O sistema de aposentadoria em alguns países não se defrontará com problemas muito difíceis, pelo menos no futuro próximo. A Irlanda, hoje, nesse aspecto, se situa no topo dessa pilha demográfica, com quase quatro irlandeses em idade laboral para cada irlandês com idade igual ou superior a 60 anos. O aperto, hoje, também é menos severo nos Estados Unidos, com cerca de 3,3 de trabalhadores para cada pessoa idosa. O fato de as pessoas em idade de trabalho ainda dominarem a população dos EUA e da Irlanda é uma das razões para o crescimento nos Estados Unidos, na última década, ter sido pelo menos o dobro em relação ao do Japão e da maior parte da Europa, e para a Irlanda ter crescido ainda mais rapidamente do que os Estados Unidos.

No entanto, em todo lugar, o rápido envelhecimento da população já levou a mudanças importantes em programas de aposentadoria. Nos últimos 50 anos, à medida que a produção de americanos em idade de trabalho em relação ao número de idosos caiu de mais de 16:1 para 3,3:1, as alíquotas de imposto sobre as folhas de pagamentos que financiam os benefícios de aposentadoria nos EUA aumentaram acima de quatro vezes. Os impostos que financiam a maior parte das pensões estatais dos outros países – impostos sobre valor adicionado (VATs) e, com frequência, parte de impostos sobre a renda e, ainda, os impostos sobre as folhas de pagamentos – aumentaram tanto quanto ou mais do que nos EUA. Atualmente, muitos americanos resmungam por pagar 12,4% de seus vencimentos para financiar a seguridade social de outras pessoas, mas acabam se mostrando satisfeitos ao afirmar que: a dedução nos salários dos italianos é quase 33%, na França, paga-se mais do que 24% dos salários, e na Suécia, Reino Unido e Alemanha, os descontos estão entre 19 e 22% de seus salários. O resultado é que, atualmente, a maior parte das pessoas que trabalham em todos os países avançados paga mais impostos para financiar os benefícios de seus compatriotas idosos (incluindo a assistência médica deles) do que paga de impostos diretos sobre a renda.

Com esses impostos sobre a folha de pagamento tão elevados já em vigor, será muito difícil elevá-los ainda mais quando a geração baby boomer realmente se aposentar. Tirando o caso do Japão, as maiores alíquotas de impostos sobre folhas de pagamentos ocorreram principalmente de meados dos anos 1950 a meados dos anos 1980. Desde então, a revolta popular com os impostos, que teve início nos EUA no final dos anos 1970, se espalhou para outros países avançados. Quando o desemprego subiu e o crescimento desacelerou na maior parte da Europa nos anos 1980 e 1990, a resistência aos impostos aumentou. Agora, seja a carga tributária total de folha de pagamentos, renda e valor adicionado de 35, 40 ou 50%, as pessoas de todas as partes disseram: chega! Os economistas americanos, europeus e japoneses há tempos debatem o nível em que os impostos começam a reprimir o desejo de investir em negócios, a vontade que as pessoas têm de trabalhar por mais tempo e a capacidade de crescimento da economia a taxas saudáveis. A resposta depende de muitos fatores nacionais, que incluem a carga tributária, mas que não estão limitados a ela. Qualquer que seja a economia, pouco se questiona o fato de que nos próximos dez a 15 anos, quando o número de pessoas que recebem pensões públicas (e benefícios de assistência médica) aumentar mais rapidamente do que o número de trabalhadores, os líderes políticos que querem permanecer no poder considerarão difícil aumentar muito mais os impostos.

Essa resistência criará problemas políticos espinhosos na Europa, no Japão e nos Estados Unidos, enquanto os números pioram e se torna difícil administrar suas consequências. Em 2020 haverá menos de 1-1,5 japonês com idade entre 20 e 60 anos para cada compatriota com idade acima de 60 anos, e um pouco acima de 1,6 italiano em idade de trabalho para cada idoso na Itália. Os números parecem implacáveis também para a Alemanha, França e Suécia, com 1,8 a 1,9 pessoa em idade de trabalho para cada pessoa idosa em 2020. Os países anglo-saxônicos têm um pouco mais de espaço para respirar. Em 2020 o Reino Unido terá cerca de 2,1 trabalhadores potenciais para cada pessoa idosa, e deve haver quase 2,4 americanos em idade de trabalho para cada idoso. A Irlanda ainda é a economia mais diferenciada entre as nações mais avançadas, com aproximadamente 2,9 trabalhadores potenciais para cada aposentado em 2020.

Não há nada que qualquer governo possa fazer para mudar o número de pessoas idosas que serão sustentadas financeiramente. A menos que os países descubram como fazer a economia crescer mais rapidamente, as opções políticas decorrentes de sua demografia difícil não serão do tipo ganha-ganha que os políticos procuram. Em vez disso, praticamente toda nação avançada terá de escolher entre tornar a aposentadoria da maior parte de seus baby boomers um pouco mais desagradável e desumana do que eles atualmente esperam, elevando de alguma maneira impostos em relação aos trabalhadores – incluindo muitos cuja renda estará estagnada ou caindo – ou incorrendo em grandes déficits orçamentários permanentes, que comprometerão o crescimento futuro.

Embora as escolhas sejam essencialmente as mesmas em toda parte, a urgência e a severidade do problema também dependerão das características particulares do sistema de previdência estatal de cada país. Os sistemas da França, Alemanha e Itália são tão generosos que não poderão ser mantidos mesmo na primeira década da aposentadoria de suas gerações baby boomer. Nesse aspecto, os sistemas da Inglaterra e da Irlanda parecem mais sustentáveis, principalmente porque fornecem muito menos benefícios, o que, na trajetória atual, levará grande parte da geração baby boomer a se aposentar nos limites da pobreza. Nessa questão, os Estados Unidos e o Japão ficam no meio da faixa, com sistemas de aposentadoria pública muito menos generosos do que os da Europa continental, porém mais generosos do que os do Reino Unido e da Irlanda.

A maneira mais simples de avaliar a generosidade de um programa de aposentadoria de um país é pelo que se chama "taxa de reposição", que mede os benefícios mensais da aposentadoria de uma pessoa em relação à média de sua renda mensal ao longo de toda sua vida de trabalho. Atuários em países diferentes calculam essas taxas de diversas maneiras, porém a mais usada é a "taxa de reposição líquida", a qual revela em que proporção os benefícios mensais de uma pessoa, após pagar impostos sobre os benefícios, substituirão a renda mensal anterior à sua aposentadoria, após a dedução dos impostos. Essa é a melhor medida do que as pessoas da geração baby boomer ao redor do mundo podem esperar para a próxima década e do ônus financeiro que cada país enfrentará num dado momento.

Deve estar claro para todos, exceto para os políticos, que no momento em que a geração baby boomer começar a se aposentar os benefícios agora prometidos na maior parte da Europa continental serão simplesmente muito elevados para sobreviver ao choque provocado pelo número crescente de aposentados e o número em declínio de trabalhadores capazes de pagar pelos primeiros. Os italianos enfrentam a pior crise, com um sistema que após a dedução dos impostos repõe quase 90% dos salários mensais médios pré-aposentadoria de um italiano. Os alemães, franceses e suecos são um pouco menos generosos, prometendo benefícios mensais que, após a dedução dos impostos, ficam entre 68% e 72% do pagamento médio mensal líquido, antes da aposentadoria, de um trabalhador. Isso não faz sentido, a menos que se tenha uma ilusão temporal e ainda se acredite que o efeito do baby boom dos anos 1960 e o rápido e incomum crescimento naquele tempo permanecerão para sempre. Uma noção mais segura de realidade é evidente fora da Europa continental. A taxa de reposição após a dedução dos impostos para um japonês médio é 59%, e nos Estados Unidos e Reino Unido é aproximadamente 50% – embora os níveis de benefícios no Reino Unido e no Japão estejam programados para declinar. Finalmente, a Irlanda provê as menores pensões públicas do grupo, repondo apenas 37% do pagamento médio mensal líquido de um irlandês, durante sua vida, antes da aposentadoria.

Uma válvula de segurança que poderia deixar sair alguma pressão desse arrocho seria a força de trabalho das pessoas com idade igual ou superior a 60 anos, com empregos que pudessem absorvê-las. Novamente, as diferenças entre países tornarão mais fácil administrar a aposentadoria da geração baby boomer na maior parte da Europa do que nos Estados Unidos ou no Japão. De modo não surpreendente, os aposentados que recebem por mês boa parcela do que ganhavam trabalhando provavelmente não permanecerão na ativa. Na Itália, menos de 40% das pessoas na faixa etária entre 55 e 59 anos ainda estão trabalhando, em comparação a 81% dos suecos; 76% dos japoneses; 69% dos americanos e entre 60 e 65% dos franceses e alemães da mesma faixa etária. No entanto, no início dos 60 anos, mais de 80% dos italianos, alemães e franceses não trabalham mais – comparados com aproximadamente 50% dos suecos, japoneses e americanos na mesma idade. Na faixa etária entre 65 e 69 anos, o problema da Europa continental é grave: somente 3 a 6% dos alemães, italianos e franceses ainda estão trabalhando, em comparação com aproximadamente um quarto dos americanos e britânicos e mais do que 37% dos japoneses – todos com benefícios muito menos generosos. Não surpreende o fato de que esse problema é mais severo na Europa, porque governos que lutam contra o desemprego estrutural elevado provavelmente adotarão poucas medidas significativas para manter os mais velhos nos empregos que poderiam ser ocupados por pessoas mais jovens e desempregadas.

Deve ser mais fácil restringir um sistema de aposentadoria do governo quando um grande número de beneficiários também tem pensões privadas. Quando as pessoas esperam receber benefícios do governo iguais a uma boa parcela do que ganham na ativa, têm poucos motivos para investir em um plano de aposentadoria privada. As famílias francesas, alemãs e italianas poupam a taxas mais elevadas do que os americanos, britânicos e japoneses, mas não para a aposentadoria. Os ativos totais relativos a todas as pensões privadas na Alemanha e na Itália são iguais a apenas 18 a 22% de seus PIBs, respectivamente – um quarto do nível no Reino Unido e nos EUA –, e na França as pensões privadas são iguais a apenas 7% do PIB do país. Mesmo para os 20 a 25% dos europeus com pensões privadas, isso não é suficiente para financiar aproximadamente mais do que um ano de vida tranquila – em média, cerca de US$ 25 mil para cada pensionista alemão, US$ 30 mil para um pensionista italiano e apenas US$ 10 mil para um pensionista francês – e zero para todos os outros. A trajetória a ser adotada nesses países em alguns anos seria cortar generosos benefícios – e quanto mais protelarem os cortes, mais drásticos terão de ser para manter o sistema solvente. Mas com a maioria dos europeus poupando pouco para a própria aposentadoria, os políticos mais persuasivos não serão capazes de convencer muitas pessoas de que as reformas que seus sistemas necessitam não as deixarão em pior situação.

Em nenhum lugar as pensões privadas são acessíveis a todos ou mesmo próximas disso. Nos Estados Unidos e na Grã-Bretanha, onde as pensões públicas são relativamente modestas, as pensões privadas ou contas para aposentadoria detêm ativos quase equivalentes ao Produto Nacional Bruto total de cada nação. Mas, mesmo lá, somente entre um terço e metade de todos os trabalhadores e aposentados as têm – e elas pertencem quase totalmente à metade em melhores condições. A grande massa de poupança para aposentadoria privada na Grã-Bretanha e nos EUA ajudará a moldar o debate quando os dois países decidirem fazer mudanças para manter o sistema a salvo, mas isso não será suficiente para gerar respostas fáceis. A mudança mais óbvia seria cortar os benefícios das pessoas com renda mais elevada e recursos privados para ajudar a atenuar o impacto. Mas, como ocorre em quase todos os lugares, pessoas mais idosas e mais ricas votam em maior número do que as demais, portanto, mesmo essa mudança será politicamente traiçoeira.

Reformas importantes nas pensões podem ser feitas, como Margaret Thatcher provou em 1980. Segundo seu plano, as pensões públicas na Grã-Bretanha agora oferecem um pagamento irrisório, que não visa substituir uma parcela significativa dos ganhos anteriores à aposentadoria. Para preencher esse hiato, os trabalhadores britânicos também pagam planos de previdência suplementares administrados por seus empregadores, instituições financeiras ou pelo próprio governo, e recebem benefícios tributários pelas contribuições adicionais. Essa abordagem, que combina um pequeno pagamento público com uma pequena pensão pessoal e benefícios de impostos para encorajar mais poupança para a aposentadoria privada, se tornou o modelo anglo-saxão; e, no mesmo período, os Estados Unidos, a Irlanda e a Austrália expandiram os incentivos tributários para as contas de aposentadoria privada.

Mesmo essa abordagem não pode contornar a demografia básica de um país. Para começar, não pode realmente aliviar o aperto financeiro, já que os benefícios tributários para as pensões privadas custam à Grã-Bretanha quase tanto quanto metade dos pagamentos das pensões públicas, e semelhantes isenções de impostos nos EUA, Irlanda e Austrália custam o equivalente a 60% ou mais de seus gastos anuais com previdência pública. Além disso, a abordagem inglesa está criando gradualmente o sistema de previdência pública que menos dá suporte no mundo avançado. Em 2020, um aposentado médio na Grã-Bretanha receberá pagamento mensal relativo ao benefício básico e à pensão pessoal garantida pela lei que substituirá apenas um terço de seu ganho médio mensal durante a vida. Para evitar relegar milhões de ingleses aposentados à pobreza, um futuro governo britânico provavelmente terá de aumentar a pensão estatal. Esse, certamente, não era o plano de Thatcher. Ela estava convencida, principalmente por economistas americanos conservadores, de que a perspectiva de receber pensões públicas reduzidas levaria os britânicos a fazerem poupanças privadas robustas para compensar essa diferença. Mas, em toda parte, a maioria das pessoas tende a ser míope com relação a poupar para algo distante, já que conduzir a vida do melhor modo possível é algo mais poderoso do que a disciplina necessária para cortar gastos, de modo a viver melhor décadas mais tarde. Hoje, apenas um terço dos britânicos paga planos de previdência privada. Com ativos representativos de pensões privadas iguais a aproximadamente 80% do PIB, esse terço deve estar em situação razoavelmente boa para a aposentadoria. Mas os outros dois terços dos britânicos aposentados serão deixados com pouco mais do que seus cheques públicos, ou seja, estariam próximos do nível de pobreza.

No final, as reformas britânicas trocaram a crise financeira direta com a qual agora outras sociedades europeias se deparam por uma crise social que avulta e que deixará a maioria dos ingleses da geração baby boomer com aposentadorias próximas ao nível de pobreza. Com essa crise social ainda uma década à frente, a maior parte dos políticos britânicos abraçou a mesma política de negação, como seus colegas do continente. Nas eleições de 2005, os partidos Trabalhista e Conservador ofereceram propostas de pensões públicas de pouca consequência prática. Somente o pequeno Partido Liberal Democrata exigiu decisões sérias, incluindo maiores benefícios e participação obrigatória na previdência privada. Talvez os liberais democratas corram esse risco, porque sabem que nunca teriam de realmente financiar o aumento de benefícios ou enfrentar a oposição dos ingleses envolvidos em negócios quanto aos planos privados obrigatórios. De qualquer modo, muito em breve, será tarde para que a maior parte da geração baby boomer inglesa consiga pensões privadas em valor suficiente para evitar tempos difíceis na aposentadoria.

A perspectiva de mudança é ainda melhor no Reino Unido do que no restante da Europa, porque sempre é mais fácil, em termos políticos, expandir benefícios do que cortá-los. Com as reformas de Thatcher fracassando lentamente, a pressão pública para melhorar o pagamento da pensão estatal no Reino Unido provavelmente se tornará irresistível na próxima década. Mesmo que os trabalhadores britânicos tenham de aceitar impostos mais elevados ou maiores déficits para financiá-los, milhões de eleitores idosos e quase idosos agradecidos devem eliminar a aflição política das mudanças. O Reino Unido também tem liberdade de ação para aliviar parte da pressão política, porque, em comparação com a maior parte da Europa, sua economia está em melhores condições para o longo prazo. Com crescimento um pouco mais intenso e desemprego bem menor do que na França, Alemanha ou Itália, o Reino Unido terá relativamente mais trabalhadores recebendo salários para financiar benefícios maiores, e os salários desses trabalhadores devem subir mais rapidamente e gerar mais receitas, em termos relativos, para os pagamentos mais elevados.

No final, os futuros políticos na Alemanha, na França e na Itália não serão capazes de escapar dos fatos básicos de que os idosos compreendem uma parcela maior de sua população e ouvirão a promessa quanto a pensões públicas relativamente muito superiores às dos EUA ou do Reino Unido. Em 2020, a União Europeia estima que os benefícios na forma de pensão pública exigirão 15% dos PIBs da França e da Itália e 12,6% do da Alemanha. Para se ter uma percepção de quão implausível será sustentar esse peso, ele é equivalente a dois terços a três quartos de todo o orçamento federal atual programado para benefícios de aposentadoria. E as projeções da União Europeia reduzem o custo econômico desses programas, já que sua estimativa se baseia em hipóteses excessivamente otimistas sobre quão rapidamente as principais economias da Europa crescerão nos próximos dez ou 15 anos.

Lady Thatcher evitou a armadilha política que aguarda a maior parte dos líderes europeus ao mudar o caminho bem antes que seus efeitos realmente afetassem o padrão de vida de qualquer pessoa. Ao adiarem a mudança até que sua geração baby boomer estivesse pronta para se aposentar, os primeiros-ministros da Alemanha, França e Itália terão de diminuir os benefícios de modo que rapidamente reduzirão as pensões de milhões de eleitores, elevarão impostos sobre suas forças de trabalho em processo de encolhimento ou, como parece mais provável, enfraquecerão as perspectivas de crescimento de suas nações com amplos e permanentes déficits públicos.

Essas perspectivas têm todos os ingredientes essenciais para um conflito político grave. Em democracias em que os líderes têm responsabilidade com os eleitores, que suportam os custos de suas decisões, a maioria dos políticos considerará praticamente impossível negar a um grande número de pessoas o que elas esperam e necessitam para manter seu estilo de vida. O sistema político democrático torna improvável cortes acentuados nos benefícios e aumentos de impostos, pelo menos até que seu sistema previdenciário realmente se defronte com a falência. Coletores de impostos na Alemanha, na França e na Itália requerem entre 38% e 45% do PIB de seus países. Com os europeus pobres pagando parcelas muito menores do que estas – junto com os próprios idosos, que não pagam impostos sobre a folha de pagamento –, os eleitores da classe trabalhadora e da classe média desses países já pagam em impostos cerca de metade do que ganham.

Os políticos europeus e seus assessores entenderam esse problema há anos e reconheceram que quanto mais cedo sancionarem suas reformas e os impostos para financiá-las menor será o sofrimento anual. No entanto, toda vez em que propuseram cuidadosamente até mesmo mudanças modestas a resistência popular virou as costas a eles. Na Alemanha, em 2001, por exemplo, quando parecia que em breve não haveria marcos suficientes sendo arrecadados para pagar os cheques que saíam, o governo promulgou reduções modestas e graduais na taxa de crescimento dos gastos com pensões e nos impostos sobre a folha de pagamento que as financiava. Em dois anos, quando o baixo crescimento econômico ameaçou criar outra crise de solvência, eles utilizaram as reservas destinadas a eventos futuros. As empresas alemãs reclamaram tanto por causa de seus pagamentos para pensões privadas dos trabalhadores que o governo voltou a cortá-las também. Berlim realmente aumentou a idade mínima da aposentadoria precoce – mas somente para aqueles que citaram o desemprego como motivo – e, então, indicou outra comissão para propor outras reformas. Ainda se desconhece se quaisquer das mudanças originais terão, em algum momento, pleno efeito; e mesmo que tenham, farão apenas uma pequena diferença nas perspectivas de longo prazo do sistema.

A França também tem debatido essas questões durante 20 anos e produziu duas rodadas de reformas paliativas, em 1993 e 2003. A mudança de 1993 elevou a idade de aposentadoria prevista em lei e ajustou o aumento das pensões ano a ano – mas não o suficiente para afetar significativamente a profusão de aposentadorias precoces ou a elevada taxa de substituição do sistema. As reformas de 2003 tinham como objetivo os aposentados precoces, especialmente os servidores civis, e conseguiram aumentar modestamente o número de trabalhadores franceses de meia-idade disponíveis para ajudar a financiar a aposentadoria dos mais idosos – porém, mais uma vez, não o bastante para fazer muita diferença.

Com a janela agora sendo fechada para mudanças pequenas e graduais que teriam efeitos significativos em 2015 ou 2020, que líder será capaz de realizar reformas mais dolorosas? A política atual pode ser difícil, e aqueles que desejam resistir a ela usualmente são obstinados por alcançar e se manter no poder a quase qualquer custo pessoal. Um político que tentasse cortar benefícios ou elevar impostos o suficiente para resolver o problema não só enfrentaria o fim rápido e doloroso de sua carreira política, como também saberia que o sacrifício seria desprovido de sentido, já que um sucessor poderia ser eleito com base na promessa de reverter as mudanças. Um líder extraordinariamente carismático pode realizar mudanças que os políticos comuns consideram inimagináveis. Isso pode acontecer até 2020 – mas não em todos os lugares. À medida que a hora do aperto vai se aproximando, as escolhas podem resumir-se a uma perspectiva de massas de pessoas idosas, ou massas de trabalhadores, protestando em Berlim, Paris ou Roma.

Com certeza, a reforma do sistema previdenciário público tem sido um tópico polêmico no mundo por mais de uma década, e cerca de 30 países conseguiram aprovar alguma forma de poupança privada compulsória para a aposentadoria. Mas essas reformas ocorreram em lugares em que os governos não terão de lidar com os custos da herança de um sistema nacional de longa data do tipo atuarial* em países em desenvol-

---

* Pay-as-you-go system. (*N. do T.*)

vimento na Ásia e na América Latina, nas repúblicas oriundas da antiga União Soviética e nos países da Europa Oriental e Central, ex-parceiros dos soviéticos. Por exemplo, Bolívia, República Dominicana, El Salvador e Cazaquistão seguiram o modelo chileno baseado quase totalmente em contas de poupança privadas. Bulgária, Estônia, Hungria, Polônia, Costa Rica e outros países optaram por contas compulsórias, além de pequenos benefícios estatais do tipo atuarial. Argentina, Colômbia, Peru e Uruguai deixaram as pessoas escolherem entre poupança compulsória e pequenas pensões estatais. Entre as economias avançadas, Austrália, Hong Kong, Suécia e Dinamarca adicionaram pensões profissionais compulsórias ou contas privadas além dos seus sistemas tradicionais.

Essa abordagem funcionou particularmente bem para países em desenvolvimento porque eles podem ajudar a formar massas de capitais domésticos, especialmente em locais como América Latina, onde a fuga de capital é um problema comum. Também pode gerar negócios para grandes instituições financeiras de um país e atribuir um papel político a empregadores e sindicatos nacionais. Mas em países avançados, com sistemas atuariais acessíveis a todos, substituir qualquer parte significativa de pensão pública básica por contas privadas não será uma opção realista até 2020. Na Europa e no Japão, os governos se deparam com ampla e crescente escassez apenas para cobrir pequenos benefícios, e essas reformas desviariam bilhões de euros e trilhões de ienes desse serviço, exatamente quando milhões de novos aposentados reivindicam benefícios prometidos.

Especialmente na Europa, os líderes futuros provavelmente escolherão a alternativa que os governos democráticos usualmente favorecem quando o custo de programas populares colide, de maneira significativa e dolorosa, com o desejo das pessoas quanto a pagar bem mais ou receber bem menos: eles criarão o crédito e o dinheiro de que precisam e, então, irão tomá-lo emprestado. Guerras têm sido a oportunidade ideal para esse tipo de estratégia, como, por exemplo, o modo como os Estados Unidos financiam suas tropas no Iraque. Como uma ocasião para amplos déficits, as guerras pelo menos têm o mérito de, em geral, durar alguns poucos anos. As pressões demográficas que esses países enfrentam, contudo, persistirão por provavelmente duas gerações e serão intensificadas com o tempo.

A globalização garante que, se os governos europeus escolherem essa alternativa, os cidadãos pagarão um preço bastante elevado. Se o autofinanciamento do governo é uma resposta continuada, ano após ano, Alemanha, França e Itália – com Suécia, Espanha e outros – poderão enfrentar vários anos de inflação elevada, de modo que pessoas comuns arcarão com os empréstimos por meio de preços mais altos, que os forçarão a consumir menos. Mesmo que a intensa pressão competitiva da globalização abafe essa inflação, o investimento privado irá desacelerar, na medida em que a poupança nacional financiar a previdência pública. À medida que esses fatos forem se desenrolando, o crescimento econômico e a renda das pessoas desacelerarão ainda mais. Finalmente, os investidores globais verão os retornos reais na Europa em declínio, e começarão a desertar o euro. Déficits amplos e contínuos também podem deformar a estrutura da União Europeia, encolhendo a perspectiva de um mercado de capitais transeuropeu que possa ajudar grandes economias a se tornarem agentes mais bem-sucedidos da economia global.

É quase inevitável que na próxima década ou algo em torno disso as políticas sobre essas questões venham a se tornar muito desagradáveis. A Europa tem uma longa tradição de políticas de dissensão e uma experiência infeliz com movimentos populares extremos. No mínimo, crescimento lento, impostos elevados e pressões sobre os sistemas de aposentadoria forçarão alguns governos a cortar os serviços sociais – e se a experiência recente serve como guia, aqueles cujos serviços são cortados levarão seus ressentimentos para as ruas. Alguns atribuirão a culpa aos imigrantes, outros, à geração de seus pais ou de seus filhos. É impossível prever os resultados políticos; mas as condições sociais, econômicas e políticas para o ressurgimento de políticas de extrema-esquerda ou de extrema-direita estarão presentes.

A Irlanda é o provável local da Europa para se evitarem esses problemas. Mais importante ainda é o fato de que a Irlanda tem resistido a um estado de bem-estar amplo e vem evitando hipotecar seu futuro econômico com programas voltados a idosos. E como a economia menos regulamentada e com maior crescimento da Europa, o Tigre Celta de fato ajustou suas mudanças demográficas ao sustentar taxas de natalidade elevadas e atrair um grande número de imigrantes educados – dezenas de milhares de profissionais estrangeiros junto com mais outros nascidos na Irlanda, retornando para tomar parte do boom celta. Já desprezada por muitos europeus como uma economia incapacitada, fruto da curiosidade social hoje, a Irlanda se tornou um modelo para o desenvolvimento da Europa. Até aqui, os novos países bálticos e dos bálcãs têm mostrado interesse considerável. Se a elite da França, Alemanha e Itália pudesse ver a Irlanda como um exemplo salutar, poderia evitar parte dos tempos difíceis que agora aguardam suas sociedades.

A meio caminho encontra-se o Japão, com condições essencialmente opostas às da Irlanda. Com a maior população idosa e a economia avançada com pior desempenho do mundo, a crise previdenciária chegou a um ponto crítico mais cedo no Japão do que em qualquer outro local. E, de modo diferente da Alemanha, França e Itália, e também de outros países, o Japão tem-se mostrado disposto a cortar benefícios e elevar impostos para manter vivo seu sistema de previdência. Entretanto, essas mudanças não serão suficientes para impedir outra crise nos próximos dez ou 15 anos.

Certas características distintas da cultura e da política japonesa provavelmente tornaram mais fácil enfrentar com determinação seus problemas com pensões nos anos 1990, quando a demografia em rápida deterioração e os anos de pequeno crescimento econômico do país impuseram altos custos sobre o financiamento do sistema. Por alguma razão, os idosos japoneses são menos dependentes dos benefícios estatais do que os idosos na Europa ou nos Estados Unidos. Em termos relativos, mais trabalhadores no Japão têm pensões privadas do que em qualquer outro lugar do mundo, um legado dos dias tranquilos nos anos 1970 e 1980, quando as grandes corporações do país ofereciam benefícios abrangentes. As atitudes da sociedade japonesa em relação aos idosos permitem que eles dependam menos das pensões do governo, porque a maioria dos japoneses trabalha até bem mais do que os 60 anos – quase uma década a mais do que a maioria dos europeus continentais –, e grande parte dos adultos japoneses ainda fornece apoio regular aos seus pais.

O Japão também não apresenta a longa história da Europa ou dos Estados Unidos no sentido de aumentar continuamente os benefícios, o que, em outros países, criou a sensação de direito sobre os futuros benefícios e uma expectativa popular quanto à sua intocabilidade. Enquanto Washington enviou pelos Correios o primeiro cheque da Seguridade Social dos EUA há mais de 65 anos, e a maioria dos países europeus tivesse começado muito antes dos EUA, o Japão, até 1970, ainda não havia estabelecido um sistema amplo de previdência pública. Além disso, um número significativo de japoneses é indiferente às promessas e aos problemas do sistema, porque, ainda hoje, ele não é acessível a todos. O sistema japonês de previdência pública tem duas partes básicas – um benefício reduzido uniforme para todos e benefícios complementares baseados no salário de cada pessoa – que, juntas, geram benefícios para a aposentadoria japonesa razoavelmente pequenos. Porém, cerca de 10% dos japoneses são deixados totalmente fora do sistema, porque trabalham em negócios muito pequenos que não fazem parte do sistema, e outros 20%, aproximadamente, conseguem evitar pagar o prêmio integral.

As políticas japonesas também são muito diferentes do que os europeus e americanos vivenciam, de modo que podem dificultar algumas mudanças mais fáceis. Durante o tempo em que o Japão tem tido governos democráticos, um partido, o LDP, tem dominado a política – mesmo nos anos recentes, quando a economia do país estagnou. A paciência dos eleitores japoneses com a extraordinária má gestão econômica do LDP seria inimaginável na Europa ou nos Estados Unidos; e esse padrão de governo de um partido e de deferência popular às suas decisões pode ajudar a explicar como o primeiro-ministro Junichiro Koizumi conseguiu cortar benefícios de aposentadoria e levar os impostos para as folhas de pagamentos, enquanto os políticos ocidentais igualmente talentosos, de Bill Clinton e George W. Bush a Gerhard Schroeder e Jacques Chirac, não conseguiram.

Assim, uma geração apenas depois de o Japão ter criado seu sistema de previdência pública, quando os benefícios começaram a crescer a um passo insustentável e as receitas do sistema desaceleraram drasticamente, Koizumi pôde chegar aonde nenhuma outra democracia se aventurara desde Margaret Thatcher: em 2004, o primeiro-ministro persuadiu o Parlamento japonês a elevar a alíquota de imposto nas folhas de pagamentos em mais de um terço, nos próximos dez anos, de 13,6 para 18,3%; e a cortar os benefícios básicos em 20%, com base em um conjunto de ajustes automáticos associados à demografia e aos aumentos futuros no que já é atualmente a maior expectativa de vida no mundo.

Mesmo essas medidas de impacto não afastarão a tempestade que está pronta, prestes a atingir os aposentados japoneses na próxima década. A demografia japonesa assolará o financiamento do sistema até 2020, na medida em que a força de trabalho contrair em quase 12%, enquanto seus idosos aumentam em quase 30%. Essas mudanças deixarão apenas 1,4 japonês trabalhando e pagando impostos para financiar a pensão pública de cada pessoa idosa. Mesmo com as reformas já realizadas, o sistema não será capaz de atender às obrigações anuais.

Além disso, as vantagens nacionais que mantiveram muitos japoneses idosos livres das dificuldades estão mostrando sérios desgastes. Grandes empresas japonesas que lutam para manter-se na globalização estão cortando as pensões privadas. No Japão, a aceleração do envelhecimento e o crescimento anêmico também tornaram oca a uma vez invejada taxa de poupança da sociedade, erodindo lentamente os recursos pessoais de muitos aposentados e suas famílias. Desde meados dos anos 1980 as famílias japonesas com aposentados – todos não poupadores – realmente excederam em número aqueles que estão no auge dos anos de poupança, e esse hiato será ampliado substancialmente nos próximos dez ou 15 anos. E após mais de uma década de taxas de juros mínima, os que estão em idade de poupar o máximo estão guardando muito menos do que seus pais guardaram. Quando a safra atual de idosos estava na idade de 35 anos, eles poupavam mais do que um quarto de sua renda; os atuais, com 35 anos poupam menos do que 5% de sua renda, e contraem muito mais dívidas.

De todas as maneiras relevantes, a perspectiva financeira para os japoneses que se aposentam será quase certamente a deterioração. Nos anos

1970 e 1980, as décadas de glória para a economia japonesa, os ativos financeiros da família japonesa média cresceram mais do que 5% ao ano. Grande parte foi reservada para a aposentadoria. Esses dias passaram: os últimos 15 anos de baixas taxas de poupança e retorno médio de 1% ou menos nos investimentos das pessoas realmente levaram à redução do valor dos ativos financeiros de uma típica família japonesa. Essas tendências poderiam agravar-se na próxima década; e se isso acontecer, a riqueza das famílias de classe média japonesas continuará a declinar. A consequência será um padrão de vida em queda para os idosos nos próximos dez ou 15 anos, à medida que seus ativos vão declinando em valor, enquanto seus filhos adultos têm menos para poupar.

Assim, na próxima década, mesmo com os recursos privados dos idosos encolhendo, os políticos japoneses terão novamente de cortar seus benefícios ou elevar os impostos sobre as famílias de trabalhadores já em dificuldades financeiras. No entanto, de modo diferente da Alemanha, da França e da Itália, algum futuro primeiro-ministro do Japão poderá ser politicamente capaz de conseguir isso. Mesmo que o LDP finalmente perca a posição de poder, a extraordinária paciência dos eleitores japoneses pode permitir a quem quer que administre o governo japonês impor mais sacrifícios, sem sofrer com os debates incendiários e os protestos sociais que aguardam os países ocidentais.

Na mesma década, o desafio político da China em torno do sistema de aposentadoria será inteiramente diferente do que o que se apresenta à Europa e ao Japão – mas, à sua própria maneira, igualmente assustador. O problema da China não começa realmente com a demografia – embora sua população idosa possa crescer mais rapidamente do que a do Japão ou de qualquer local da Europa. De 2005 a 2020, o número de chineses com 65 anos ou mais de idade aumentará em quase 100 milhões, ou cerca de 65% – mais do que na Europa e no Japão, cuja população idosa aumentará 57% e 30%, respectivamente. Mas os efeitos baby boom e baby bust vieram mais tarde na China do que no Ocidente; portanto, mesmo quando a força de trabalho do país começar a se contrair em 2020, sua população economicamente ativa ainda tornará nanica a população de idosos. Nesse ano, os 167 milhões de chineses idosos igualarão menos de 20% das pessoas em idade de trabalho. Comparativamente, na Europa e no Japão, o número de idosos tem crescido há gerações, e em 2020 igualará quase 50% dos trabalhadores potenciais de seus países.

O que coloca a China à parte é que, diferentemente de qualquer sociedade ocidental, ela não oferece nada parecido com um sistema de seguridade para aposentadoria universal. Durante 20 anos, desde meados dos anos 1960 até início dos anos 1980, o vasto número de empresas estatais e as comunas agrícolas do país ofereceram uma rede de segurança rudimentar para a maioria das pessoas, inclusive suporte à aposentadoria e assistência médica. Durante esse período, os benefícios eram insignificantes e relativamente poucos chineses viviam o suficiente para reivindicá-los, mas, mesmo esses, praticamente desapareceram quando, no momento em que a expectativa de vida disparou, o novo programa social desestruturou as comunas e as empresas estatais. Nem os líderes chineses hesitaram em fazer isso: as mudanças eram deliberadas e parte integrante de sua estratégia de modernização, congelando os recursos para projetos econômicos mais urgentes.

Desde então, a liderança tem dispensado alguma atenção à reconstrução do que havia destruído – mas sempre de maneira que possa ajudar a apoiar seu programa econômico. O primeiro passo veio em 1991, quando o Conselho de Estado emitiu uma "Resolução sobre a Reforma do Sistema de Pensões". As mudanças de 1991 eram ostensivamente realizadas para a criação gradual de um sistema misto de benefícios estatais básicos e de contas privadas, mas seu propósito central era encorajar contas individuais que os bancos governamentais pudessem controlar para ajudar as empresas estatais remanescentes. A maneira pela qual realmente funcionou foi com a assunção, pelos governos locais, da responsabilidade pelo pagamento dos benefícios aos aposentados das empresas estatais locais, e com o uso dos recursos das contas individuais para ajudar a financiá-los.

Em 1997, o Congresso do Povo reconheceu a falha das reformas de 1991 e estabeleceu um novo sistema de cobertura de pensões – mas apenas para aqueles que melhoraram os planos econômicos do governo. Os únicos chineses capazes de receber os benefícios de novas pensões estatais foram os estudantes de faculdades, soldados e aqueles que trabalhavam em grandes cidades para o governo, setor privado ou nas empresas estatais remanescentes. Esse sistema cobre cerca de metade dos trabalhadores urbanos e um quarto de todos os chineses; na prática, a cobertura é ainda mais limitada. Dezenas de milhões de trabalhadores do setor privado fora das grandes cidades são deixados por sua própria conta. Esses trabalhadores da cidade qualificados para receber benefícios têm de pagar impostos elevados – 24% do recebimento de uma pessoa qualificada, ou duas vezes a dedução feita nos cheques da Previdência Social nos EUA – que dezenas de milhões conseguem evadir. Os únicos contribuintes consistentes até aqui – incluindo os militares – têm sido aqueles que trabalham para companhias estrangeiras ou em joint ventures, porque o sistema de retenção do governo permite que isso ocorra em negócios estrangeiros que não caracterizem participação total. Em suma, especialistas estimam que o novo sistema realmente cobre somente cerca de 6% de todos os chineses que trabalham no setor privado.

Para as centenas de milhões de chineses que vivem no campo, as reformas de 1997 criaram um plano de previdência voluntária que custa o equivalente a 25 centavos por mês e promete benefícios igualmente mínimos. Mesmo essa contribuição é excessiva para a população rural, que vive de rendas praticamente ao nível de subsistência, e pouco mais de 10% dos qualificados a recebê-la concordaram com o desconto. Nem a previdência privada gera qualquer ajuda, com apenas 1% da população inscrita – principalmente aqueles que trabalham para companhias estrangeiras. Em sua atual versão, o programa de seguridade para aposentadoria na China não deixa apenas de cobrir a maioria dos chineses; ele também não é financeiramente sustentável na escala atual. Como o programa depende de contribuições atuariais que são amplamente evadidas, o custo de oferecer benefícios àqueles que trabalharam para empresas estatais que ainda existem já excedem suas contribuições.

Para o futuro próximo e os anos seguintes, a maioria dos chineses que viverá até a terceira idade terá de contar consigo e com sua família para o sustento próprio, algo semelhante ao que os europeus e americanos faziam no século XIX. Atualmente, quase dois terços dos chineses com 65 anos ou mais vivem com os filhos – e 80% daqueles com idade acima de 80 anos. Mas a atitude dos jovens chineses está mudando. Com os empregos em grandes cidades pagando três vezes mais do que na área rural, dezenas de milhões deixaram o campo e seus pais para trás. Algo como três quartos da renda daqueles com idade acima de 65 ainda vêm de seus filhos – mas, para chineses aposentados com idade entre 60 e 65 anos, a parcela já caiu para apenas um terço. E com taxas de natalidade caindo abaixo daquelas nos EUA e na maior parte da Europa, os baby boomers terão bem menos filhos para sustentá-los quando eles começarem a se aposentar em dez ou 15 anos.

Nos últimos anos, o governo chinês experimentou alguns poucos programas-piloto destinados a persuadir as pessoas a separarem mais de suas poupanças prodigiosas para a aposentadoria – e deixar o Estado livre desse encargo. Em 2003, Pequim revelou um programa de contas pessoais para a aposentadoria na província de Liaoning, uma região de 40 milhões de pessoas no Nordeste da China que é o local da versão da dinastia Manchu da Cidade Proibida. O programa oferece subsídios substanciais para induzir a participação das pessoas, deduções de impostos para algumas atividades e esforços para desencorajar a evasão. Até agora, o programa alcançou uma taxa de participação de 28% – melhor do que o sistema estatal, mas ainda bem distante de uma cobertura em bases amplas.

Com uma expectativa de vida que rivaliza com o Ocidente e a população que envelhece mais rapidamente no mundo, os custos financeiros para se criarem benefícios suficientes para afastar a pobreza dos idosos chineses não podem ser facilmente conciliáveis com a demanda da modernização. Em 2020, esse benefício básico custaria a Pequim 10% ou mais do PIB do país. Essa soma enorme teria de vir de projetos econômicos básicos, dos quais a estabilidade do Estado pode depender, inclusive esforços maciços para educar centenas de milhões de pessoas, montar uma estrutura militar moderna e construir todas as formas de infraestrutura moderna – estradas, rodovias e pontes, aeroportos e portos marítimos, além de sistemas de saneamento e comunicações – em uma área geográfica do tamanho dos Estados Unidos.

Mesmo que os líderes da China determinassem que o governo tivesse de prover a subsistência dos idosos de alguma maneira, como alguns países fazem, atualmente, o Estado não dispõe dos meios básicos para a coleta de dados necessários sobre as atividades e o emprego para aplicar e controlar os impostos aos trabalhadores, pelo menos fora das grandes cidades. Atualmente, criar um sistema de aposentadoria acessível a todos administrado pelo governo da China seria algo semelhante a criar a Previdência Social nos anos 1870 nos EUA ou no Reino Unido nos anos 1820. A China não poderia realizar isso hoje nem no futuro próximo.

Nada permanece parado, especialmente na China. Nos próximos dez ou 15 anos esse país fará novas tentativas para estabelecer apoio para seus idosos. Em 2020, os 167 milhões de idosos chineses, a maioria deles pobre e com pouca poupança, viverão em uma sociedade que prospera e que elevará a expectativa de todos quanto a escapar da pobreza. Nessa área, como em outras, os líderes continuarão a buscar conselhos com os especialistas ocidentais, privados e oficiais. A fim de proteger os recursos necessários para continuar a modernizar a economia e os militares, eles provavelmente experimentarão esquemas que possam canalizar as poupanças elevadas dos chineses jovens para contas reservadas a aposentadorias privadas. O modelo mais apropriado pode ser o sistema de aposentadoria de Taiwan; e enquanto Pequim considera desagradável adotar arranjos inventados em Taipei, o administrador de um grande Estado usa as palavras de Maquiavel: "Deve-se ter a mente pronta para mudar em qualquer direção quando o vento da sorte soprar e a variabilidade do caso assim o requerer."

Criar um sistema de previdência que dependa da poupança privada para a aposentadoria vai requerer mudanças bem difíceis. Durante décadas os chineses mantiveram a poupança em um punhado de enormes bancos estatais, que a canalizavam para empréstimos destinados às companhias estatais do país, ineficientes e, com frequência, insolventes. Para garantir uma faixa de investimento que possa atrair poupadores, a China necessitará de uma indústria de serviços bancários e financeiros moderna para substituir seus bancos estatais. Esse projeto é viável, já que o Citigroup, o Deutsche Bank, o UFJ-Mistubishi Group e outros gigantes da área financeira global estão ansiosos para ocupar o espaço. Mas se o objetivo é permitir que centenas de milhões de chineses criem meios para se sustentar na velhice, a China terá de deixar de usar a poupança das pessoas para manter suas remanescentes "indústrias vitais" controladas pelo Estado, tais como aço, aviação e construção naval. Sem esse suporte, contudo, os monopólios estatais remanescentes podem fracassar rapidamente, criando o sério problema de ter de lidar com dezenas de milhões a mais de trabalhadores que perderiam seus empregos.

Como em todos os outros lugares, a China, no final, não poderá escapar de sua demografia. Não há tempo suficiente entre hoje e 2020 para ela gerar muita segurança para os 167 milhões de idosos com idade acima de 65 anos – ou 244 milhões com idade acima de 60. Em 2020, os idosos estarão inseridos em um sistema que dependerá da própria poupança deles. Com base em registros recentes, os líderes chineses provavelmente preferirão deixar a maior parte dos idosos se defender sozinha. Se este for o caminho escolhido, a aposentadoria dos baby boomers na China pode criar problemas políticos que tornarão pequeno o problema que Alemanha, França e Itália aguardam. Nos anos recentes, milhões de chineses têm desejado levar seus protestos às ruas. A principal autoridade policial da China, o ministro da Segurança Pública, Zhou Yongkang, reconheceu publicamente que em 2004 mais de 3,7 milhões de pessoas participaram de cerca de 74 mil grandes protestos públicos sobre vários assuntos. Um importante especialista chinês, Sun Liping, da Universidade Tsinghua, calcula que a estimativa de civis intranquilos é muito maior: estima-se que os protestos que envolvem pelo menos 100 pessoas ocorrem 120 a 250 vezes a cada dia nas cidades e 90 a 160 vezes por dia nas aldeias chinesas. Mesmo essas estimativas provavelmente são conservadoras, já que os representantes locais frequentemente tentam abafar qualquer notícia de protesto em sua jurisdição.

O que realmente vai ocorrer na China nos próximos dez ou 15 anos também depende de quem vencerá as duas disputas sucessórias. Não tem havido muita dissensão sobre os arranjos baseados em regras de mercado que o país seguiu de forma contínua e crescente desde o início dos anos 1990. Esse consenso, segundo os ocidentais, decorreria dos conservadores que venceram as últimas duas eleições, e que veem a rápida modernização econômica e militar chinesa e a pouca liberdade política como as questões fundamentais para o futuro da China. Mas a liderança incluiu alguns liberais, ou pelo menos o que os americanos poderiam chamar de uma versão chinesa de conservadores apaixonados, mais notadamente o primeiro-ministro Wen Jibao. Wen e seus seguidores defendem um pouco mais de ênfase nos projetos sociais, inclusive a aposentadoria e o seguro-desemprego, e até mesmo um pouco mais de liberdade para o chinês comum se expressar politicamente. Por uma série de motivos, nenhum novo corpo de liderança desacelerará a expansão militar e a modernização na China – não no que depender do Exército do Povo nessa liderança e não enquanto a península coreana permanecer um barril de pólvora e os militares norte-americanos mantiverem sua presença marcante na Ásia. Se os liberais assumissem o poder em 2012, poderiam atenuar o problema das pensões – ou suas reformas sociais podem acabar agravando a inquietação da população ao desacelerar os rápidos ganhos econômicos que centenas de milhões de chineses agora esperam. Se os conservadores se mantiverem, também poderiam atenuá-la, ao gerar crescimento suficiente para satisfazer a maior parte dos chineses – ou até mesmo enfrentar mais inquietação se uma crise energética ou financeira global emperrar o crescimento chinês, com pouco ou nenhum apoio público para atenuar o golpe.

Finalmente, temos os Estados Unidos. Apesar dos alarmes disparados com certa regularidade por alguns políticos americanos, de todo os aspectos que realmente importam, a perspectiva para o sistema de seguridade social dos EUA é muito mais administrável, econômica e politicamente, do que o que aguarda os sistemas nacionais previdenciários nos demais países. Comparada com a Europa e o Japão, a demografia dos EUA é muito mais favorável (com exceção da Irlanda); os pagamentos prometidos de pensões são menores (com exceção do Reino Unido e da Irlanda); as pessoas idosas se aposentam um pouco mais tarde (com exceção do Japão); as perspectivas de crescimento e de ganhos salariais que financiam os pagamentos das pensões são mais sólidas (com exceção, novamente, da Irlanda); e a expectativa de vida é alguns poucos anos menor. Dado o estímulo correto, modelos de avaliação de tendências calcularam enorme escassez de recursos para aproximadamente 75 ou mais anos à frente, considerando as omissões que decorrem de inúmeros eventos inevitáveis que podem afetar significativamente essas projeções. Com foco nas probabilidades à mão, as receitas de impostos nas folhas de pagamentos dos Estados Unidos devem ser mais do que suficientes para cobrir os pagamentos de benefícios anuais até pelo menos aproximadamente 2018; e em 2020 a escassez de recursos no fluxo de caixa do sistema deve ser inferior a US$ 63 bilhões, em uma economia com U$ 25 trilhões de produção projetada. Mesmo em 2030, o déficit no fluxo de caixa ainda deve estar na faixa de apenas 1% do PIB americano desse ano – e isso não inclui a renda do sistema previdenciário oriunda dos juros dos ativos dos fundos de investimentos (previdenciários). Some tudo isso e as receitas de impostos sobre as folhas de pagamento acrescidas dos juros devem cobrir os benefícios por mais 25 anos.

Fornecer e financiar esses pagamentos também deve tolher a atividade econômica normal nos Estados Unidos muito menos do que em outros países avançados, porque o sistema norte-americano é relativamente muito menor. Os benefícios da seguridade social representam cerca de 4,2% da produção econômica anual atual, e espera-se um crescimento para 5,3% até 2020. Exceto no Reino Unido, onde os benefícios de pensões básicos agora crescem menos do que a economia a cada ano, o sistema de previdência pública em outros países avançados absorve duas ou três vezes mais de seus recursos para investimentos e orçamento. Em 2020 os pagamentos variarão de 11% do PIB na Suécia e 12 a 13% do PIB da Alemanha e do Japão para 15% na França e na Itália. No lado da receita, o ônus de financiar os benefícios também reduz com muito menos impacto os planos de investimentos e de contratação nos negócios norte-americanos do que dos mesmos na Europa e no Japão. Hoje, os impostos que financiam os benefícios na forma de pensões estatais montam a 14,2% dos custos de mão de obra das companhias baseadas nos Estados Unidos, comparados com 17% no Reino Unido, mais de 21% no Japão, quase 25% na Alemanha, 32% na Itália e surpreendentes 38% na França.

Com muito mais espaço, o sistema de previdência pública norte-americano geraria menos conflitos políticos divisórios do que aqueles que certamente ocorrerão na Europa, uma vez que os ajustes não terão de envolver reduções dolorosas de benefícios ou aumentos drásticos de impostos. Kenneth Apfel, que chefiou a U.S. Social Security Administration no final dos anos 1990, se recorda de o presidente Clinton explorar um compromisso bipartidário em encontros secretos com Bill Thomas, então presidente do comitê do Congresso sobre previdência pública, e em fóruns públicos com proeminentes conservadores republicanos como o então senador Rick Santorum.[5] O bipartidarismo se dissolveu na batalha do impeachment de 1997-1998, e os esforços do presidente Bush em 2003 foram concentrados em uma abordagem estritamente conservadora que não conseguiu atrair apoio democrata. Mas um retorno a uma abordagem menos partidária e mais centrista para a reforma da seguridade social terá real chance de sucesso. Mesmo que os americanos decidam eliminar qualquer escassez projetada para o tempo de vida de qualquer pessoa idosa o bastante para trabalhar hoje – uma questão improvável e desnecessária –, praticamente qualquer pacote de reformas significativo pode dar conta disso. A previdência social norte-americana pode "equilibrar suas contas" no longo prazo, emparelhando os benefícios dos idosos 10% mais ricos; mudando os ajustes de custo de vida anuais, de modo a refletir as despesas médias de uma pessoa idosa, e aumentando o teto sobre os salários sujeitos a impostos na folha de pagamento para 90% dos ganhos, em vez de 85%, como feito nos anos 1980.

Embora os americanos mais idosos possam esperar receber pensões do governo que lhes são prometidas agora até que morram, os Estados Unidos não darão um passe livre. A assistência médica (Medical Care) é muito mais dispendiosa lá do que em qualquer outro lugar do mundo; e, como veremos mais adiante, problemas colossais de financiamento certamente erodirão o financiamento público dos cuidados médicos para os idosos nos próximos 15 anos. Além disso, durante muitos anos os Estados Unidos usaram as receitas de impostos sobre as folhas de pagamentos, recolhidas para a seguridade social, para ajudar a financiar o restante do orçamento. À medida que os baby boomers que se aposentam reivindicarem esses excesso de receita, os presidentes e o Congresso norte-americano terão de cortar outros programas para levantar impostos – com todos os desagradáveis impactos políticos decorrentes. Olhando para além de 2020, essa pressão será intensificada à medida que o sistema de seguridade social demandar a devolução de todas as receitas superavitárias que terá emprestado ao Tesouro dos EUA por quase duas gerações.

Assim, enquanto o Japão e a maior parte da Europa enfrentam pesadas batalhas políticas com relação a corte de pensões, aumento de impostos sobre a folha de pagamentos ou a assunção de déficits economicamente prejudiciais exatamente para manter o sistema previdenciário saudável, os Estados Unidos não podem evitar debates penosos sobre o corte de outros programas, a elevação de outros impostos ou a assunção de déficits economicamente desgastantes. Ainda assim, há diferenças suficientes para esperar que as tempestades políticas na Europa sejam como fogo rasteiro nos Estados Unidos. Sem mencionar outros aspectos, é mais palatável sob o aspecto político cortar uma série de programas com beneficiários limitados do que reduzir drasticamente os pagamentos prometidos a um número gigantesco de pessoas idosas vulneráveis ou aumentar os impostos nas folhas de pagamento de todos os trabalhadores. E se isso gerar mais déficits, a força relativa da economia norte-americana deve fazer com que os investidores estrangeiros desejem mais financiar os EUA do que a Europa ou o Japão.

Também pode ser mais fácil para os futuros políticos elevar impostos nos Estados Unidos, onde o governo (em todos os níveis) recebe um terço da renda da nação, comparado com os da Europa, onde os países já absorvem 40 a 50% das respectivas rendas. Mas os impostos serão uma batalha importante nos Estados Unidos no futuro próximo, porque o aumento necessário para financiar a assistência médica nos próximos dez ou 15 anos será substancial. Os americanos mais idosos também enfrentarão o que será uma surpresa desagradável para muitos: mais de

40% dos americanos têm substanciais poupanças privadas para a aposentadoria, quase toda ela poupada com isenção de impostos. À medida que os baby boomers começarem a sacar sua poupança para a aposentadoria na próxima década, ou algo em torno disso, eles descobrirão que tudo que sacarem estará sujeito a imposto de renda. Isso será uma questão política polêmica na próxima década, quando milhões de americanos aposentados apelarão para os representantes eleitos, para que parem de taxar o dinheiro que eles necessitam para viver.

De uma maneira ou de outra, as únicas mudanças demográficas desse período moldarão grande parte das políticas domésticas da próxima década em todos os principais países. Dificilmente poderia ser de outro modo, dado o impacto real que essas mudanças terão na vida de todos ao redor do mundo – sobre quanto as economias nacionais e as rendas das famílias irão crescer, quão elevados poderão ser os impostos para as pessoas e quão confortável ou restritas serão suas aposentadorias. Quão bem os líderes e governos nos EUA, Europa, Japão e China acabarão respondendo a essas mudanças – com que êxito responderão a novas pressões sobre a força de trabalho, as taxas de poupança e de investimentos e os programas de previdência pública; e quão efetivamente poderão formar um consenso político para efetuar reformas – esse será um teste crítico da qualidade de suas democracias (ou, no caso da China, autocracia) durante a próxima década.

Capítulo 3

A primazia da globalização

A MAIORIA DAS PESSOAS QUE FALAM ou escrevem sobre globalização usa esse termo para exprimir a ideia de que qualquer que seja o assunto em questão – emprego, inflação, cultura pop ou qualquer outra coisa atual –, um contexto novo e mais amplo agora afeta esses temas. Isso caracteriza uma imprecisão, mas não é realmente algo destituído de sentido. O cenário e o contexto de trabalho da maioria das pessoas, as rendas que elas obtêm, como investem e gastam seu dinheiro e os bens e serviços que usam, tudo isso se tornou maior e diferente, de maneira significativa.

Quase um terço de tudo que é produzido no mundo agora é transacionado de país para país. Em pouco mais de uma década a força de trabalho global – o número de trabalhadores envolvidos de algum modo com produção e consumo global, direta ou indiretamente – disparou de 500 milhões para 750 milhões. Transferências sem precedentes de investimentos, tecnologias e know-how sobre negócios das economias mais avançadas do mundo para inúmeros países em desenvolvimento possibilitaram a mais rápida modernização na história – deslocando centenas de milhões de pessoas da pobreza para um conforto básico ou condições melhores. Dentro dos países e entre eles milhões de trabalhadores estão se deslocando para aproveitar novas oportunidades. Trilhões de dólares de capitais se movimentam facilmente através de fronteiras, diminuindo as linhas de tendência das taxas de juros globais. E uma nova intensidade de competição está mantendo a inflação em baixa na maior parte dos países, apesar do forte crescimento, da rápida modernização e da baixa taxa de juros do capital global.

Cada uma dessas características da globalização produz um preço novo, algumas vezes inesperado. A entrada tardia e a ascensão rápida da China (e em menor intensidade, a da Índia) como um importante produtor mundial de bens manufaturados está empurrando para fora do mercado produtores menos eficientes em inúmeros países menores em desenvolvimento como Tailândia e México. Em economias avançadas como os Estados Unidos e a Alemanha, a manufatura de todos os bens, exceto dos mais sofisticados ou customizados, está a caminho de se tornar uma atividade de nichos. A migração de milhões de trabalhadores pelas fronteiras está produzindo pressão e conflitos políticos, especialmente na Europa, onde o influxo de trabalhadores muçulmanos da África do Norte e do Oriente Médio gerou intranquilidade social na França e na Alemanha e ondas de intolerância social em países como Dinamarca e Holanda.

A globalização de tanta produção e consumo também está mudando as características das grandes corporações. A disponibilidade fácil e barata de capital e de mão de obra transformou várias formas de capital intelectual nos recursos mais importantes e escassos para as companhias globais, aumentando o hiato entre a renda das pessoas mais especializadas e a de todas as outras. De acordo com algumas medidas, as primeiras 50 – ou algo próximo disso – companhias globais se tornaram maiores do que grande parte dos países; e a complexidade de suas operações através de inúmeros mercados nacionais tornou o capital e as habilidades políticas quase tão importantes quanto o capital intelectual. Isso é algo rentável. As necessidades das megacompanhias globais influenciam de modo crescente as políticas nacionais ao redor do mundo.

Nas esferas tradicionais de trabalho e capital, a globalização também tem estimulado mais terceirização de empregos no exterior, nos países em desenvolvimento. Embora esse tipo de terceirização tenha, até agora, realmente custado poucos empregos de americanos, europeus ou japoneses, está entrando em uma nova fase, em que a gradativa terceirização de serviços pode custar a milhões de trabalhadores na área de serviços em países avançados sua sobrevivência atual. A nova intensidade da competição global está indiretamente, de modo lento, embora amplo, destruindo a criação de empregos e o aumento de salários nos Estados Unidos, na Europa e no Japão. Quanto ao novo mundo de mercados de capital global, embora eles estejam contendo a inflação e as taxas de juros, essas pressões têm encontrado novos pontos de escape em um país atrás do outro, por meio de bolhas que crescem e estouram nos mercados de ações e imobiliários. E enquanto a China é o urso panda de 400kg na produção global, os Estados Unidos usam os mercados de capital global para manter seu lugar como o consumidor mundial de 1 tonelada. Para financiar esse consumo, que ajuda a manter o crescimento de grande parte do restante do mundo, os EUA tomam por empréstimo centenas de bilhões de dólares todo ano dos poupadores estrangeiros, talvez forçando os mercados globais de capitais e de moedas a quase um ponto de ruptura.

A globalização moderna já é penetrante e poderosa demais para que qualquer país escolha as peças que o favoreçam e, então, coloque uma barreira contra aqueles que não interessam. É o maior evento econômico de nossa vida e, gostem ou não, suas surpreendentes facetas complexas e interconectadas moldarão a trajetória e a vida de todas as sociedades na próxima década e bem além dela.

A nova globalização da produção e do consumo

É fácil ver as mudanças no tamanho e nas dimensões. Nos últimos 15 anos, China, Índia, os países da Europa Oriental e a antiga União Soviética, além de grande parte da América Latina, abriram continuamente a economia para mais investimentos estrangeiros, com maior competição doméstica e externa. Essas mudanças invadiram um mundo que compreendia alguns blocos econômicos que tinham pouco a ver com os outros em termos econômicos – os arranjos básicos do meio século anterior – e os transformaram em uma genuína economia global.

Os dados falam por si: nos últimos 15 anos, a parcela de tudo que é produzido no mundo e transacionado pelas fronteiras aumentou continuamente de aproximadamente 18%, em 1990, para um valor pouco abaixo de 30% atualmente. Em 2005, mais do que 180 economias nacionais transacionaram mais de US$ 12 trilhões de bens e serviços, a partir de um PIB mundial de US$ 42 trilhões. Esses são os níveis mais elevados e os maiores aumentos jamais registrados. Nos Estados Unidos apenas, as importações alcançaram US$ 2,2 trilhões em 2006 – mais do que o PIB desse ano de todos os países no mundo, exceto cinco.

Há muito tempo as pessoas têm comprado bens produzidos no exterior porque não conseguem produzi-los por conta própria ou porque as pessoas de outros países podem fazê-los a custos menores. Boa parte do que transacionamos atualmente envolve roupas, alimentos, móveis e similares, ou commodities básicas, como energia e metais, que diversos países têm comprado dos outros há séculos. O algodão e as amêndoas que os americanos compram hoje de produtores da Índia, ou o equipamento que os alemães e italianos compram das companhias chinesas, não são muito diferentes dos trajes e ferramentas que os antigos gregos traziam do Egito, dos metais preciosos e das pedras que os países da África Ocidental trocavam com pessoas na Índia e na China na Idade Média, ou das cadeiras e arcas que os colonizadores americanos fizeram para as salas de visitas de Paris e Londres do século XVIII. Os níveis atuais de comércio global também não têm precedentes. O comércio entre as economias da Europa e dos Estados Unidos, no final do século XIX e início do século XX, representava 20 a 25% de seus PIBs combinados – porém, caíram acentuadamente nas três décadas seguintes de guerras mundiais e depressão.

Apesar das similaridades, as trocas globais atuais também são diferentes do comércio internacional nos 2.500 anos anteriores. Grande parte da diferença não está no local onde as coisas são feitas, mas em como são feitas. Não é mais uma questão de pessoas em um país vendendo ou comprando bens acabados ou matérias-primas de pessoas de outros países, ou mesmo de companhias em uma nação operando indústrias e distribuidores em outras nações. As companhias que constituem o núcleo de toda economia avançada atual, e de muitas em desenvolvimento – os negócios nos quais a maioria das pessoas trabalha, direta ou indiretamente –, operam agora por meio de redes globais que existem fora e além das fronteiras e leis de qualquer país. Essas redes e sistemas são construídos com tecnologias desenvolvidas no final do século XX e início do século XXI, que agora permitem que as corporações dividam a produção de praticamente tudo, desde móveis e vestuário a farmacêuticos e computadores, em várias centenas de partes separadas, enviadas para as instalações em dúzias de países diferentes, e, então, reunidas e distribuídas a inúmeros mercados diferentes. Os sistemas de computador e aqueles baseados na web que rastreiam, transferem, reúnem e analisam informações sobre todas essas vastas atividades tornam possível para as corporações administrar e coordenar as operações globais. Mas o elemento revolucionário é a desconstrução do próprio processo de produção, não o modo pelo qual as companhias lidam com o fluxo de informações.

Todas essas mudanças econômicas também foram suportadas pelas transformações políticas do final dos anos 1980 e 1990, quando o comunismo entrou em colapso. Os líderes chineses optaram por uma estratégia de modernização gradual baseada nos mercados; e os Estados Unidos, com as outras economias avançadas, criaram a Organização Mundial do Comércio (OMC). Praticamente em toda parte do mundo o repentino e surpreendente fim da União Soviética e de seu império deixou apenas os modelos dos Estados Unidos e da Europa para a prosperidade econômica e a estabilidade política. A crise financeira da Ásia de 1997-1998 reforçou a mensagem de descrédito quanto a políticas industriais estatais extensivas, mesmo em economias baseadas no mercado. No final dos anos 1990, da Europa Central e Oriental até a Ásia Oriental e América Latina, o debate público se tornava cada vez mais concentrado no grau de amplitude e de intensidade dos mercados livres e na desregulamentação. A OMC, moldada principalmente pelos Estados Unidos, forneceu as respostas. Quase todos os países em desenvolvimento no mundo aceitaram as regras da OMC e começaram a abrir a economia estatal e controlada pelo governo aos mercados domésticos e a mais investimentos e participação estrangeira. Pela primeira vez, companhias americanas, europeias e japonesas que há muito tempo dominavam os negócios globais puderam transferir tecnologias e operações sofisticadas para dezenas de países, grandes e pequenos, cujos papéis na economia internacional haviam consistido, durante anos, em fornecer, principalmente, commodities básicas.

Essas mudanças geraram uma série de eventos que modificaram o mundo. O primeiro e maior impacto foi sentido em alguns dos locais mais pobres e amplos do planeta, que passaram de economias marginalizadas a agentes globais. Na China, o número de pessoas que trabalhavam em fábricas e escritórios modernos explodiu, aumentando os salários médios nas manufaturas em mais do que duas vezes em uma década.[1] Como esses salários ainda são muito menores do que na maioria dos outros lugares –, em 2004, um trabalhador médio no setor de manufaturas ganhava 70 centavos por hora na China e 40 centavos por hora na Índia, valor comparado com US$ 2,30 no México e US$ 21 nos Estados Unidos –, a adição de algumas centenas de milhões de trabalhadores chineses e indianos à força de trabalho global produziu novas pressões sobre o emprego e a renda de pessoas milhares de quilômetros distantes dos centros industriais fora de Xangai e Deli. Trabalhadores e empresas de países como México e Malásia – e não EUA ou Europa – sentem a maior parte da pressão, porque são aqueles que competem diretamente com os produtores chineses e indianos. Essa é uma das razões para, nos últimos dez anos, a renda ter aumentado duas ou três vezes mais rapidamente na China, e de 1,5 a 2 vezes mais rapidamente na Índia, do que em todos os outros locais.[2]

Em desenvolvimento econômico, uma coisa boa leva à outra. Portanto, o surgimento de sistemas de produção extensos, compreendidos por milhares de operações em muitos países em desenvolvimento, acelerou o desenvolvimento dos sistemas de transporte e comunicação – em sociedades que uma década antes dependiam de estradas sujas, carroças e serviços postais irregulares – para movimentar pessoas, peças e bens e também os dados sobre eles através de regiões e inúmeras nações. A China construiu 50 mil quilômetros de novas estradas por ano, incluindo 5 mil quilômetros de vias superexpressas para atender à avalanche de automóveis que está por vir.[3] De modo similar, no início de 2006, os usuários de telefones celulares passaram a 400 milhões na China e 90 milhões na Índia, com novos pedidos de telefones celulares crescendo em 600 mil por mês na China e 500 mil por mês na Índia.[4]

A rápida disseminação de operações de produção sofisticadas em países pobres e em desenvolvimento tem outros efeitos que transformam o mundo. As novas oportunidades de atrair operações estrangeiras lucrativas para as sociedades, grandes e pequenas, que há muito tempo têm ficado à margem do mundo avançado, ajudaram a convencer líderes da China, da Índia, do México e de Bangladesh a considerar mais seriamente o próprio processo de modernização – especialmente melhorando os sistemas educacionais e de saúde pública, de modo a fornecer a mão de obra que os negócios ocidentais necessitarão e as comodidades básicas que os administradores estrangeiros esperam. Na Hungria, no México e na Guiana, por exemplo, os gastos públicos com educação dobraram nos anos 1990, e aumentaram pelo menos 50% na Tailândia e em Bangladesh.[5] Numa versão do mundo em desenvolvimento referente à economia do lado da oferta, essas melhorias aumentam a transferência de novas tecnologias, operações de capital estrangeiro, que, por sua vez, geram mais receitas para o governo ampliar essas melhorias. A globalização do processo de produção pelas grandes corporações mundiais está conduzindo a modernização de muitas sociedades pobres no mundo.

Os efeitos da globalização que mudam o mundo são mais claros nos países – China, Taiwan, República Tcheca e alguns outros – que tanto se abriram ao investimento estrangeiro e à competição doméstica quanto melhoraram seus sistemas de transporte, comunicações, educação e saúde pública. Em certo sentido – comumente citado por políticos do Egito e da Venezuela até a Malásia –, cerca de uma centena de gigantescas empresas americanas, europeias e japonesas impuseram essas mudanças para servir a seus interesses de riqueza e às necessidades de alguns outros milhares de companhias grandes e de tamanho médio que dependiam das primeiras. Se a avidez dos ricos é a mesma que a necessidade de todas as companhias quanto a ter um retorno competitivo, a caracterização é verdadeira. Entretanto, os maiores beneficiários são os trabalhadores (e suas famílias) daqueles países, com educação e habilidades para manter seus empregos nos negócios modernos, quer sejam estrangeiros ou domésticos, que estão transformando a economia. Nos últimos dez a 15 anos mais pessoas no mundo mudaram da pobreza para o conforto básico e do conforto básico para uma vida de classe média do que em qualquer outro período comparável na história registrada.

Gong Jie é uma mulher de 35 anos que chegou à cidade de Jinzhou com uma filha e poucos pertences. Levou alguns anos, mas ela encontrou trabalho nos serviços de transferência de pessoal resultante da globalização – ajudando americanos que se mudaram para a China com a língua chinesa. Hoje, ganha o suficiente para sustentar a filha com conforto relativo e sua mãe idosa, já de volta para a província.[6] Além de Xangai e de Pequim, a cidade que mais cresce e mais se moderniza no mundo, Chongqing, está situada às margens do rio Yangtze, na China Ocidental. Na posição inferior, estão ex-fazendeiros destituídos como Yu Lebo, que agora pode sustentar sua família como trabalhador braçal carregando bens pelos morros inclinados na cidade montanhosa.[7] Mais acima na escala social estão pessoas como Zi Zhiguan, filho de um fazendeiro pobre, que deixou o campo para trabalhar em fábricas próximas de Chongqing e agora tem uma vida decente limpando janelas das torres de novos escritórios da cidade. Finalmente, há 9 mil novos trabalhadores, e muitos deles migraram das vilas rurais, trabalhando na nova fábrica de automóveis, a Lifan Sedan, fundada por um empresário de 68 anos chamado Yin Mingshan. Yin passou grande parte do reinado de Mao em uma fazenda estatal e estabeleceu seu primeiro negócio, uma pequena loja de reparos de motocicletas, em 1992. Ele está tornando a Lifan Sedan um importante produtor de automóveis domésticos comprando fábricas estrangeiras. Para montar as instalações de Chongqing, por exemplo, Yin adquiriu uma fábrica da BMW no Brasil, desmontou-a, enviou para casa e a montou novamente na Zona

Econômica de Chongqing. Até aqui, esses casos e centenas de milhões similares representam o efeito isolado mais importante e poderoso da globalização.

Com certeza, esses saltos no progresso estão longe de ser universais. A maioria dos africanos permanece além do alcance de todo e qualquer progresso econômico, especialmente nos países subsaarianos. Um exemplo mais próximo da experiência de muitas pessoas é o caso da América Latina, em que grande parte dos países permaneceu às margens da globalização. Enquanto a China cresceu durante duas décadas a taxas excepcionais de 8 a 10% ao ano e as economias do Sudeste Asiático se expandiram entre 5 e 7% ao ano no mesmo período, o PIB da América Latina cresceu menos de 2% ao ano. Não há nada na globalização que, de algum modo sutil, favoreça os asiáticos. De fato, por motivos históricos e geográficos, a América Latina é um local mais natural que a Ásia para operações de negócios estrangeiros vindos dos EUA e da Europa. A diferença é principalmente política, e não econômica. Investidores e companhias estrangeiros dificilmente poderiam deixar de notar a tendência regular dos líderes da América Latina a políticas que levaram a hiperinflações, inadimplências de dívidas e apropriação periódica de ativos externos, ou a políticas que restringem rigidamente o direito de propriedade por parte dos estrangeiros e encorajam a pirataria disseminada em relação a patentes estrangeiras e direitos autorais, e que deixam a maior parte de seus trabalhadores potenciais com poucas habilidades úteis aos mercados. A instabilidade econômica também atingiu os países da Ásia, de modo mais notável nas crises cambiais de 1997-1998. Mas Coreia do Sul, Tailândia, Taiwan e o restante da região emergiram de suas crises com reformas orientadas ao mercado e que foram favorecidas por investidores e por negócios estrangeiros; e em 2000 a China e a Índia haviam seguido e mesmo suplantado o exemplo deles.

Onde a globalização ocorre, com frequência assume uma qualidade dinâmica que não era evidente na última vez em que o comércio internacional se expandiu acentuadamente. No período da globalização, no final do século XIX e início do século XX, as companhias internacionais americanas e europeias usaram mão de obra barata nos países em desenvolvimento principalmente para exportar bens para os próprios mercados e para os de outros países industrializados. Agora, os países em desenvolvimento cuja economia estagnou durante gerações têm usufruído ano após ano de crescimentos e aumentos de renda de 5, 7 e até 10%. Isso não está acontecendo simplesmente porque as empresas globais americanas, europeias e japonesas estabeleceram mais subsidiárias no exterior. Dessa vez, a produção real está ocorrendo em centenas de lugares pelo mundo em desenvolvimento. Além disso, dezenas de milhares de empreendedores nativos criaram os próprios negócios, tanto para fornecer bens e serviços às empresas que produzem as peças para as grandes corporações ocidentais quanto para satisfazer os novos mercados domésticos em rápido crescimento criados pelos ganhos de renda que sua produção ajuda a gerar.

A emergência de novas classes de pequenos negócios em países como Tailândia, Taiwan e, mais tarde, China, Índia e México é tanto parte da globalização quanto as redes mundiais do Citigroup e da Siemens. Seu surgimento e crescimento também criam um novo e poderoso eleitorado político em países em desenvolvimento que vê seu futuro alinhado com a moderna globalização. Do mesmo modo que os donos de pequenos negócios nos EUA, no Reino Unido, ou na França, eles resistem a qualquer retorno à estrutura antiga com monopólios sancionados pelo governo e hostilidade ao investimento e aos negócios estrangeiros. Em vez disso, pressionam por mercados mais livres e gastos elevados do governo com educação, infraestrutura e saúde pública. O crescimento de negócios pequenos e médios em muitos países em desenvolvimento – mais do que o poder econômico e político dos Estados Unidos – tornará a globalização uma característica permanente no futuro da maior parte da população mundial.

A América Latina é um bom exemplo de como isso funciona em alguns lugares e não em outros. Entre os maiores países latinos, México e Brasil aceitaram os termos da globalização com base no funcionamento dos mercados de modo mais amplo e com mais entusiasmo do que Venezuela e Argentina. A derrota em 2000, do centrista Vicente Fox do Partido Revolucionário Institucional (PRI), que manteve o poder durante sete décadas, seguida, em 2006, pela eleição de Felipe Calderon, que é voltado para negócios, e de seu partido conservador, o Partido da Ação Nacional (PAN), e a reeleição de Lula para o governo brasileiro, que segue uma disciplina fiscal, representam a primeira vez em que um centrista eleito popularmente, ou mesmo um governo conservador, chega ao poder e se mantém no cargo com sucesso em importantes países da América Latina. Argentina e Venezuela aceitaram menos requisitos da globalização, suas classes de pequenos negócios são menores e suas políticas são mais tradicionalmente populistas, convencionalmente de esquerda e antiamericanas. Esse pode ser um padrão a ser aplicado eventualmente à Europa, onde países como França e Itália, que resistem à demanda de desregulamentação da globalização e se defrontam com sérios problemas econômicos decorrentes dessas resistências e das questões demográficas, desenvolvem a própria versão de política populista e antiglobalização.

A globalização e a nova megacorporação baseada em ideias

A evolução de novos mercados lucrativos em países em desenvolvimento com rápido crescimento também está mudando a característica das corporações globais. Pela primeira vez na história econômica há mercados globais genuínos para a produção e o consumo de tudo, desde telefones celulares e produtos farmacêuticos até ferramentas para máquinas e serviços de informação. Esse novo aspecto da globalização amplia a atividade de negócios, produzindo um novo tipo de empresa global.

A mudança mais óbvia é exatamente quão grande as corporações se tornaram. A vasta expansão de mercados potenciais e a capacidade das empresas de atender a mercados mundiais enormes e complexos geraram uma nova classe de megacorporações. Em 2006, 60 países tinham renda nacional ou PIB de US$ 50 bilhões ou mais – 121 empresas globais tinham receitas pelo menos tão grandes, incluindo 30 companhias com receitas excedendo US$ 100 bilhões.[8] No topo, as receitas combinadas das dez maiores corporações do mundo – WalMart, Exxon Mobil,

Royal Dutch Shell, British Petroleum, General Motors, Toyota, Chevron, DaimlerChrysler, ConocoPhillips e Total – chegaram a US$ 2,436 bilhões em 2006. Isso era mais do que a renda nacional de todas as nações, exceto quatro delas (Estados Unidos, Japão, Alemanha e China). Somente nos EUA, a receita combinada das dez maiores corporações, em 2006, US$ 1.984 bilhões, era maior do que o PIB de todos os países, exceto seis deles. Não importa essas receitas, pois as corporações não têm o poder de países. Mas grande parte dessas receitas gigantescas é paga a trabalhadores e governos e a outros negócios por incontáveis bens e serviços. Portanto, quando as receitas são enormes e o país é razoavelmente pequeno, esse alinhamento, inevitavelmente, gera poder político e social.

Não surpreende o fato de a maioria das megacorporações advir das economias mais avançadas. Setenta e uma entre as 100 maiores corporações do mundo são dos Estados Unidos, Japão, Alemanha, França e Reino Unido. Por vários motivos, as corporações britânicas e francesas, e, em menor grau, as norte-americanas, estão excessivamente representadas entre as 100 mais, relativamente ao tamanho de sua economia. No entanto, mesmo as companhias americanas, britânicas e francesas dominam somente um punhado de setores globais. As companhias dos EUA, por exemplo, são mais fortes em produtos farmacêuticos, com cerca de metade de todas as maiores companhias de medicamentos do mundo, e softwares, com todas as quatro maiores do mundo. As fabricantes de computadores dos EUA também dividem o domínio desse mercado com empresas japonesas. As companhias europeias e japonesas representam a maior parcela dos principais fabricantes de automóveis no mundo e as empresas europeias dominam as gigantes de telecomunicações mundiais.

A globalização muda o que significa para uma companhia ser americana, francesa, suíça ou chinesa, mas não da maneira que muitas pessoas pensam. Uma década atrás o erudito político Robert Reich atraiu a atenção popular quando pronunciou que o rápido aumento nos investimentos e nas operações estrangeiras de companhias multinacionais separou a tomada de decisão do compromisso de fidelidade dos interesses de seus países e de seus trabalhadores, tudo para enriquecer um pequeno número de acionistas globais. Essa é uma formulação sedutora e fácil de alcançar, mas inadequada. Como veremos, mais de 70% das pessoas empregadas nas megacompanhias multinacionais dos EUA vivem e trabalham não em postos avançados na Europa ou em nações em desenvolvimento, mas nos Estados Unidos; e as parcelas de trabalhadores dessas empresas que ficam no próprio país, na Europa e no Japão são maiores. Reich também não entendeu corretamente a questão do acionista. Alguns lucros das operações externas certamente vão para os acionistas – mas, novamente, para as multinacionais dos EUA, cerca de 40% dos lucros distribuídos para todos os acionistas, americanos e estrangeiros, vão para fundos de pensão e contas de aposentadoria mantidos por americanos comuns.

Também veremos logo que a globalização altera o foco estratégico de grandes companhias, de modo a reforçar a característica de grandes corporações americanas ou europeias cujos centros de atividades estão nos próprios países. Uma razão importante para que a Exxon Mobil não levante acampamento para Bahrein ou Lichtenstein e para a gigante farmacêutica britânica Astra-Zeneca não ter mudado para a Índia ou a Polônia é o fato de que a globalização mudou seu foco estratégico crítico da posição de utilizar capital e mão de obra baratos para a tarefa mais central de desenvolver e implementar ideias novas e economicamente poderosas. Os dados revelam que grandes companhias hoje investem e cuidam mais de seus ativos "intangíveis", incluindo não apenas a propriedade intelectual embutida em produtos e processos recém-desenvolvidos, mas também suas marcas, banco de dados e novas maneiras de operar e se organizar, além de treinamento e uso de empregados especializados que trabalham com esses intangíveis; e quase tudo associado a esses intangíveis ocorre nos países que essas companhias chamam de casa.

Dito de maneira mais concreta, os executivos, os gerentes e outras pessoas que desenvolvem e usam os ativos intangíveis de grandes companhias americanas, europeias e japonesas, e também seus acionistas, ainda são predominantemente americanos, europeus ou japoneses, respectivamente – como ocorre na maior parte das funções imprescindíveis, como desenvolvimento, financiamento, marketing, distribuição, contabilidade e questões legais de uma multinacional. Mesmo companhias enormes fundadas em países pequenos, com a maior parte de sua produção e venda distribuída em outros países, mantêm suas características nacionais originais. Tetra-Laval, a gigante sueca do setor de empacotamento, faz a maior parte de seus negócios em mercados fora da Suécia. A propriedade é da família Rausing, que agora vive na Inglaterra, local que não taxa doações e heranças de famílias estrangeiras muito ricas. No entanto, em todos os sentidos que importam, a Tetra-Laval permanece sueca – é administrada a partir da Suécia, e as operações centrais como engenharia, marketing e distribuição, que determinam seu sucesso, permanecem distintamente suecas. E quando dois negócios globais de diferentes países se fundem, a companhia mais forte se torna dominante – DaimlerChrysler, afinal, não era chamada Chrysler-Daimler.

As maneiras mais sutis pelas quais a globalização torna megacorporações menos "nacionais" em suas características envolvem cosmopolitanismo crescente em hábitos, métodos de negócios e padrões. Uma companhia global como a IKEA ou a WalMart tem de lidar com as condições e as preferências do consumidor de dúzias de mercados nacionais distintos. Elas não somente levam produtos, serviços, abordagens administrativas e expertises desenvolvidos na Escandinávia e nos EUA para todos os outros países, como também trazem de volta as lições e, algumas vezes, novos produtos desenvolvidos em outros lugares em que operam. As companhias americanas aprenderam a técnica de estoques para operações *just-in-time* ao observar o modo como seus rivais japoneses operavam tanto no Japão quanto nos Estados Unidos.

McDonald's, marca global líder em fast-food (embora a companhia obtenha mais lucros dos bens imóveis subjacentes), opera mais da metade de seus restaurantes fora dos Estados Unidos, incluindo mais de 700 lojas em mais do que 100 cidades chinesas.[9] Grande parte dos menus estrangeiros vem das operações americanas, porém há vários pratos singulares baseados em especialidades locais – o McCalabresa no Brasil (um sanduíche de linguiça com alho e temperado com molho vinagrete), cerveja na Alemanha, morango silvestre e torta de baunilha na Suécia, o Shogun Burger em Hong Kong (um pãozinho com porco, repolho e molho teriyaki – e também sem o repolho, no Samurai Pork Burger, na Tailândia), o McKofta, sanduíche de almôndega no Paquistão, e o refresco de *red bean** servido na Coreia do Sul. Mas o rolinho McLobster em muitos menus dos McDonald's de New England foi inicialmente desenvolvido no Canadá, e os sanduíches de frios começaram no Reino Unido. Talvez em algum momento em breve os McDonald's em Los Angeles irão oferecer entrega em domicílio, como lojas no Egito, na Turquia e em grande parte do Sudeste da Ásia, ou os McDonald's no Sudoeste e Noroeste dos Estados Unidos adotarão o "McCafé", uma operação combinada de café e sobremesa, vista pela primeira vez nas lojas da Austrália e agora popular nas filiais da América Latina.

A mesma internacionalização é estendida, com frequência, a outros tipos de negócios. Os produtores de manufatura dos EUA, Europa e Japão não estão tão seguros e conscientes da poluição em suas operações na Índia e no México como estão no próprio país; mas estão mais do que as companhias nativas, porque as economias de escala determinam que usem praticamente os mesmos equipamentos e métodos de operação em toda parte. E pode funcionar do modo contrário quando os padrões de um país em desenvolvimento são mais rigorosos do que no país doméstico da empresa global. Na China, o padrão de eficiência do combustível para carros e caminhões é mais elevado do que o norte-americano; e se a General Motors ou a Ford planejam competir com êxito no que será um dos maiores mercados de automóveis e caminhões do mundo, desenvolverão tecnologias mais eficientes em termos energéticos e veículos que farão o caminho de volta para o mercado americano.

A Suécia não é o único país que, apesar de seu pequeno mercado doméstico, gerou algumas das maiores companhias do mundo. Os outros países notáveis na Europa são a Holanda, com 14 entre as 500 maiores empresas do mundo, no setor bancário, de petróleo e gás, seguros, aeroespacial e de eletrônicos; e a Suíça, com 11, inclusive cinco serviços financeiros ou empresas bancárias de classe mundial e dois fabricantes de

---

* *Red bean* significa bebida com broto de azuki (da família da ervilha), calda, leite e geralmente sorvete por cima. (*N. do T.*)

medicamentos multinacionais.[10] O Canadá também é sede de 16 entre as 500 maiores empresas do mundo, compreendendo setor financeiro, de seguro, metais, aeroespacial e peças de automóveis. Talvez mais surpreendente seja a Coreia do Sul, um país em desenvolvimento, com 14 entre as 500 maiores empresas do mundo; lá, o governo adotou políticas inteligentes e ajudou a criar o fabricante de automóveis Hyundai, e um vibrante setor de eletrônicos liderado pela Samsung e pela LG Eletronics. Nas próximas duas décadas a Coreia do Sul estará no caminho para duplicar o resultado singular do Japão no século XX, como a única nação no mundo que passou de um país de baixa renda para um de renda elevada.

Outras nações em desenvolvimento, mesmo as maiores, ainda estão modestamente representadas na lista, com apenas 56 – ou quase 11% entre as 500 maiores empresas. O impedimento a esse tipo de sucesso não é acesso ao capital ou à tecnologia, o que elas têm em abundância, mas escassez de empreendedores e de administradores experientes que possam construir e operar organizações globais excessivamente complexas e inovadoras. Companhias como Toyota, IKEA ou Exxon Mobil, que cobrem mercados globais, têm de criar, operar e administrar não apenas enormes redes internacionais de fábricas e escritórios usando trabalhadores e matérias-primas de inúmeros países em desenvolvimento e avançados, mas também têm de controlar os sistemas de distribuição e de marketing para chegar aos consumidores em inúmeros países com diferentes necessidades e gostos. E esses mercados não permanecem estagnados; eles sofrem alteração durante todo o tempo, gradualmente ou algumas vezes de repente. Portanto, apesar de sua riqueza e seu crescimento, somente 24 companhias chinesas estão entre as 500 maiores – algo não muito distante do Canadá e da minúscula Holanda –, e todas elas servem principalmente ao grande mercado doméstico chinês. De modo similar, a Índia está representada por somente seis entre 500, menos do que Espanha ou Austrália; e a uma vez poderosa Rússia tem apenas quatro – menos do que a pequena Bélgica e a Suécia, e junto com o Brasil.

A escassez de empreendedores e de administradores de classe mundial na maior parte dos países em desenvolvimento reflete com frequência políticas governamentais que impõem inúmeros obstáculos para os empreendedores que querem começar seus próprios negócios, e para as empresas existentes que desejam se expandir e desafiar as grandes empresas nativas antigas, com frequência controladas por famílias mais influentes do país. O que a Coreia do Sul realizou está ao alcance de qualquer país em desenvolvimento, se durante algumas décadas contar com políticas que ativamente promovam essas mudanças.

Nenhum país exemplifica melhor do que a Rússia os custos que a globalização pode impor sobre uma economia e seu povo se seu governo persegue obstinadamente políticas que afastam expertise e investidores estrangeiros. No início dos anos 1990 a Rússia deu grandes passos para dinamizar a economia, privatizar praticamente tudo e retirar o controle da maioria dos preços. Mas, de todas as outras maneiras, criou um dos locais para competição em mercado mais distorcido do mundo, que favorecia sistematicamente as antigas empresas estatais recém-privatizadas, todas bastante ineficientes, e penalizou novas companhias, domésticas e estrangeiras. As empresas antigas recebiam subsídios especiais e isenção de impostos extensivos, contratos do governo e perdão de dívidas com que novas companhias não podiam competir. As companhias estrangeiras se retiraram: recentemente, somente 6% de todos os investimentos em negócios na Rússia são estrangeiros, comparados a 42% na Polônia.[11] O resultado é que a produtividade das principais indústrias e a produção total da nação entraram em colapso. A Rússia é o segundo maior exportador de petróleo do mundo, mas obtém poucos benefícios com isso, porque a produtividade no setor de petróleo é apenas 30% em relação às companhias de petróleo americanas.[12] A produtividade no grande setor de aço da Rússia, que já rivalizou com os fabricantes de aço dos Estados Unidos, caiu para 28% do nível dos EUA – e 40% do nível brasileiro.[13] De modo similar, a produtividade da Rússia referente à construção de moradias é apenas 10% dos níveis dos Estados Unidos e dois terços menor em relação aos níveis do Brasil, em grande parte porque os bancos estatais privatizados não oferecem financiamento com hipotecas. Portanto, 90% dos novos imóveis de uma família são construídos do modo mais ineficiente imaginável – pelos próprios proprietários, tijolo a tijolo, após colecionarem as aproximadamente 100 permissões que necessitam para realizar o serviço. A Rússia se tornou uma das menores ou mais dispensáveis economias no mundo. Seu PIB de 2006, US$ 987 bilhões, foi apenas 7,5% do da economia americana, aproximadamente 42% do PIB britânico, menor do que o da Espanha e do Brasil, e somente 10% maior do que o da Coreia do Sul.

A globalização também está mudando as características e as necessidades básicas das corporações modernas, e todos que trabalham para elas sentirão o efeito. Durante séculos as grandes companhias nacionais e internacionais usaram seu poder para obter acordos satisfatórios com relação a seus recursos mais básicos, capital e mão de obra. Mas a globalização torna a mão de obra e o capital facilmente disponíveis e relativamente baratos para as empresas globais. Assim, suas estratégias básicas de negócios não focam mais em garantir esses recursos; em vez disso, os recursos verdadeiramente escassos e críticos para a maior parte dos negócios atuais são o capital intelectual e político – o capital intelectual de suas patentes, marcas, métodos de negócios distintos e o conhecimento e o relacionamento de seus profissionais e administradores; e o capital político de regulamentações favoráveis, tratamento fiscal e subsídios governamentais, bem como as conexões e a influência nos próprios países e nos mercados importantes para garanti-los.

Há anos a economia "baseada em ideia" tem sido uma metáfora. A globalização a tornou uma realidade concreta. Desde meados dos anos 1990, por exemplo, as companhias norte-americanas investiram tanto em intangíveis – principalmente propriedade intelectual de patentes e marcas registradas, mas também bancos de dados, marcas, mudanças organizacionais e treinamento de capital humano para usar essas ideias – quanto em ativos físicos, de equipamentos a propriedades e construções. Essa mudança para ativos intangíveis certamente coincide com o rápido progresso e a disseminação da tecnologia dos computadores, softwares e internet, que desempenham papel crucial no desenvolvimento e na aplicação dos produtos e processos que recebem patentes e marcas registradas, de bancos de dados e marcas e mesmo de mudanças organizacionais e treinamento de alto nível. A mudança também é evidente no modo como os investidores avaliam as companhias abertas. Como já observado, há 20 anos o valor de mercado dos ativos físicos das 150 maiores empresas nos EUA – seu "valor patrimonial" – correspondia a 75% do valor total de suas ações. Uma empresa valia, de modo aproximado, o valor de venda de suas fábricas, equipamentos e imóveis. Em 2004, o valor patrimonial das 150 maiores corporações correspondia a apenas 36% do valor total de suas ações.[14] Hoje, quase dois terços do valor de uma grande companhia advêm do que ela conhece e das ideias e relacionamentos que possui.

Criar e utilizar novas e valiosas ideias, especialmente aquelas aplicadas às melhores e antigas, sempre tem sido o fator mais importante para a determinação de quanto progresso econômico um país e seu povo geram. Desde o trabalho pioneiro do ganhador do Nobel Robert Solow, no final dos anos 1950, economistas de todas as escolas e de todos os tipos têm reconhecido que o desenvolvimento e a aplicação de inovações econômicas têm mais impacto na rapidez do crescimento de um país e no aumento de renda de seu povo do que o volume de capital que eles investem, ou mesmo em quanto melhoram sua educação e especialização. Por exemplo, 30 a 40% de todos os ganhos em riqueza e de produtividade ocorridos nos Estados Unidos no século XX podem ser vinculados a inovações em suas várias formas – não apenas o desenvolvimento de novos produtos e tecnologias, mas também novas matérias-primas e processos, novas formas de financiamento, marketing e de distribuição, além de novas maneiras de organizar e administrar um negócio. Todos os aumentos no estoque de capital dos EUA explicam somente 10 a 15% do progresso, enquanto avanços na educação e nas habilidades dos trabalhadores americanos correspondem a 20 a 25%.

A julgar pelo valor que as empresas agora investem em ideias e por quanto os investidores agora as avaliam, o papel econômico das inovações ainda está se expandindo. Por uma série de motivos, a inovação econômica central de nosso período – as tecnologias da informação – afeta cada aspecto da vida econômica da maioria das pessoas no planeta, de modo não usualmente intensivo. Para começar, comparadas às inovações anteriores como a eletrificação, as tecnologias da informação continuam a avançar a passos bem rápidos, enquanto seus preços continuam a declinar a taxas igualmente, e não comumente, rápidas. A queda célere de preços da potência, da armazenagem e da transmissão dos computadores, e, em seguida, dos softwares, tornou-se uma importante característica da própria globalização, porque torna possível a rápida disseminação da inovação não apenas nos países mais avançados, mas também em praticamente qualquer lugar. Não surpreende que a elaboração de sistemas e informações deve penetrar as finanças e as manufaturas nos países mais ricos e desenvolvidos no mundo. O que é único é que os mesmos sistemas têm rapidamente se tornado parte não somente de todo e qualquer restaurante e loja em pequenas cidades nos Estados Unidos e na Europa, mas também na maioria dos negócios grandes e médios em locais como China, Índia, Egito e Peru. Em 2006, estimava-se que cerca de 103 milhões de latino-americanos estavam "conectados" (à internet); e na região menos desenvolvida do mundo, a África Subsaariana, quase 90 milhões de pessoas tinham telefones celulares e mais de 22 milhões estavam conectadas.[15]

Pela primeira vez a globalização e as tecnologias de informação dão às companhias praticamente em qualquer local do mundo acesso real a ideias e inovações geradas não apenas a alguns quilômetros, mas também a alguns continentes de distância. Para os países em desenvolvimento, a capacidade de receber, comprar, alugar, tomar emprestado ou furtar as tecnologias e os métodos de negócios mais produtivos de empresas das economias mais avançadas do mundo abriu a porta para o progresso à velocidade de um relâmpago. Apesar de mão de obra e terra baratas, a China pareceria bem mais com a Rússia rural atual se seus recursos não estivessem sendo combinados com a propriedade intelectual de empresas americanas, europeias e japonesas.

Para manter o progresso nos próximos dez ou 15 anos, a China e outros países com rápido crescimento econômico terão de continuar a atrair e a absorver as novas ideias desenvolvidas hoje e no futuro próximo por companhias ocidentais. Para fazer isso eles terão de aceitar o limite estratégico dos negócios modernos. Para começar, China, Índia e Brasil, além de outros países, aceitarão com alguma relutância as proteções da propriedade intelectual dos americanos e europeus. Eles ainda não chegaram lá: grande parte do governo chinês e do Exército do Povo há muito tempo usa versões piratas do Windows, enquanto o fabricante de automóveis Chery produz clones dos carros da GM; e Índia, Brasil, Argentina e outros países se calam quando produzem e vendem milhões de doses de drogas ocidentais falsificadas e dezenas de milhões de DVDs ou CDs pirateados. Um aspecto ainda mais complicado é que essas nações em desenvolvimento que estão mais determinadas a manter seu progresso deverão liberar gradualmente a maior parte das restrições remanescentes sobre os investimentos estrangeiros de empresas ocidentais, juntamente com meios de regulamentação tradicionais, especialmente sobre quem uma companhia pode contratar e demitir e onde situa suas operações. Nesses aspectos, pelo menos, China, Índia e grande parte da Europa Oriental em 2020 parecerão bastante com os EUA, pelo menos com relação à vantagem de corporações com matrizes em Londres, Tóquio e Nova York.

No final, a globalização não oferece opção a países como China, Índia, República Tcheca e Brasil. Os governos desses países sabem – ou logo reconhecerão – que o rápido progresso econômico, do qual parte importante de sua legitimidade agora depende, requer infusão constante de novas tecnologias, investimentos e expertise ocidentais. Os negócios globais que oferecem o que esses países necessitam, de modo similar, sabem que a rapidez do próprio crescimento depende de sua capacidade de reivindicar parte do valor dos bens e serviços produzidos com suas próprias ideias nas economias que apresentam custos baixos e que são bem-sucedidas no mundo.

Os negócios globais nem sempre irão impor sua vontade às nações em desenvolvimento. As empresas ocidentais que convivem em sociedades em desenvolvimento em rápida mudança têm de encontrar caminhos que respeitem e acomodem tradições e leis locais. Essas questões se mostraram muito difíceis e, algumas vezes, impossíveis nos países islâmicos, onde os métodos e os administradores ocidentais, às vezes, são incapazes de funcionar sob a lei Shira – uma entre algumas outras razões para que esses Estados não tenham sequer superado as margens da globalização. Mas grande parte do mundo não islâmico em desenvolvimento está se adaptando rapidamente a muitos gostos e maneiras ocidentais, desde o horário de expediente, o trabalho em equipe e os direitos de propriedade intelectual, até o jeans e o rock and roll. E quando as questões são importantes o suficiente – especialmente quando podem afetar todo o mercado –, mesmo os limites das megacorporações irão ceder. Talvez num futuro muito próximo uma pandemia de gripe aviária possa rapidamente superar os direitos de propriedade intelectual de grandes companhias farmacêuticas, e a perspectiva de mudanças climáticas no mundo pode forçar grandes empresas de petróleo, aço e automóveis a revisar seus planos de investimento cuidadosamente projetados para grandes países em desenvolvimento.

Negócios que funcionam de tantas maneiras distintas em tantos países necessitam de capital e de estrutura política quase tanto quanto precisam de capital intelectual. Megacorporações, especialmente como um grupo, exercem verdadeiras influências política e econômica. Não é apenas a questão de um político ou de um partido em particular sucumbir às demandas da WalMart ou da Total, a gigante petroquímica francesa – embora isso certamente aconteça. E nenhum negócio estrangeiro isolado é indispensável à vida de qualquer país ou à estabilidade de qualquer governo. Porém, nenhum país ou governo – exceto os mais autocráticos ou populistas – pode dar-se o luxo de criar condições que seriam desvantajosas para as maiores empresas do mundo. Como um grupo, as gigantescas multinacionais apresentam certas necessidades comuns, desde assistência médica básica e treinamento de seus trabalhadores e mercados de capitais que agregam grandes volumes de capital com fácil acesso até telecomunicação global e baixos impostos sobre seus lucros. O resultado é que na maioria das nações mais avançadas e em desenvolvimento, através de sociedades que se veem como tradicionalistas, progressivas ou socialistas, uma abordagem aproximadamente comum para o papel do governo na vida econômica está surgindo da globalização. Em sociedades que têm pouco em comum, política ou culturalmente, desregulamentação e programas de treinamento acumularam forças; coberturas de assistência médica e acesso à educação estão se tornando mais amplos; telecomunicações e outros padrões tecnológicos estão se tornando amplamente globais e, especialmente nos países em desenvolvimento, impostos sobre corporações estão em geral caindo.

Em uma passagem comumente citada de *O manifesto comunista*, Marx e Engels escrevem: "A necessidade de um mercado em constante expansão para seus produtos leva à perseguição da burguesia em toda a superfície do globo. Ela deve aninhar-se em toda parte, estabelecer-se em toda parte, criar conexões em toda parte (...) Ela compele todas as nações, sob a ameaça da extinção, a adotar o modo burguês de produção." Entre toda a retórica exacerbada e os erros simples – especialmente a triste falha em antecipar como o processo retiraria centenas de milhões de pessoas da pobreza –, Marx e Engels acertaram quanto ao funcionamento do processo muito antes da globalização moderna.

A capacidade de uma megacompanhia como Pfizer ou Nokia de usar seus sistemas globais para desenvolver, produzir e colocar produtos no mercado em escala mundial depende de sua capacidade de transitar com sucesso entre incontáveis exigências legais, regulamentações sobre saúde e segurança, leis tributárias e trabalhistas e muito mais, em inúmeros mercados nacionais. Em locais como China, Índia, Rússia e Argentina – onde é difícil fazer qualquer negócio sem a cooperação de burocratas locais, e onde não se pode confiar no sistema legal para tomar decisões consistentes –, redes de conexões políticas são especialmente importantes. E também em seus países, do mesmo modo que nos países estrangeiros, a capacidade de a megacorporação competir com êxito contra rivais em grande parte do mundo também depende, com frequência, de sua habilidade de extrair subsídios especiais tributários e para gastos.

A mudança dos capitais intelectual e político para a posição de ativos centrais de grandes empresas também está mudando o conjunto de indústrias que dominam os grandes negócios globais. Em 2005, 39% das 150 maiores corporações no mundo estavam em serviços financeiros e assistência médica – setores que empregam grande número de profissionais e administradores que criam valor por meio de seu conhecimento e de interações e estão sujeitos a regulamentações extensivas e supervisão do governo. Isso representa três vezes a parcela de 12% das 150 maiores companhias exatamente 21 anos antes, em 1984. Mesmo nas manufaturas, o número de profissionais e de administradores tem crescido acentuadamente. De 1984 a 2005, a parcela de empregados da General Electric na posição de profissionais e administradores mais do que dobrou, de 25% para 50%, mesmo quando o número total de empregados da GE sofreu contração. Corporações como a GE estão mudando dessa maneira porque faz sentido para os negócios em uma economia global baseada em ideia – durante o mesmo período, a renda líquida por empregado da GE, ajustada pela inflação, disparou de US$ 13 mil para US$ 54 mil.

Não há maneira de saber quais companhias serão líderes em mercados globais em 2010, 2015 ou 2020; mas podemos conjecturar de modo razoável sobre quais setores provavelmente serão, em termos relativos, mais ou menos lucrativos ou importantes nos próximos dez ou 15 anos. Entre os agentes mais importantes na economia global atual, a perspectiva pode ser mais negativa para as grandes companhias de petróleo. Por mais de meio século as maiores empresas de petróleo e gás do mundo têm sido motores poderosos em suas economias nacionais e em nível global; e hoje seis entre as dez maiores empresas do mundo e 11 entre as maiores 50 estão no ramo de petróleo e gás. Nos próximos dez ou 15 anos, contudo, o setor enfrentará crescente regulamentação do governo, passando por mudanças climáticas, competição mais intensa por fontes de energia alternativa conduzidas por essas e preços de energia elevados; e novas restrições políticas, à medida que a luta pelas fontes de energia se torna parte crítica das políticas de segurança nacional na maioria dos países e fonte de tensão regular entre eles.

Os prováveis setores bem-sucedidos nos próximos dez a 15 anos incluirão as maiores companhias do mundo nas áreas farmacêutica, biotecnológica e de novas empresas na área de genomas. Números crescentes de pessoas idosas em quase todos os lugares aumentarão a demanda por produtos dessas empresas; crises financeiras em muitos sistemas de assistência à saúde tornarão seus produtos as alternativas de tratamento de baixo custo e, no setor de biotecnologia, aumentos de renda em muitas nações menos desenvolvidas ampliarão a demanda por alimentos geneticamente modificados. Yuri Verlinsky, que dirige o Reproductive Genetics Institute, em Chicago, vê cura para crianças com leucemia e anemia dentro de dez anos com o uso de células-tronco a partir de embriões de seus pais; e Norman Borlaug, que foi pioneiro em colheitas geneticamente modificadas na América Latina, espera que classes de trigo geneticamente melhoradas aumentem, em breve, substancialmente sua produção na Índia. Também deve ser uma época de boom para os fabricantes de automóveis que puderem adaptar-se melhor às restrições de energia e de meio ambiente da próxima década, na medida em que a renda em rápido crescimento e os amplos programas de construção de estradas na China, Índia, Bangladesh e em outras grandes nações em desenvolvimento elevarão a demanda de carros. A China, sozinha, prevê que sua frota nacional irá disparar de 25 milhões de carros, atualmente, para 140 milhões em 2020.[16] A próxima década também parece de crescimento para as companhias globais de tecnologia de informação e de telecomunicações. Na medida em que o preço dos computadores e o acesso à internet têm declinado continuamente e seu uso vem-se expandindo, cada país avançado tem visto essas tecnologias se disseminarem de grandes corporações e de outros usuários ricos que as adotam para os negócios de menor porte e quase todos os outros. Na próxima década, o mesmo processo quase certamente se repetirá em grande parte do mundo em desenvolvimento, começando já com telefones celulares e com o laptop de US$ 176 com códigos (de fonte) abertos,* recentemente revelado pelo laboratório de mídia do MIT.

À medida que essas tecnologias vão alcançando a maior parte do mundo, com certeza irão acelerar ainda mais a integração de mercados nacionais e redes globais em quase todas as indústrias. No mínimo, devem gerar ganhos de produtividade acentuados e consistentes em muitos lugares, o que significaria lucros maiores e talvez rendas crescendo mais

---

* *Open-source codes.* (*N. do T.*)

rapidamente nos países que melhor usufruírem delas. As indústrias nacionais e globais mais integradas também podem forçar todas, exceto as maiores companhias, a se tornarem mais especializadas, aumentando a pressão sobre os trabalhadores para desenvolver cada vez mais habilidades exclusivas. E, da mesma forma que a CiscoSystems, a maioria das megacorporações pode retirar-se lentamente da situação de produzir diretamente tudo e se concentrar, em vez disso, nos projetos, na administração, nos ajustes e no reforço das redes globais de outras companhias que atuarão no desenvolvimento, produção, marketing, vendas e distribuição de bens e serviços – desde automóveis ou vestuário até TI ou serviços financeiros –, pelos quais o público as conhecerá.

É bem possível haver limites naturais a quanto exatamente as megacorporações podem crescer, e ainda permanecer lucrativas. Os mercados globais já são inimaginavelmente grandes e complexos. Para uma única companhia como a Toyota ou o WalMart, as redes globais de criação de produtos, produtores, fornecedores e distribuidores estão envolvidas na geração de uma ampla faixa de produtos e serviços para clientes em inúmeros mercados de diferentes nações. Realizar essas atividades requer camada sobre camada de administradores de nível médio e superior tentando se comunicar e coordenar uns com os outros e também com aqueles que trabalham para eles. Em uma pesquisa sobre grandes companhias, mais da metade dos executivos disse que chega a gastar dois dias na semana com e-mails não produtivos, mensagens de voz e reuniões. Mesmo com os sistemas de informação e telecomunicações mais sofisticados, bilhões de detalhes podem afundar os planos estratégicos das companhias mais bem administradas.

Uma série de megacompanhias já tem tentado tornar sua vida mais simples (e mais rentável) se despojando de várias operações paralelas e não críticas. O Citigroup, por exemplo, vendeu sua subsidiária de seguros de vida para a MetLife e sua linha de financiamento de transportes para a General Electric, de modo a poder concentrar-se nos lucros mais elevados que são obtidos nas operações bancárias. A Dell Computer é um possível modelo para o futuro próximo, especialmente para os fabricantes. A própria Dell se transformou no mais lucrativo fabricante de computadores no mundo (medida por empregado) ao se concentrar em fornecer produtos customizados usando processos rigorosamente padronizados realizados por subcontratados, evitando, dessa forma, a tentação de se expandir para produtos mais sofisticados ou aceitar linhas de negócios relacionados, tais como consultoria de sistemas.

Trabalhadores em uma economia global: o espectro da terceirização

Na medida em que a globalização muda o foco estratégico de grandes negócios, de mão de obra e capital para ideias e políticas, as implicações para todos que trabalham para viver são enormes. Baixas taxas de desemprego e ganhos de renda saudáveis para a maior parte dos trabalhadores nos anos 1960 e 1970 eram sinais inegáveis de que a mão de obra, nesses períodos, representava, de modo geral, recursos escassos nos Estados Unidos, Europa e Japão; do mesmo modo que o alto nível de desemprego e a renda estagnada na maioria das nações em desenvolvimento, nesses mesmos períodos, constituíam evidências confiáveis de que a mão de obra era tudo, menos escassa. E como se demandam sacrifício e recursos verdadeiros para os trabalhadores mudarem de um país para outro, os excedentes de mão de obra nos países em desenvolvimento não podiam aliviar a pressão nos mercados de trabalho das economias avançadas. A globalização moderna se esconde atrás dessas barreiras geográficas. Trabalhadores chineses, tchecos ou mexicanos podem juntar-se ao pool dos que trabalham para os empregadores europeus, japoneses e americanos simplesmente mudando para os centros industriais e de negócios de seus próprios países, onde os empregadores estabeleceram suas operações estrangeiras. Com salários em rápido crescimento para atraí-los para essas áreas, e novas redes de transporte para colocá-los lá, essas migrações internas já ajudaram a criar megacidades de 10, 15 ou 20 milhões de pessoas no México, Brasil, Índia, China, Indonésia, Bangladesh, Egito, Argentina, Coreia do Sul e Rússia. Diante delas encontram-se, cruzando oceanos ou outros continentes, dezenas de milhões de pessoas que trabalham em todos os países avançados, preocupadas com a possibilidade de que ondas de terceirização no exterior na próxima década afetem seus empregos. Elas têm boas razões para se preocupar, embora seja improvável que a terceirização direta de trabalhadores em países em desenvolvimento atinja a maioria.

Não há dúvidas de que o pool global de trabalhadores de repente se tornou muito maior. Richard Freeman, economista da Harvard University, calcula que a globalização efetivamente dobrou o tamanho da força de trabalho mundial interconectada: em 2000, China, Índia e os países da antiga União Soviética e seu império da Europa Oriental tinham cerca de 1,5 bilhão de trabalhadores entre eles, aproximadamente o mesmo número de trabalhadores de todos os países avançados, América Latina, África do Norte e Sudeste e Sul da Ásia. A aritmética do professor Freeman está correta, porém sua conclusão parece exagerada. Embora China, Índia e demais países tenham-se unido ao sistema econômico global, centenas de milhões de fazendeiros que vivem em nível de subsistência e trabalhadores em aldeias desses países ainda estão isolados do mundo do comércio, investimento estrangeiro e terceirização. No entanto, em apenas uma década, a globalização provavelmente expandiu o pool efetivo global de trabalhadores – pessoas que tomam parte direta ou indiretamente, produzindo ou fornecendo coisas que são vendidas em outros países ou que competem com bens e serviços produzidos nestes – em pelo menos um terço e talvez até 50%, o que significa aumento de 500 a 750 milhões de trabalhadores.

De acordo com alguns políticos e especialistas, isso pode significar que centenas de milhões de americanos, europeus e japoneses perderão seus empregos para chineses, indianos, europeus da Europa Central e brasileiros nos próximos dez ou 20 anos. Na campanha presidencial de 2004, nos Estados Unidos, John Kerry – que conhece melhor esse assunto – chamou os negócios terceirizados de "corporações Benedict Arnold"; e um colaborador usualmente razoável do *The Wall Street Journal* escreveu em meados de 2005: "Se conseguirmos descrever um trabalho precisamente ou escrever regras sobre como fazê-lo, é improvável que ele sobreviva." Ou se programará em computador sua execução ou "um estrangeiro será treinado para fazê-lo".[17] Teoricamente, terceirização em países em desenvolvimento pode afetar qualquer trabalho que não envolva contato físico direto com clientes ou com os empregados de outra companhia doméstica. No entanto, a prática de terceirização no exterior e seu potencial para o futuro próximo são mais complicados do que isso – e muito mais limitados.

Terceirização em si é uma característica normal e muito difundida nas economias avançadas diversificadas, e certamente aumentou muito à medida que as corporações foram se tornando maiores e mais complexas. Porém, praticamente toda terceirização ocorre dentro de um país, quando, por exemplo, um Citigroup, uma Mitsubishi, ou qualquer outra entre milhares de companhias muito menores, pegam algo que costumavam fazer – seu sistema de folha de pagamentos, ou serviços legais de rotina, ou serviços de call centers ou de TI – e passam a adquiri-los de outra empresa. Uma pesquisa em 4 mil companhias no Nordeste dos EUA, a maioria com menos de 100 ou 500 empregados, mostrou que 83% terceirizavam um amplo conjunto de atividades para outras companhias americanas.[18] Mais da metade usa outras empresas para administrar aposentadoria ou serviços de saúde, 30% terceirizam treinamentos e quase 20% de seus serviços de call center e de TI. Nos serviços de TI, companhias como a CIBER estabelecem centros em locais de baixo custo nos Estados Unidos, incluindo as cidades de Oklahoma e Tampa, que fornecem serviços remotos de TI para as companhias das Costas Leste e Oeste. E não está limitada aos EUA e a outras economias avançadas: a Eastern Software Systems trata não somente da manutenção de rotina de sistemas de TI para companhias indianas de porte médio, como também contrata empregados para negócios de TI domésticos.[19] Segundo uma boa estimativa, esse tipo de terceirização doméstica representa mais do que 87% do fenômeno total, e tem pouco a ver com globalização.[20]

Três outros tipos de terceirização envolvem trabalhadores em outros países e são parte da globalização. Uma forma que tem sido usada há muito tempo envolve multinacionais que criam subsidiárias estrangeiras para produzir peças ou produtos inteiros, ou fornecer ou administrar certos serviços como parte de suas redes globais. As companhias americanas fazem muito mais esse tipo de terceirização do que as europeias ou japonesas, principalmente porque as leis trabalhistas no Japão e na maior parte da Europa tornam muito mais difícil para as empresas demitirem alguém. Além disso, uma parcela razoável dessas tarefas envolve serviços: cerca de 40% de todas as importações de serviços dos EUA – cerca de US$ 125 bilhões em 2005 – ocorrem entre uma empresa-mãe desse país e suas subsidiárias e afiliadas estrangeiras. Em áreas de negócios que são muito intensivas em TI e envolvem habilidades avançadas, é ainda maior – cerca de 60% de todas as importações de serviços financeiros e 70% de todas as importações de serviços relacionados a negócios e profissionais.

No entanto, isso ainda envolve uma pequena parcela de empregos. O U.S. Bureau of Labor Statistics calcula que a terceirização no exterior custou aproximadamente 13 mil empregos de americanos em 2003, e outros 52 mil em 2005. Em 2004, após décadas de terceirização gradual desse tipo, as multinacionais norte-americanas tinham quase 30 milhões de pessoas em suas folhas de pagamentos mundiais, das quais 8,3 milhões, ou 28%, estavam empregados no exterior.[21] Mas as multinacionais estrangeiras também empregavam cerca de 5,1 milhões de trabalhadores nos EUA. Portanto, as empresas americanas terceirizavam 3,2 milhões de empregos no exterior a mais do que outros países terceirizavam nos Estados Unidos. Muitas companhias farmacêuticas líderes na Europa transferiram grande parte de suas áreas de P&D para os Estados Unidos, para penetrar em um mercado que é, ao mesmo tempo, o maior do mundo e o único importante com preços amplamente não regulados. A diferença de 3,2 milhões é igual a cerca de 2% de todos os empregos americanos. E esses números praticamente não aumentaram nos últimos anos. O número de trabalhadores estrangeiros nas subsidiárias estrangeiras das companhias norte-americanas aumentou cerca de 100 mil em 2004, após um declínio de aproximadamente 60 mil em 2003. Se cada um desses 100 mil empregos terceirizados em 2004 custava a um americano seu emprego, a perda de emprego seria menor do que um décimo de 1% de todos os empregos nos Estados Unidos nesse ano.

A terceirização no exterior custou bem mais empregos americanos no passado. Os Estados Unidos perderam 2,3 milhões de empregos no setor de manufaturas de 1979 a 1993, durante o chamado período de desindustrialização, e uma considerável parcela foi para o México, Taiwan e outros países em desenvolvimento. Quando a globalização decolou, os Estados Unidos perderam ainda mais empregos no setor de manufaturas – 2,7 milhões de empregos apenas de 2001 a 2004. Mas durante esses anos o número de pessoas empregadas por subsidiárias de companhias dos EUA em nações em desenvolvimento não aumentou nada. Milhões de trabalhadores nos setores de manufaturas, americanos, europeus e japoneses, têm perdido o emprego porque são substituídos por tecnologia ou terceirizados para outros negócios em seus próprios países.

Isso não é o fim do processo, porque a globalização está dando origem a uma nova e distinta forma de terceirização no exterior. Pela primeira vez as empresas americanas e europeias (as empresas japonesas fazem isso muito menos) começaram a terceirizar certos serviços – operações de call center, desenvolvimento de softwares, parte de suas P&D – não para suas subsidiárias estrangeiras, mas para empresas separadas em locais como Índia, Irlanda, Israel e, inevitavelmente, China. Esse novo tipo de terceirização estrangeira se tornará mais importante nos próximos dez ou 15 anos e representa uma ameaça genuína a milhões de trabalhadores em países avançados.

É certo que alguns americanos e europeus, altamente especializados, empregados em grandes multinacionais estão perdendo seus empregos no setor de serviços para outras empresas em outros países. Mas salários baixos não estão conduzindo esse processo, porque a maior parte dessa terceirização no exterior envolve empregos que mudam de um país avançado para outro. O país líder na terceirização externa atual, como parcela de sua força de trabalho, não é a Índia ou a China, mas a Irlanda, que refez seus regimes tributários e regulatórios, especialmente para induzir as companhias de software do Reino Unido, Europa e EUA a estabelecerem lojas no país. E as companhias de Israel, muitas delas subprodutos de outras na área de desenvolvimento militar, agora realizam bastante P&D para empresas americanas e europeias.

Diferentemente do que ocorre no setor de manufaturas, a terceirização em serviços não ocorre simplesmente porque um país em desenvolvimento se moderniza, pelo menos ainda não. A Índia se tornou um centro de serviços terceirizados para algumas formas de software e de TI, após uma década utilizando recursos significativos para educar jovens indianos em algumas áreas urbanas importantes. Ainda assim, as empresas estrangeiras custaram apenas aproximadamente 100 mil empregos de americanos em serviços de softwares e de TI de 1983 a 2003.[22] E os Estados Unidos e o Reino Unido dominam totalmente o ambiente de terceirização estrangeira de empregos em serviços altamente especializados em países em desenvolvimento. As corporações globais dos EUA, sozinhas, representam mais do que a metade de toda a terceirização no exterior de empregos em engenharia, por exemplo, com as empresas britânicas respondendo por 16%.[23] Na Europa continental e no Japão ainda é muito difícil transferir empregos para outros países. A Europa, fora o Reino Unido, responde por 16% de todos os empregos em engenharia terceirizados no exterior, e as companhias globais japonesas são responsáveis por apenas 2%.

E o que fazer sobre o grande esforço em anos recentes na China e na Índia para educar centenas de milhares de jovens de suas gerações baby boomer para atuar como analistas e administradores de negócios, médicos e contadores? Esses investimentos produzirão um novo grupo de profissionais especializados, ansiosos para trabalhar por uma fração do que seus colegas americanos e europeus ganham. Mas a maioria acabará não tomando os empregos dos americanos e europeus. Em vez disso, será agarrada pelos negócios domésticos ou fornecerá seus serviços para empresas ocidentais que vendem para os mercados em rápido crescimento na China e na Índia. Além disso, apesar do esforço para educar e treinar milhões de jovens chineses e indianos como profissionais em serviços, é muito difícil expandir significativamente um sistema de educação de nível mais elevado em poucos anos, em um país em desenvolvimento, especialmente para criar as habilidades requeridas pelas empresas ocidentais mais sofisticadas. Em muitos locais do mundo em desenvolvimento a escassez de trabalhadores especializados no setor de serviços já apareceu. Além disso, os especialistas da McKinsey calculam que dentro de quatro anos, dadas as tendências atuais, não haverá trabalhadores especializados suficientes para os serviços de TI e os baseados em engenharia na China, Índia e Filipinas para atender às necessidades somente dos americanos e britânicos que lá operam atualmente.[24] Em tese, a migração poderia amenizar parte da escassez – mas por um longo tempo essas e outras nações em desenvolvimento mostraram-se ainda mais resistentes à imigração estrangeira do que regiões como França e Alemanha.

Novamente em tese, esse tipo de terceirização poderia ser disseminado para países que recebem poucos negócios hoje, especialmente quando os salários aumentarem na China e na Índia. Nos cinco anos de 1998 a 2003, por exemplo, os salários de gerentes de TI na Índia mais do que dobraram. Até 2015, a escassez de engenheiros e de profissionais nas áreas de software e financeira na China e Índia deve levar seus salários aos níveis de países como México e Brasil; e em lugares como a República Tcheca e a Polônia, esses salários provavelmente alcançarão os níveis de Portugal e mesmo da Espanha. Se os governos em países como Malásia, Nigéria, Peru e Marrocos começassem a aprimorar seus esforços com treinamentos educacionais agora – incluindo treinamento intensivo em línguas como inglês, francês, alemão ou japonês –, poderiam tornar-se pequenos novos centros para terceirização estrangeira de empregos altamente especializados.

Ainda assim, os analistas da McKinsey calculam que nos próximos 30 anos menos de 5% dos empregos em serviços dos EUA serão terceirizados para outros países.[25] Isso significaria uma perda de 225 mil posições em serviços por ano em uma economia com atualmente mais do que 108 milhões de empregos em serviços no setor privado.

Em alguns casos, americanos – e também europeus e japoneses – terceirizam de fato serviços médicos, que ocorrem com a ida do próprio indivíduo para um país estrangeiro. Essa prática não se dá mais, em essência, com os muito ricos procurando pelos melhores cirurgiões plásticos na Suíça. Atualmente é mais comum que pessoas de mais idade viajem para o México ou o Canadá para fazer trabalhos odontológicos caros e que não são cobertos pela Medicare;* ou que os americanos se desloquem para o Oriente Médio e Ásia para realizar transplantes; ou que japoneses de classe média rumem aos Estados Unidos para tratamentos de fertilização *in vitro*. Não há dados precisos, mas a demanda é suficiente para suportar os serviços privados quanto a "credenciar" hospitais estrangeiros para exames médicos em turistas, tais como a Joint Commission International, Inc., que certifica 80 instalações médicas na Ásia, na Europa e no Oriente Médio (e vende serviços de consultoria para instalações estrangeiras sobre como conseguir credenciamento). Ann Lombardi, agente de viagem de Atlanta, descobriu que podia economizar US$ 4 mil se fosse para a Alemanha fazer tratamento de catarata, sem internação; e quando retornou criou a European Medical Tourist, Inc., na Carolina do Norte, de modo a permitir economia semelhante para americanos que quisessem ir para Alemanha, Bélgica ou França para fazer tratamentos. Esses serviços apresentam uma história considerável no Reino Unido, onde várias empresas anunciam procedimentos cirúrgicos na França, Hungria, Malta, Índia, Letônia e em outros lugares para britânicos que queiram evitar longas esperas pelo National Health Service e os preços elevados para tratamentos privados.[26]

Algumas instituições norte-americanas que tentam cortar custos com assistência médica estão olhando na mesma direção.[27] Por exemplo, a Blue Ridge Paper Products, na Carolina do Norte, oferece a seus trabalhadores uma parcela da economia com o encaminhamento para cirurgia em Nova Deli; e um gestor de assistência médica na Flórida, United Group Programs, inclui um hospital tailandês como um credenciado preferencial. Além disso, algumas companhias entre as *Fortune 500*

---

* Sistema de seguros de saúde administrado pelo governo norte-americano. (*N. da E.*)

recentemente investigaram a possibilidade de contratar serviços em larga escala de hospitais estrangeiros.

Além disso, a globalização não está parada; e nos próximos dez a 15 anos os trabalhadores ocidentais do setor de serviços serão atingidos por uma forma inteiramente nova de terceirização externa. O futuro da terceirização estrangeira está nas tarefas separadas, em que trabalhadores na China, Índia, México (e talvez Malásia, Nigéria, Peru e Marrocos) lidem com partes separadas de serviços muito maiores e mais complexos, tais como interpretar um raio X, executar um programa tributário ou analisar um conjunto de dados de negócios, colocados em rede por meio dos sistemas globais de informação. Poucos anos à frente, quando houver escassez de chineses, indianos e mexicanos com nível superior, nas áreas de engenharia, ciência computacional e administração de negócios, esses países serão capazes de treinar milhões de pessoas jovens para que elas possam executar pequenas partes dessas tarefas. Além disso, os clientes ocidentais da terceirização fragmentada desses serviços provavelmente irão bem além do relativo punhado de corporações globais enormes que a dominam hoje. Na próxima década, milhares de hospitais, empresas de contabilidade e instituições financeiras de portes médio e grande dos Estados Unidos e da Europa acharão possível e prático entrar em rede, através de seus sistemas de informação, com trabalhadores treinados em conjuntos de habilidades discretas, praticamente de qualquer lugar.

A terceirização separada começou algum tempo atrás, com o processamento de dados e call centers, mas continuou com mais lentidão do que a terceirização de empregos no setor manufatureiro nos anos 1970 e 1980. Uma das principais razões foi a barreira linguística, porque a maior parte das tarefas em serviços que foram transferidos para países com salários baixos envolve comunicação de algum tipo de informação padrão. E isso usualmente requer que o terceirizado e o que terceiriza (ou seus clientes) falem a mesma língua. É por isso que a General Electric, American Express, British Airlines e Microsoft estabeleceram o processamento de dados e os call centers no exterior, não na China ou no Brasil, mas na Índia – junto a subsidiárias nos EUA e Reino Unido de companhias europeias e japonesas. Devido ao rápido crescimento de mercados que falam espanhol nos EUA, o México se tornou outro local favorito para os call centers das companhias norte-americanas e das subsidiárias americanas de negócios europeus e japoneses. Pela mesma razão, companhias como Siemens, Lufthansa e a gigante francesa na área de eletrônica Thomson, junto as subsidiárias europeias de dúzias de companhias dos EUA, estabeleceram call centers na República Tcheca.

O novo impulso à terceirização fragmentada de tarefas na área de serviços, no entanto, depende de avanços recentes em softwares, e irão bem além de call centers e processamento de dados. Nos anos 1980 e 1990, enquanto a potência, a transmissão e a armazenagem de computadores progrediram em saltos quase constantes, o desenvolvimento de softwares ficou para trás. Esse quadro começou a mudar no final dos anos 1990, quando o avanço em software permitiu que as companhias separassem o projeto de um programa de sua implementação em código de computação.[28] Em linguagem tecnológica, a programação de um software se tornou "modular". Sem esse avanço, os centros de programação em Bangalore e Hyderabad dificilmente existiriam hoje, independentemente dos salários que os programadores indianos aceitariam, contentes. Além disso, desde mais ou menos o ano 2000, importantes avanços nos softwares financeiros, contábeis, médicos e de engenharia permitiram que as companhias, pela primeira vez, desmontassem outras tarefas muito complicadas, como análises complexas requeridas no sentido de avaliar uma empresa para uma possível tomada de controle, ou de passivos tributários de uma multinacional sob uma série de cenários. Com esses novos softwares, uma companhia pode dividir as partes de grandes tarefas na área de serviços entre qualquer número de equipes profissionais, conectadas pelas redes na internet, e, então, juntar os resultados em um local.

Na próxima década essa terceirização fragmentada conduzida por softwares pode custar o emprego de aproximadamente 8 a 10 milhões de trabalhadores no setor de serviços em países avançados. O primeiro estágio não destruirá muitos empregos nos Estados Unidos, na Europa ou no Japão. À medida que a tecnologia dos softwares for avançando, milhares de negócios de portes grande e médio no Ocidente terão condições de terceirizar partes de seus serviços, e começarão com outras companhias na mesma cidade ou no próprio país. Nessa, como em outras formas de terceirização, os negócios nos EUA provavelmente irão liderar, pelo menos porque esse tipo de terceirização reduz os custos com seguro-saúde e pensão.

As multinacionais americanas e britânicas provavelmente começarão a terceirizar tarefas em serviços em base fragmentada para os países em desenvolvimento onde já estão estabelecidas. O terceiro e maior estágio deve vir alguns anos depois. Na Índia, no México, na China e em outros países em desenvolvimento milhares de empreendedores nativos criarão empresas para lidar com a terceirização de serviços na forma fragmentada das megacorporações. Uma vez em funcionamento, companhias de intermediários baseadas em rede serão capazes de fazer o mesmo serviço com economias que estarão disponíveis para milhares de companhias americanas ou britânicas já adeptas da terceirização fragmentada nos próprios países. Em 2015 e após, quando o Japão e grande parte da Europa continental se defrontarem com a escassez de mão de obra da geração baby bust, muitos negócios lá provavelmente também se unirão.

A produção manufatureira complexa passou por um processo similar há 20 ou 30 anos. Mas os deslocamentos econômicos e outras mudanças serão mais expressivos dessa vez, porque a demanda e as oportunidades para terceirização fragmentada serão maiores no setor de serviços do que jamais foram no setor manufatureiro. Enquanto o setor de manufaturados constitui cerca de 20% de toda a economia avançada, os serviços representam três vezes esse percentual; e todos os negócios, seja em manufaturas ou serviços, usam quantidades enormes de serviços. E os americanos gastam mais com cuidados médicos e pessoais do que com habitação e alimento – com ambos incluindo grande quantidade de serviços. Além disso, a demanda internacional por estes inevitavelmente crescerá nos próximos dez a 15 anos se as nações em desenvolvimento seguirem o mesmo padrão. Quando os países se desenvolvem e a renda das pessoas aumenta, sem exceção, elas gastam mais em serviços, não em coisas. Nessas circunstâncias, o comércio global de serviços cresceu duas vezes mais rapidamente do que o de bens nos últimos 15 anos. Com a terceirização fragmentada de serviços, essa situação quase certamente expandirá. O lado positivo para os países avançados é que o rápido desenvolvimento da China, Índia e Europa Central também aumentará suas necessidades de negócios com alta tecnologia e de atuação profissional; e, então, os Estados Unidos e a Europa deterão os trunfos no futuro previsível.

Enquanto é provável que a terceirização fragmentada de serviços venha a custar o emprego de alguns poucos milhões de americanos na próxima década, os avanços com softwares, que tornam a terceirização possível, podem ter outros e talvez mais poderosos efeitos, que pouco têm a ver com a globalização. Pelo menos nos Estados Unidos os impressionantes ganhos de produtividade acumulados por empresas manufatureiras, financeiras, de varejo e de outros setores decorrem, de modo substancial, da maneira como usaram novas tecnologias de informação. A TI se espalhou tão profunda e rapidamente pela economia americana porque os avanços tecnológicos, a produção externa barata e a competição reduziram significativamente o preço real do hardware de TI. A mesma dinâmica agora parece estar ocorrendo com os softwares.

Nos próximos cinco a dez anos, quando os softwares se tornarem mais poderosos e versáteis, a produção deles no exterior se expandirá, (talvez) a competição aumente, e o preço real dos softwares deve cair acentuadamente. O resultado inevitável é que os negócios de todos os tipos se tornarão ainda mais intensivos em TI, especialmente em setores como saúde, educação e serviços pessoais, que até agora se adaptaram à TI mais lentamente e de forma mais relutante do que os setores de manufaturas, financeiro e varejo.[29] Se a disseminação da TI na forma de hardware é uma diretriz confiável, esse processo poderia gerar ainda maiores ganhos de produtividade na próxima década do que vimos na última. E isso deve significar lucros mais altos, rendas mais elevadas e, no fim, mais empregos – pelo menos para as pessoas com a educação e as habilidades requeridas para trabalhar com essas tecnologias.

Avanços em softwares certamente se disseminarão rapidamente entre os países avançados no mundo. Mas, como veremos, o Japão e grande parte da Europa podem não colher tantos benefícios econômicos quanto os Estados Unidos e alguns poucos países europeus. Por mais de uma década os negócios na Europa e no Japão investiram em TI tão avidamente quanto as empresas americanas; no entanto, colheram muitos menos benefícios em termos de produtividade. Apesar de todo seu poder e potencial, a tecnologia de informação não faz qualquer diferença econômica, a menos que as companhias também mudem a maneira de operar para usufruir melhor delas. No Japão e em grande parte da Europa inúmeras leis e regulamentações criaram milhares de pequenos obstáculos e custos adicionais para os tipos de mudança – realocação de instalações, demissão ou realocação de trabalhadores sem experiência e as habilidades apropriadas, mudanças de horas de operação e muito mais – requeridas para extrair maior produtividade e maiores lucros dos investimentos em TI.

Como a globalização realmente afeta os empregos e os salários nos países avançados

A globalização apresenta outra surpresa desagradável para as pessoas que trabalham nos EUA, na Europa e no Japão. Ela começa com a dinâmica mais básica da moderna globalização, as ondas de tecnologia, investimentos e expertise que ocorreram na China, e em menor grau na Índia, a partir de empresas nos Estados Unidos, na Europa e no Japão. Em grande parte do mundo os rótulos de tudo que as pessoas usam são testemunhos silenciosos de seus resultados. As companhias chinesas e indianas agora produzem alguns bens padronizados sofisticados, desde laptops e semicondutores a videogames. Também fazem milhares de coisas menos sofisticadas que vêm produzindo há décadas, de aço e concreto até móveis e brinquedos – e, graças a todas as transferências de empresas em locais economicamente mais avançados, elas os estão produzindo em quantidades muito maiores, e com muito mais qualidade.

Os trabalhadores nos países avançados não têm produzido brinquedos, aço e concreto em grande quantidade há muito tempo; e, antes da China e da globalização, a maior parte desses empregos tinha ido para México, Brasil, Taiwan e Coreia do Sul, décadas atrás. As companhias americanas, europeias e japonesas continuam a produzir grande parte dos bens mais avançados no mundo e, mais uma vez, muitos dos empregos que produzem os componentes desses bens também haviam sido transferidos para países em desenvolvimento algum tempo atrás – para os Tigres Asiáticos –, à medida que seus salários e outros custos foram aumentando continuamente em países como México, Tailândia e Malásia. Atualmente, isso faz uma diferença crítica, porque os milhares de empregos agora perdidos todo ano para a China e a Índia concentram-se principalmente não nos EUA, Europa, ou Japão, mas no México, Tailândia, Malásia e em outros países em condições semelhantes.

Não podia ser de outra maneira. The International Labor Organization (Organização Internacional do Trabalho) e o U.S. Bureau of Labor Statistics (Departamento de Estatística sobre Trabalho dos EUA) relatam que um trabalhador médio no setor de manufatura ganha US$ 23,65 por hora nos Estados Unidos, US$ 24,63 na França e US$ 21,76 no Japão, comparados com US$ 6,38 em Taiwan, US$ 13,56 na Coreia do Sul e US$ 2,63 no México.[30] Os trabalhadores, também no setor manufatureiro, ganham cerca de 70 centavos na China e 40 centavos por hora na Índia. Os trabalhadores chineses e indianos empregados nas instalações modernas estabelecidas por companhias estrangeiras ganham mais – como também ganham na Coreia do Sul, no México e na Tailândia. Mas as grandes diferenças em custo de mão de obra por operar na China e na Índia, em comparação com os custos de Taiwan e do México, constituem a principal razão pela qual a China agora está tomando centenas de milhares de empregos a cada ano de outros países em desenvolvimento.

O Banco Mundial relata que as exportações de mercadorias da China subiram muito rapidamente, quase 1.300%, disparando de US$ 68 bilhões, em 1990, para US$ 837 bilhões em 2005. E ainda estão crescendo entre 20 e 25% ao ano. Nesses níveis, as exportações da China afundam as de seus rivais nos setores de manufaturas de outros países em desenvolvimento – elas são quase dois terços maiores do que todo o restante da Ásia, inclusive quatro vezes as da Malásia, cinco vezes as da Tailândia e oito vezes as da Indonésia. As exportações chinesas também são mais do que duas vezes as do México, mais do que cinco vezes as do Brasil e 30% maiores do que as de toda a América Latina e das nações do Caribe.

O tamanho em si importa bastante. As companhias chinesas, tanto domésticas quanto de propriedade estrangeira, equipadas com tecnologias e métodos de negócios comparáveis – ou melhores do que os – aos usados por produtores em inúmeros outros países em desenvolvimento, podem agora produzir muitos bens que seus concorrentes na Tailândia, no México ou na Malásia têm exportado – em quantidades muito maiores e a custos mais reduzidos. A modernização e a globalização da China estão produzindo ondas de novas pressões competitivas para inúmeras indústrias em dúzias de outras economias em desenvolvimento. A boa notícia para elas é que a demanda em rápido crescimento por mão de obra chinesa especializada está empurrando para cima os salários chineses. De 1997 a 2003 os salários reais no setor de manufaturas na China dobraram, em comparação com aumentos de cerca de 30% na maioria dos outros lugares na Ásia (e 10% ou menos na maioria dos países avançados).[31] O lado negativo é que levará anos antes que os salários chineses alcancem os da Tailândia e do México, e mais ainda quanto aos da Coreia do Sul e Taiwan. Nesse ínterim, os negócios chineses estão empurrando as companhias desses países para fora de muitas indústrias e mercados.

Os negócios e os trabalhadores nesses países sentem a pressão mais diretamente, mas ela não termina aí. Os mercados de capitais globais transmitem algumas das pressões competitivas de indústria a indústria e de país para país, até que atinjam os negócios e os trabalhadores nos Estados Unidos, na Europa e no Japão.

Aqui está como isso ocorre. Zhejiang Linhai Guohai Forging Co., Ltd., fabricante chinês de peças de metal forjadas, expande sua produção de peças de automóveis e de motocicletas, a preços que enfraquecem os produtores no México e na Tailândia, enquanto Dongguan Sunpower Enterprise, Ltd., um grande produtor de móveis para hotéis, e a subsidiária chinesa da Perry Ellis International aumentam vigorosamente suas operações e enfraquecem seus produtores rivais na Malásia e no Egito. Quando os consumidores em Munique, Seattle e Seul observam o que aconteceu, alguns fabricantes de peças de metal, móveis para hotéis e vestuário, menos produtivos no México, na Tailândia e no Egito, são empurrados para fora de seus mercados – e na margem, capital e expertise nesses países são transferidos para outros setores. Eles migram para setores com valores mais baixos, como o agrícola ou de outras commodities, ou para cima, nessa escala de valores, para, digamos, produtos eletrônicos básicos ou equipamentos mais sofisticados. Em qualquer caso, as infusões de capital e de expertise tornam esses setores no México, Tailândia, Malásia ou Egito um pouco mais competitivos. Quando os recursos são transferidos para baixo na escala de valores, o resultado pressiona os produtores em países mais pobres. Quando são transferidos escala acima, para produtos mais avançados, o capital e a expertise adicionais para os fabricantes de eletrônicos no México ou na Tailândia, ou os produtores de equipamentos na Malásia e no Egito, colocam novas pressões sobre os produtores concorrentes desses setores, digamos, na Coreia do Sul e no Brasil. Esse processo se repete: na margem, capital e expertise são transferidos nessas economias também, com frequência para produtos com valor acima na escala de valores para, digamos, fabricantes de LCD (Liquid Crystal Display) na Coreia do Sul e produtores de automóveis no Brasil. Dessa vez, as novas pressões competitivas podem começar a espremer os produtores de LCD na Alemanha e os fabricantes de automóveis nos Estados Unidos.

O setor manufatureiro da China é tão grande e diversificado que o rápido crescimento das exportações está intensificando a competição de inúmeras indústrias em diversos países, terminando por alavancar a pressão competitiva em todas as parte do mundo conectadas pelos mercados de capitais e do comércio globais. Tudo considerado, essa dinâmica está acelerando a modernização em muitas outras nações em desenvolvimento. Mas, uma vez que essas pressões competitivas alcancem os negócios americanos, europeus e japoneses, terão um efeito muito diferente.

Quando as pressões competitivas que começam na China e são transmitidas de país a país finalmente alcançam os EUA, a Europa e o Japão, têm o mesmo impacto que o aumento de competição tem dentro de qualquer economia avançada: este torna mais difícil para as companhias elevar seus preços. Nos últimos poucos anos, milhares de empresas nos Estados Unidos, na Europa e no Japão descobriram que têm, recorrendo a um termo dos economistas, menos "alavancagem de preços". E o que ocorre em companhias com pouca alavancagem de preços quando os custos aumentam? Nos Estados Unidos, por exemplo, os custos de seguros de saúde aumentaram em cerca de 90% desde 2001, seus custos de energia mais do que dobraram e os custos com pensões para muitos deles também aumentaram acentuadamente. Quando os custos de uma empresa aumentam e a pressão competitiva impede que ela aumente seus preços o suficiente para cobrir esses aumentos, encontra outros custos para cortar. Por isso, muitas delas se voltaram para empregos e salários.

Mais um fator mundial intensifica a pressão sobre companhias e seus trabalhadores, embora seja um ao qual elas ultimamente dão boa vida: a oferta global de capital expandiu menos na última década do que a oferta global de mão de obra, resultando em aumento no retorno de capital que os investidores globais buscam. Esses fatores dominantes, mais uma vez, todos surgindo da globalização atual, significam que os mercados financeiros esperam que as companhias obtenham lucros mais elevados. Os lucros das companhias norte-americanas bateram todos os recordes, por isso, elas não podem usar todos esses lucros para proteger os salários ou o emprego de seus trabalhadores sem fazer com que o preço de suas ações caia, e com ele seus níveis de investimentos e lucros futuros.

A pressão sobre a capacidade das companhias de elevar seus preços quando seus custos aumentam está mudando rapidamente duas dinâmicas básicas nas economias avançadas. Primeiro, muda a relação entre quão rapidamente uma economia cresce e quantos empregos ela cria. Os Estados Unidos oferecem o exemplo mais claro disso. A pressão da globalização está, de modo mensurável, enfraquecendo a orgulhosa máquina americana de criação de empregos. A primeira evidência veio na recessão de 2001, quando a perda de emprego em relação ao declínio real no crescimento econômico foi seis vezes maior do que nas recessões pós-guerra anteriores. Não para aqui: quando a recuperação dos EUA ocorreu, foram necessários quatro anos para voltar aos níveis de emprego pré-recessão, período comparado a 18 meses na recuperação prévia. Após cinco anos na atual expansão, a criação de empregos ainda estava aumentando à metade da taxa da expansão anterior. Apesar dessa desaceleração sem precedentes na criação de empregos nos Estados Unidos, a taxa oficial de desemprego permaneceu baixa – mas apenas porque o número de americanos em idade de trabalho procurando por emprego declinou mesmo quando a economia cresceu.

De modo muito semelhante, a globalização está enfraquecendo a conexão de longa duração entre aumentos na produtividade dos trabalhadores e salários que eles recebem. Desde 2001 a produtividade do trabalho nos Estados Unidos cresceu, em média, mais do que 3% ao ano. Esse é o melhor desempenho do país em décadas. No entanto, pela primeira vez registra-se que os salários reais médios dos trabalhadores americanos declinaram ao longo de cinco anos, com forte crescimento de produtividade. Mesmo contando os valores pagos pelos empregadores na forma de seguro-saúde e contribuições para pensões, cujos custos subiram tanto, a renda direta e indireta do trabalhador americano médio aumentou pouco apesar dos cinco anos de forte crescimento econômico e de ganhos de produtividade. Andy Stern, o líder com mente reformadora do Service Employees International Union, declarou:

> O desafio nos EUA não é deter a globalização. A questão verdadeira é como, no longo prazo, os empregos que permanecem podem se tornar empregos com pagamentos decentes (...) Se não encontrarmos [a resposta], então, Alan Greenspan vai estar certo – o hiato entre o rico e o restante da população está crescendo tão ampla e rapidamente que ameaçará o capitalismo democrático.[32]

Esses efeitos não estão limitados aos Estados Unidos. Na maior parte de Europa e do Japão a criação de emprego tem sido fraca mesmo para seus padrões, e os salários têm declinado ou estagnado. "A globalização é uma realidade, mas com a capacidade de se tornar um monstro", de acordo com o presidente da Alemanha, Horst Kohler, que tem um título de Ph.D. em economia. "Por essa razão, temos de restringi-la com regras de governança cuidadosamente consideradas."[33] Essas novas pressões sobre os empregos e salários aumentarão nos próximos anos. As pressões competitivas geradas pela China não estão desaparecendo. As exportações chinesas devem continuar a crescer em saltos até pelo menos a próxima recessão global – que também custará empregos e reduzirá salários nos EUA, na Europa e no Japão. À medida que o desenvolvimento econômico relâmpago da China continuar a empurrar para cima os salários e outros custos nos próximos anos, deve aliviar algumas das pressões iniciais sobre os concorrentes em outros países em desenvolvimento. Mas o grande setor de manufaturas da Índia, em rápida expansão, com salários que hoje ainda são uma fração dos níveis da China, pode assumir o lugar desse país no novo processo global.

Estados Unidos, Europa e Japão não podem escapar desse custo oculto da globalização; em vez disso, terão de superá-lo. Eles terão que descobrir como aliviar algumas pressões de custos sobre seus negócios. Vimos antes como será difícil reduzir os custos com as pensões, especialmente quando dezenas de milhões de baby boomers ocidentais começarem a se aposentar nos próximos cinco a dez anos. Como veremos um pouco mais adiante, conter os custos crescentes de assistência médica e de energia se mostrará muito difícil, tanto em termos práticos quanto políticos. Não importará muito para os aproximadamente 20% da população de cada país considerados a "elite", os profissionais e administradores cuja educação avançada lhes dá algo valioso para negociar com os mercados globais. Ironicamente, pode também não importar muito para os 20% inferiores, ou algo próximo disso, de trabalhadores cujo trabalho físico está muito menos sujeito a pressões globais e que, nos Estados Unidos pelo menos, com frequência não recebem seguro-saúde ou pensão de previdência privada. Mas se os governos e os negócios nos Estados Unidos, na Europa e no Japão não enfrentam esse problema frontalmente a grande classe média nesses países pode sofrer estagnação de rendas ou algo ainda pior na próxima geração.

O dinheiro que faz o mundo girar: a globalização do capital

Os capitais político e intelectual podem ser recursos críticos e escassos para a maior parte das grandes corporações, mas boa parte do estágio atual da globalização tem a ver com dinheiro. O mesmo poder foi atribuído ao dinheiro e às finanças em outros períodos de desenvolvimento econômico, mas não da mesma maneira. Quando os mercados de capitais se tornaram verdadeiramente globais, o simples volume e a variedade de ativos financeiros fluindo nas economias no mundo apequenaram aqueles de épocas anteriores. O volume de capital que se movimenta pelo mundo – junto com os efeitos de compressão de preços decorrentes da competição sob a globalização – reduziu as taxas de juros globais e criou as condições para os modernos ciclos de forte expansão e forte queda (boom-and-bust) nos mercados de imóveis e de ações dos países avançados. Finalmente, a globalização moderna reverteu de modo substancial a direção tradicional desses fluxos, com centenas de bilhões de dólares indo de nações em desenvolvimento para os países mais avançados. Todas essas características tornam as operações atuais dos mercados de capitais importantes limites críticos da globalização moderna.

Para a maioria das pessoas, países e, agora, o mundo como um todo, a característica mais importante do dinheiro é quanto dele está disponível. O mundo está inundado de estoques de ativos financeiros que crescem rapidamente – ou seja, de dinheiro. Durante algum tempo o capital global tem crescido mais do que o PIB mundial, o comércio global e as poupanças mundiais.[34] Uma estimativa razoável do pool de capital global atual é que está acima de US$ 150 trilhões, mais do que três vezes o PIB mundial e três vezes seu tamanho há menos de 15 anos.[35] A previsão para 2010 é de alcançar US$ 200 trilhões e certamente dobrará de novo até 2020, para mais de US$ 400 trilhões. Além disso, a taxa à qual dólares, ienes e euros se movem de um país para outro (e com frequência de uma moeda para outra) está acelerando ainda mais do que sua quantidade, triplicando nos últimos dez anos e alcançando US$ 5 trilhões por ano em 2006.

O fato de os ativos financeiros globais estarem crescendo mais que o PIB global é significativo. Como esses ativos representam direitos no futuro, o crescimento acelerado sinaliza que, no total, as pessoas e os negócios mais ricos do mundo que os detêm estão otimistas com relação ao futuro – certamente mais do que em 1980, quando os ativos financeiros mundiais cresciam lentamente e totalizavam somente 10% mais do que o PIB mundial. Contudo, esse otimismo não se aplica a todos os países. Com 4% do PIB mundial, a América Latina detém apenas 2% de todos os ativos financeiros mundiais, porque os latino-americanos e também os estrangeiros não estão interessados em investir nessa região. Grande parte da América Latina permanece fora da trilha da globalização.

O tamanho histórico de ambos – o pool de capital global e os fluxos de capitais de país para país – vem refletindo a prosperidade sem precedentes de grande parte do mundo em desenvolvimento, junto com a revolução na tecnologia de informação. Após os últimos 15 anos de transferência maciça de investimentos, tecnologias e expertise ocidentais para muitos países que haviam permanecido amplamente estagnados por décadas ou séculos – China, Índia, Malásia e México, por exemplo –, os negócios e as pessoas desses países estão acumulando quantias enormes de novas poupanças e riquezas. Além disso, as finanças modernas trocam grande parte dessa riqueza por títulos de dívidas de empresas (*corporate bonds*), depósitos bancários, ações e outras espécies de ativos financeiros – os economistas chamam esse processo de "securitização" –, de modo que boa parte dessa prosperidade termina em estoques de capitais locais ou nacionais.

As tecnologias de informação desempenham papel especial na transferência desses estoques locais ou nacionais de ativos financeiros para o sistema de capital global, porque a maioria de ativos financeiros agora existe na forma de "bytes" criados, armazenados e transmitidos pelas tecnologias atuais. E nenhum setor se globalizou mais completamente do que o bancário e o financeiro – o Citigroup tem operações em 90 países, por exemplo, e o gigantesco banco londrino HSBC faz negócios em 76 nações. Essas tecnologias permitem que eles não somente conectem e administrem suas operações globais, como também transformem riqueza física em títulos e depósitos financeiros que, diferentemente de papel ou ouro, podem mover-se de conta para conta e de país para país em um nanossegundo, sem custos de remessa. Portanto, embora possa haver números relativamente limitados de negócios no Chile ou na Indonésia – ou mesmo na China – que possam usar lucrativamente todo o capital que criaram e pouparam, empresas e pessoas ricas em Santiago e Jacarta podem facilmente e sem interrupções investir seus lucros e poupanças em empresas de Xangai e San Jose, ou emprestá-los para o governo dos Estados Unidos. Todo esse complicado processo acaba trazendo mais dinheiro da riqueza real criada pela globalização para bases monetárias ou financeiras de inúmeras nações, o que dá origem a ainda mais crédito ou dinheiro.

China, Índia e outras nações em desenvolvimento podem ser grandes beneficiárias da globalização de capital, mas a maior parte dos ativos mundiais ainda é mantida nas instituições financeiras ocidentais. Os Estados Unidos, a Europa e o Japão dominam essa esfera ainda mais do que dominam o PIB, com mais de 80% dos ativos financeiros no mundo mantidos em suas instituições. O local em que são mantidos é diferente de quem os têm. Com cerca de 27% do PIB mundial, os EUA detêm 37% dos ativos financeiros do mundo – cerca de US$ 44 trilhões –, mas não americanos detêm 12% das ações dos EUA, 25% dos títulos de dívida corporativos desse país e 44% dos títulos do governo. Em julho de 2007 o governo chinês mantinha US$ 408 bilhões em títulos do Tesouro dos EUA, e US$ 611 bilhões eram mantidos no Japão. Juntos, representam mais do que 20% da dívida federal dos EUA fora dos governos federal, estaduais e municipais. É uma visão de como os investidores globais estão otimistas quanto à perspectiva dos Estados Unidos.

As moedas que dominam mercados de capitais globais atestam o mesmo julgamento e a primazia geral dos EUA na economia global.

Em 2004, 45% de todas as transações globais com ações e 43% das negociações de títulos de dívida foram conduzidos em dólares – e como o dólar é a moeda de compra e venda de ações e títulos de dívida dos EUA, essas proporções nos dizem que ações e títulos de dívida estão sendo transacionados nos mercados globais. Também sugerem o quão pessimistas os investidores globais têm sido em relação à Europa e ao Japão: somente 15% das negociações globais de ações em 2004 foram conduzidas em euros e 9% em ienes, embora, no conjunto, as economias europeias sejam quase tão grandes quanto a economia dos Estados Unidos e a economia do Japão seja um terço do tamanho da americana. As perspectivas britânicas parecem um pouco melhores para os investidores globais, com cerca de 8% das transações mundiais de ações sendo feitas em libras em 2004.

As fontes do crescimento desses ativos em variados países fornecem outra visão quanto ao que conduz diferentes economias. Os Estados Unidos são o centro dos negócios globais, e o crescimento dos ativos financeiros desse país vem principalmente das ações corporativas, estimuladas pelas ofertas públicas iniciais (IPOs) e pelas relações preço-lucro elevadas nos mercados de ações americanos. No Japão, onde o mercado de ações só recentemente se recuperou de anos de declínio ou estagnação, a dívida governamental estimula o crescimento dos ativos financeiros do país. A Europa, ainda lutando para descobrir como estimular os negócios privados enquanto preserva sistemas de bem-estar insustentáveis, obtém a maior parte de seus ativos financeiros a partir da privatização de empresas estatais e, novamente, de dívidas dos governos. E na China, onde os mercados de ações e de títulos de dívida ainda são subdesenvolvidos, o rápido crescimento dos ativos financeiros decorre, principalmente, de poupanças pessoais mantidas em contas bancárias como uma proteção contra doenças e aposentadoria em uma sociedade sem amplos sistemas de seguro-saúde e pensões públicas.

O sistema financeiro norte-americano ainda será dominante em 2020, embora menos do que hoje. Alan Greenspan disse, em um comitê de senadores dos EUA, que hoje e até quando ele podia imaginar, "as pessoas consideram os títulos do Tesouro norte-americano os mais seguros do mundo."[36] Os títulos do governo dos EUA provavelmente ainda serão mais seguros, e as ações e os títulos de dívida americanos provavelmente continuarão a atrair mais investidores estrangeiros do que os de qualquer outro lugar. Colunistas de negócios algumas vezes atribuem isso à "estabilidade política" do país, que é, em essência, um eufemismo para sua cultura econômica conservadora. Quer sejam as inclinações políticas dos EUA de esquerda ou de direita, os negócios quase sempre funcionam de modo mais livre do que na maior parte das economias avançadas. Nos últimos 75 anos, praticamente não existiu nos Estados Unidos nada semelhante às indústrias nacionalizadas da Europa – muitas já privatizadas –, muito menos existiu algo parecido com as empresas estatais na China. Durante o tempo que qualquer um pode recordar, os americanos têm se dedicado aos negócios mais do que os europeus e asiáticos, confiando neles como fornecedores de bens públicos como assistência médica e cobertura de pensões. Além disso, enquanto os arranjos econômicos europeus e japoneses apresentam longa tendência de concentração em preservação de riqueza, os americanos se concentraram mais em construí-la. Essas disposições culturais levam a algumas diferenças que tendem a gerar maiores retornos nos investimentos dos Estados Unidos, com destaque para obstáculos legais e regulatórios menores em relação aos empreendedores americanos. Em uma economia global, a inovação (e empregos) criada por novos negócios produz riquezas enormes que rapidamente se tornam os ativos financeiros que os investidores desejam. E talvez o mais importante para os investidores globais na próxima década, ou algo em torno disso, seja que a tributação sobre os negócios deve permanecer menor nos Estados Unidos do que no Japão ou na maior parte de Europa, porque o ônus público dos compromissos sociais nos EUA (salvo a assistência médica) crescerá mais lentamente do que no Japão e na maior parte da Europa.

A maior mudança para o mundo do capital no futuro próximo será a crescente importância dos mercados e ativos financeiros da China, e o declínio relativo dos do Japão. Hoje, a China detém cerca de US$ 5 trilhões em ativos financeiros, ou menos do que um terço dos do Japão, um sétimo dos da Europa e um nono em relação aos Estados Unidos. Mas os ativos financeiros da China estão crescendo mais rapidamente do que em qualquer outro lugar, exceto em relação aos dos Estados Unidos. A maior parte do crescimento está nos depósitos que os poupadores chineses fazem nos "bancos" estatais do país. Hoje, esses bancos ainda são principalmente instituições intermediárias que canalizam os depósitos dos poupadores em crédito para governos locais e empresas estatais com frequência insolventes. Em suma, eles têm pouco em comum com os bancos europeus e americanos, que criam crédito para os negócios privados e os consumidores com base em critérios razoavelmente objetivos. De modo mais amplo, a China ainda carece de instituições independentes públicas e privadas e de regras que compreendem um mercado financeiro moderno e tornem a riqueza crescente da nação em papéis (ou "bytes") que possam ser negociados ao redor do mundo. A maioria dos negócios domésticos listados nos jovens mercados de ações da China – os "red chips"* – chegou lá não por atenderem aos padrões de capital ou por fornecerem informações financeiras transparentes, mas por favores políticos. Nem os corretores que negociam ações na China são limitados pelas regras que geram confiança nas Bolsas ocidentais. Talvez o mais importante para os mercados de capitais globais seja o fato de que a China ainda não tem uma moeda conversível.

Tudo isso certamente mudará na próxima década, embora, gradual e muito dolorosamente. Hoje, mais de 100 bancos ocidentais mantêm agências na China, principalmente para atender os negócios de propriedade estrangeira. Entretanto, a China permitiu que o Citigroup, o Société Générale e o Bank of America adquirissem participação em bancos estatais, e eles levarão práticas bancárias modernas consigo. O desafio para a China quanto a permitir que um sistema bancário moderno seja instituído é que, sem o crédito dos bancos estatais, a maioria das

---

* *Red chips*: ações de empresas registradas e listadas no exterior, geralmente em Hong Kong, mas cujos ativos estão em boa parte na China. (*N. do T.*)

empresas estatais remanescentes estará falida em tempo razoavelmente curto, deixando milhões de chineses fora do mercado de trabalho. De modo similar, a China deu poucos passos para colocar o remembi (yuan) mais alinhado com outras moedas. O desafio é reconciliar uma moeda verdadeiramente conversível com a estratégia básica de Pequim de conduzir o crescimento por meio de exportações baratas. Quando os investidores externos souberem que poderão levar seus lucros para casa em suas próprias moedas, correrão para a economia com o mais rápido crescimento no mundo – e essa corrida empurrará para cima o valor do remembi e aumentará o preço das exportações chinesas em todas as partes do mundo. O resultado pode ser a ruína de milhares de companhias chinesas e, novamente, milhões de chineses perderão seus empregos. A única maneira como a China pode manter forte crescimento é tornar-se uma economia mais baseada no consumo, como outros países importantes. E isso requererá que o governo chinês restaure algo semelhante a sistemas amplos de assistência médica e previdenciário; porque, até que isso aconteça, a maioria dos chineses ainda preferirá poupar a consumir.

A modernização econômica da China tem sido principalmente uma história de choques executados cuidadosa e impiedosamente. Será necessária pelo menos outra década para que o governo chinês crie um sistema financeiro moderno – ainda uma pequena fração do tempo que levou para que a Europa e os EUA construíssem os seus. Se eles fizerem isso, em 2020 a China pode ter o segundo maior mercado mundial de ações e de ativos financeiros e o segundo mercado financeiro mais importante do mundo.

Quer a China consiga dar ou não esse salto, o capital global e seus fluxos ainda dobrarão ou triplicarão nos próximos dez a 15 anos. Direta ou indiretamente, esses mercados financiarão dezenas de milhões de novos empregos na indústria e no comércio de países em desenvolvimento, transformando a vida e as perspectivas de centenas de milhões de pessoas. Os efeitos para as pessoas que vivem e trabalham em países avançados, contudo, são mais sutis e variados.

O fundamental é que o enorme aumento no simples tamanho do pool de capitais globais significa que, tanto para nações quanto para corporações, o capital não é mais escasso. Uma consequência de grande importância é que as taxas de juros têm estado baixas em termos históricos desde que a globalização decolou. De acordo com o FMI, desde 2000 as oito maiores economias avançadas no mundo registraram taxas de juros reais de longo prazo mais baixas do que em qualquer outro período comparável nos últimos 45 anos, tanto em termos absolutos quanto em relação a quão rapidamente esses países cresceram. Mesmo países com taxas de poupança nacional horríveis e altos níveis de empréstimos no exterior, com destaque para os Estados Unidos e para o Reino Unido, mantiveram essas taxas de juros reduzidas. O único precedente para esse fato foi o último período de aceleração da globalização, de meados dos anos 1890 até a Primeira Guerra Mundial, quando as taxas de juros também não estavam baixas em relação ao crescimento.[37]

Uma segunda consequência, e de enorme importância, é que os mercados de capitais globais estão se tornando mais poderosos do que os Bancos Centrais. Nos anos recentes, o Banco Central norte-americano (Federal Reserve, ou Fed) e o Banco Central Europeu descobriram que suas decisões de levantar as taxas de juros de curto prazo tinham pouco efeito nas taxas de longo prazo que definiam a maior parte dos empréstimos e, em última instância, a atividade econômica. De junho de 2004 a junho de 2006, por exemplo, o Federal Reserve aumentou as taxas de curto prazo de 1,25% para 5,25% em 17 etapas separadas. No entanto, a taxa para os títulos de dívida de empresas de *rating* AAA estava aproximadamente em 6% em junho de 2004 e junho de 2006, e o custo de uma hipoteca convencional era apenas quatro décimos de 1% maior em junho de 2006 do que em junho de 2004. Em ambos os casos, as taxas de longo prazo caíram durante o primeiro ano do ciclo de "aperto" do Fed, e, então, retornaram lentamente para algo próximo dos níveis originais, quando a mudança de política do Fed começou.

Nesse exemplo pelo menos os mercados financeiros foram mais inteligentes com relação à globalização do que os Bancos Centrais. De acordo com as regras tradicionais destes, quando capital, crédito e consumo crescem tão rapidamente quanto ocorreu nesse período – e provavelmente voltarão a fazê-lo nos próximos anos –, o resultado usual é inflação em rápida elevação. Mas a globalização está mudando as regras. Desde que está decolou, em meados dos anos 1990, a inflação desacelerou acentuadamente em quase todas as partes do mundo. Nos países avançados, a inflação desacelerou para apenas 2 a 3% ao ano de 1995 a 2005. De modo similar, o nível de preços na Ásia (fora o Japão, onde a deflação era a regra nesse período) aumentou cerca de 3 a 6% ao ano, ou a metade da taxa da década anterior. O aumento de preços também caiu pela metade na América Latina, que desfrutou de inflações relativamente suaves (para sua realidade) de 10 a 20% ao ano.[38] Um membro sênior do Banco da Inglaterra, dr. Deanne Julius, olhou esse amplo cenário e concluiu: "A intensificação da competição internacional – o que alguns chamam de globalização – e a disseminação de novas tecnologias podem ser vistas como os condutores atuais (...) em direção à antiga norma de inflação global baixa."[39] O FMI ainda está cético sobre quão profundamente a globalização está abafando a inflação – é parte da tarefa do FMI, afinal de contas, monitorar as forças inflacionárias nos países em desenvolvimento, e ninguém gosta de reconhecer que uma parcela de sua missão se tornou menos importante. No entanto, até o FMI agora diz que "a globalização, sem dúvida, criou um freio inflacionário".[40]

A intensificação da competição, que torna mais difícil para as empresas elevarem seus preços, mesmo quando seus custos aumentam, não é a única razão para que a inflação agora esteja aumentando mais lentamente. Quase tão importante é o fato de que todos os fluxos de capital, tecnologias e expertise ocidentais tornaram grandes economias como China, Índia e México muito mais produtivas, comprimindo a inflação nesses países e criando abundância de exportações baratas, as quais também reduzem a inflação na Europa, no Japão e nos EUA. Finalmente, a crise financeira da Ásia de 1997-1998 – em si um fenômeno da globalização – ensinou aos governos de muitos países em desenvolvimento que escolher políticas econômicas que geram risco de mais inflação pode ter um preço muito elevado.

A globalização não eliminará a inflação. Um exemplo bem notável pode ser visto nos choques de preços de energia e de outras commodities importantes que ainda empurram os preços para cima ao redor do mundo. Mas, dada a tendência básica de taxas de juros mais baixas e de menor inflação, as pessoas na maioria das nações avançadas e em desenvolvimento com rápido crescimento serão capazes de conseguir empréstimos e consumir mais nos próximos dez a 15 anos do que poderiam imaginar hoje. Uma pesquisa realizada em 2005 pela *The Economist*, com 1.656 entre os principais executivos, estimou que o gasto mundial com consumo aumentará 60% mais rapidamente do que o PIB mundial, subindo de US$ 27 trilhões ao ano, atualmente, para US$ 62 trilhões em 2020. Vestuário, eletrônicos e serviços pessoais, dos quais os americanos e europeus ricos podem desfrutar hoje em dia, estarão disponíveis tanto para qualquer um nessas regiões quanto para centenas de milhões de famílias no restante do mundo. O consumo crescerá de forma acelerada especialmente nos países em desenvolvimento em rápido crescimento. Em 2020, a China será o segundo mercado consumidor do mundo, com tantos proprietários de automóveis quanto os EUA tinham em 1980 – com uma estimativa de 130 milhões de veículos –, e os gastos de consumo na Índia serão iguais aos da França. Todo esse crédito também estará disponível para os negócios pelo mundo a taxas de juros baixas, mas os investimentos em negócios se concentrarão onde as perspectivas de retorno forem mais promissoras. Os países em melhor situação para tirar proveito da globalização atrairão a maior parte deles, e por isso os executivos da pesquisa do *The Economist* veem crescimentos de negócios muito mais acentuados entre 2005 e 2020 nos Estados Unidos, na China e na Índia do que na maior parte da Europa ou da América Latina.

Na vida econômica, tudo vem com um custo. Toda essa liquidez pelo mundo está produzindo perspectiva negativa quanto ao surgimento de novas bolhas de ativos que acabam por estourar. Na última década, o preço das residências nos países mais avançados subiu mais rapidamente do que em qualquer período comparável desde a Segunda Guerra Mundial. De 1997 a 2005 o valor das residências caminhou para cima, aumentando 69% na Itália, 73% nos Estados Unidos, 84% na França, 87%

na Suécia, 114% na Austrália, 145% na Espanha, 154% no Reino Unido e 192% na Irlanda.[41] (As únicas exceções foram as duas principais economias mais fracas, Japão e Alemanha.) Em 2006 as bolhas imobiliárias nos mercados mais superaquecidos, como Austrália e Reino Unido, estavam começando a estourar ou pelo menos a apresentar vazamentos. Em 2007 o mercado imobiliário em alta nos EUA também vacilou. O Japão oferece um exemplo implacável do que o futuro próximo pode reservar para os proprietários de casas em alguns países: os preços dispararam nos anos 1980; e quando a bolha estourou, na década seguinte, o preço médio caiu 40%.

Essas bolhas de preços de ativos não estão limitadas aos imóveis. De 1997 a 2004 os mercados de ações pelo mundo aumentaram e caíram mais acentuadamente do que em qualquer período comparável desde a Segunda Guerra Mundial – para cima e para baixo, com uma média superior a 16% ao ano no Reino Unido, 18% ao ano na Áustria, 20% ao ano nos Estados Unidos e 24 a 27% ao ano na França, na Itália e na Alemanha.[42] Essa volatilidade foi ainda maior em mercados emergentes como Rússia e Turquia, onde os preços das ações subiram ou desceram com uma média de 81% e 92%, respectivamente, desde o final dos anos 1990. A globalização também mudará os mercados de ações, e de maneiras que podem aumentar ainda mais a volatilidade. Com fluxos de capitais que cruzam fronteiras com condições de alcançar o volume de US$ 10 trilhões ao ano em cinco anos, a necessidade do tradicional "especialista" – agentes selecionados que intervêm quando os compradores desaparecem na Bolsa de Valores e Ações de Nova York e em alguns outros mercados principais – irá se dissipar. As nações podem, ainda, reter os próprios mercados nacionais de ações e títulos de dívidas, mas as poderosas Bolsas de Nova York e de Londres serão indistinguíveis da Nasdaq e dos principais mercados continentais da Europa e da Ásia. Os padrões de listagem serão internacionalizados, e quase todas as transações em qualquer lugar serão executadas por redes de computadores, ajustando compradores e vendedores pelo mundo.

Com a globalização dos fluxos de capitais certamente em aceleração e inflação (exceto preço de energia), que provavelmente permanecerá moderada, os mercados com booms e estouros de bolhas se tornarão mais comuns. O perspicaz e o sortudo ficarão ricos, enquanto o melhor conselho para a maioria dos acionistas e donos de imóveis é fazer o melhor possível para passar pelos períodos de queda.

Como o capital global pode perder o equilíbrio

Os mercados globais de capitais têm certas regras implícitas, e ninguém gosta de segui-las o tempo todo. A China convida investidores estrangeiros, mas não permite que eles convertam seus lucros em suas próprias moedas. No entanto, o maior transgressor é a economia mais indispensável do mundo: os Estados Unidos. Desde a virada do século esse país tem consumido trilhões de dólares por ano em importações, suportando crescimento ou boom em países pelo mundo. Para pagar por essas importações e financiar os próprios investimentos os EUA têm usado os mercados de capitais globais, ano após ano, para tomar emprestada a maior parte do excesso de poupança mundial. Se esses mercados, em última instância, aplicarem as próprias regras aos Estados Unidos, o atual boom se tornará uma queda global.

Mesmo os EUA não podem quebrar as regras por conta própria. Por mais de uma década os Estados Unidos têm sustentado seu forte crescimento poupando pouco e permitindo que os americanos consumam muito mais do que produzem – aproximadamente US$ 600 a 800 bilhões a mais – por meio de importações. Não é difícil para eles ou outro país conseguir consumir além de seus meios – grandes déficits orçamentários, baixas taxas de juros, crédito fácil e arranjos engenhosos que permitiram a dezenas de milhões de proprietários de casas receberem mais do que US$ 3 trilhões durante a bolha imobiliária. E desde 2001 os americanos gastaram entre 4 e 5% mais do que ganham, enquanto o governo gastou 2 a 4% mais do que recebe. Com a intenção dos Estados Unidos no sentido de estimular o consumo em uma economia cinco vezes o tamanho da China e maior do que o Japão, a Alemanha, o Reino Unido e a França combinados, grande parte da demanda das exportações europeias, chinesa e de outros países asiáticos hoje vem de lá. Por outro lado, a Ásia, a maior parte da Europa e os países exportadores de petróleo mantêm o próprio crescimento e emprego, consumindo menos do que produzem e exportando o restante, principalmente para os EUA.

A questão é como os Estados Unidos podem, com uma taxa de poupança nacional sobriamente baixa, pagar por todo seu consumo e déficits orçamentários, além dos investimentos necessários para o crescimento de seus negócios? Os recursos estão disponíveis pelo mundo; a maior parte das nações avançadas, a China e os países exportadores de petróleo têm consumido bem menos do que produzem e, assim, estão poupando em níveis muito além de suas necessidades de investimento. A resposta, até aqui, é que os EUA têm usado os mercados de capitais globais, ano após ano, para vender os títulos de dívida de seu governo, ações, títulos de dívida privados e imóveis para outras pessoas, de modo a pagar pelas importações e ajudar a financiar seus déficits e as necessidades de capital para seus negócios. Os mercados de capitais globais estão administrando uma simbiose única e agitada entre as maiores economias do mundo.

Esses arranjos estão reescrevendo as relações entre as nações ricas, não tão ricas e pobres. Durante décadas o capital saiu dos países ricos para os mercados em desenvolvimento, onde as oportunidades de rápido crescimento e os retornos elevados são usualmente mais abundantes. Assim, os países emergentes e as nações exportadoras de petróleo estão financiando dois terços da escassez de capital das nações mais ricas, com outros países avançados completando o restante. Esses arranjos também estão mudando substancialmente as propriedades nos Estados Unidos. No final de 2006 os não americanos possuíam US$ 15,1 trilhões em ativos dos EUA, quantia correspondente a 20 a 25% do valor de todos os ativos físicos e financeiros em sua economia.[43] Além disso, todos esses proprietários estrangeiros podem levar para casa os juros, dividendos, ganhos de capital e aluguéis que seus ativos americanos geram a cada ano. Como os americanos possuem cerca de US$ 12,5 trilhões em ativos estrangeiros, o retorno anual sobre a diferença, US$ 2,6 trilhões, é o que custa aos EUA a cada ano por ser um grande devedor do restante do mundo. Isso é equivalente ao custo de fornecer assistência médica a cada americano sem esse benefício.

Nenhuma família ou corporação pode financiar indefinidamente seu consumo e escassez vendendo cada vez mais de si, portanto, nenhuma nação pode fazer isso. Na situação atual, as grandes instituições financeiras e os Bancos Centrais estrangeiros correm riscos elevados com títulos do governo e outros ativos dos EUA; e como todo bom investidor eles sabem que é normal diversificar seus investimentos. De início, os trilhões de dólares em ativos dos EUA que eles possuem os deixam reféns de qualquer reviravolta na economia americana. Eles também sabem que a história está cheia de exemplos de países com dívidas externas em rápido crescimento que reduzem o valor de suas obrigações, aumentando a expansão monetária e deixando a taxa de inflação subir. Se os Estados Unidos começassem a imprimir muito dinheiro, reduziriam o valor do dólar e, portanto, erodiriam o valor dos ativos financeiros americanos em posse dos investidores estrangeiros quando medidos nas próprias moedas.

Se o megaconsumidor e o megadevedor fossem qualquer outro país, e não os Estados Unidos, os Bancos Centrais estrangeiros e os investidores globais teriam deixado de fazer empréstimos enormes e de investir lá há muito tempo. Mas os ativos dos EUA ainda são geralmente mais desejáveis do que os de outros países, porque as perspectivas políticas e econômicas da única superpotência econômica e política do mundo ainda são comparativamente melhores do que quase todas as outras nações. O dólar ainda é a moeda de reserva do mundo, por isso os Bancos Centrais estrangeiros têm desejado manter quantias enormes de títulos do Tesouro norte-americano como seguro contra uma futura crise de confiança que poderia ameaçar suas moedas.

Ainda assim, a disposição da China e de outras economias emergentes de financiar grande parte do déficit em conta-corrente dos EUA custa bastante dinheiro para eles. De início, os títulos do Tesouro dos EUA geram relativamente pouca renda. Em março de 2006 Lawrence Summers, então presidindo a Harvard University, disse ao Banco Central da Índia que, se investisse os excessos de reservas em ativos financeiros privados relativamente seguros, poderia obter retornos maiores do que a Índia gasta com assistência médica; e os atuais excessos de reserva da China, Taiwan, Tailândia, Rússia e mesmo da Malásia e da Argélia são relativamente maiores do que os da Índia. Em conjunto, se os vários financistas nacionais usassem seus excessos de poupança para financiar mais infraestrutura nacional, ou mesmo apenas investissem em uma carteira diversificada com títulos globais, seus retornos seriam centenas de bilhões de dólares maiores no ano – tanto quanto toda a ajuda estrangeira.

Esses desequilíbrios não continuarão indefinidamente, porque, em última análise, não fazem sentido econômico para todos os envolvidos. A crise poderia começar de uma variedade de formas. Em algum ponto, investidores estrangeiros privados – que deixaram de expandir suas reservas de dólares americanos em 2004 – começarão a vender algumas delas; e mesmo compras maiores por parte dos Bancos Centrais estrangeiros não serão suficientes. Ou a economia chinesa poderia simplesmente desacelerar, começando a reduzir seus excessos de poupanças. Ou o investimento doméstico no Japão e nas economias emergentes asiáticas poderia finalmente se recuperar, reduzindo o excesso de poupança. Ou os preços do petróleo poderiam cair, reduzindo as poupanças do Oriente Médio. Ou talvez os Estados Unidos poderiam desencadear a crise por conta própria, ao permitirem que suas frustrações com gigantescos déficits comerciais os tornassem ainda mais protecionistas.

Mesmo que nenhum desses cenários venha a se tornar realidade, a globalização criou um alçapão sob as economias dos Estados Unidos e do mundo. Daqui a um mês, um ano, ou mais, um ou mais Bancos Centrais estrangeiros começarão a ficar com medo de depositar mais de sua riqueza em ativos americanos. Quando um deles mudar o curso, outros o seguirão, de forma a limitar suas perdas; e os mercados de capitais globais cobrarão rapidamente um preço elevado por todos os anos de excesso de consumo e de baixa taxa de poupança dos americanos. Sem infusões de fundos estrangeiros da ordem de US$ 50 a 70 bilhões todos os meses, a baixa poupança americana não será suficiente para financiar seus déficits e investimentos empresariais normais. A única opção para o Tesouro e para as empresas norte-americanas que buscam capital será oferecer retornos mais elevados, para aplacar a ansiedade dos investidores estrangeiros. Quando você toma dinheiro emprestado, retornos mais altos assumem a forma de taxas de juros mais elevadas, e um aumento acentuado nas taxas de juros, necessário para desacelerar esse tipo de crise, também desaceleraria acentuadamente a economia americana e lançaria o preço das ações e dos títulos de dívida americanos em uma síncope.

Em uma era de globalização, essa crise não acaba por aí. Conforme a recessão impulsiona para baixo os mercados americanos de ações e de títulos de dívida, investidores estrangeiros se juntarão à liquidação, e um ciclo vicioso terá início. No pior caso – algo experimentado por muitos outros países –, todos entram em pânico ao mesmo tempo e despejam ações e títulos de dívida americanos em massa. Os mercados americanos despencam juntamente com o dólar; as taxas de juros americanas elevam-se para atrair compradores para a contínua dívida do governo e a economia americana fica paralisada. Se isso ocorrer, todos perderão muito dinheiro, pois uma recessão cortará parte da demanda americana por importações estrangeiras. Conforme as exportações europeias e asiáticas para os Estados Unidos forem caindo, o crescimento ao redor do mundo irá desacelerar de forma acentuada.

Isso não é um cenário irreal. Algo muito parecido começou a ocorrer em 2004, quando investidores estrangeiros privados pararam, em boa parte, de comprar mais ações e títulos de dívida americanos. Com menos demanda por dólares, os mercados de capitais globais começaram a exercer sua vontade: o dólar caiu frente ao euro, as exportações europeias para os Estados Unidos desaceleraram, o crescimento e a criação de empregos diminuíram em boa parte da Europa e as taxas de juros americanas começaram a subir. A crise esvaiu-se quando os governos da China, do Japão e da Arábia Saudita decidiram enfrentar os mercados. A China e o Japão estavam determinados a manter suas moedas relativamente baratas, para que pudessem continuar a depender de exportações para seu crescimento doméstico; e a Arábia Saudita se juntou a eles porque a maioria das vendas de petróleo é feita em dólares. Os três governos entraram nos mercados de capitais e utilizaram as próprias reservas para comprar dezenas de bilhões de dólares que prontamente converteram principalmente em títulos de dívida do governo americano. Em uma crise verdadeira, eles não terão quantidade suficiente de remembi, iene e rial para reverter a situação.

Assim, a globalização do capital não tem apenas deixado as economias da China, Japão e de boa parte da Europa reféns da demanda dos consumidores americanos, mas também tem feito os Estados Unidos reféns políticos das decisões de investimento de governos estrangeiros. Todos sabem quanto dano um governo estrangeiro poderia infligir sobre os Estados Unidos apenas vendendo ativos americanos, e esse conhecimento já conferiu novos poderes políticos aos grandes financiadores estrangeiros dos Estados Unidos. Se o risco de a China reter suas compras de ativos americanos não estivesse pairando sobre a cabeça dos EUA, talvez o governo americano pressionasse Pequim em relação às suas violações indiscriminadas de direitos autorais de software e patentes farmacêuticas americanas. Em pelo menos uma recente disputa comercial entre os Estados Unidos e o Japão essas preocupações aparentemente afetaram a política americana. Segundo contam, em 2005 o presidente Bush contatou o primeiro-ministro Koizumi para pressioná-lo com relação à importação japonesa de carne bovina americana. Naquela tarde, o ministro das Finanças japonês comunicou à imprensa que o Banco do Japão deveria considerar o "reequilíbrio" de suas reservas de moeda estrangeira, e no dia seguinte negociadores comerciais americanos discretamente engavetaram suas reclamações sobre a carne bovina. De fato, durante a Guerra de Suez, meio século antes, quando o Reino Unido e a França dependiam da compra de ativos em libra esterlina e em francos franceses por parte dos Estados Unidos, o presidente Eisenhower utilizara a mesma ameaça para forçá-los a apoiar Israel. O poder que os maiores financiadores americanos poderiam exercer pode mostrar-se especialmente preocupante no Oriente Médio, onde elevados preços de petróleo já incharam as reservas de dólares da Arábia Saudita e de outros grandes exportadores. À medida que as reservas dos sauditas aumentam e os Estados Unidos se endividam ainda mais, a potencial influência saudita sobre a política americana no Oriente Médio inevitavelmente crescerá.

No entanto, com ou sem crise do dólar, este provavelmente será o último dos grandes desequilíbrios globais. Os fluxos globais de capital estão crescendo ainda mais rapidamente do que o déficit de conta-corrente americano e as poupanças globais, de modo que até 2015, ou antes, mesmo os Estados Unidos e seus financiadores não disporão dos recursos necessários para resistir à disciplina dos mercados de capitais globais. Dentro de uma década ou menos o dólar americano subirá e descerá de forma muito similar às outras moedas, sujeitando-se a uma dolorosa desvalorização caso o governo americano continue a incorrer em elevados déficits orçamentários e os consumidores americanos continuem gastando mais do que ganham e produzem. Como desvalorizações aumentarão o preço de produtos estrangeiros importados pelos Estados Unidos, a inflação e as taxas de juros americanas poderiam subir um pouco, a despeito de todas as forças que as mantêm baixas. Com a certeza do aumento dos gastos do governo decorrente da aposentadoria dos baby boomers americanos, os mercados de capitais globais provavelmente obrigarão o país a elevar a poupança nacional, talvez até de uma forma que parece politicamente impensável hoje: aumentando impostos. Pelo menos isso deveria ser possível nos EUA, onde – em acentuado contraste com boa parte da Europa – os impostos ainda estão suficientemente baixos, de forma que aumentá-los um pouco não deve prejudicar a economia ou desencadear uma revolta popular.

O poder dos mercados de capitais globais apresentará escolhas difíceis para outros países também. Se os americanos passarem a consumir menos do que o restante do mundo produz para exportar, a China, a Europa e o Japão terão de depender mais do próprio consumo para manter seus empregos e salários crescendo. Esse ajuste não será fácil em lugar algum. A China terá a grande vantagem de desfrutar da renda em rápido crescimento – mas convencer centenas de milhões de chineses a gastar, em vez de poupar, mais de sua renda crescente irá, novamente, requerer grandes expansões nas coberturas de assistência médica e de pensões. No Japão e em boa parte da Europa, onde uma demografia sombria e a competição global intensa já estão produzindo rendas em estagnação, pode ser tão difícil quanto na China convencer as pessoas a consumirem mais. Reduzir impostos não será uma opção, dados os enormes custos de financiamento que seus sistemas previdenciário e de assistência médica enfrentam. De fato, essas pressões provavelmente obrigarão alguns desses países a cortar benefícios e, em uma crise verdadeira, talvez até aumentar impostos. Em qualquer caso, esse quadro deixará milhões de europeus e japoneses com ainda menos para gastar do que hoje.

À medida que os mercados de capitais globais passarem a obrigar os americanos a consumir menos produtos importados europeus e japoneses, a verdadeira escolha desses países exportadores pode resumir-se a tolerar anos de estagnação econômica ou tentar impulsionar lentamente a renda, reduzindo restrições trabalhistas e regulamentações que durante décadas foram favoráveis aos trabalhadores. A questão se resume basicamente à política, especialmente à disposição de um país de se afastar de um precipício de grande mudança política. De acordo com todas as evidências recentes, outro longo período de dificuldades é o resultado mais provável para o Japão, onde as pessoas permaneceram com o PLD (Partido Liberal Democrata) por mais de uma década de estagnação econômica, em vez de chacoalhar o setor de serviços mais ineficiente do mundo avançado, reformando regulamentações que protegem milhares de empresas familiares e de médio porte. Ainda de acordo com as evidências, muitos dos menores países da Europa – Suécia, Finlândia, Suíça, Espanha e talvez alguns mais – poderiam seguir uma rota de grandes reformas com mais comprometimento que os principais países. E a Irlanda apenas precisa continuar a fazer o que está fazendo agora. Mas a Itália parece quase destinada a um verdadeiro declínio econômico no futuro próximo, em face da escala de seus problemas e de sua política fragmentada. A Alemanha e a França periodicamente dão pequenos passos para se reformar e, em seguida, com frequência, perdem a coragem política quando poderosas empresas, sindicatos ou a opinião pública as contestam. Será necessário um líder extraordinariamente talentoso – talvez Nicolas Sarkozy –, além de uma verdadeira sacudida em seus partidos políticos, para fazer uma diferença genuína na França. Sem isso, dezenas de milhões de alemães e franceses também seguirão em direção a um lento declínio. Dentre os maiores países da Europa, apenas o Reino Unido tem demonstrado tolerância por grandes mudanças. Os partidos políticos britânicos, assim como os americanos, têm demonstrado a tendência moderna de se reinventar – os conservadores de Thatcher e os trabalhistas de Blair, como os republicanos de Reagan e os democratas de Clinton, enfrentaram um pouco da realidade presente em seus países e desmantelaram várias regulamentações acalentadas e programas sociais antiquados. O trabalho que o Reino Unido tem feito, especialmente em seus setores antes nacionalizados e em suas pensões públicas, deve ser o suficiente para que os ingleses atinjam seus objetivos com mais sucesso que seus semelhantes no continente. Mas um retorno à verdadeira prosperidade irá requerer outra Thatcher ou outro Blair disposto a liderar os britânicos na tarefa de abalar ainda mais seu modo de vida.

A perspectiva para a globalização

A globalização envolve forças poderosas, mas seu desenvolvimento não é universal e, mesmo onde ela tem-se estabelecido de forma sólida, seu progresso está longe de ser uniforme. Os mercados podem ser globais, ou quase, mas o mundo ainda está organizado em torno de nações soberanas com a autoridade e o poder de definir muitas condições para esses mercados, tanto dentro quanto além das próprias fronteiras. Como veremos, países grandes e pequenos são, às vezes, capazes de resistir às forças de mercado no coração da globalização com sucesso aceitável, embora, geralmente, o façam a um custo considerável para si mesmos. Alguma resistência popular à globalização parece bastante razoável, pois intensifica as forças de mercado, e esses mercados podem fornecer pouca recompensa para a maioria dos trabalhadores com um nível baixo ou até mediano de capacitação. Como as mudanças demográficas que estão varrendo o mundo também produzem novas pressões econômicas para a maioria desses trabalhadores, a resistência popular, ao menos às consequências da globalização, provavelmente aumentará em muitos lugares. Nos Estados Unidos, Europa e Japão – assim como em lugares como a

Coreia do Sul, a Tailândia, o Brasil e o México –, os governos podem ressuscitar o protecionismo em setores como os de automóveis, eletrônicos e agricultura, ao menos durante algum tempo. Outra calamidade financeira violenta, talvez desencadeada por uma crise no dólar, poderia trazer de volta controles governamentais mais rígidos com relação ao investimento estrangeiro e aos fluxos de capitais, pelo menos durante certo período. E crescentes perdas de emprego em virtude da terceirização gradual de serviços poderiam convencer governos em muitos países avançados a impingir novos impostos e regulamentações sobre empresas que importam seus serviços, mesmo quando o fazem pela rede mundial de computadores.

Ainda assim, as consequências da globalização também incluem nova riqueza para tantas pessoas e países que sua influência básica sobre, ao menos, o futuro próximo está segura. Forças políticas e econômicas poderosas juntaram-se e desmantelaram as instituições de um período anterior de globalização, por meio das duas guerras mundiais e da depressão global do último século. Uma reprise desse período em nossa época é muito improvável, ao menos durante as próximas décadas. Apesar do otimismo da maioria de seus fervorosos defensores, a globalização não é capaz de banir o conflito e a guerra do futuro próximo. Mas a ascensão dos Estados Unidos como o único superpoder militar, juntamente com o comprometimento político, por parte da maioria das nações, com acordos de mercado, deveria impedir um conflito em proporção continental ou mundial envolvendo grandes participantes da economia global. O mundo também passou por mais de 60 anos sem uma depressão, embora algumas recessões tenham ocorrido, assim como continuarão a ocorrer, periodicamente. A globalização pode atenuar ou intensificar uma recessão normal, dependendo das condições do momento; e certos elementos da globalização podem transmitir forças recessivas de país a país. Mas quando os mercados de ações e de títulos de dívida despencam hoje em dia, os governos usualmente sabem o suficiente para adotar medidas capazes de revertê-los, ou pelo menos onde a economia real está, sob outros aspectos, sólida e forte. E em países preparados para o comprometimento –

felizmente, a maioria hoje –, a globalização torna, em última análise, suas economias mais fortes e sólidas. Portanto, a globalização torna outra depressão mundial ainda mais improvável.

As maiores ameaças à globalização e à sua promessa central de progresso econômico e social residem nos fatores imprevisíveis que acompanham o mundo atual, algumas possibilidades assustadoras que poderiam surgir fora do domínio da globalização, com efeitos mundiais profundamente destrutivos. O terrorismo nuclear, principalmente nos Estados Unidos ou na China, poderia paralisar boa parte do comércio e do investimento global por algum tempo e retroceder em termos de liberdades políticas e econômicas por um período muito maior. O panorama para 2020 do U.S. National Intelligence Council adverte que "ataques terroristas que matem dezenas ou centenas de milhares em algumas cidades dos Estados Unidos ou da Europa" poderiam levar a controles governamentais draconianos "sobre o fluxo de capitais, bens, pessoas e tecnologias, que paralisariam o crescimento econômico".[44] De forma similar, a desintegração política da Arábia Saudita, especialmente nas mãos de radicais islâmicos, ou da China, jogaria a economia global em uma extensa espiral de queda, assim como poderia ocorrer no caso de uma pandemia global letal na escala da Gripe Espanhola de 1918-1919, que paralisou boa parte do comércio e das viagens internacionais por muitos meses ou até por alguns anos.[45] Felizmente, essas possibilidades permanecem remotas. Além disso, outros fatores igualmente imprevisíveis – por exemplo, o desenvolvimento de novas tecnologias de energia limpa e barata – poderiam acelerar e aprofundar a globalização. De qualquer forma, a menos que consideremos o fator imprevisibilidade, as profundas tendências nos mercados, na política e nas tecnologias mundiais devem manter o processo básico de globalização em curso por pelo menos mais uma geração.

Capítulo 4

Os dois polos da globalização: China e Estados Unidos

AS EXCEPCIONAIS FORÇAS DAS ECONOMIAS dos Estados Unidos e da China, combinadas com seus tamanhos absolutos, determinarão grande parte do curso da globalização ao longo dos próximos dez a 15 anos, e com isso a trajetória econômica de várias outras nações. Agora e durante a próxima geração a globalização terá dois polos: um oriental e um ocidental, semelhante aos polos Norte e Sul da Terra. O polo oriental é, inequivocamente, a China: a principal plataforma manufatureira do mundo, a maior fonte de poupança pessoal usada no mercado de capital global, e dentro de alguns anos o segundo maior mercado para qualquer coisa produzida em praticamente qualquer lugar. A posição americana como polo ocidental da globalização está igualmente assegurada até, pelo menos, a próxima década. Os Estados Unidos são, e continuarão a ser, a maior fonte mundial de novos produtos, especialmente aqueles que utilizem ou sejam fabricados por tecnologias avançadas. Também será a principal fonte de serviços empresariais e financeiros associados a essas tecnologias e dos quais todos necessitam para participar da economia global. Os Estados Unidos continuarão a ser o centro do mercado de capital global e o único principal comprador de tudo que for produzido na China e na maioria dos outros lugares.

A globalização moldará a trajetória dessas duas economias gigantescas pelo menos tanto quanto elas irão afetar seu curso. Por exemplo, a menos que algum conflito internacional imprevisto perturbe seriamente o comércio e o investimento mundial, eles continuarão a crescer com muito maior rapidez do que a produção mundial – como vem ocorrendo nas duas últimas décadas. Esses dois países dominarão boa parte do comércio e dos investimentos. Já em 2005 a China tornou-se o segundo maior produtor de manufaturados do mundo, ultrapassando o Japão. Com mais uma década de fortes investimentos domésticos e estrangeiros – e, se tiverem sorte, uma década de estabilidade social –, sua participação na produção global de manufaturados ultrapassará a dos Estados Unidos. À primeira vista, a competição entre Estados Unidos e China pode parecer similar à ocorrida entre o Reino Unido e os Estados Unidos de 1880 a 1900, quando a participação americana na produção global de manufaturados cresceu de menos de 15% para quase 24% e a britânica caiu de quase 23% para 18,5%. Mas a ascensão da China não é um presságio do declínio americano. Um dos motivos é que a expansão da participação chinesa na produção mundial virá principalmente de outros países em desenvolvimento. Por sua vez, a participação americana na produção global tem-se mantido notavelmente estável por mais de um século – aproximadamente 23% em 2003, comparada a pouco menos de 24% um século antes – mesmo enquanto parte substancial dela se movia para fora do país. Além disso, suas participações na produção tanto de manufaturados de alta tecnologia quanto de serviços avançados, ambas em crescente demanda global, têm crescido constantemente.

Existe outra diferença fundamental entre a ascensão americana há mais de um século e a chinesa no período atual. Enquanto as indústrias americanas, durante o fim do século XIX, se desenvolveram por trás de elevadas barreiras protecionistas e, portanto, quase totalmente dentro do país, a China hoje deve cerca de metade de sua participação na produção global de manufaturados a empresas estrangeiras, inclusive a maior parte de sua produção de alta qualidade e alta tecnologia. A maioria dos produtores domésticos supre o próprio mercado interno; e, com algumas exceções, as empresas nacionais chinesas, que atualmente competem com êxito por consumidores em outros países, produzem alimentos, vestuário, brinquedos e outros bens de baixo valor agregado. Segundo dizem, os jovens administradores chineses e que cursaram MBAs estão rapidamente aprendendo as melhores práticas das companhias ocidentais que agora operam em seu país; e eles, certamente, irão adaptá-las à próxima geração de empresas nacionais. Com mais uma década de prática e investimento, os produtores chineses de automóveis, eletrônicos e maquinarias podem tornar-se competitivos nos mercados globais em relação a empresas ocidentais também produzindo na China ou em outros países em desenvolvimento com baixo custo de mão de obra. A Chery Automotive já produz modelos tão semelhantes a carros da GM-Daewoo que a gigante da indústria automobilística a processou por violação de patente, além de ter introduzido no Oriente Médio unidades por preços tão baixos quanto US$ 2.000. A Chery planeja oferecer outros modelos aos Estados Unidos – George Soros tem sido um grande investidor na distribuidora americana da Chery –, mas se ela terá êxito no mercado americano, europeu ou japonês, isso ainda é uma incógnita. Especialistas na indústria afirmam que seus planos para ingressar no mercado americano em 2008 foram deixados de lado quando testes de colisão repetidamente decapitaram os bonecos motoristas. Qualquer que seja o resultado para a Chery, é quase certo que até 2020 uma fatia ainda maior dos produtores de manufaturados não chineses estará produzindo na China, e os produtores chineses irão desafiá-los com sucesso em boa parte do mercado doméstico. Independentemente de quanto tempo será necessário para que as empresas nacionais chinesas, produtoras de bens de alto valor, venham a ser amplamente competitivas em países avançados, a posição da China, já como primeiro ou segundo parceiro comercial da maior parte dos países avançados ou em desenvolvimento, será mais sólida entre 2010 e 2020, e uma fatia maior de suas exportações virá de suas empresas domésticas.

Mesmo assim, a demanda da globalização em outras áreas deve conter a ascendência econômica chinesa. Por exemplo, os atuais acordos financeiros da China estão inevitavelmente defasados até para uma economia muito menor e mais simples. A alardeada poupança interna flui inteiramente para bancos estatais – praticamente não há outro lugar para depositá-la –, de onde sai rapidamente na forma de empréstimo para as empresas estatais altamente ineficientes que empregam dezenas de milhões de chineses. Esse arranjo primitivo mal constitui um verdadeiro sistema financeiro, e não desempenha papel real na modernização do país. Em vez disso, grande parcela dos investimentos advém de transferências e trocas externas. Um sistema desse tipo não pode permanecer dessa forma por muito tempo se a China pretende criar modernas empresas domésticas que possam ajudar a conduzir seu crescimento e futuro desenvolvimento. Realizar isso requer um sistema financeiro funcional capaz de canalizar fundos privados chineses para as expectativas mais promissoras. Os líderes chineses terão pouca escolha durante a próxima década, a não ser desmontar gradualmente os bancos estatais e permitir que instituições financeiras ocidentais se estabeleçam. É inevitável que esse processo significará muito menos apoio às suas empresas estatais e às dezenas de milhões de chineses nelas empregados.

Enquanto a globalização contínua ajuda a elevar a renda e as expectativas de dezenas de milhões de chineses na próxima década, seus líderes também, provavelmente, enfrentarão demandas populares por amplos programas de aposentadoria e assistência médica. Para a liderança, isso pode significar escolher entre uma perspectiva de crescente intranquilidade social – algo que já é um sério problema – e o deslocamento de dezenas de bilhões de dólares de desenvolvimento econômico futuro para novos programas de aposentadoria e de seguro-saúde. Além disso, e talvez mais importante para todos fora da China, a globalização também irá forçá-la a se tornar muito mais engajada politicamente com os países que serão mercados importantes ou fontes de recursos ou investimentos, especialmente na Ásia, no Oriente Médio e nos Estados Unidos. Esse engajamento intensificado pode, pela primeira vez, limitar um pouco da liberdade de ação da liderança em questões delicadas, como direitos de propriedade intelectual e vantagens estatais para empresas nacionais chinesas, e produzir tensões com os Estados Unidos, seu mais importante investidor, parceiro comercial e devedor.

A globalização também afetará o curso político e econômico dos EUA ao longo dos próximos dez a 15 anos. Suas forças complexas já estão diminuindo a vangloriada capacidade da economia americana de criar novos empregos e salários mais elevados, especialmente para os trabalhadores que estão no centro da economia. A globalização também tem estimulado as indústrias americanas de alta tecnologia a expandir amplamente seus mercados potenciais, e o contínuo desenvolvimento e a propagação de novas tecnologias ampliarão as presentes tensões na criação de empregos e no aumento de salários para dezenas de milhões de trabalhadores americanos comuns. Essas tecnologias têm sido particularmente adequadas à substituição de empregos que envolvem tarefas mentais repetitivas e rotineiras: secretárias, gerentes de estoque, caixas bancários e muitos outros no centro da economia; e estudos agora mostram que ao longo dos últimos 15 anos esses tipos de emprego têm crescido muito mais lentamente nos bons tempos e desaparecido muito mais rapidamente em tempos ruins do que outros tipos de emprego. Nesse ponto, os Estados Unidos não estão sozinhos. Todas as outras economias grandes e avançadas estão sofrendo os mesmos choques lentos e deslocamentos em relação a seus trabalhadores. Como veremos mais adiante, a maioria dos governos europeus está reagindo sem pensar nas causas, mas fornecendo benefícios públicos adicionais para amortecer o impacto. Porém, os iminentes problemas demográficos na maior parte das sociedades mais avançadas irão desfazer essa estratégia nos próximos dez anos, mesmo que as pressões que estão se acumulando por causa da globalização e do avanço tecnológico venham a diminuir de alguma forma. O ônus de pagar por benefícios ainda maiores para pessoas desempregadas, enquanto os custos de aposentadoria e de assistência à saúde para o crescente número de idosos estão aumentando rapidamente e as forças de trabalho em muitos países estão se contraindo lentamente, é algo que se mostrará insustentável.

Os Estados Unidos estarão em melhor posição para lidar com essas pressões porque seus atuais benefícios de aposentadoria e de desemprego fornecem muito menos segurança e sua demografia será mais favorável pelo menos na próxima geração. Mas a globalização está agravando a desigualdade econômica norte-americana, que já é mais dura do que na Europa e no Japão. A desigualdade, por si só, nunca teve, para os americanos, a relevância política que frequentemente tem tido para os europeus. Eleitores americanos raramente se opuseram ao fato de os ricos ficarem mais ricos, mas as eleições de 2006 para o Congresso mostraram que eles não irão tolerar silenciosamente as próprias rendas estagnando ano após ano. Se os dois principais partidos políticos americanos fracassarem em combater as forças que reprimem os ganhos salariais para a maioria das pessoas, por exemplo, a escassez de oportunidades reais para que a maioria dos trabalhadores treine em novas tecnologias, e a pressão sobre as empresas decorrente dos crescentes custos de seguro-saúde e de energia, essas forças poderiam produzir uma nova agenda política focada em segurança econômica, que provavelmente incluiria medidas como seguro salarial e barreiras comerciais, que em última instância reduzirão algumas das atuais vantagens americanas em relação à globalização.

Ao longo da próxima década os EUA enfrentarão alguns problemas que pesarão sobre seu progresso econômico. É praticamente inevitável que as pressões causadas pela globalização continuem a desfazer o atual sistema americano de seguro-saúde baseado em emprego até que o número de trabalhadores sem seguro alcance um ponto político limite e produza uma completa batalha política sobre a assistência médica universal. Boa parte dessas pressões de custo vem da crescente e implacável disponibilidade de novas tecnologias na medicina, cujos desenvolvimento e uso são cada vez mais caros, especialmente com muito mais pessoas atingindo a idade que as torna ávidas consumidoras de assistência médica de alta tecnologia. Quaisquer que sejam o plano e as medidas para cortar custos que os políticos americanos venham a adotar para finalmente alcançar a assistência médica universal, isso será extremamente caro; o que significa que, certamente, envolverá aumentos substanciais de impostos, que também irão desacelerar o crescimento americano. As empresas americanas também são, em termos de energia, menos eficientes do que suas semelhantes europeias e japonesas, pois os impostos sobre energia nos Estados Unidos são mais baixos e isso torna a energia muito mais barata. Cada ano de intenso crescimento na China, Índia, Europa Central e em outros países em desenvolvimento pressionará para cima o preço do petróleo, exercendo pressão competitiva sobre as companhias americanas em suas operações domésticas. Por último, as taxas de poupança extremamente baixas, nos EUA, e a consequente dependência de capital estrangeiro poderiam levar à crise do dólar antes descrita, o que paralisaria a economia americana por algum tempo, e, com ela, o crescimento em boa parte do planeta.

Com todos esses problemas, e inevitavelmente mais outros, os Estados Unidos ainda têm poderosas vantagens econômicas que devem solidificar sua preeminência entre as economias avançadas ao longo dos próximos dez a 15 anos. Diferentemente da Europa e do Japão, a força de trabalho americana continuará a se expandir, principalmente porque os Estados Unidos atraem e aceitam milhões de trabalhadores vindos de outros países. A força de trabalho americana, isolada entre os países grandes e avançados, é crescentemente globalizada, atualmente incluindo milhões de trabalhadores capacitados e com bom nível acadêmico nascidos na Europa e na Ásia. Sergey Brin, um dos dois cofundadores da Google, que nasceu em Moscou e emigrou para os Estados Unidos com seus pais em 1979, é apenas um dos milhares de empreendedores americanos da área de tecnologia espetacularmente bem-sucedidos que nasceram no exterior. Além disso, à medida que a crescente preeminência da China na maioria das áreas de manufaturados básicos torna as economias evoluídas mais dependentes da capacidade de inovação de suas empresas e da habilidade de seus trabalhadores operarem de forma eficiente em ambientes de trabalho tecnicamente avançados, a vantagem americana nessas áreas deve tornar-se ainda maior. Uma razão é que, apesar dos inúmeros estudos que documentam as verdadeiras deficiências da educação americana, uma parcela maior de americanos tem educação universitária; e trabalhadores americanos têm, em média, dois ou três anos de formação acadêmica a mais do que o trabalhador médio europeu ou japonês.[1]

Por esses e por outros motivos, trabalhadores e empresas americanas consistentemente alcançam, em média, maiores ganhos de produtividade e maiores retornos de negócios do que trabalhadores e empresas europeus e japoneses. Essas vantagens têm tornado os Estados Unidos um ímã para o capital global e não há ainda motivo evidente para esperar que elas diminuam ao longo da próxima década. Os padrões comerciais americanos também são muito mais globais do que os de outras economias avançadas, importando e exportando para países em desenvolvimento com muito mais intensidade do que os principais países na Europa. As corporações americanas, em grupo, também direcionam mais de seus investimentos estrangeiros para países em desenvolvimento, especialmente para a China, enquanto as multinacionais alemãs, francesas, italianas e britânicas continuam a investir principalmente em outras economias avançadas. As grandes corporações americanas, em média, também são mais amplamente digitalizadas do que as grandes empresas na Europa e no Japão, e, portanto, suas redes globais são mais desenvolvidas e eficientes.

Por último, as condições políticas americanas produzem outras vantagens em relação à globalização que parecem estar asseguradas no futuro previsto. Com a hostilidade generalizada na Europa e em boa parte da Ásia à política externa do governo Bush retrocedendo com sua saída da presidência, os Estados Unidos poderão utilizar seu status de superpotência sem rivais a fim de extrair considerações especiais para empresas americanas e seus interesses específicos em vários mercados estrangeiros. Mesmo que a pressão sobre empregos e salários nos Estados Unidos gere uma tendência para a esquerda na política doméstica americana, os Estados Unidos continuarão a adotar uma abordagem mais conservadora do que a maioria dos outros países avançados, especialmente em relação a regulamentação e impostos. O resultado econômico praticamente inevitável é que a economia americana continuará a ser mais eficiente. Essas diferenças têm tornado as sociedades europeias mais igualitárias e socialmente compassivas, e continuarão a fazê-lo; mas também tornarão a economia americana relativamente mais forte do que é hoje.

China

A China é a ilustração singular de como, no espaço de uma única geração, a globalização pode ajudar a tornar um país economicamente atrasado em uma verdadeira fonte de influência econômica. O que isso aparentemente requer, além de amplos recursos humanos e financeiros, é o compromisso nacional sustentado de se reconstruir de forma a acomodar as demandas da globalização, juntamente com um sistema político autoritário disposto a infligir enormes privações a uma boa parte da população durante a transição. A China já é uma fonte de influência, mas ainda não é uma genuína potência econômica. O impacto da globalização abraçada pela liderança chinesa está claramente evidente em seu crescimento assombroso. Ao longo dos últimos 15 anos a economia chinesa foi multiplicada por um fator superior a três (e isso já leva em conta o ajuste decorrente da inflação), e esse crescimento, apenas nos últimos cinco anos, é maior que 55%.[2] Ao longo dos próximos dez a 15 anos sua economia crescerá muito mais, assim como seu impacto sobre o mundo. No entanto, em 2020, a China ainda será um país em desenvolvimento, e sua estratégia radical de desenvolvimento acelerado produzirá grandes tensões que podem limitar a extensão da sua ascendência econômica.

Apenas 20 anos atrás a China era um participante marginal na economia mundial; hoje, é o mais importante país em desenvolvimento do mundo. Sua vantagem econômica reside nos conceitos básicos de trabalho e capital. A força de trabalho chinesa é a maior do mundo, mas sua verdadeira vantagem em termos de mão de obra consiste no fato de que seus trabalhadores ainda são mais baratos do que os da maioria dos outros países em desenvolvimento, ao mesmo tempo em que são, em geral, pelo menos tão capacitados quanto eles. Além disso, todo ano seu povo poupa uma parte tão grande de sua renda, e suas empresas privadas retêm tanto de seus lucros – algo que chega a 40% do PIB anual da China –, que isso é suficiente para financiar vastas melhorias em forma de obras públicas, subsidiar as empresas estatais remanescentes e emprestar aos EUA o bastante para financiar sua própria exportação para esse país.

O capital que mais importa para o extraordinário progresso econômico da China não vem dos poupadores chineses, mas das principais corporações ocidentais. Apenas uma geração atrás, a China não tinha utilidade para o investimento ou a expertise ocidentais, e sua economia era profundamente retrógrada. No entanto, desde o início dos anos 1990 a liderança chinesa tem utilizado de forma bem-sucedida a atratividade de sua ampla mão de obra barata, a disciplina social geral, a perspectiva de um gigantesco mercado doméstico, a isenção de impostos sobre a importação de qualquer tipo de equipamento e numerosos subsídios especiais e reduções de impostos para atrair cerca de US$ 850 bilhões em investimentos estrangeiros diretos, predominantemente em modernas operações com manufaturados. Apenas os EUA e o Reino Unido recebem atualmente mais investimentos estrangeiros diretos, e eles os têm acumulado ao longo do último século. Somente nos anos de 2002 a 2005 a China (com Hong Kong) atraiu quase US$ 333 bilhões em novos investimentos estrangeiros diretos – tanto quanto os Estados Unidos nesses mesmos anos e mais do que a Alemanha, França e Japão.[3] Começando praticamente do zero há 20 anos, as empresas estrangeiras atualmente são responsáveis por aproximadamente a mesma participação na produção de manufaturados na China e na União Europeia, e mais do que nos Estados Unidos. Foi assim que, praticamente da noite para o dia, a China se tornou uma das maiores plataformas mundiais de produção e montagem.

Todo esse investimento direto avançado tem permitido ao país crescer mais rapidamente do que qualquer outro, ano após ano, por duas décadas consecutivas; e agora sua produção anual é maior do que a de qualquer outra nação, exceto os Estados Unidos, Japão e Alemanha. Dentro de alguns anos o PIB da China ultrapassará também o da Alemanha, e bem antes do fim da próxima década, o do Japão. Praticamente do nada, a China se tornou uma grande nação comercial. Há 20 anos, suas fábricas não produziam quase nada que qualquer país no mundo compraria; hoje, empresas na China vendem para o exterior uma parte tão significativa do que produzem que o país agora é o terceiro maior exportador do mundo, atrás apenas dos EUA e da Alemanha, e na frente do Japão. Os números contam a história: há 20 anos, a China exportava menos de US$ 35 bilhões, predominantemente bens básicos e commodities para a Coreia do Norte e a União Soviética. Em 2006, a exportação chinesa, para praticamente todos os países no mundo, totalizou mais de US$ 981 bilhões, maior do que o tamanho da economia de todos os países, exceto 11.[4]

Como os Estados Unidos, e diferentemente de qualquer outra nação, a China tem-se tornado um país com importância para todas as outras economias significativas no mundo. Sua importância econômica global consiste em seu tamanho absoluto e rápido crescimento, traduzidos por suas exportações, seu capital e os investimentos estrangeiros que atrai. Ao redor de boa parte da Ásia, a economia chinesa é claramente a mais relevante – de muitas maneiras, é mais importante economicamente do que os Estados Unidos. Dois terços de todo o investimento estrangeiro direto para a China vêm de Taiwan, Japão, Coreia do Sul e Hong Kong; e as importações chinesas vindas desses países, principalmente componentes para produtos montados e finalizados na China, são o fator que mais impulsiona suas exportações.

Mapeie o mundo e você verá que a China agora é um parceiro comercial estratégico em praticamente todos os lugares. É o maior parceiro comercial do Japão e, do outro lado do mundo, o segundo maior parceiro da União Europeia, do Canadá e do México, atrás apenas dos Estados Unidos. Também os EUA importam mais da China do que de qualquer outro país, exceto o Canadá, e exporta mais para a China do que para todos os países, exceto três.

Apesar de sua capacidade comercial, a economia chinesa não é nada parecida com a de seus parceiros comerciais, incluindo a maioria dos outros grandes países em desenvolvimento. Sua economia é certamente muito grande, produzindo quase US$ 2,7 trilhões em bens e serviços em 2006. Mas com uma população de mais de 1,3 bilhão de pessoas, seu povo ainda é muito pobre: sua renda nacional *per capita* atual, medida em dólares às taxas de câmbio atuais, a coloca não na posição de número 10, ou mesmo 50, mas na posição de número 128, atrás de países como Suazilândia, El Salvador e Tonga.[5] Medida no que os economistas chamam de "paridade do poder de compra", que ajusta a renda em cada país de acordo com seu custo de vida, sua renda nacional *per capita* ainda a coloca como número 107 no mundo, atrás de nações como Namíbia, Belize e Ucrânia. E com a família chinesa média poupando mais de 30% de sua renda miserável, a qualidade de vida da maioria dos chineses é ainda menor. Parte do povo chinês está, provavelmente, em uma situação um pouco melhor do que há uma década; e por trás das médias, dezenas de milhões deles vivem bem de acordo com os atuais padrões de muitos países em desenvolvimento. Alguns milhões de lares chineses, chefiados por trabalhadores qualificados em cidades costeiras próximas ao oceano Pacífico, vivem uma versão chinesa de uma vida de classe média. Mas eles constituem menos de 1% da população. Mais da metade de seus compatriotas vive em uma pobreza desesperadora nas vastas províncias rurais da China Central e Ocidental, do lado perdedor da mais absoluta desigualdade econômica de qualquer grande país no mundo.

Por trás dessas profundas desigualdades encontra-se a abordagem singular da China à modernização. Nenhuma sociedade é capaz de fazer tudo de uma só vez. Mas a China está se adaptando à globalização de formas cuidadosamente seletivas, que não apenas deixarão a maioria de seu povo pobre por um longo período, mas também criarão terríveis tensões econômicas e anomalias que produzirão grandes problemas na próxima década. Por quanto tempo as famílias chinesas aguentarão um programa de modernização industrial que desfez sua assistência médica gratuita para ajudar a pagar por ela? E como os líderes chineses promoverão a criação de milhares de empresas nacionais competitivas, enquanto todo o crédito para negócios vier da rede de bancos estatais, comprometidos em manter em atividade centenas de empresas estatais ineficientes?

Em nítido contraste às trajetórias de desenvolvimento econômico de todos os outros principais países, o sucesso econômico da China depende da própria globalização. Os Estados Unidos, o Japão, os países europeus e os Tigres Asiáticos, todos construíram sua economia da única maneira que podiam, em grande parte por conta própria e ao longo de várias décadas. Durante o século XIX e grande parte do século XX, mesmo enquanto o comércio de bens e commodities entre países atingia volumes gigantescos, a maioria dos investimentos e das novas tecnologias permanecia nos países e nas indústrias que os criavam, com frequência protegidos da competição estrangeira por tarifas elevadas. Foram necessárias décadas para que os Estados Unidos, a Alemanha, o Japão e a Coreia do Sul descobrissem quais indústrias e linhas de negócio prosperariam melhor, em face dos recursos naturais e humanos, dos hábitos, normas e leis particulares de cada país. Por tentativa e erro em grande escala – que é a forma usual de operação dos mercados –, cada sociedade gradualmente construiu o próprio conjunto de arranjos políticos e sociais para ajudar a acumular o capital que as empresas necessitavam para investimento; a construir os sistemas educacionais que as pessoas necessitavam para ser produtivas nessas empresas e a oferecer os bens públicos que uma sociedade necessita para manter tudo funcionando, de estradas e sistemas de saneamento a direitos legais e aplicação da lei. Em todos os lugares, tudo isso levou um tempo considerável, até séculos em alguns casos, porque ninguém sabia como embutir as necessidades de uma economia moderna em sua sociedade até descobrir por conta própria. E as lições e as riquezas nacionais criadas por esse processo e por esse progresso se espalharam lentamente pelos setores da economia e pelas classes de seus povos, de modo que em todos os lugares, exceto na China, a modernização ocorreu pela ascendência gradual das sociedades de classe média.

Somente a China deve seus atordoantes crescimento e progresso não a esse lento processo normal de desenvolvimento econômico, mas a uma série se decisões políticas sísmicas. Nesse aspecto, as maiores vantagens da China não são estritamente econômicas, mas políticas. O círculo restrito de líderes do país mantém o monopólio do poder, da elaboração de política e da fidelidade popular, que é inimaginável em outros grandes países em desenvolvimento como a Índia e o Brasil. Seu tipo único de autoritarismo com base popular fornece a capacidade política e a disciplina social, únicos entre as grandes nações, para pressionar adiante com a modernização, independentemente dos deslocamentos violentos causados a centenas de milhões de pessoas comuns e àquilo que, em países mais livres, seriam poderosos grupos de interesse.

O primeiro e decisivo passo veio em 1978, na Terceira Sessão Plenária do 11º Comitê Central em Pequim. A China estivera em intenso desacordo durante uma década com a dominação soviética do bloco comunista mundial e emergira recentemente do caos da Revolução Cultural. Com uma nova *détente* em relação aos Estados Unidos se estabelecendo, Deng Xiaoping anunciou uma nova era de reformas econômicas, iniciando com o alívio do controle de preços de grãos e a permissão para que chineses residentes nas regiões rurais pudessem abrir pequenas empresas. Um importante historiador japonês sobre a China moderna, Ryosei Kokubun, escreve que desse momento em diante todo movimento em direção a mecanismos de mercado ocidentais foi parte de uma estratégia política dos líderes chineses. O objetivo foi manter o poder e a legitimidade do Partido Comunista da China, enquanto seus líderes se distanciavam dos fracassos palpáveis tanto do maoismo quanto do movimento comunista liderado pelos soviéticos, impulsionando o crescimento econômico e o poder nacional que isso conferiria. Desde o início, a adoção experimental do capitalismo por parte da China foi uma escolha política.

Todo desenvolvimento importante na modernização da China segue esse padrão. Os primeiros passos não ocorreram porque a agricultura chinesa estava evoluindo de forma natural, do uso mais intensivo da terra para o uso mais intensivo de capital ou porque uma classe média empreendedora estava em formação no interior. As decisões tomadas no topo para forçar o aumento da produtividade agrícola e deslocar dezenas de milhões de pessoas da terra para pequenos empreendimentos é que poderiam ajudar a abastecer as empresas estatais chinesas. Com uma série de decretos baixados no complexo da liderança próximo à Cidade Proibida, os líderes chineses levaram à falência cerca de 100 milhões de fazendeiros de subsistência, e em menos de uma década deslocaram dezenas de milhões para outras áreas mais produtivas da economia. Em qualquer outro país, um processo similar ocorreria pela dinâmica de desenvolvimento econômico normal e levaria gerações para acontecer.

O colapso da URSS, uma década depois, desencadeou uma série de decretos políticos ainda mais radicais que transfiguraram o núcleo da economia chinesa e deixou o nome do partido governante como a única coisa realmente remanescente no país. Para criar um novo espaço no mercado doméstico para empresas privadas, Jiang Zemin começou a reter capital de muitas das indústrias estatais politicamente menos importantes, de vestuário e mobília a brinquedos e utensílios. Algo mais revolucionário para a China foi a liderança abrir essas indústrias ao comércio exterior e ao investimento estrangeiro e liberar uma nova mão de obra para elas ao permitir, pela primeira vez, que chineses comuns se mudassem de suas aldeias para as grandes cidades. Por intermédio da força desses decretos – e ao manter a perspectiva para as multinacionais ocidentais de se envolverem desde o início no que poderia em breve ser um dos maiores mercados do mundo –, a China não apenas fez de si mesma uma isca irresistível para empresas estrangeiras; seus líderes mantiveram controle sobre o processo, requerendo inicialmente que todas as transferências de tecnologia e expertise ocidentais ocorressem por meio de joint ventures, obrigando as mais ricas e sofisticadas empresas do mundo a se tornarem campos de treinamento para a próxima geração de administradores e empreendedores chineses. Essa é outra etapa que leva gerações, quando ocorre por meio da dinâmica de desenvolvimento econômico normal.

Essa estratégia e seus resultados são inimagináveis sem a globalização moderna. O progresso prodigioso da China está sendo alcançado quase totalmente por meio do capital, das tecnologias e da expertise empresarial, transferidos dos EUA, da Europa e de boa parte do restante da Ásia. Como resultado, praticamente tudo que é moderno e avançado na China atual é de propriedade estrangeira ou se baseia em modelos estrangeiros. O prodigioso crescimento da nação decorre do emprego de uma parcela de sua força de trabalho em empreendimentos de propriedade e administrados pelas principais corporações dos Estados Unidos, Europa, Japão, Taiwan, Coreia do Sul e alguns outros países em desenvolvimento mais avançados, os "doadores de órgãos" para a economia chinesa; e de permitir à outra parcela iniciar seus próprios negócios modernos modelados naquelas empresas estrangeiras, ou em outras mais atrasadas que são mais tradicionalmente chinesas. A despeito desse quadro, a maioria do povo ainda ganha a vida com dificuldade, por meio de práticas obsoletas de agricultura ou de pequenos negócios que lhe conferem uma existência precária.

O progresso econômico chinês, embora seletivo e dependente de outros, ainda é sua própria realização política. Mais do que qualquer outra grande nação em desenvolvimento, seus líderes tomaram as decisões e aceitaram os riscos envolvidos em abrir sua sociedade para maciças transferências estrangeiras e oferecer dezenas de milhões de trabalhadores de baixo salário e um gigantesco mercado em potencial. Mas esses riscos são grandes e reais, pois a estratégia da liderança criou um setor de manufaturados e grandes cidades que são muito mais desenvolvidas que o restante do país com seus outros arranjos sociais e econômicos. De fato, parte da sociedade chinesa tem-se desenvolvido muito além do restante, criando disparidades e anomalias que, em praticamente qualquer outro lugar, poderiam despedaçar um país. A menos que os líderes chineses lidem com essas disparidades e trabalhem para resolver as anomalias ao longo da próxima década, elas ameaçarão o crescimento e o desenvolvimento contínuos da China, e talvez sua valorizada disciplina econômica e social.

A disparidade central na modernização chinesa é o gigantesco hiato entre a grande capacidade manufatureira – que a torna uma fonte de influência econômica – e o restante da sociedade e da economia agrícola obsoleta. Com tanto de seu crescimento e progresso baseado em práticas de economias mais avançadas, grande parte do que faz a China ser moderna reside em uma espécie de vácuo econômico sem as fortes ligações naturais com todas as outras coisas que ajudam a manter formas complexas de equilíbrio econômico – o que os economistas chamam de "equilíbrios". Isso não apenas deixa a fonte de influência manufatureira chinesa refém de produtores estrangeiros, que algum dia poderiam deslocar-se para a Índia ou Bangladesh; de modo ainda mais abrangente, essa vasta disparidade torna muito mais difícil para a China desenvolver o tipo de economia nacional integrada que grandes países necessitam para manter seu crescimento e desenvolvimento.

Em economias que se desenvolvem normalmente, à medida que o setor manufatureiro vai-se tornando mais avançado, todas as outras partes da economia das quais os produtores de manufaturados dependem – trabalhadores e administradores, empresas que fornecem as matérias-primas e fabricam as peças, distribuidores e financiadores – também tornam-se mais sofisticadas, especialmente em resposta às necessidades de ambos. Sociedades como os Estados Unidos ou a Alemanha, que desenvolveram suas principais indústrias de forma mais natural e lenta, também criam um segundo nível de empresas que constroem as peças e fornecem os serviços para a produção de manufaturados, e um terceiro nível, que produz produtos e serviços para os trabalhadores que ganham salários crescentes em todos os níveis.

Na China, onde a dinâmica das manufaturas é avançada, mas todo o restante está décadas em atraso, as distâncias entre o primeiro nível e os demais são tão grandes quanto as diferenças no desenvolvimento econômico do Japão e da Namíbia, ou da Itália e do Haiti. Por exemplo, a maior parte dos componentes sofisticados utilizados nas modernas fábricas na China ainda é produzida fora do país, principalmente em outras economias asiáticas. As empresas e os trabalhadores chineses estão escalando a cadeia de valor todos os anos, mas ainda estão a uma grande distância da sofisticação da Coreia do Sul ou de Taiwan, e mais ainda dos EUA ou da Alemanha.

A IBM enfrentou alguns dos problemas produzidos por essas diferenças durante seus primeiros anos na China. Arvinder Surdhar, que comandou a primeira joint venture chinesa da IBM para produzir computadores pessoais no início dos anos 1990, relembrou: "Quando abrimos os primeiros carregamentos vindos da China, havia mais poeira nas caixas do que qualquer outra coisa." A maioria das unidades foi danificada no trânsito, nas esburacadas rodovias chinesas e em seus antiquados sistemas ferroviários, em sua violenta carga e descarga por agentes de fronteira, quando as caixas se deslocavam de uma província para outra, e por permanecer durante semanas em contêineres úmidos em portos lotados aguardando o envio para o exterior.[6] Esses tipos de problema ainda assolam as empresas modernas na China. Por exemplo, quando a Pacific

Cycle migrou sua última manufatura de bicicletas para a China, saindo do México e dos Estados Unidos em 2000, descobriu que seu novo parceiro não podia usar o sistema central de rastreamento. A Pacific Cycle acabou comprando seus parceiros chineses e, mesmo assim, descobriu, em 2005, que o tempo de processamento para produzir uma de suas bicicletas customizadas na China era de 270 dias, comparado a 60 dias quando eram produzidas nos EUA ou no México.[7]

Ainda hoje, a maior parte da manufatura nacional chinesa permanece claramente subdesenvolvida. David Hale é presidente da International Smart Sourcing, uma empresa americana que busca produtores de manufatura chineses para produtores americanos, de médio porte, de plástico, metal e produtos eletrônicos. Ele trabalha com 62 empresas chinesas, mas teve de pesquisar mais de 600 produtores para poder encontrar 10% capazes de fazer um trabalho aceitável: "Costumamos dizer 'sem negócio' para 90% deles porque não possuem os equipamentos, o conhecimento suficiente do processo ou os controles de qualidade que atendam a nossos padrões básicos."[8] Como grande parte dos administradores e diretores de empresas chinesas consegue seus empregos por meio de ligações políticas, os incentivos econômicos usuais para aperfeiçoar suas tecnologias e seus métodos de negócio tornam-se dispensáveis.

Um problema maior é o desempenho terrivelmente ineficiente das demais empresas estatais chinesas, que ainda dominam indústrias importantes, como a automobilística, a química e a de metalurgia. Suas tecnologias e seus métodos de negócios em geral são tão obsoletos quanto os grandes empreendimentos soviéticos no início dos anos 1990, com grande parte presa a uma rotina de produção de má qualidade, muitas perdas anuais e empréstimos regulares de bancos estatais para pagar aos fornecedores e trabalhadores. Dispõem de pouco capital de reserva ou capacidade organizacional sobressalente para se aprimorar ou para inovar, e não sofrem pressão competitiva para desenvolvê-los. Se o setor de manufatura da China tivesse evoluído de forma mais natural e normal, esses grandes e insolventes empreendimentos teriam fracassado e os recursos teriam sido deslocados para empresas privadas que pudessem fazer melhor uso deles. Isso não é possível na China porque não existem leis de falência modernas para a liquidação organizada dos ativos de uma empresa, ou estruturas financeiras avançadas para emprestar fundos a empreendimentos privados promissores. Em vez disso, os bancos estatais mantêm as empresas monopolistas à tona, ou o Estado simplesmente as fecha, forçando os bancos a darem baixa em décadas de empréstimos ruins que sugam o capital de giro derivado dos depósitos de chineses comuns.

Outra grande disparidade tem surgido entre o que a maioria do povo e das empresas chinesas pode usar ou se dar o luxo de consumir, e boa parte do que as avançadas operações manufatureiras produzem. O resultado é que a China tem de exportar aproximadamente metade do que o núcleo de sua economia produz. Essa anomalia torna a estratégia chinesa de desenvolvimento altamente vulnerável ao ciclo econômico global. O mundo tem sido capaz de evitar uma recessão séria por mais de uma década – o mesmo período no qual a China se tornou uma economia de escala mundial –, mas não pode evitá-la indefinidamente. Nem a China parece estar preparada para o que vem pela frente. Um dos principais comentaristas econômicos chineses, Lau Nai-keung, vê um lado político positivo para o país no caso de alguma recessão global ter início nos EUA: "Para nós, a boa notícia é que, quando o país [Estados Unidos] estiver em apuros, não terá energia para atormentar a China (...) Isso irá fornecer um (...) 'período de oportunidade estratégica' para que o país [foque inteiramente em progresso econômico e] passe por uma zona de turbulência [quando] a renda *per capita* estiver entre US$ 1 mil e US$ 3 mil".[9]

O professor Lau está confiante, mas sem bons motivos. Quando a próxima recessão global chegar, o crescimento chinês será atingido com força porque os dois eixos de sua estratégia de modernização, a exportação e o investimento estrangeiro, cairão acentuadamente. Se o crescimento chinês paralisar e a renda cair por algum tempo, a verdadeira pergunta é se a "zona de turbulência" doméstica mencionada por Lau se tornará o cenário de pesadelo para os líderes da China, com exigências ao redor do país pelas liberdades individuais e políticas que chegaram a um ponto crítico na praça da Paz Celestial. O domínio da liderança provavelmente aguentará praticamente quaisquer demonstrações e dissidência que uma recessão global pode desencadear; mas se a resposta de seus predecessores em 1989 serve de guia, o resultado incluirá um controle político mais rígido, que poderia desacelerar ou paralisar as etapas seguintes da liberalização econômica.

Construir uma plataforma manufatureira de calibre mundial, que produz bens que a maioria do povo e das empresas chinesas não pode usar nem se dar o luxo de consumir, está criando outra armadilha para um progresso econômico estável, pois a China tem de usar sua elevada poupança para financiar boa parte da demanda estrangeira por suas próprias exportações, especialmente no indispensável mercado americano. Nesse ponto, Lau ecoa as advertências de muitos economistas ocidentais: "A economia dos Estados Unidos depende de os Bancos Centrais do Japão, da China e de outros países investirem nos títulos de dívida do Tesouro norte-americano e manterem as taxas de juros americanas baixas. As taxas baixas mantêm os consumidores americanos abocanhando os bens importados. Qualquer economista razoável sabe que essa situação é insustentável."[10] Praticamente todos esperam que os mercados de capitais globais acabem forçando os Estados Unidos a reduzirem seu gigantesco desequilíbrio nas contas-correntes, mesmo que seja simplesmente desvalorizando o dólar. Quando isso ocorrer, os mercados de capitais também valorizarão a moeda chinesa, tornando suas exportações menos competitivas em todos os lugares. Para um país que exporta metade do que produz, deslocamentos monetários que elevam o preço de suas exportações em todos os seus mercados, e especialmente em seu maior mercado, serão questões muito sérias. O investimento estrangeiro poderia desacelerar drasticamente, jovens empresas nacionais poderiam falir e o desemprego aumentaria rapidamente. Mesmo sem uma forte recessão, esses eventos desacelerarão o crescimento chinês e provavelmente os estágios seguintes de sua modernização.

Os poucos gastos do consumidor doméstico que tornam o crescimento da China tão dependente de exportações refletem a taxa de poupança excepcionalmente elevada da família chinesa média, e essas taxas de poupança, por sua vez, refletem principalmente o status particular da China de única grande economia no mundo em que a maioria das pessoas não conta com cobertura garantida de assistência médica ou de aposentadoria. Essa anomalia, criada deliberadamente pelas decisões da liderança de desfazer os antigos arranjos de rede de proteção associados às cooperativas agrícolas e às empresas estatais, poderia chocar-se seriamente com toda sua estratégia de modernização. Em uma sociedade na qual a expectativa de vida agora excede 70 anos, todos esperam ficar doentes em algum momento e envelhecer; e como o governo não ajudará em nenhum dos dois casos, a maioria das pessoas poupa o que pode. A China não é o único país que provê pouca cobertura médica ou de aposentadoria. Mas entre os países com pouca ou nenhuma rede de segurança, apenas a China tem um setor manufatureiro moderno, em expansão contínua, que produz bens que a maioria da população não pode comprar porque é pobre e não conta com esses benefícios.

Enquanto a liderança chinesa se recusar a estender esses benefícios sociais básicos à maior parte de seu povo, a maioria continuará a poupar boa parcela do que ganha, em vez de consumir o que seu país produz. Além disso, grande parte dessa poupança pessoal está depositada naqueles bancos estatais que emprestam às centenas de empresas estatais ineficientes do país, as quais, com frequência, são tecnicamente insolventes. Portanto, estender os benefícios sociais básicos a uma significativa quantidade de chineses não envolverá apenas o deslocamento de centenas de bilhões de dólares de obras públicas, desacelerando a modernização, como também forçará muitas dessas empresas estatais a falir, deixando milhões de trabalhadores chineses desempregados. Nos EUA, também, uma profunda anomalia na trajetória de modernização da China pode gerar as sementes de uma inquietação social em algum momento durante a próxima década, a partir de um exército de chineses recém-desempregados, unidos em potencial a milhões de outras pessoas desesperadamente pobres que veem uma pequena parcela de seus compatriotas crescer confortavelmente em algumas das cidades mais avançadas do mundo. Essa cadeia de eventos é suficientemente preocupante para que oficiais chineses, vez ou outra, falem a respeito dela em público. O ex-diretor do State Council's Development Research Council (Conselho de Pesquisa e Desenvolvimento do Conselho de Estado) Wu Jinglian recentemente advertiu sobre a "possibilidade de uma crise econômica e social", já que as "diferenças de renda entre as pessoas e entre os habitantes urbanos e rurais têm crescido a um ponto tão perigoso que podem causar instabilidade social".[11] Essas preocupações estão amparadas por eventos reais: a Revolução Cultural, com sua forma caótica, embora unicamente administrada, de multidões violentas, é, com certeza, uma vívida memória para a maioria dos adultos chineses e especialmente para a liderança. E o principal oficial de polícia da China, Zhou Yongkang, admitiu que, mesmo no meio do maior boom econômico da história da China, mais de 74 mil protestos, que envolveram quase 4 milhões de pessoas, ocorreram em 2004.[12]

Um percurso sensato para a China na próxima década seria começar a fechar a lacuna entre seu setor manufatureiro de propriedade estrangeira – ou com base no exterior – e o restante da economia. Mas os outros arranjos econômicos e sociais do país são tão subdesenvolvidos que será difícil fazê-lo. A China conta com muitas pessoas ambiciosas, ávidas para começar os próprios negócios, por exemplo, mas nenhum sistema bancário moderno para lhes fornecer financiamento. Um mercado interbancário capaz de transferir fundos para onde há necessidade não existe, seus mercados de títulos de dívida corporativos são fragmentados e sofrem de escassez de fundos, as ofertas públicas iniciais (IPOs) são altamente restritas e a maior parte dos fundos mantidos pelos grandes bancos estatais é dedicada às empresas estatais insolventes. É por isso que, apesar do status chinês de maior poupador doméstico do mundo, a OCDE relata que um perpétuo aperto de crédito continua a refrear seu setor de pequenas e médias empresas.[13]

Mesmo enquanto as maiores multinacionais do mundo realizam acordos complexos nas cidades hipermodernas e nas áreas de desenvolvimento industrial da China, outras gigantescas lacunas nos elementos básicos da vida comercial moderna continuam a travar o desenvolvimento normal dos negócios nacionais. Com os avançados direitos de propriedade intelectual rotineiramente violados ou ignorados – repartições governamentais em Pequim e na maior parte das províncias ainda usavam cópias pirateadas do Windows até bem recentemente –, apenas as empresas nacionais com as melhores conexões investem em desenvolvimento tecnológico. Fracas proteções à propriedade intelectual até mesmo evitam que empresas estrangeiras como a Nintendo transfiram operações e tecnologias de ponta para a China, pois elas assumem que suas mais valiosas patentes e seus direitos autorais serão rapidamente defraudados. Ainda mais básico é o fato de que o sistema legal chinês ainda aplica direitos e regras diferentes a formas de propriedade privada, coletiva e estatal, e todas as decisões judiciais são politicamente corretas. Essas distinções antiquadas tornam mais difícil para as empresas privadas nativas planejar e operar de modo comercial normal.

A China também ainda não dispõe de muitos dos outros arranjos e formas de infraestrutura modernas que se combinam para criar mercados nacionais genuínos. Ao menos até agora, a estratégia da liderança de usar o progresso nas áreas metropolitanas na costa do Pacífico para catalisar o desenvolvimento no vasto interior tem, quase sempre, fracassado. Sem um sistema financeiro moderno, o capital não pode deslocar-se de modo suficientemente fácil ou com frequência suficiente de província para província; e isso é apenas uma pequena parte do problema. Devido ao fato de os sistemas chineses de rodovias e ferrovias no interior estarem defasados e malconservados, matérias-primas básicas, peças e bens acabados são transportados lentamente de um local a outro e são frequentemente danificados ao longo do caminho. Mesmo quando os bens podem ser transportados sem correr o risco de dano, centenas de cidades e dúzias de províncias bloqueiam o trânsito de bens de outras províncias para proteger suas empresas nativas. Além disso, apesar de dezenas de milhões de jovens chineses terem deixado seus lares rurais para as cidades, a China ainda está longe de desenvolver um mercado de trabalho nacional. Exceto pelos mais jovens e ambiciosos, todos os outros estão atrelados à sua terra por regras de ocupação de terras rurais, que determinam que qualquer um que deixar uma residência rural por um período longo perde os direitos de uso da terra – e para a maioria dos chineses rurais esses direitos são o melhor seguro para sua velhice.

A China não pode basear o próprio progresso em aspectos muito prejudiciais. Por exemplo, o país agora é famoso pela mais alta poluição do ar e da água no planeta, com mais de 600 milhões de chineses bebendo água contaminada diariamente e chuva ácida cobrindo ao menos um terço do país.[14] Às taxas atuais, e graças às fracas regulamentações, essas condições irão piorar significativamente. Zhang Lijun, a segunda autoridade da agência estatal de proteção ambiental chinesa, relatou que, nas atuais trajetórias de crescimento, a poluição na China "aumentará em quatro ou cinco vezes" até 2020.[15] Isso pode custar centenas de milhares de vidas e tornar inabitáveis partes significativas do território. Mesmo hoje, o Banco Mundial estima que a poluição custa à economia chinesa mais de US$ 50 bilhões por ano em gastos com saúde, tempo de trabalho perdido e danos a colheitas, terras agrícolas e infraestrutura – isso equivale a cerca de 8% do PIB do país. E limpar o meio ambiente chinês não será apenas uma questão de estabelecer novos padrões rigorosos e fazê-los vigorar, como os países avançados o fazem. Onde essa abordagem direta é possível, a liderança chinesa já fez isso. Independentemente dos engarrafamentos asfixiantes em Pequim e Xangai, por exemplo, os atuais padrões de eficiência de combustível na China são iguais aos da Europa e mais rigorosos que os norte-americanos. No entanto, a maior parte da poluição grave na China está intimamente ligada ao programa de modernização, vindo das ineficientes bases industriais pesadas e do próprio Estado; do rápido crescimento de dúzias de cidades que têm atraído dezenas de milhões de jovens da zona rural; da dependência do país em relação à sua fonte de energia mais abundante e barata, o carvão betuminoso; e do uso intensivo de fertilizantes, que tem tornado a China autossuficiente em alimentos pela primeira vez em sua história. Aplicar modernos padrões de qualidade de ar e água às fontes dos problemas ambientais chineses de classe mundial faria retroceder boa parte de sua estratégia básica de desenvolvimento.

O abismo no desenvolvimento chinês entre sua grande capacidade manufatureira e todo o restante da economia estava claro para os consumidores ao redor do mundo em 2007, quando, um após o outro, surgiram relatos de descobertas de exportações chinesas perigosas ou fatais.

Enguias e camarões chineses importados pelos Estados Unidos estavam contaminados com substâncias químicas veterinárias proibidas, roupas infantis foram embebidas em formaldeído em nível 900 vezes maior do que o seguro, brinquedos estavam decorados com tinta perigosa à base de chumbo, comida de gato e de cachorro enviada ao Canadá e aos Estados Unidos estava contaminada com uma substância química possivelmente fatal chamada melamina, exportações de pasta de dente chinesas estavam contaminadas com um composto venenoso encontrado em anticongelantes e, finalmente, xarope para tosse, que continha um solvente tóxico, matou mais de 300 panamenhos. A despeito de a abordagem de desenvolvimento única chinesa, baseada na globalização, ter permitido ao país passar de uma nação exportadora menor para a terceira maior exportadora do mundo em menos de duas décadas, sua capacidade regulamentória e de cumprimento das leis ainda é primitiva. A China não possui algo equivalente às agências ocidentais de proteção ao consumidor, que lidam com a segurança dos produtos. Pequim também ainda não dispõe dos recursos administrativos para criar um sistema regulatório central de alimentos e medicamentos – nessa área crítica, seis agências compartilham autoridades que se sobrepõem e frequentemente entram em conflito, e nenhuma tem os sistemas ou o efetivo necessários para impor qualquer conduta.

A diferença entre a habilidade manufatureira e sua capacidade de garantir a qualidade e a segurança do que produz pode criar sérios problemas para a economia chinesa ao longo dos próximos anos. Por exemplo, o país produz uma parcela substancial dos medicamentos genéricos, incluindo, de acordo com algumas estimativas, a maioria das penicilinas, aspirinas e vitaminas vendidas livremente no mundo. Recentemente, reguladores da União Europeia encontraram uma bactéria letal, capaz de causar meningite em crianças, na vitamina A produzida na China, e autoridades americanas encontraram traços de arsênio, chumbo e ferro em produtos que continham vitamina C. Antes de a capacidade de regulamentação chinesa alcançar sua capacidade de manufatura de bens que demandam regulamentação, medicamentos contaminados e inseguros e outros produtos oriundos da China matarão vários americanos e europeus. Isso poderia muito bem tornar "Made in China" uma marca a se evitar.

A forma como a China lidará com suas profundas anomalias e armadilhas econômicas durante os próximos dez a 15 anos dependerá, em grande parte, de quanta mudança sua forte liderança irá aceitar ou tolerar, além da atual trajetória acelerada do setor de manufatura. O curso futuro do desenvolvimento econômico da China, assim como seu início, dependerá principalmente de sua política.

Sob um aspecto fundamental esses problemas seguem diretamente da abordagem singular chinesa quanto ao poder e à política. A política contemporânea chinesa não conta com nada do tipo dar e receber ou da competição entre partidos, setores do governo e grupos de interesse que, em praticamente qualquer outro lugar, força os políticos a considerar como suas decisões afetarão empresas e pessoas comuns. O governo dos Estados Unidos não pode liberar parte de suas reservas naturais no Alasca para perfuração petrolífera sem centenas de concessões e acomodações entre os departamentos dentro do seu Poder Executivo, entre a Casa Branca e o Congresso, entre facções dos partidos Republicano e Democrata, assim como entre os próprios partidos, entre dúzias de grupos ambientais e empresariais e entre esses grupos e os dois partidos – e, nesse ponto, juízes independentes também dão seu parecer. Toda essa disputa e posicionamento também são cobertos pela imprensa, de modo que o público americano forma a própria opinião, que os pesquisadores medem e relatam – deslocando ou solidificando as posições e as negociações de todos os envolvidos, na administração, no Congresso e além deles. O processo é muito parecido em países europeus, onde, apesar dos sistemas parlamentaristas em geral garantirem que o Executivo e o Legislativo andem juntos, maiorias parlamentares são frequentemente constituídas de múltiplos partidos e facções dentro de partidos. No fim, o resultado é o mesmo: decisões econômicas nas democracias quase sempre levam bastante tempo, e as consequências são, em geral, medidas fracionárias. O benefício de permitir que todo grupo e todo indivíduo, mesmo com pouco poder ou influência, participem é que a maioria das decisões com consequências leva um pouco em conta a capacidade dos principais grupos e empresas do país de conviver com essas consequências – ou ao menos com aquelas que podem ser conhecidas.

Não é assim que a política funciona na China, onde os nove homens do Escritório Político do Comitê Permanente (Politburo Standing Committee) tomam todas as decisões nacionais relevantes a respeito da economia – juntamente com política social, relações internacionais, defesa, ciência e tecnologia, educação e política cultural nacional. Nenhum outro indivíduo, grupo ou instituição pode negar, contradizer ou modificar essas decisões. Esses nove homens nem sempre têm uma opinião única em suas decisões a respeito da trajetória da modernização. Em um breve episódio na forma de uma Glasnost ao estilo chinês, em 2005, o Politburo liberou arquivos que claramente apresentam a visão geral de alguns dos principais membros do Comitê Permanente. Quatro dos nove membros contam mais em decisões econômicas: Hu Jintao, o principal membro e secretário-geral do partido; Wen Jiabao, o premier; Zeng Qinghong, o chefe do secretariado do partido; e Luo Gan, o chefe de segurança. Todos, exceto Wen, parecem comprometidos em promover mais transferências externas para impulsionar o progresso tecnológico ao longo da próxima década e expandir as exportações como a melhor maneira de garantir um rápido crescimento doméstico e aumentar a influência global da China. Eles também estão determinados a evitar o que é universalmente visto na China como a "armadilha russa" de privatizar rapidamente os empreendimentos estatais. Se esse pensamento se mantiver na próxima sucessão – e o Comitê Permanente escolher os próprios sucessores –, as pressões e as contradições no atual desenvolvimento da China irão, quase certamente, agravar-se ao longo dos próximos dez anos.

Entre os mais altos líderes da China, apenas Wen prefere uma estratégia diferente. Com algumas poucas autoridades mais jovens no nível logo abaixo, ainda dentro da liderança, Wen parece convencido de que medidas para reduzir as crescentes e severas desigualdades no país podem criar a base para um crescimento econômico mais sustentável, liderado por consumidores. Portanto, ele tem falado em deslocar recursos de investimentos industriais e de alta tecnologia para infraestrutura e modernização agrícola, e em estabelecer rendas mínimas e mais cobertura de aposentadoria e assistência médica administrada por governos locais. Os líderes mais conservadores têm, até agora, rejeitado essas mudanças básicas, mas fizeram algumas concessões a Wen e seus aliados. Em 2005, por exemplo, Hu anunciou sua versão de um "New Deal", que inclui cortes de impostos para fazendeiros, mais projetos de infraestrutura para províncias ocidentais e interioranas, alguns programas-piloto provinciais de aposentadoria e assistência médica e um maciço projeto para transformar a interiorana cidade de Chongqing na próxima Xangai.

Esse debate entre os atuais líderes chineses, assim como os de seus predecessores, questiona não o objetivo de construir uma moderna economia ao estilo ocidental o mais rápido possível, mas apenas a maneira politicamente mais segura de fazê-lo. Quer leve cinco ou 20 anos para desmontar a maior parte dos empreendimentos estatais remanescentes, para trazer o setor agrícola chinês a níveis, no mínimo, do início do século XX, e para criar modernos acordos de falência, direitos de propriedade e proteção de patentes e de direitos autorais; e quer a China estabeleça um sistema financeiro moderno e cobertura mais ampla de aposentadorias e de assistência médica nessa geração ou na próxima, não há dissidência entre os líderes chineses sobre abrir a economia para mais competição externa. E esse é o elemento essencial que impulsionará as exportações e a competitividade chinesa e tornará a China uma força crescentemente poderosa para que todas as outras economias a levem em consideração de agora até 2020.

Em qualquer lugar, exceto na China, as profundas deficiências e armadilhas ligadas à sua estratégia politicamente dirigida e economicamente anômala garantiriam uma trajetória de crescimento modesto por pelo menos mais uma geração. Mas a China não é como qualquer outro lugar. Seu tamanho absoluto provê a maior oferta mundial de trabalhadores de baixo custo. Os hábitos de poupança excepcionais de seu povo e seu crescimento industrial turbinado devem continuar a criar os recursos financeiros para implementar, de uma única vez, milhares de novos projetos de infraestrutura, modernização agrícola gradual e a transformação, cuidadosamente medida, de indústrias estatais para privadas. Seu sistema político único e sua liderança coerente tornam possíveis rápidas mudanças na sociedade, independentemente dos problemas e do sofrimento que venham a causar a milhões de seu próprio povo. E essas mudanças têm trazido prosperidade suficiente, ou ao menos a perspectiva dela, de modo que um número suficiente de chineses mantém dedicação popular e disciplina social, pelo menos até então. Com todos esses atrativos, quase toda grande corporação global tem tido, e continuará a ter, intenção de fazer o que for preciso para enriquecer na China.

Os próximos dez a 15 anos provavelmente constituirão um período tanto de grande progresso econômico e social quanto de violenta desordem econômica e social para a China. Sua poderosa capacidade manufatureira continuará a se expandir. Em 2004, 75% dos brinquedos do mundo, 58% do vestuário e 29% dos telefones móveis foram produzidos lá.[16] Até 2020, dezenas de milhões de pessoas em outros países irão dirigir carros chineses, operar máquinas chinesas e usar computadores e eletrônicos produzidos na China. A proeza manufatureira do país continuará a eclipsar qualquer outra nação em desenvolvimento, forçando-as a se modernizar em áreas especializadas ou ficar para trás. E os efeitos diretos e indiretos da expansiva competitividade chinesa em manufaturas continuarão a reverberar pelas economias do mundo, alcançando finalmente as economias avançadas da Europa, do Japão e dos Estados Unidos, onde continuarão a conter a criação de empregos e os ganhos salariais.

Todas essas façanhas não esvaziarão as economias avançadas do mundo. Ao longo da próxima década e mais adiante, corporações americanas, europeias e japonesas continuarão a produzir bens e serviços sofisticados que ainda estarão além da capacidade das empresas nacionais chinesas. A expansão da demanda doméstica chinesa durante o mesmo período, principalmente do número em rápido crescimento de trabalhadores urbanos qualificados no topo de sua escala econômica, tornará a China um mercado indispensável para empresas ocidentais. E quando o assunto consiste em bens de consumo sofisticados, as preferências das elites chinesas já espelham as dos ricos ocidentais. O *China Daily* publicou uma pesquisa com 600 milionários chineses e descobriu que seus carros favoritos são Rolls-Royce, Mercedez-Benz e BMWs, suas marcas de relógio preferidas são Cartier e Rolex e eles preferem Chivas

Regal e Dom Perignon quando bebem, Christie's para leilões e HSBC para gestão de patrimônio pessoal.[17] Os lares de classe média chineses hoje estão entre 2 e 3 milhões, contando todos os que ganham até US$ 12.500 por ano – levando em conta o custo de vida na China, isso equivale a um lar americano com renda de aproximadamente US$ 35 mil.[18] Até 2020, essas famílias urbanas de classe média podem chegar a 30 a 45 milhões. Até então, elas constituirão um dos maiores mercados consumidores do mundo, com poder de compra próximo ao de todas as famílias japonesas atualmente. Dada a demografia chinesa, a maioria será relativamente jovem, o que pode torná-los grandes gastadores. Em mais uma década, o mercado chinês será tão importante para os Estados Unidos e para a Europa quanto o mercado americano é hoje para a Europa e para a China.

Sob o atual programa, tudo isso não será suficiente para capacitar a China a manter seu longo histórico de crescimento anual de 9% durante a próxima década. Até agora, o país tem alcançado seu crescimento estupendo e grande avanço mobilizando a força de trabalho doméstica e o investimento estrangeiro em manufaturas. Mas essa estratégia tem fracassado em desenvolver meios próprios de aumentar a produtividade, mesmo no setor de manufaturas, e deixado a maioria das outras áreas da economia subdesenvolvida sem os mecanismos legais econômicos para avançar por conta própria. Como o economista Paul Krugman ressaltou, essa abordagem torna quase inevitável um crescimento mais lento, mesmo sem levar em conta os choques inevitáveis de uma recessão global ou os possíveis choques de graves agitações políticas.

Um programa da liderança que usa crescimento rápido como fundamento essencial para a própria legitimidade e a fidelidade popular pode encontrar esses fundamentos abalados quando o crescimento vacilar. Todos os anos, o programa destrói o meio de vida de milhões de chineses da zona rural e de milhões de trabalhadores de empresas estatais – além disso, milhões de jovens chineses atingem idade de trabalho. Um especialista recentemente fez cálculos e descobriu que, ao longo da próxima década, "a China precisa criar 300 milhões de novos empregos (...) para absorver ou reempregar aqueles que perderam seus empregos no setor agrícola ou em antigas empresas estatais e fornecer oportunidade aos novos membros da força de trabalho".[19] Crescimento turbinado é o único modo de fazer isso, e o atual programa não irá fazê-lo indefinidamente.

Os maiores desafios para a China ao longo da próxima década, portanto, são provavelmente políticos. A Revolução Cultural impôs uma ação política sobre as massas que foi frequentemente severa e cruel. Mais de três décadas depois, manifestações populares de pelo menos algumas centenas de pessoas ocorrem às centenas todas as semanas em todo o território. A desintegração política da China é bastante improvável. Mas sérios levantes políticos durante a próxima década constituem uma possibilidade real. Se esses choques produzirão um sistema político mais liberal para acompanhar os arranjos econômicos de liberalização da China ou, o que parece mais provável, uma política ainda mais autoritária que desacelere a próxima etapa da modernização chinesa, não podemos saber. Mas o mundo possivelmente verá esse quadro se desdobrar até 2020.

Os Estados Unidos

O status dos Estados Unidos como país indispensável para a globalização está tão seguro quanto o da China. A questão fundamental é que os Estados Unidos constituem hoje a mais completa e profundamente globalizada de todas as economias do planeta. No entanto, essa posição também representa um grande rompimento com, pelo menos, um século de atitudes e práticas americanas. Dos primeiros anos do século XX até suas últimas duas décadas, o país era singularmente autossuficiente em termos econômicos. Enquanto as economias europeias eram pequenas demais para produzir tudo o que precisavam e a proximidade entre elas permitia um comércio fácil e relativamente barato, os Estados Unidos deparavam com oceanos separando-os da maior parte dos outros mercados e, em vez disso, desenvolveram o próprio vasto mercado nacional em seus estados e regiões. Por quase um século, sustentou a posição de maior economia do mundo em grande parte utilizando os próprios recursos naturais e as próprias capacidades tecnológicas e humanas para produzir praticamente qualquer coisa que suas empresas e o povo necessitavam ou desejavam. Ao longo da década de 1960, por exemplo, todo o comércio americano – o total das importações mais exportações da nação – era igual a apenas 10% de seu PIB.[20] Durante os mesmos anos, o valor de tudo o que foi comercializado por empresas francesas e italianas equivalia a 28% do PIB desses países, e no Reino Unido a cifra era de 42%.

Um motivo pelo qual os Estados Unidos poderiam estar menos engajados no comércio internacional do que outras economias avançadas é que os americanos eram (e são) mais ricos e consomem mais. Durante a década de 1960, sua renda *per capita* era 40 a 50% maior do que a média dos europeus nos principais países, de modo que eles podiam gerar demanda suficiente em casa para manter a maioria empregada.[21] Os europeus não eram tão afortunados assim. Sua renda relativamente baixa – e os impostos mais elevados que pagavam (e ainda pagam) para financiar o amparo mais generoso de seus governos – deixava pouca demanda doméstica para suportar empregos para todos. Naquela época, assim como agora, seus governos tiveram de depender de exportações para extrair demanda de outros lugares, principalmente dos Estados Unidos, a fim de manter os trabalhadores empregados. O outro motivo pelo qual a Europa tem precisado depender mais de seu comércio do que os EUA é a existência de uma regulamentação governamental mais extensiva, com frequência ligada a promover a exportação de alguns setores "estratégicos", o que tem tornado sua economia tanto mais especializada quanto menos produtiva.

A Europa e, eventualmente, o Japão (e a China) encontraram nos Estados Unidos um parceiro desejável em suas estratégias de exportação. Desde o início da Guerra Fria uma sucessão de governos americanos viu o acesso à economia americana como um ativo geopolítico de primeira qualidade e, de forma muito semelhante ao Reino Unido em meados do século XIX, ofereceu cortes unilaterais de tarifas para países que se aliaram aos Estados Unidos contra os soviéticos. Essa política de entrada franca fazia sentido em termos de economia clássica, mesmo que isso não estivesse muito na mente de seus patrocinadores políticos. Os consumidores americanos desfrutaram de uma gama maior de bens a preços mais baixos do que teriam atrás das barreiras protecionistas que prevaleceram na Europa e no Japão por décadas a mais, e empresas americanas podiam concentrar-se em se tornar produtores dominantes dos bens sofisticados fora do alcance das economias, ainda em recuperação, da Europa e do Japão.

Hoje, os Estados Unidos são 50% menos dependentes de comércio exterior do que a maioria dos outros países avançados. Em 2006, importações e exportações equivaliam a aproximadamente 28% do PIB, ou metade dos 56% da fatia das principais nações europeias.[22]

Mesmo assim, os Estados Unidos representam a economia mais global do mundo e, em comparação com Alemanha, França, Reino Unido ou Japão, estão posicionados de forma muito melhor para os próximos dez a 15 anos. Esse julgamento difere acentuadamente do que pode ser denominado visão "Chicken Little" de seu papel no comércio global, que vê os Estados Unidos como fracos em termos comerciais e caminhando em direção a um declínio. Essa visão está errada, e enquanto as autoridades americanas a aceitarem, suas respostas podem enfraquecer a perspectiva econômica do país. Considere o seguinte contraste econômico, um dos mais impressionantes e importantes no mundo hoje: em 2004, mais de 44% de todas as exportações americanas foram para nações em desenvolvimento, impulsionando boa parte do crescimento e da integração do mundo, e essas mesmas nações forneceram mais do que 50% das importações americanas.[23] Em contraste, as nações na UE-15 (15 nações da União Europeia) ainda mantêm boa parte do restante do mundo a distância, vendendo menos de 15% de suas exportações para mercados em desenvolvimento e comprando algo em torno de 20% de suas importações nessas nações.[24] Em vez disso, quase três quartos das exportações da União Europeia vão para outros países da UE, e mais de dois terços das importações vêm de outros países do mesmo bloco.

Os Estados Unidos importam e exportam menos do que a Europa em termos de porcentagens do PIB, não apenas porque não precisam, mas também porque suas empresas possuem redes mais extensivas de subsidiárias e afiliadas estrangeiras para produzir e vender em mercados estrangeiros. O gigantesco déficit comercial dos Estados Unidos representa riscos financeiros para a economia americana (e global) – mas ele vem de uma crescente demanda de consumidores americanos, não da suposta falta de competitividade que preocupa os comentadores que não consultam os dados.

Nenhum grande país se sairá bem economicamente ao longo da próxima década sem uma sólida presença econômica nos países de mais rápido crescimento e desenvolvimento do mundo. Por baixo da rede global mais extensa de importações e exportações dos EUA, as empresas americanas também têm uma presença muito maior nessas nações e em suas economias. De 1995 a 2003, aproximadamente 28% de todo o investimento estrangeiro direto dos Estados Unidos foram para países em desenvolvimento – quase o dobro da parcela dos investimentos estrangeiros vindos da Alemanha com destino aos países em desenvolvimento, quase três vezes a parcela vinda da França e quatro vezes a do Reino Unido.[25] Dentre as economias avançadas, apenas o Japão concentra seu investimento direto em mercados em desenvolvimento tanto quanto os Estados Unidos.

Essa diferença se estende à China, o país em desenvolvimento que será essencial para toda economia avançada durante os próximos anos. Em 2003 (dados internacionais mais recentes) a China detinha mais de 3% de todo o investimento estrangeiro direto americano ao redor do mundo e mais de 11% dos investimentos diretos americanos em todos os países em desenvolvimento.[26] Isso pode ainda não ser uma quantia gigantesca, mas é de dez a 20 vezes maior do que os investimentos diretos na China vindos de qualquer país europeu, e tem aumentado rapidamente. Mesmo medido como uma parcela de seus investimentos estrangeiros diretos, as empresas americanas comprometem-se duas a quatro vezes mais com o mercado chinês do que as empresas alemãs, francesas ou britânicas. À medida que a economia chinesa e as de outras nações em rápido desenvolvimento se expandirem e maturarem ao longo da próxima década, as empresas ocidentais com as bases maiores e mais firmes ocuparão as melhores posições para penetrar nesses mercados crescentes e beneficiar-se desse progresso.

Dada a posição comercial americana modesta de apenas 40 anos atrás, sua atual adesão completa à globalização é notável. Parece que grandes empresas simplesmente se adaptaram com maior sucesso às mudanças nas condições econômicas mundiais. Por exemplo, durante a década de 1970, quando o preço da energia disparou abruptamente e a produtividade americana desacelerou, muitos administradores americanos começaram a buscar na Ásia e na América Latina novos mercados e maneiras de cortar custos. Quando muitos desses mercados começaram a se desenvolver e a crescer, nos anos 1980 e 1990, inúmeras outras empresas americanas começaram a abordá-los como lugares em que poderiam não só produzir mais barato, mas também onde teriam como vender o que produziam. As principais economias e as grandes corporações europeias passaram pelas mesmas mudanças, e começaram com mais experiência em comércio internacional e maior familiaridade com mercados de países em desenvolvimento. No entanto, permaneceram muito menos engajadas nos locais de maior crescimento e desenvolvimento do mundo.

Existem várias maneiras de entender por que isso está acontecendo. Os americanos podem sentir-se mais confortáveis operando globalmente porque a população e a cultura do país são diversificados e, ao menos durante os últimos anos, em geral lidam de forma mais tranquila do que muitos países europeus com a crescente diversidade racial e étnica. As empresas americanas também têm menos escolha quanto a se adaptar rápida e completamente, já que suas regulamentações e proteções comerciais relativamente frágeis tornam a competição mais intensa. As empresas americanas certamente enfrentam menos barreiras para se adaptar às novas condições porque não precisam lidar com o tipo de regulamentação e de leis presente na França ou na Alemanha, que restringe a habilidade de uma empresa se reorganizar e despedir ou realocar trabalhadores conforme decidirem. Ou talvez as corporações americanas estejam simplesmente seguindo a trajetória geral do poderio militar e geopolítico dos Estados Unidos. Quaisquer que sejam as explicações precisas, a economia americana tem mudado de maneiras que criam vantagem real e crescente para um período de globalização. Isso é positivo para os Estados Unidos, porque nenhum programa ou promessa de político irá parar ou mesmo desacelerar significativamente a globalização.

Quem precisamente se beneficia dessas vantagens é uma questão complexa. As multinacionais americanas claramente se beneficiam, a se julgar por seus lucros elevados nos anos recentes. Esses lucros corporativos também ajudam os acionistas, que, nesse caso, estendem-se a aproximadamente metade de todos os americanos, principalmente porque mais de 40% das ações americanas são detidas por fundos de pensão e contas pessoais de aposentadoria.[27] Os trabalhadores americanos têm alavancado ganhos de produtividade impressionantes nos mesmos anos – mais do que a maioria dos europeus ou japoneses. No entanto, conforme mencionamos, esses ganhos não estão se traduzindo em crescimento salarial significativo para muitos deles. Não é muito consolador para salários estagnados, mas todas as importações americanas baratas vindas de países em desenvolvimento ajudam a maioria dos americanos, incrementando seus salários. Importações mais baratas são um importante motivo pelo qual, de acordo com alguns estudos, fazer compras em grandes lojas que dão desconto, como o WalMart, gera uma economia, para o consumidor médio, de algumas centenas de dólares por ano.[28] Além disso, os atuais problemas salariais não vêm da globalização em si, mas principalmente da colisão das pressões competitivas que ela promove e dos custos em rápido crescimento de assistência médica e energia, juntamente com crescentes retornos de capital – e esses problemas são tão agudos na Europa e no Japão que eles não se têm adaptado à globalização tão bem.

Outras medidas também apontam para a força subjacente da economia americana quando comparada às outras grandes economias do mundo. Empregar todos que desejam trabalhar é um teste tradicional da saúde e da força de uma economia, e mesmo com os novos problemas emergindo na criação de empregos nos Estados Unidos, isso ainda é um de seus pontos fortes. Ao longo da última década, a parcela média da força de trabalho americana em busca de emprego, mas incapaz de encontrá-lo, cerca de 5%, tem sido aproximadamente 20% menor do que no Reino Unido, 40% menor do que na Alemanha e metade da proporção na França e na Itália.[29] Apenas o Japão apresenta desemprego consistentemente inferior ao dos Estados Unidos. E quando os americanos perdem seus empregos, costumam encontrar um novo muito mais rápido. Durante os últimos dez anos, cerca de 80% dos americanos desempregados encontraram novos empregos em seis meses, índice comparado a 65% de suecos, 60% de britânicos, apenas 50% dos japoneses e irlandeses e somente um terço dos desempregados alemães e franceses. Americanos com emprego também trabalham mais horas por ano do que as pessoas em outros países avançados (exceto no Japão) – 10% mais do que trabalhadores britânicos, 15% mais do que os italianos e os irlandeses e 25% mais do que os alemães e franceses. Menos horas podem parecer atraentes, mas a diferença é um dos motivos pelos quais a maioria dos europeus ganha menos e sua economia produz menos em termos *per capita.*

Nestes tempos, a capacidade de um país desenvolver e usar tecnologias de informação avançadas é quase tão importante para sua saúde econômica quanto sua capacidade de manter as pessoas empregadas. Também essa é uma área que mostra a força americana. Ao longo da última década, várias nações tornaram, com sucesso, computadores e internet partes integrais da maneira como conduzem seus negócios e sua vida pessoal. No entanto, com exceção dos Estados Unidos, todos são pequenos países – Suécia, Finlândia, Dinamarca, Cingapura, Hong Kong, Coreia do Sul, Bermudas e Austrália – que, deliberadamente, decidem fazê-lo. Apesar do vasto tamanho dos EUA, profundas desigualdades econômicas, uma economia com milhares de subsetores, uma assombrosa variedade de empresas de todos os tipos e nenhuma política nacional para apoiar a propagação dessas tecnologias, em 2004 tinha mais do que 76 computadores pessoais para cada 100 habitantes, e 63% de sua população usava a internet.[30] Nenhuma outra economia grande e diversificada chegou perto. O Japão tinha aproximadamente a mesma quantidade de computadores pessoais para cada 100 habitantes, mas apenas 50% deles estavam conectados, enquanto os britânicos estavam conectados com quase a mesma frequência que os americanos, mas computadores pessoais eram muito menos comuns. Por essas medidas, a Alemanha, a França e a Itália seguem atrás da Inglaterra e do Japão, e bem atrás dos Estados Unidos.

A Europa e o Japão estão chegando ao mesmo nível nessas áreas, mas 20 anos de defasagem apontam para diferenças importantes, que sugerem que a proeminência americana entre as economias avançadas provavelmente se expandirá ao longo dos próximos dez ou 15 anos. Parte da contínua vantagem americana aqui reflete o que alguns economistas denominam "vantagem composta do primeiro a se mover", ou seja, dos benefícios que vêm do desenvolvimento vanguardista de muitas novas tecnologias. As redes de pesquisa, a cultura empreendedora e o ambiente de negócios dos Estados Unidos não criam uma vantagem por produzir alguns produtos importantes – o Japão, por exemplo, é o mais forte produtor de automóveis do mundo –, mas eles são particularmente úteis por desenvolver e propagar novas tecnologias. A liderança tecnológica inicial dos inventores e das empresas de TI americanas criou reserva de conhecimento crítico e de processos de negócios, assim como redes de importantes relacionamentos, que estenderam essas vantagens iniciais à maioria dos subsegmentos e nichos de mercado das indústrias. Portanto, os inventores e as empresas americanas surgiram não apenas com a maioria das rodadas iniciais de TI e inovações na internet, mas também com grande parte das subsequentes gerações, porque os Estados Unidos possuem mais capital intelectual, cultural e organizacional para fazê-lo de forma barata.

Alguns desses eventos foram provavelmente casualidades (economistas chamam isso de "dependência da trajetória"). Os americanos que primeiro desenvolveram a maioria dessas tecnologias não eram mais inteligentes que seus semelhantes na Inglaterra, Alemanha, Japão ou Índia –, mas quando a IBM foi buscar alguém para desenvolver um novo sistema operacional para computadores pessoais nos anos 1980, todos os inteligentes jovens europeus e asiáticos na área estavam a um oceano de distância das redes informais que disseminavam informação. Hoje em dia, todos na área de desenvolvimento de TI, onde quer que estejam, podem aprender sobre essas oportunidades por meio da internet. Mas as oportunidades de emprego e as potenciais recompensas ainda são geralmente maiores nos Estados Unidos porque seu setor de TI é muito maior – e seus impostos sobre um grande contracheque são geralmente menores. Esses atrativos também ajudam a explicar por que um terço de todos os títulos americanos de doutor em ciências e três quintos daqueles em engenharia são concedidos a estudantes estrangeiros ou nascidos no exterior, porque praticamente a metade de todos os profissionais com Ph.D. que trabalham no U.S. National Institutes of Health (Instituto Nacional de Saúde dos Estados Unidos) também são nascidos no exterior,[31] porque estimados 40% das empresas iniciantes no Vale do Silício nos anos 1990 foram fundadas por inventores-empreendedores indianos e porque dezenas de milhares de promissores tecnólogos europeus e asiáticos agora trabalham nos Estados Unidos. Pesquisadores na Europa e na Ásia atingirão avanços significativos nos próximos anos que surpreenderão a todos; mas a vantagem total dos EUA em inovação em TI também está bastante segura.

Essas vantagens americanas não estão restritas ao setor de TI. Cientistas sociais normalmente analisam os investimentos em P&D de um país por intermédio de quanto de seu PIB é dedicado a isso. Mas na corrida para liderar a inovação global o que importa é a quantidade de tempo investida, e quão bem a economia de um país comercializa o que sai dali. Os Estados Unidos também parecem ter amplas vantagens. Em 2003, por exemplo, gastaram aproximadamente US$ 300 bilhões em P&D, em comparação com US$ 210 bilhões gastos por toda a Europa, apenas US$ 100 bilhões pelo Japão e menos de US$ 80 bilhões pela China – e a diferença em 2003 era maior do que havia sido em 1990 ou em 1995.[32] Esse é um dos motivos pelos quais as empresas e os inventores americanos possuem vantagens iniciais em muitas áreas promissoras de biotecnologia e nanotecnologia, incluindo alimentos geneticamente modificados (aos quais a maioria dos governos europeus resiste recorrentemente), medicamentos personalizados, sistemas de filtragem para água altamente poluída e avanços em tecnologias de energia solar. A vantagem inicial americana nessas áreas pode, no final, não importar, pois ninguém é capaz de dizer qual dessas ou de outras tecnologias emergentes terá valor e efeito econômicos de grande alcance. Mas se qualquer delas descobrir algo, é mais provável que isso ocorra nos Estados Unidos, onde há muito mais gastos anuais com P&D, muito mais universidades de pesquisa e jovens empresas que realizam avanços tecnológicos e investidores de *private equity* prontos a investir mais de US$ 20 bilhões por ano em apostas de longo prazo em tecnologias em estado inicial.[33]

Se os Estados Unidos constituem fonte de influência tão grande em tecnologias avançadas, por que incorrem em grandes déficits comerciais nessas áreas? Isso significa que, conforme um comentarista público nesses assuntos, Clyde Prestowitz, advertiu recentemente: "Os EUA não estariam distante de entregar sua liderança (tecnológica)"?[34] Ele e outros concluem que, de modo a permanecer competitivos em tecnologias avançadas, os Estados Unidos precisam de uma nova política industrial que fornecerá mais apoio governamental para a produção e o consumo dessas tecnologias. Porém, os dados revelam que o país não está perdendo liderança tecnológica, mas que suas empresas de tecnologia estão completamente globalizadas. Isso se torna mais óbvio quando você sabe que metade das importações que impulsionam o déficit comercial de alta tecnologia vem das subsidiárias estrangeiras de empresas americanas de tecnologia. Além disso, a National Science Foundation (Fundação Nacional da Ciência) informa que as empresas americanas, ao longo da última geração, têm, na verdade, ampliado vastamente sua preeminência mundial na manufatura de produtos de alta tecnologia. Menos de 20 anos atrás, a Europa, o Japão e os EUA detinham, cada um, pouco mais de 25% de participação no mercado mundial nessa área; até 2003, a parcela americana alcançara quase 40%, enquanto a europeia tinha caído para 18% e o Japão detinha apenas 10%.[35]

Algo muito semelhante está acontecendo em P&D, pois a maior parte do crescimento nesses investimentos, em locais fora dos Estados Unidos e da Europa, vem de empresas americanas instaladas nesses lugares. A Intel, por exemplo, tem instalações de pesquisa avançada em Israel, na Índia e na Rússia, assim como na Califórnia; e os laboratórios de pesquisa da IBM podem ser encontrados na Suíça, em Israel, no Japão, na China e na Índia, assim como em Nova York e em San Jose.[36] A maior parte da P&D ainda ocorre em países avançados com estabelecimentos de pesquisa grandes e sofisticados. Até agora, o rápido crescimento de operações de pesquisa por parte de multinacionais ocidentais em alguns países em desenvolvimento – em 2005, um quinto da Fortune 500 realizava alguma P&D na Índia – tem focado principalmente em adaptar produtos estabelecidos a mercados locais e regionais em rápido crescimento.

Parece provável que os Estados Unidos mantenham essas vantagens ao longo dos próximos dez a 15 anos, e que a globalização ampliará sua significância. Desse modo, as empresas americanas de hardware, software e internet terão vantagem na China e na Índia, enquanto estas se tornam crescentemente digitais. Em 2004, a Índia mal tinha um computador pessoal para cada 100 indianos e apenas 3% de sua população estavam "conectados", enquanto a China tinha cerca de quatro computadores pessoais para cada 100 chineses e pouco mais de 7% de seu povo usavam a internet. Até 2020, a China deve ao menos estar tão digitalizada e conectada quanto a maioria dos países europeus está hoje, e a Índia também realizará avanços substanciais (embora menores). Empresas americanas fornecerão a maior parte do que será então a última geração dessas tecnologias – mesmo que boa parte disso seja produzida por subsidiárias e afiliadas estrangeiras –, assim como os serviços de TI que acompanharão esse avanço.

Essas tecnologias também fazem parte da infraestrutura essencial da globalização, da gestão de cadeias de fornecimento ao desenvolvimento e marketing de produtos locais. Conforme a produção e a demanda global por quase tudo continuarem a aumentar ao longo dos próximos dez a 15 anos, as empresas de manufaturas, varejo e serviços financeiros, que têm integrado a TI de maneira mais ampla e mais bem-sucedida em suas operações, estarão em melhor posição para atender a boa parte dessa demanda. Mais uma vez, quando comparadas à empresa global típica em outros países grandes e avançados, as empresas globais americanas, por enquanto, apresentam, também, uma vantagem clara.

No entanto, a maior vantagem dos Estados Unidos em tecnologias avançadas consiste não em seu desenvolvimento e propagação, mas em como os americanos a utilizam. Apesar do que a maioria das pessoas aprendeu em introdução à economia, uma sucessão de estudos americanos e europeus descobriu que o quanto uma empresa ou país gasta em TI faz pouca diferença em quão produtivo ele se torna. Ao longo da última década empresas europeias investiram em TI aproximadamente tanto quanto empresas americanas o fizeram, em relação ao tamanho de sua economia. No entanto, a produtividade das indústrias que gastaram mais nessas tecnologias aumentou de 3 a 4% por ano nos Estados Unidos, em comparação com nenhuma mudança ou até pequenos declínios na Europa.[37]

Um dos motivos é que as empresas americanas são administradas de forma diferente, e as distinções parecem afetar como elas usam a tecnologia. Por exemplo, empresas americanas frequentemente baseiam seus aumentos salariais e promoções em desempenho, que, intencionalmente ou não, cria poderosos incentivos para que administradores e trabalhadores aproveitem mais a tecnologia de informação que lhes é oferecida. Em contraste, grandes empresas europeias e japonesas ainda baseiam os salários e as promoções de seus funcionários em tempo e regras sindicais. Outras formas de rigidez nas economias europeia e japonesa tornam mais difícil para as empresas auferirem muitas vantagens de seus investimentos em TI. Por exemplo, as leis trabalhistas e as convenções sociais que limitam acentuadamente as liberdades das empresas de despedir ou realocar a maior parte dos funcionários frequentemente as impedem de reorganizar suas operações domésticas para fazer com que seus investimentos em TI funcionem para elas. Assim, uma empresa francesa ou italiana pode investir em um sistema eficiente de contabilidade ou da telefonia automatizada e se ver incapaz de realocar ou despedir qualquer de seus atuais contadores ou operadores.

O nível educacional de um funcionário também parece afetar quão bem ele se adaptará quando uma empresa introduzir novas tecnologias. Aqui está uma surpresa para a maioria dos americanos: o Banco Mundial informa que adultos americanos possuem, em média, mais de 12 anos de educação formal, comparados a apenas sete anos para adultos italianos, menos de nove anos para adultos na França e menos de dez anos para adultos britânicos, japoneses e alemães.[38] O número de jovens americanos que se inscrevem em algum tipo de educação ou treinamento de nível superior é substancialmente maior – 69%, comparados a 45 e 58% nos principais países europeus e no Japão.

Provavelmente, algumas dessas diferenças diminuirão ao longo da próxima década, apesar de alguns esforços realizados na França há alguns anos para modificar, de forma modesta, proteções trabalhistas, por terem causado manifestações violentas por parte de jovens determinados a manter a segurança de seus empregos a qualquer custo. Apesar de a fatia de jovens europeus que ingressam na universidade ainda ser menor que a de jovens americanos, subiu acentuadamente nos últimos 15 anos. Também é incontestável que muitas grandes empresas europeias e japonesas profundamente envolvidas com os mercados globais são ao menos tão produtivas quanto qualquer empresa americana. Líderes empresariais americanos certamente recordam-se de aprender as lições básicas de produção "enxuta" e de alta qualidade da Sony e da Toyota nos anos 1980 e 1990. Além disso, a globalização está espalhando rapidamente as melhores práticas das corporações americanas mais bem-sucedidas e capacitadas em TI. WalMart, o varejista mais lucrativo e mais intensivo em TI, comprou a segunda maior rede de supermercados do Reino Unido, a Asda, em 2005, e o maior varejista britânico, Tesco, prontamente adotou boa parte do modelo do WalMart.

Mesmo assim, as multinacionais americanas como um grupo parecem ser mais produtivas e mais bem-sucedidas do que as europeias ou japonesas. Por exemplo, pesquisadores que mediram a produtividade de todos os tipos de fábricas no Reino Unido descobriram que aquelas operadas por multinacionais americanas eram não apenas 40% mais produtivas do que a fábrica britânica doméstica média, mas também 10%

mais produtivas que as fábricas de multinacionais britânicas no próprio mercado doméstico. O fator mais importante era que as multinacionais americanas obtinham melhores resultados de cada dólar de investimento em TI.

O fato é que a diferença de produtividade entre os Estados Unidos, a Europa e o Japão tem aumentado constantemente por mais de uma década, apontando para a vantagem econômica isolada mais importante dos EUA em uma era de globalização acelerada: a competição é mais intensa dentro da economia americana porque há menos regulamentação e menos proteção tanto para empresas quanto para trabalhadores, especialmente para as empresas de serviços e os trabalhadores que dominam as economias avançadas. O Japão e os grandes países europeus ainda mantêm barreiras regulatórias em torno de boa parte de seus setores de varejo, atacado, financeiro, empresarial e de serviços pessoais, de modo que ainda são dominados por milhões de pequenas e ineficientes empresas com pouco incentivo para mudar qualquer coisa. A competição mais agressiva americana em quase todos os níveis de economia deixa seus trabalhadores e empresas menos seguros, especialmente numa era de globalização galopante e progresso tecnológico. Ela também obriga aqueles que querem prosperar a mudar o tempo todo, usando as últimas tecnologias e práticas de negócios para aperfeiçoar algo que produzem ou fazem, ou até criar novos produtos, processos e formas de fazer negócios. E empresas e trabalhadores americanos acostumados a lidar com essas intensas pressões competitivas estarão mais bem equipados, ao longo dos próximos dez a 15 anos, para lidar com a crescente e intensa competição nos mercados estrangeiros criada pela globalização.

Por que não a Rússia ou a Índia?

A globalização certamente acelerará a modernização em inúmeros países ao longo da próxima geração. A Coreia do Sul pode igualar a façanha singular do Japão de único país a sair de baixa para alta renda de 1870 a 1970 – e fazê-lo em menos anos. A Polônia e a República Tcheca podem fazer um progresso tão significativo quanto o da Irlanda nos últimos 20 anos. Nosso foco, entretanto, está em nações cujo impacto econômico será, em algum sentido, global – um círculo seleto de países limitado aos Estados Unidos, às principais economias europeias, ao Japão e à China.

Alguns analistas podem vir a defender a Rússia e a Índia. Menos de uma geração atrás, a Rússia era o centro do grande poder mundial que jurava ruidosamente enterrar o Ocidente, com uma economia de peso (embora secretamente fraca) que tinha bom alcance na Europa Central e Oriental, na Índia e em partes do Oriente Médio. Há pouca dúvida de que a Rússia será uma força na política mundial durante os próximos dez a 15 anos, o que consideraremos mais adiante. Mas com um PIB hoje pouco maior do que o do México e menor do que o da Espanha ou do Brasil – e renda *per capita* que fica atrás de países como Líbia, Polônia e Botsuana –, a Rússia hoje é uma força econômica marginal no mundo e provavelmente continuará sendo por muitos anos. Certamente existem alguns sinais de que suas condições estão melhorando. Durante os últimos cinco anos o índice de desemprego tem sido baixo, o crescimento tem sido, em média, de 7% ao ano e o rublo passou a ser conversível desde julho de 2006. Um especialista internacional, Nivedita Das Kundu, do Institute for Defense Studies and Analysis, em Nova Deli, prevê que em 20 anos a Rússia poderia ser a oitava economia do mundo.[39] O FMI, mencionando como os baixos salários russos poderiam ajudar a tornar as exportações daquele país mais competitivas, também concluiu que sua economia poderia crescer a taxas saudáveis pelo menos por mais uma década – mas apenas se Moscou estiver comprometida a realizar sérias reformas estruturais.

A advertência do FMI reflete várias fraquezas críticas que provavelmente continuarão a marginalizar o impacto econômico global da Rússia. Em uma era de rápida globalização, nenhum país é capaz de progredir sem recorrer às melhores tecnologias e métodos de negócios do restante do mundo, principalmente por meio de investimento estrangeiro direto – e a Rússia, até então, não estabeleceu as condições domésticas necessárias para atrair essas transferências. A OCDE (Organização para a Cooperação e Desenvolvimento Econômico) descobriu que em 2002, por exemplo, o investimento estrangeiro direto na Rússia foi equivalente a US$ 15 por pessoa, ou apenas 13% dos níveis *per capita* de seu antigo satélite, a República Tcheca, e 7% dos da Hungria.[40] E as condições não têm melhorado muito desde então. O relatório da OCDE sobre as futuras perspectivas do país para atrair transferências externas tem como subtítulo "Lutando contra as probabilidades", e fluxos para todos os setores, exceto o de mineração, ainda permanecem baixos, especialmente após o confisco, por parte do governo Putin, do império petrolífero Yukos e sua contínua incapacidade de restringir a corrupção.[41] Todos os anos, desde 2000, o fluxo de investimento direto que sai da Rússia tem excedido o fluxo de entrada, algo que parece muito com a fuga de capitais vista em países pouco promissores na América Latina. E a mais sofisticada análise das perspectivas da Rússia, produzida pelo vizinho Banco da Finlândia, conclui que, sem grandes e sustentados aumentos em investimentos, tanto domésticos quanto estrangeiros, o crescimento na antiga superpotência pode, em breve, aproximar-se das taxas na América Latina.[42]

Alguns planejadores russos, reconhecendo tacitamente os problemas de seu país com investidores estrangeiros, veem altos preços de energia como a chave para um futuro crescimento nacional: de acordo com previsões realizadas pelo Ministério da Economia da Rússia, mais dez anos com o petróleo ao preço médio de US$ 75 por barril gerarão os recursos necessários para modernizar substancialmente a infraestrutura e expandir a capacidade industrial, especialmente no próprio setor petrolífero, e, portanto, manter o forte crescimento russo.[43] No entanto, de forma ameaçadora, o setor petrolífero russo parece estar se desfazendo economicamente, apesar das maiores reservas do mundo fora do Oriente Médio, do Canadá e da Venezuela. As companhias petrolíferas russas têm margens de lucro menores do que as maiores produtoras em praticamente qualquer lugar porque o governo mantém os preços domésticos baixos para subsidiar os fazendeiros e as Forças Armadas russas. O governo Putin também mantém o emprego no setor petrolífero elevado, e a combinação de preços artificialmente baixos, além dos altos custos de mão de obra, tem espremido o investimento e a modernização por toda a indústria. A perfuração de novos poços e a construção de novos oleodutos têm praticamente parado, as técnicas de recuperação da indústria estão desatualizadas, com a utilização de brocas-padrão que duram um quinto do tempo das usadas no Texas. E as grandes companhias petrolíferas ocidentais que poderiam fornecer novo capital, tecnologias e expertise em grande parte evitam a Rússia porque, em um ambiente tão incerto, elas só entrariam como acionistas majoritárias, e os políticos e oligarcas que controlam as reservas não concordarão com esses termos.

Os baixos níveis de investimento na Rússia também prejudicam outros setores que eram fortes durante o antigo regime soviético. Em 1990, a Rússia era o segundo produtor mundial de aço, logo atrás do Japão (o território soviético inteiro era o maior produtor mundial de aço); e os três principais complexos siderúrgicos russos de Mgnitorgorsk, Sverstal e Novolipetsk entregavam seu produto, principalmente, ao Exército Vermelho, quase tão eficientemente quanto as melhores companhias siderúrgicas americanas.[44] Mas quando a demanda por aço despencou com o fim do império soviético, Moscou direcionou os principais produtores, assim como cerca de 33 usinas menores e menos eficientes, a continuar operando mesmo quando suas receitas (e subsídios do governo) despencaram. Até 1998, a produtividade no setor siderúrgico russo havia despencado para 28% dos níveis americanos.

A deterioração acentuada dessas indústrias centrais é crítica para as perspectivas econômicas da Rússia nos próximos dez a 15 anos porque suas condições demográficas singulares e terríveis demandarão receitas e investimentos muito maiores. Atualmente, a Rússia apresenta as menores taxas de fertilidade e de expectativa de vida e as maiores taxas de mortalidade infantil e juvenil de qualquer sociedade avançada ou de qualquer sociedade em desenvolvimento importante no mundo. Com os gastos com assistência médica *per capita* abaixo dos de países como o Panamá e a Tunísia, mais da metade das crianças russas sofre, de acordo com relatos, de alguma doença crônica; e a saúde geral dos russos é pior hoje do que a da maioria das pessoas fora da África Subsaariana e do Oriente

Médio.⁴⁵ De acordo com as atuais tendências, até 2020 a expectativa de vida russa pode cair abaixo daquela na Índia ou em Bangladesh. As consequências econômicas desses eventos são graves. Evgeny Andreev, especialista do Institute of Economic Forecasting of the Russian Academy of Sciences (Instituto de Previsão Econômica da Academia de Ciências da Rússia), prevê que as baixas taxas de fertilidade de seu país e as elevadas taxas de doença e de mortalidade reduzirão a população em idade de trabalho na Rússia em 14 a 25% ao longo dos próximos 15 anos.⁴⁶ E não termina aí: Andreev vê o número de crianças russas caindo de 20 a 25% ao longo do mesmo período.

As taxas de fertilidade em queda e as elevadas taxas de mortalidade na Rússia produzem a anomalia singular de uma nação relativamente pobre com uma população em rápido envelhecimento. Assim como ocorre em muitos países europeus, a Rússia precisará de muito mais receita para sustentar sua crescente população idosa justamente quando a população em idade de trabalho que precisa produzir a receita está encolhendo – e o país enfrentará essa perspectiva em um estado muito mais pobre do que em qualquer lugar na Europa. Uma consequência praticamente inevitável é que milhões de russos idosos irão se aposentar em uma pobreza terrível durante os próximos dez a 15 anos.⁴⁷ A única forma de se evitar isso e melhorar materialmente as condições seria aumentar a produtividade dos trabalhadores e as empresas que os empregarão. Isso iria requerer investimentos públicos muito maiores em educação, saúde e infraestrutura – o cerne das reformas estruturais exortadas pelo FMI e por outros –, juntamente com muito mais investimento privado por empresas domésticas e estrangeiras.

No entanto, hoje a Rússia dedica apenas 3,1% de seu PIB à educação, ou menos do que um terço da parcela que as economias avançadas gastam, e menos do que a Índia ou países como o Quênia e o Congo.⁴⁸ O atual comprometimento da Rússia com assistência médica não é melhor, representando uma parcela menor do PIB do país, de 5,4%, do que Eritreia, Camboja e Honduras. Conforme reconhecido pelo Ministério da Economia russo, a fonte mais realista para as receitas necessárias, a fim de expandir substancialmente esses investimentos, é o petróleo caro. No entanto, mesmo isso não ajudará muito, a menos que o setor petrolífero russo, em deterioração, mude logo de rumo. Também aqui a perspectiva é pouco promissora. O presidente Putin deixou claro durante o caso Yukos que os oligarcas do petróleo russos devem seguir seu roteiro ou arriscar tudo; e Putin não tem demonstrado interesse em mudanças que poderiam tornar as companhias mais eficientes e lucrativas, especialmente se isso significa preços mais elevados para o Exército russo e para os fazendeiros, ou em ceder algum controle para companhias petrolíferas ocidentais. Nem seu governo está, mesmo remotamente, disposto a efetuar as reformas mais difíceis que são necessárias para atrair investimento estrangeiro substancial em outras áreas. Por enquanto, e durante o futuro próximo, a combinação de uma demografia difícil e baixo investimento lançará "uma longa sombra sobre o crescimento russo", como o principal economista do Deutsche Bank, Norbert Walter, disse recentemente.[49]

Afirmações a respeito do crescente poder econômico da Índia são mais comuns, e comentaristas ocidentais frequentemente a emparelham com a China como as duas grandes economias emergentes no mundo. E, novamente, a dura realidade não justifica esse emparelhamento. Medido em dólares, o PIB da Índia é menor do que o da Rússia (ou do Brasil), portanto, essas afirmações, em geral, se baseiam em outras medidas. Um parâmetro nesse sentido é a Paridade do Poder de Compra (PPC), que leva em conta diferenças nos custos de vida e eleva a economia à quarta posição no mundo, atrás dos Estados Unidos, China e Japão. Outro é o sucesso da Índia em alguns setores avançados, notadamente programação de software e produtos farmacêuticos genéricos, que, em certos aspectos, são competitivos com os líderes globais das economias baseadas em conhecimento, Europa e EUA. Uma análise mais aprofundada revela, contudo, que, apesar de a Índia ser incontestavelmente grande, e seu software e seus medicamentos genéricos serem vendidos em todo o mundo, suas condições básicas e sua trajetória de desenvolvimento não a tornarão uma potência econômica global ao longo dos próximos dez a 15 anos.

A extrema pobreza indiana é o primeiro sinal de que ela permanece a uma grande distância de se tornar uma fonte de influência econômica para o restante do mundo. Sua renda *per capita*, ajustada para o custo de vida de cada país, a coloca como o número 118 no mundo, atrás de países como Nicarágua, Armênia, Equador e Guiana, e 53% menor do que a da China. Ainda mais revelador para um país com ambições econômicas globais: a Índia tem uma das menores relações entre comércio e PIB. De 2000 a 2003, foi responsável por apenas sete décimos de 1% de todas as exportações do mundo, aproximadamente o mesmo que a Polônia, 60 a 70% menos que pequenas economias como Bélgica e Taiwan e menos de 15% do total chinês. Um motivo é que 60% da população indiana ainda trabalham na agricultura, índice comparado a 14% na Rússia e menos de 50% mesmo na China. Além disso, a produtividade em quase todos os setores da Índia permanece baixa demais para tornar o país uma força no comércio global, independentemente de quão baixo seus salários são. A produtividade da vasta força de trabalho agrícola indiana é cerca de 1% da dos fazendeiros americanos.[50] Outros 20% dos trabalhadores indianos detêm empregos em negócios muito pequenos – vendedores de rua, alfaiates e assim por diante –, e sua produtividade é cerca de 7% a de trabalhadores nos mesmos setores em países avançados. Os restantes 20% detêm empregos em empresas relativamente grandes de manufatura ou de serviços, e mesmo sua produtividade é cerca de 15% da dos americanos em empregos similares.[51] A Índia ainda é uma economia retrógrada, a décadas de distância da influência econômica global, semelhante, talvez, à China de 25 anos atrás.

Especialistas que se concentram no gigantesco pool de trabalhadores indianos que ganham salários que correspondem a cerca da metade do nível dos salários chineses não notam as diferenças fundamentais entre as estratégias de modernização de ambos os países. A China fez de si mesma uma das maiores plataformas globais de produção para exportação do mundo (e de mais rápido crescimento) combinando política autoritária, abertura extrema ao investimento estrangeiro e expertise na maioria das áreas de manufatura. Por escolha e por necessidade política, a Índia tem tentado modernizar-se por conta própria, escolhendo um caminho mais balanceado, associado a um modelo do século XIX de desenvolvimento gradual e nativo. Esse curso reflete, em parte, sua política mais democrática, em que há inúmeros acordos políticos e esforços de todos os grupos significativos para evitar que os transtornos de uma rápida modernização desacelerem ou paralisem o progresso econômico. Se a China ou a Índia irão, daqui a algumas gerações, prover maior prosperidade para seus povos, isso ainda não está claro. O que é certo é que a estratégia da Índia não tornará sua economia um poder global durante os próximos dez a 15 anos.

O resultado é que os mercados da Índia são muito menos abertos ao restante do mundo, tecnologias e expertise estrangeiras desempenham um papel bem modesto e o crescimento depende de consumo doméstico, e não de investimento e exportação. Em áreas economicamente essenciais, como a maioria das indústrias pesadas e o varejo, há muito tempo a Índia impediu a maior parte do IED (investimento estrangeiro direto). Em 2004, quando companhias globais investiram US$ 233 bilhões em países em desenvolvimento, a China recebeu US$ 60,6 bilhões, ou 26% do total, enquanto a Índia atraiu US$ 5,3 bilhões, ou 2,3%. Apesar de sua posição de uma das maiores economias do mundo em termos de PIB total, a Índia atraiu menos IED do que a Polônia e pouco mais do que a Malásia. E 2004 foi um ano recorde para investimento estrangeiro na Índia. Adotando uma visão mais abrangente, o país pôde fazer jus a menos de 2% do estoque total de investimento estrangeiro direto em todos os países em desenvolvimento – parcela um terço menor do que Portugal, cuja economia tem um quarto do tamanho da indiana, e apenas um quarto maior do que o Vietnã, com uma economia de um 15 avos o tamanho da indiana.[52]

Mesmo em áreas em que a Índia tem permitido o investimento estrangeiro, a maioria das empresas estrangeiras estabelece suas fábricas e organizações modernas em outros países, porque a triste infraestrutura e a regulamentação governamental sufocante da Índia tornam muito difícil gerar lucros.[53] Por exemplo, o governo deve aprovar demissões em empresas com mais de 100 funcionários. A lei indiana também estipula que mais de 800 dos principais itens industriais só podem ser produzidos por empresas tão pequenas que o valor de suas instalações e equipamentos não deve exceder US$ 200 mil – o que não é suficiente para operar uma única máquina de produção moderna. Além disso, muitas empresas não podem construir novas instalações mesmo que desejassem, porque mais de 90% dos títulos de propriedade de terras na Índia estão sujeitos a disputas legais. O anárquico sistema de registro de terras também estrangula o setor de construção, pois os bancos não emprestam a ninguém o capital para construir uma fábrica, escritório ou casa em terreno que não possua uma escritura clara. Onde grandes fábricas operam, o antiquado monopólio ferroviário estatal do país – um empregador de última instância para milhões de indianos pobres –, os sistemas rodoviários precariamente mantidos e os caóticos portos e aeroportos administrados pelo governo são incapazes de assegurar a entrega confiável de qualquer bem para exportação.

Em princípio, a Índia poderia eliminar essas restrições e reformar as escrituras de terras, e seu governo nacional e a maioria dos governos estatais certamente farão isso com o tempo – embora, em face da política frágil e impulsionada por grupos de interesse, isso possa levar muitos anos. Mesmo assim, não mudará o que muitos observadores consideram a maior barreira única ao progresso acelerado na Índia: os desesperadamente obsoletos e inadequados sistemas de energia do país. *The Economist* pesquisou esses sistemas em 2005 e informou: "Cortes de energia são um modo de vida na Índia, pelo menos em partes do país com sorte suficiente para considerá-los uma interrupção, e não a norma (...) Onde a eletricidade está disponível, é frequentemente apenas por algumas horas por dia, inutilizável para a indústria e de qualidade tão baixa que oscilações na corrente elétrica rotineiramente destroem equipamentos."[54]

Os governos nacional e estaduais ainda detêm a maior parte das operações de geração e distribuição de energia elétrica do país, mas uma rede elétrica meio século atrasada em relação a boa parte do restante do mundo não é meramente o legado de décadas de domínio público ineficiente. A China também possuía um monopólio estatal de energia, mas abriu esse setor às importações de equipamentos americanos e europeus, geradores de energia elétrica térmicos e de carvão limpo, gás natural, hidroelétricas, turbinas para energia eólica, unidades de armazenagem com bombas de ampla capacidade, equipamentos avançados de usinas nucleares, equipamentos de dessulfurização a gás e capacitores de média e alta potências.[55] A China também sofre de quedas regulares de energia, mas sua geração de eletricidade cresceu mais de 125% na última década, e agora produz mais corrente elétrica do que qualquer outro país, exceto os Estados Unidos – e mais do que quatro vezes a produção da Índia.[56] Um dos motivos é que os monopólios de eletricidade na Índia ainda não possuem nem os recursos nem o interesse de importar equipamentos modernos. As companhias ocidentais que constroem nova capacidade de geração de energia na China se afastam da Índia – a notável exceção é uma joint venture malfadada com a Enron, que implodiu com a empresa em 2001. Por que investiriam lá quando não podem conseguir escrituras oficiais para a maior parte das terras, suas importações de equipamento estão sujeitas a altas tarifas e a lei indiana provê energia gratuita para fazendeiros e outros grupos favorecidos? No total, cerca de 40% da produção de eletricidade do país são dados ou roubados. Tais condições não apenas destroem os incentivos econômicos normais para eletrificar as vastas partes do país que ainda estão fora da rede, como também obrigam as empresas a pagar a maior parte das contas de energia da nação, com o resultado previsível de fazer do setor empresarial da Índia um dos menos intensivos em energia do mundo. Sem atitudes sérias para mudar essas condições e com demanda nacional por energia crescendo duas vezes mais rápido que sua capacidade, a escassez e outros problemas com energia na Índia apenas se agravarão ao longo da próxima década.

A questão para esse país não consiste em ser ou não uma fonte de influência global em dez ou 15 anos – isso não está nas cartas –, mas sim se será capaz de sustentar crescimento suficiente e progresso incremental para, finalmente, tornar-se uma economia amplamente próspera e moderna mais adiante. A Índia conta com claras forças econômicas, mas, se tem a intenção de acompanhar países como a Malásia e a Tailândia, terá de expandi-las de formas que levem em conta seriamente a globalização.

Vamos começar com o capital. Sem perspectivas de curto prazo para atrair grande quantidade de investimento estrangeiro direto, a Índia terá de depender principalmente da própria poupança. A perspectiva nesse aspecto é mista. A taxa de Poupança Doméstica Bruta da Índia é superior a 20% – menos da metade da taxa chinesa, mas, ainda sim, respeitável pelos padrões mundiais. Hoje, os déficits do governo exigem uma parcela razoavelmente modesta dessas economias, mas isso poderia mudar se o governo viesse a considerar seriamente uma forma de melhorar rodovias, pontes, rede elétrica e sistemas de água e esgoto da nação – como precisa fazer para crescer. A questão mais importante para a poupança e os futuros investimentos em negócios é que as famílias indianas detêm uma parcela relativamente pequena de suas poupanças em ações, títulos de dívida e contas bancárias que financiam a expansão dos negócios. Em vez disso, as famílias indianas preferem manter sua poupança em terra e casas, gado e, especialmente, em ouro. Metade dos ativos pessoais de todas as famílias indianas é mantida em joias de ouro, o que os torna os maiores consumidores desse metal no mundo. O resultado, conforme apresentado recentemente pelo McKinsey Global Institute, é que "a Índia simplesmente tem muito menos dinheiro circulando em seu sistema financeiro do que alguém esperaria em face do tamanho de sua economia".[57] Até que isso mude, haverá pouca perspectiva para um forte investimento doméstico, no sentido de compensar os relativamente escassos fluxos de investimento estrangeiro, produzindo dois pontos negativos quando comparados aos dois mais importantes pontos econômicos positivos no rápido progresso da China.

Apesar da relativamente pequena posse dos bancos indianos, seu sistema bancário é mais desenvolvido que o da China, com empréstimos privados ligados mais intimamente às perspectivas econômicas reais de empresas que tomam empréstimos. Mas requerimentos especiais estabelecidos pelo Banco Central da Índia também eliminam essa vantagem, solicitando que bancos domésticos aloquem 45% de todos os empréstimos a empresas para pequenos e médios empreendimentos. Essas regras podem remeter à veneração de Mahatma Gandhi pelo vilarejo autossustentável. Mas preservam e protegem os ineficientes empreendimentos familiares, que representam metade dos empregos não agrícolas na Índia – 70% dos trabalhadores da indústria de vestuário, por exemplo, são alfaiates que trabalham por conta própria[58] –, e desnecessariamente limitam financiamentos para as empresas nacionais maiores, que poderiam ajudar a impulsionar uma modernização mais rápida e ampla.

A Índia está mudando, e durante os anos recentes, seu governo tem dado passos importantes para encorajar mais investimento estrangeiro, menores barreiras comerciais, cortar impostos empresariais e afrouxar o licenciamento industrial e os controles monetários. A maior parte do crédito vai para o atual líder do país, o primeiro-ministro Manmohan Singh, o principal arquiteto e força motriz por trás dessas reformas. Mas de forma muito similar ao primeiro-ministro reformista japonês, Junichiro Koizumi, a eficácia de Singh está limitada pela firme resistência do Partido do Congresso Nacional indiano, que ele lidera. Jagdish Bhagwati, um distinto economista indiano agora na Universidade de Columbia, descreve Singh como um homem "atravessando campos minados definidos por grupos de interesses especiais".[59] "Minha opinião", Singh recentemente disse, e do que se suspeita com tristeza, é que "leva muito tempo para tomarmos decisões básicas (em relação a) muitas coisas, como conseguir terras, obter água, gerar eletricidade (...) Reconhecemos que a globalização nos oferece enormes oportunidades na corrida em saltos para o processo de desenvolvimento. Também nos obriga a ativar processos que minimizariam seus riscos."[60]

O setor automotivo da Índia fornece um panorama das forças e fraquezas desses esforços de modernização, especialmente pelo fato de a indústria automotiva ter ajudado a impulsionar o desenvolvimento industrial americano, britânico e alemão durante a primeira metade do século XX e, mais tarde, ter desempenhado papel similar para Suécia, Japão e Coreia do Sul. Durante décadas, todos, exceto os indianos mais ricos, tinham apenas duas escolhas de automóveis, ambas produzidas por empresas estatais. Então, em 1983, Nova Deli concordou com uma única joint venture entre a Suzuki e um novo fabricante indiano de automóveis, Murati. A história revela que o ímpeto veio do filho da então primeira-ministra Indira Gandhi, Rajiv, que desejava entrar no negócio de automóveis. Verdade ou não, o fato é que as modernas tecnologias e os métodos de produção da Suzuki catapultaram a Murati para uma fatia de mercado de 80% em meados dos anos 1990. No entanto, apesar desse sucesso, nenhuma outra empresa automotiva estrangeira teve o direito de produzir carros na Índia até o final dos anos 1990. Em 1998, o governo finalmente acabou com a licença estatal para a produção de automóveis; e desde 2000 os fabricantes americanos e japoneses estabeleceram modestas instalações de produção no país. Porém, elevadas tarifas sobre a importação de equipamentos, elevados impostos sobre empresas estrangeiras e o lastimável estado da infraestrutura indiana mantém a Índia fora dos planos de expansão da maioria dos fabricantes globais de automóveis. O resultado é que a competição acirrada que caracteriza a indústria automotiva em países avançados – e na China – ainda está abafada na Índia. A Murati domina o mercado nacional, com mais de 60% das vendas, enquanto uma tarifa de 44% sobre as importações de automóveis impossibilita a competição de importações. Enquanto as duas maiores empresas automotivas privadas da China, Chery Automotive e Geely Automotive, hoje produzem carros por cerca de US$ 2 mil cada, que já estão sendo vendidos em mercados estrangeiros, a Murati ainda é um empreendimento restrito à Índia.

Vários fabricantes de automóveis estrangeiros liderados pela Toyota e pela DaimlerChrysler agora selecionam alguns de seus componentes de fornecedores indianos como Bharat Forge, Rico Auto, Sundaram Fasteners e Amtek Auto; e desde o final dos anos 1990 as exportações indianas de peças automotivas têm crescido 25% ao ano. Mas com US$ 2,8 bilhões em 2006, essas exportações ainda são responsáveis por menos de 1,5% das exportações mundiais de peças automotivas, bem atrás de outros centros com baixos salários como o Brasil e o México.[61] As universidades indianas – de forma muito semelhante às suecas – enfatizam a engenharia, e vários fabricantes de automóveis europeus e japoneses estabeleceram centros de projeto e de engenharia lá.[62] Mas também a Índia é um agente muito pequeno em uma indústria dominada por economias mais desenvolvidas.

A faceta da economia indiana que mais chama atenção na Europa e nos Estados Unidos é o sucesso de várias empresas indianas em indústrias baseadas em conhecimento que países avançados consideram sua reserva exclusiva, especialmente software, farmacêuticos e entretenimento. Essas bem-sucedidas empresas baseadas em ideias recorrem ao considerável pool de trabalhadores indianos jovens, qualificados, criativos e talentosos. Jovens trabalhadores bem-educados são um recurso importante para qualquer país inclinado à modernização. Mas, na Índia, representam uma parcela muito discreta de um sistema educacional economicamente destrutivo que durante décadas tem negligenciado a educação básica. De acordo com os rankings das Nações Unidas, por exemplo, a taxa nacional de alfabetização na Índia a coloca na posição de número 146 em uma lista de 177 países, bem atrás do Congo, de Ruanda e Laos. Não há posições em uma economia moderna para trabalhadores analfabetos, e países com grande número de pessoas incapazes de ler ou realizar operações matemáticas básicas só podem modernizar-se em bases econômicas amplas muito lentamente. Será necessária ao menos mais uma geração para que o indiano médio reúna as capacidades básicas necessárias para a vida econômica moderna.

E, apesar de quase 6 mil instituições indianas de educação superior graduarem 2,5 milhões de pessoas por ano, a maioria desses graduados tem menos habilidades que seus semelhantes americanos ou europeus, ou mesmo novos graduados em alguns outros países em desenvolvimento. Uma pesquisa realizada com gerentes de recursos humanos em multinacionais americanas e europeias relatou que apenas 25% dos graduados indianos em engenharia alcançam seus padrões, e 10% daqueles com títulos em artes e ciências – em ambos os casos, porcentagens muito menores das de recém-formados vindos da Europa Central.[63] Embora todo ano mais jovens indianos recebam diplomas do ensino fundamental do que jovens franceses ou alemães, e aproximadamente a mesma quantidade dos jovens americanos, seus conhecimentos e habilidades médias ainda são substancialmente menores.

Mesmo assim, anualmente, o sistema universitário indiano produz cerca de 50 mil a 100 mil graduados que se comparam favoravelmente com seus semelhantes em outros lugares do mundo, especialmente em ciências e matemática. Eles fornecem a mão de obra altamente qualificada para as joias da modernização indiana: os setores de software e farmacêutico. Mas as empresas indianas que têm tornado esses setores mundialmente competitivos não devem seu sucesso à dinâmica maior do desenvolvimento indiano. Em vez disso, seu sucesso tem sido dependente da trajetória, devendo-se tanto às condições circunstanciais durante sua fundação quanto aos julgamentos neutros dos mercados. (Muitos economistas que estudam a Microsoft atribuem boa parte de sua dominância de mercado à dependência da trajetória também.)

A trajetória da indústria farmacêutica indiana começou com o particular regime de patentes do país, que até recentemente protegia a forma de produção de um medicamento, mas não sua fórmula. Com as empresas farmacêuticas ocidentais em grande parte deixando de lado o mercado indiano – desencorajadas pelos estritos controles de preço de medicamentos do país e por sua prontidão em conceder licenças para companhias domésticas produzirem medicamentos desenvolvidos no exterior –, um punhado de empresas empreendedoras lideradas pela Ranbaxy e pela Sun Pharma começou a desenvolver processos alternativos de manufatura para medicamentos já patenteados em outros países.[64] A Índia não foi o primeiro país a criar uma indústria farmacêutica que ignora patentes estrangeiras. A Suíça fez o mesmo no final do século XIX para poder produzir a aspirina, e, na verdade, não introduziu patentes de produtos farmacêuticos até 1978. Mas a Índia é o único país em desenvolvimento que utilizou essa abordagem para criar uma indústria farmacêutica de classe mundial; e, hoje, as versões genéricas indianas de medicamentos ocidentais atendem 70% da demanda do próprio país, e seus produtores exportam 60% de sua produção, principalmente para outros mercados em desenvolvimento.

Apesar desse sucesso global, o setor indiano de medicamentos genéricos tem tido pouco impacto no resto da economia. As empresas farmacêuticas indianas empregam cerca de 500 mil pessoas de uma força de trabalho nacional de aproximadamente 400 milhões. A indústria farmacêutica na Índia também gera pouco *spillovers* – que ocorre quando tecnologias e expertise de negócios desenvolvidos em um setor são adotados por outras linhas de negócios –, o que pode ajudar a impulsionar o desenvolvimento. O motivo é que a competição leva a esses efeitos, e a maioria dos setores na Índia é dominada por pequenos empreendimentos protegidos de competição por uma regulamentação rigorosa. Além disso, as grandes companhias farmacêuticas indianas provavelmente enfrentarão tempos muito mais difíceis durante os próximos dez a 15 anos. Em janeiro de 2005, a longa carona gratuita indiana na P&D de produtores de medicamentos americanos e europeus acabou quando ela oficialmente aceitou as regras de patente da World Intelectual Property Organization (Organização Mundial de Propriedade Intelectual), uma condição imposta pelos Estados Unidos para a filiação da Índia à OMC. Como o antigo regime de patentes desencorajava fortemente as companhias indianas a desenvolver novos medicamentos, os produtores do país de classe mundial ainda investem uma fração lamentavelmente pequena de suas receitas em P&D. Com a decisão do governo Singh de finalmente acabar com as restrições sobre o investimento estrangeiro direto no setor, a maioria dos grandes produtores de medicamentos indianos terá de formar joint ventures com produtores de genéricos americanos e alemães para continuar no jogo.

As empresas indianas de software e serviços de TI constituem o setor líder da nação na economia global. Apesar de não serem responsáveis por mais empregos do que os produtores de medicamentos indianos – apenas um décimo de 1% de todo o emprego indiano –, as receitas de US$ 28,5 bilhões do setor em 2005 representaram mais de 3,5% do PIB. Essa é uma fatia para o setor maior do que em qualquer país avançado, exceto os Estados Unidos e a Irlanda. Além disso, os US$ 15,2 bilhões em exportação da indústria representam mais de 20% do valor de todos os bens e serviços indianos vendidos para fora do país. Um estudo da McKinsey estima que antes do final da década, as empresas indianas de software e de serviços de TI terão receitas de aproximadamente US$ 90 bilhões por ano, ou 7,5% do PIB da nação, e suas exportações anuais passarão de US$ 50 bilhões, ou 35% de participação no mercado mundial.

De forma muito similar aos fabricantes de medicamentos genéricos, o software indiano deve parte de seu sucesso a eventos casuais. Em 1986, quando os desenvolvedores de software americanos estavam lutando entre si pelo mercado americano, uma comissão nacional indiana estratégica determinou que os bancos do país deveriam adotar um sistema padronizado, baseado em uma plataforma Unix. Esse ato, por si só, desencadeou uma acirrada competição para o projeto da plataforma; e em alguns anos dúzias de grupos de jovens programadores, que agora são nomes familiares em Nova Deli e Bangalore – Infosys, Wipro, Softek, TCS e outros –, estavam produzindo pacotes baratos de contabilidade para trabalhar com a nova plataforma Unix. A indústria nascente recebeu outro impulso em 1991, quando o governo americano determinou que empresas de software americanas pagassem a seus trabalhadores estrangeiros os salários que prevaleciam nos Estados Unidos. Uma vez que as telecomunicações avançadas se tornaram globais na segunda metade dos anos 1990, a Oracle, a Microsoft e outras perceberam que poderiam contornar os requerimentos prevalecentes de salários terceirizando um pouco de programação para a Índia, onde milhares de jovens trabalhadores que falavam inglês eram especializados em programação. O Y2K forneceu mais ímpeto para essa terceirização, e a estratégia tem produzido alguns notáveis sucessos de mercado, incluindo o programa da Ramco Marshall, o Banco 2000, da Infosys, e o programa EX, desenvolvido pela TCS.

Os softwares indianos também têm produzido mais *spillovers* que os farmacêuticos indianos. O aspecto mais notável é que o rápido crescimento de empregos de programação tem atraído centenas de milhares de estudantes indianos para ciência de computação e engenharia, fornecendo força de trabalho para uma indústria de serviços de TI em rápido crescimento. Mas outros fatores da vida econômica indiana dificultam o potencial do setor de causar uma modernização mais ampla. A pirataria de software desenfreada desencoraja nascentes gênios indianos a desenvolverem o próximo Windows ou Norton's Utilities; e, apesar de seu peso, a programação indiana tem apresentado poucos avanços. Além disso, em países com fortes indústrias de TI, da Irlanda e de Israel aos Estados Unidos, o grande impacto econômico vem não do desenvolvimento de novas tecnologias de TI, mas de sua natural aplicação e propagação para outras indústrias. As grandes empresas industriais e comerciais indianas têm-se digitalizado com mais intensidade que seus semelhantes em muitos outros países em desenvolvimento, especialmente nas áreas em que o governo finalmente permitiu significativos investimentos estrangeiros diretos. Mas o gigantesco e primitivo setor agrícola não tem utilidade para TI; e sua difusão para outros setores importantes, como varejo, vestuário, construção e serviços pessoais, está paralisada pela dominância de empresas muito pequenas e regulamentações trabalhistas que impedem empresas, que poderiam adotar novas tecnologias, de despedir ou realocar funcionários. Em vez disso, os EUA têm-se tornado uma beneficiária dos efeitos *spillover* da indústria de TI indiana. Como já observado, diz-se frequentemente – apesar de sua fonte ser evasiva – que 40% dos fundadores e principais executivos das empresas iniciantes no Vale do Silício no fim dos anos 1990 eram indianos,[65] e hoje ainda existe uma fuga substancial da inteligência dos melhores programadores indianos e empreendedores de softwares para os Estados Unidos (e Reino Unido).

O outro setor indiano baseado em ideias com dimensões globais é o negócio cinematográfico. O que os ocidentais chamam de "Bollywood" produz mais filmes e vídeos do que qualquer outro país, exceto os Estados Unidos. Muitos são produzidos nas cercanias de Hyderabad, no maior complexo de estúdios do mundo, os 8 mil metros quadrados e mais de 500 estúdios de som e cenários que compõem a Ramoji Film City. Em qualquer momento, cerca de 20 filmes estrangeiros e 40 filmes indianos estão em algum estágio de pré-produção, produção ou pós-produção naquele local.

Hoje, a indústria cinematográfica indiana lembra o apogeu do sistema de hiperestrelas de Hollywood dos anos 1930, dominada por personalidades como Aishwarya Rai, Miss Mundo em 1994, e Salman Khan, o bad boy das celebridades indianas. De 1997 a 2006, a senhorita Rai apareceu em 36 filmes, inclusive seis em língua inglesa, e a glamourosa atriz está prestes a se tornar a primeira estrela de cinema global na Índia. Nos anos recentes, ela se tornou o primeiro membro indiano do júri em Cannes, a primeira mulher indiana a ser imortalizada no Museu de Cera de Madame Tussaud em Londres, a primeira beldade indiana a conseguir um contrato mundial com a L'Oreal cosméticos e a única atriz indiana nomeada para ficar entre as 100 Pessoas Mais Influentes do Mundo (100 Most Influential People in the World) da revista *Time*. O senhor Khan cultiva uma imagem pública diferente e igualmente bem-sucedida. Enquanto a imprensa de Bollywood o tem ligado à senhorita Rai (e a uma sucessão de atrizes indianas menores), sua imagem exagerada é definida por contendas regulares com a lei, inclusive acusações de caçar o ameaçado antílope indiano (que, na mitologia indiana, acredita-se ser o corcel do deus da lua, Chandrama), dirigir embriagado – incluindo um episódio em que atropelou e matou três pessoas que estavam dormindo em uma calçada de Bombaim –, e por boatos sobre conexões com o submundo indiano. Uma figura impetuosa por qualquer padrão, o senhor Khan fez 50 filmes nos últimos dez anos para dezenas de milhões de fãs indianos dedicados.

Em um negócio dominado em qualquer outro lugar pelos americanos e europeus, Bollywood deve seu sucesso incomum a três características da vida econômica indiana. Primeiro, o PIB do país depende do consumo à moda antiga, e não de investimento e exportações; e, onde os preços ao consumidor são muito baixos – o bilhete de cinema na Índia custa 20 centavos –, o volume de demanda doméstica é enorme. Os indianos compram mais de 4 bilhões de ingressos para o cinema todos os anos, três quartos de todas as entradas de cinema na Ásia. Além disso, o triste estado da infraestrutura indiana, que atormenta a maior parte dos empreendimentos industriais, é incidental para o negócio de filmes, especialmente em um bastante centralizado, na Ramoji Film City. Finalmente, a produção de filmes na Índia, assim como nos EUA e na Europa, é um negócio sob medida para personalidades talentosas e empreendedoras. A cultura importa, e a ética empreendedora indiana está evidente também na dominância de todos os pequenos empreendimentos em boa parte da economia. Na indústria cinematográfica indiana, o líder empresarial incomum que abriu o caminho é Cherukuri Rama Rao, a versão indiana de uma combinação de Samuel Goldwyn, William Randolph Hearst e Donald Trump. A Ramoji Film City é sua criação, e ele é o genuíno barão da mídia que tem definido os padrões nas indústrias indianas de jornal impresso, televisão e cinematográfica durante mais de 30 anos, e cujo império de negócios agora se estende a hotéis, bancos, produtos alimentícios, propaganda e vários outros empreendimentos.

Apesar de seu sucesso, os filmes indianos representam um setor doméstico com poucas exportações e pouco impacto mundial. Embora a operação de Rao Ramoji produza filmes a um custo muito menor do que os estúdios americanos ou europeus, outros intangíveis em grande parte impulsionam a indústria de entretenimento, estrelas e escritores à capacidade de penetrar no gosto popular. Comparada aos gigantescos conglomerados globais de entretenimento que operam no mundo e atendem audiências em todo o planeta, a indústria cinematográfica indiana é insignificante e deve, provavelmente, permanecer assim. As receitas de Bollywood ainda são menores que US$ 2 bilhões por ano, comparadas às receitas mundiais de US$ 30 bilhões a US$ 45 bilhões por ano para cada uma entre Time Warner, Disney, Vivendi Universal, e mais de US$ 50 bilhões por ano para filmes americanos. Para ter sucesso na indústria global, estrelas indianas como a senhorita Rai ou o diretor chinês Ang Lee acabam trabalhando para a Vivendi ou para a Time Warner.

As empresas indianas de software e de remédios genéricos de fato têm alcance mundial e ocupam posição similar na economia indiana à ocupada pelas manufaturas na economia chinesa. Essa comparação, contudo, ajuda a explicar por que a Índia tem pouca perspectiva de se tornar uma fonte de influência ao longo dos próximos dez a 15 anos. Comparados ao setor manufatureiro chinês, os modernos setores indianos baseados em ideias não são capazes de catalisar um progresso com abrangência econômica porque são pequenos demais e têm poucas conexões com o restante da economia. No caso chinês, a enxurrada de investimento estrangeiro direto ao longo da próxima década fornecerá aos produtores de manufaturas crescente vantagem sobre seus concorrentes em outros países em desenvolvimento. Para a Índia, menores custos para a produção de softwares e de medicamentos genéricos irão torná-los participantes importantes, mas principalmente para a terceirização por empresas ocidentais de TI e farmacêuticas. A Food and Drug Administration dos EUA tem aprovado mais indústrias na Índia para a produção de medicamentos destinados ao mercado americano do que em qualquer outro país fora dos Estados Unidos.[66] Caso contrário, as empresas farmacêuticas e de software indianas terão de competir com os empreendimentos ocidentais mais avançados e intensivos em termos de P&D do mundo; e existe pouca chance de nos próximos dez a 15 anos a Infosys substituir a Microsoft ou a Oracle ou a Raxbury ultrapassar a Pfizer ou a Astra-Zeneca.

Embora a Índia não venha a ser outra China no futuro próximo, tem potencial para progresso econômico contínuo. Ao longo dos últimos quatro anos, Nova Deli tem-se movimentado para afrouxar o controle repressor da burocracia indiana sobre as novas empresas, desmontando lentamente o antigo sistema de soberania de controles de licenciamento e produção.[67] Reformas em telecomunicações e eletricidade, além de equipamentos avançados, também devem auxiliar a produtividade na próxima década.[68] Onde as políticas de liberalização de Singh passaram a valer, os resultados são encorajadores. Ao longo dos últimos anos, por exemplo, a ABB, a Honeywell e a Siemens estabeleceram instalações de produção para componentes de produtos elétricos e eletrônicos, a LG Electronics da Coreia do Sul deslocou parte de sua manufatura de telefones para a Índia, e a Degussa e a Rohm & Haas produzem substâncias químicas. Há uma década, as multinacionais ocidentais não eram capazes de criar uma base em praticamente qualquer lugar na Índia; hoje, sua fatia do mercado indiano cresceu para 49% em cereais matinais e máquinas de lavar roupas, 51% em televisões e 27% em automóveis.[69] E o primeiro-ministro e seus aliados reformistas podem utilizar os exemplos de software e farmacêuticos, que floresceram quando o governo começou a desregulamentar o investimento estrangeiro direto e a abrandar algumas restrições trabalhistas.

A demografia também poderia favorecer um rápido progresso na Índia. A geração baby boomer do país só agora está atingindo a fase adulta, e até 2020 dois terços da população estarão em idade de trabalho. A Índia pode colher o mesmo tipo de dividendo demográfico, ao longo das próximas duas décadas, que os Tigres Asiáticos obtiveram nos anos 1970 e 1980 – se, assim como Taiwan e a Coreia do Sul, dedicar recursos para educar sua população jovem e retroceder em regulamentações que ainda protegem milhões de negócios familiares contra a competição. Um dos principais economistas indianos, Jagdish Sheth, propôs uma abordagem ainda mais radical: alinhar as políticas de seu país ao modelo americano de privatização, incentivos para inovação, uma moeda conversível atrelada ao dólar americano, mercados abertos a investimento e bens estrangeiros, além de maciças melhorias de infraestrutura.[70] Mas se a Índia deixar de colocar em prática as "instituições econômicas, sociais e políticas, e as políticas apropriadas", como disse o diretor do International Institute for Population Sciences em Bombaim, P. N. Mari Bhat, sua demografia "apenas levará a níveis mais elevados de desemprego".[71]

É um grande empreendimento. O FMI ainda classifica a economia indiana como uma das mais restritivas do mundo. "No seu curso atual", escreveu o ganhador do Prêmio Nobel Amartya Sen, a Índia combina os piores aspectos do capitalismo e do socialismo – "ela não tem obtido ganhos em assistência à saúde e à educação que as nações socialistas atingem, e tem fracassado em alavancar o incentivo ao lucro do capitalismo para produzir uma economia dinâmica."[72] Se esse curso não mudar, a Índia ainda terá importância na economia mundial, mas principalmente como um mercado consumidor para tudo que é produzido na China, nos Tigres Asiáticos e nas nações avançadas. Hoje, a Índia tem cerca de 1,2 milhão de famílias com renda anual de US$ 10 mil ou mais (equivalente a US$ 50 mil, medidos pela Paridade do Poder de Compra) consumindo produtos de marcas ocidentais.[73] Mais importante é a emergente classe média indiana. Cerca de 40 milhões de famílias têm renda anual entre US$ 4 mil a US$ 10 mil – equivalente entre US$ 20 mil e US$ 50 mil por ano em poder de compra –, e seus números devem alcançar 65 milhões de famílias até 2010 e 80 a 90 milhões até 2020. Elas constituirão um gigantesco eleitorado para reduzir as tarifas proibitivas indianas sobre os bens estrangeiros. Quando isso ocorrer, como inevitavelmente ocorrerá sob as regras da OMC, e de futuras negociações, a Índia se tornará o terceiro maior mercado para milhares de produtos – a maioria produzida em algum outro país.

O poder extraordinário da globalização está evidente onde quer que estejamos e o que quer que façamos. Ela possibilita a um país em desenvolvimento não apenas importar bens e equipamentos avançados, como também garantir indústrias avançadas inteiras e a mais atual expertise na forma de administrar por meio de transferências e depois exportar o que essas indústrias produzem para inúmeros mercados ao redor do mundo. Ao fazê-lo, a globalização permite que dezenas de milhões de pessoas em países em desenvolvimento trabalhem com tecnologias e métodos de negócios modernos pela primeira vez e, portanto, elevem-se acima da pobreza. Para os países avançados, a globalização possibilita que grandes corporações estabeleçam cada estágio da produção de seus bens e, em breve, de muitos serviços também, em qualquer lugar do mundo onde faça sentido econômico. Essas companhias globais podem ingressar em mercados ao redor do mundo cujos governos e povos estejam ávidos pelos novos e avançados produtos, processos e tecnologias. As pessoas nas economias modernas ganham acesso a inúmeros bens e serviços a preços menores, enquanto seus empregadores alcançam ganhos de produtividade que eventualmente podem gerar o crescimento da renda de seus trabalhadores e à sua consequente ascensão social.

A tecnologia desempenha papel crítico, mas ainda de suporte em tudo isso. Tecnologias de telecomunicações e de informação avançadas são a espinha dorsal de toda a rede corporativa global, e estas e outras tecnologias são as transferências que mais importam para o progresso de países em desenvolvimento. Embora qualquer um com as habilidades necessárias seja capaz de utilizá-las, criando a possibilidade teórica do que Thomas Friedman chama de mundo plano, nem todos podem usá-las com eficácia comparável. Para começar, essas tecnologias são inúteis se não inseridas em modernas organizações empresariais. E o mundo real não é mais plano para nações inteiras, porque a capacidade de tirar verdadeiro proveito da globalizacão difere muito de país para país.

Neste momento a China está auferindo maiores benefícios da globalização do que outros países em desenvolvimento, apesar de os recursos humanos e naturais relativos de muitos outros rivalizarem com os da China. Mas o compromisso político desse país com a globalização tem sido maior, especialmente em sua extrema abertura para o investimento estrangeiro direto e em seus amplos investimentos públicos em educação e infraestrutura. Além disso, até então, o povo chinês tem-se mostrado disposto a aceitar os violentos custos sociais da turbinada modernização de seu país. O extraordinário progresso econômico da nação tornou-se aparente para todos. Os obstáculos que ela enfrentará ao estender esse progresso ao longo dos próximos dez a 15 anos não têm sido bem avaliados.

De forma semelhante, os Estados Unidos estão auferindo mais benefícios da globalização do que outros grandes países avançados. Esse país goza de certas vantagens, especialmente no desenvolvimento e na propagação de novas tecnologias e na relativa educação e capacitação de sua força de trabalho. Mais que tudo, a competição intensa impulsiona suas empresas a fazer melhor e mais extensivo uso das novas tecnologias e oportunidades em mercados em desenvolvimento. Curiosamente, enquanto as atuais dificuldades americanas com os salários em processo de estagnação e uma lenta criação de empregos têm-se tornado aparentes para a maioria das pessoas, as forças para sustentar sua posição preeminente não são bem avaliadas, especialmente em boa parte da mídia americana e europeia e no debate político americano.

Capítulo 5

A nova economia do declínio na Europa e no Japão

O LENTO DESENVOLVIMENTO DA FORÇA ECONÔMICA do Japão e das três grandes economias da Europa é tão importante quanto a ascensão da China e o sucesso sustentado dos Estados Unidos. Em todos os quatro exemplos, essas fortes economias e sociedades até a data atual têm sido incapazes de acomodar as mudanças básicas da globalização. Como a influência global e o poder de um país estão ligados intimamente à sua capacidade e à sua influência econômicas, esses eventos representam a matéria-prima da história mundial.

É irônico, pois Inglaterra, Alemanha e França, individual e coletivamente, lideraram a industrialização e dominaram o comércio e a produção global por mais de 200 anos, e suas guerras e políticas domésticas reverberaram pelo mundo, do modo que os EUA fazem hoje. Na década 1940, os três grandes países da Europa representavam quase 20% da produção mundial, levemente abaixo da situação em 1913 e um pouco mais do que os Estados Unidos no mesmo ano, enquanto o Japão era a primeira potência militar moderna da Ásia e fonte de influência econômica. Mesmo duas décadas mais tarde, quando Estados Unidos e União Soviética dominaram totalmente a política global, os derrotados, Alemanha e Japão, se tornaram modelos de recuperação e progresso econômicos no pós-guerra. Seus resultados econômicos pareciam tão impressionantes que eram amplamente intitulados "milagres", enquanto a Inglaterra e a França, também no pós-guerra, criaram novos padrões mundiais de proteção ao bem-estar social. Acima disso tudo, duas gerações de líderes europeus se movimentaram gradualmente para tornar seu continente algo mais do que geografia. A Comunidade Europeia e, então, a União Europeia, adotaram a notável ambição de criar um novo padrão mundial de civilidade e civilização transnacional e recolocar suas nações-membro em destaque econômico e político. O Japão, que parecia ressentir-se mais com sua derrota militar do que a Alemanha e a Itália, concentrou-se em se tornar a sociedade mais rica do mundo.

Apesar das realizações e expectativas, durante 15 anos os principais países da Europa e o Japão têm ficado em atraso de muitas maneiras importantes no sentido econômico e, para o restante do mundo, politicamente também. Em 2006, os três principais países da Europa representavam apenas 10% do PIB mundial, menos da metade do que os EUA produziram naquele ano, enquanto o Japão continuou a lutar com a pior situação econômica do mundo avançado. E o mais sensato é ver poucos motivos para esperar uma verdadeira reviravolta para qualquer um deles nos próximos dez anos. Eles não podem reclamar que os Estados Unidos e a China simplesmente têm vantagens naturais únicas para esse período. Irlanda e Coreia do Sul mostram que qualquer país pode criar um lugar de sucesso para si na globalização – tão bem-sucedido quanto os Estados Unidos ou a China, embora em uma escala mais limitada.

De 1990 a 2005, a produção combinada da França, Alemanha e Reino Unido, ajustada pela inflação, cresceu cerca de 34% – apenas 2% ao ano –, e o Japão cresceu a metade dessa taxa nada notável. Nos mesmos 15 anos, a economia americana expandiu 58%, que representam mais de 3,5% ao ano ou 70% mais rapidamente do que as principais economias da Europa e 150% mais rapidamente do que o Japão. O resultado, que não surpreende, é que os americanos estão bem melhores em termos econômicos do que os europeus ou os japoneses, com renda *per capita* no Japão e nos principais países da Europa variando de US$ 29.200 a

US$ 32.700, comparada com US$ 42 mil nos Estados Unidos. Portanto, um americano médio ganha hoje 28% mais do que um britânico médio, 36% mais do que um alemão ou japonês médio e 40% mais do que um francês; e esse hiato se ampliou desde os anos 1990. A menos que muitas coisas mudem, em 2020 um europeu ou japonês típico viverá com aproximadamente metade do que um americano médio ganhará.

Ignore o coro de triunfalismo econômico americano – que não é muito diferente da visão da Alemanha sobre si mesma nos anos 1970, do Japão nos anos 1980 ou dos britânicos na maior parte do século XIX – e se torna aparente que a economia norte-americana teve um bom desempenho na última década, mas nada extraordinário. A relativa erosão das condições econômicas de tantos países europeus e dos japoneses advém principalmente de seu desempenho abaixo dos padrões. Os resultados do Reino Unido são melhores do que os da França e muito melhores do que os da Alemanha, e o desempenho desta tem sido mais significativo do que o do Japão. Mas todos os resultados recentes são marcadamente piores não somente do que os dos Estados Unidos, como também em relação a seu próprio desempenho nas décadas anteriores.

A questão premente não é esse passado recente ou as melhores décadas que o precederam, mas as perspectivas muito prováveis de que essas economias se sairão tão mal ou até pior nos próximos dez ou 15 anos. Acumulando 30 anos ou mais de desempenho econômico abaixo do padrão, elas poderão ser economias em declínio genuíno e sério.

O que deu errado na Europa

As explicações usuais para as dificuldades econômicas começam com seus Estados de bem-estar. Por exemplo, na Alemanha e na França – e na Itália também –, as taxas de desemprego durante quase duas décadas ficaram de 50 a 100% maiores do que as norte-americanas. Para a maioria dos economistas, os responsáveis são os benefícios excessivamente generosos aos desempregados, que tornam os europeus sem emprego muito exigentes quanto a voltar ao trabalho, junto com salários-mínimos muito elevados, impostos altíssimos nas folhas de pagamentos e barreiras legais para demissão, o que torna os empregadores relutantes em contratá-los. É tudo verdade, mas isso provavelmente é só uma pequena parte de seus grandes problemas econômicos. Veja de modo mais abrangente e observe que, para os iniciantes, durante os mesmos 20 anos, a maioria dos novos empregos americanos veio de novos negócios e de negócios em rápido crescimento. Assim, as baixas taxas de criação de novos negócios no Japão e na maior parte da Europa – menos de metade das americanas, de acordo com estudos da McKinsey – parecem tão importantes quanto todas as proteções aos trabalhadores. Não há escassez de jovens com ambições empreendedoras nessas nações. Mas, como os estudos da OECD regularmente apontam, qualquer um que estabeleça um novo negócio na Alemanha, França ou Inglaterra se depara com muito mais obstáculos burocráticos e maiores dificuldades para encontrar um banco ou uma empresa de venture capital para financiá-lo, e, então, tem de competir com rivais que recebem generosos subsídios e proteção do governo. Consultores da McKinsey verificaram que, por exemplo, são necessários 200 dias para se registrar a propriedade de um negócio de tamanho razoável na França, e dois dias na Suécia, e meses ou anos para se obter uma aprovação de construção de uma nova fábrica na França, Alemanha ou Itália.[1]

Isso ainda não resolve o mistério, porque as mesmas barreiras e impedimentos fizeram menos diferença para o crescimento e mesmo para o desemprego nos anos 1970 e 1980. Além disso, desemprego elevado não tem sido uma questão relevante no Japão. Verifica-se que esse fator – alegadamente a marca da falha dos Estados nos parâmetros de bem-estar da Europa – importa menos, por exemplo, do que as diferenças na parcela da força de trabalho potencial de um país que procura trabalho ou que efetivamente trabalha. Todo país tem a própria maneira de medir isso, que os economistas chamam de "taxa de participação da mão de obra". Assim, o U.S. Bureau of Labor Statistics recalcula os dados de todos de modo que possam ser comparados,[2] e verifica-se, em relação aos americanos, que menor parcela de europeus e japoneses em idade de trabalho estão de fato na força de trabalho de seu país. Aproximadamente 63% dos britânicos em idade profissional trabalham ou querem trabalhar, como querem 60% dos japoneses, 56% dos franceses, 58% dos alemães e um pouco menos de 50% dos italianos – isto é, comparados a 66% dos americanos.

A parcela de europeus que poderiam trabalhar e realmente trabalham ou querem trabalhar é reduzida por alguns dos programas de proteção aos trabalhadores que embarreiram empregos potenciais, e por políticas verdadeiramente autodestrutivas que encorajam a aposentadoria precoce. Porém, um fator mais importante é, provavelmente, a cultura, uma vez que grande parte da diferença decorre da parcela de mulheres que trabalham ou procuram empregos. Quase 60% das mulheres americanas estão na força de trabalho de seu país, e as inglesas chegam perto disso, com 56%; mas apenas metade ou menos de todas as mulheres japonesas, francesas e alemãs em idade de trabalho têm empregos ou dizem que querem ter, e surpreendentes 38% das italianas. Especialistas da esquerda dizem com frequência que essa é uma decorrência de serviço público de assistência infantil inadequado; os da direita apontam para impostos elevados sobre a segunda pessoa da família a trabalhar; e aqueles que se encontram no meio algumas vezes culpam o pouco tempo na escola durante o dia. Todos esses fatores se aplicam tanto ou mais para os EUA do que para a Alemanha, França, Reino Unido ou Itália. Economicamente, mulheres estão apenas em menor número em trabalhos iguais aos do homem na Europa continental e no Japão do que nos Estados Unidos ou na Inglaterra. Nos Estados Unidos e no Reino Unido, a grande mudança no número de mulheres que vão trabalhar ocorreu nos anos 1970, quando a inflação elevada e os ganhos reduzidos de produtividade comprimiram a renda das famílias e levaram mais esposas para o mercado de trabalho. Mas famílias na Alemanha, França, Itália e Japão sentiram o mesmo aperto sem uma resposta similar, o que sugere mais ainda que as diferenças persistentes entre as mulheres que trabalham hoje refletem substancialmente a cultura.

Para economias que criam parte de seu valor aplicando capital humano e tecnológico, encorajar aqueles com grande experiência a se aposentar cedo e tacitamente desencorajar por completo as mulheres a trabalhar representam erros muito custosos. Se essas atitudes persistirem, como parece que vai acontecer, podem obstruir ainda mais o crescimento na Europa e no Japão nos próximos anos, à medida que a globalização for deixando as economias avançadas com poucos fatores para conduzir o crescimento a não ser seus recursos humanos e tecnológicos.

Isso não é tudo. O que importa tanto quanto isso é quão arduamente e bem as pessoas que têm empregos realmente trabalham. Nesse aspecto, também as principais economias da Europa operam de modo diferente. Primeiro, os profissionais na Alemanha, França, Itália e Reino Unido passam menos horas no trabalho do que costumavam ficar e bem menos do que os americanos ou os japoneses. Estes trabalham, em média, 1.800 horas por ano, o que equivale a 37,5 horas por semana (supondo que tirem quatro semanas de férias por ano). O britânico médio trabalha 8% menos que isso; o italiano médio, 13% menos; e os alemães e franceses, cerca de 25% menos.[3] Isso resulta em uma semana de menos de 30 horas de trabalho na Alemanha e na França. Os americanos e os japoneses também parecem indolentes, comparados aos sul-coreanos, que trabalham em média 50 horas por semana ou um terço mais do que os americanos ou japoneses e dois terços mais do que os franceses ou alemães. Como veremos um pouco mais adiante, essa é a razão pela qual a renda *per capita* na Coreia do Sul passou de menos US$ 600 em 1960 para aproximadamente US$ 18 mil hoje.

Além disso tudo, as pessoas no Japão e em muitos países europeus (mas não todos) não produzem tanto por hora de trabalho. Isso é o que a "produtividade" mede, e as variações são marcantes e importantes. O caso coberto aqui é o do Japão: suas horas de trabalho são tão longas quanto em qualquer outro país no mundo avançado, suas taxas de desemprego são mais baixas do que quase em qualquer outro e as pessoas mais velhas se mantêm no trabalho mais do que em outras nações. Mas muitos desses ganhos são compensados pela pior taxa de produtividade entre qualquer economia avançada (o Japão também apresenta a menor taxa de mulheres no trabalho). Lá, os trabalhadores produzem bens e serviços que valem, em média, US$ 34,40 por hora, o que representa cerca de 40% em relação ao valor médio produzido a cada hora pelos trabalhadores norte-americanos. A França é o caso oposto: os trabalhadores franceses produzem, por hora trabalhada, tanto quanto os americanos – cerca de US$ 49 em valor de PIB por hora –, mas sofre de elevado índice de desemprego e trabalha relativamente poucas horas.[4] (Trabalhadores na Bélgica, Noruega e Luxemburgo produzem ainda mais por hora, mas estão em um nicho econômico com circunstâncias especiais.) Os alemães não fazem muito melhor do que os franceses quanto à parcela de pessoas que trabalham ou às horas que trabalham. Além disso, o valor médio do que produzem em uma hora é aproximadamente 8% menor. E os britânicos trabalham mais horas e apresentam maior taxa de participação no trabalho do que os franceses e alemães; mas produzem 18% menos por hora do que os americanos.

Com essas variações nacionais, uma combinação entre a probabilidade de estar desempregado ou fora da força de trabalho, trabalhar menos horas e produzir menos, para aqueles empregados, significa que não surpreende o fato de que o europeu ou o japonês médio ganhem, agora, bem menos que o americano médio, e que seus países consistentemente cresçam menos que os Estados Unidos.

Se Japão, Alemanha e França – e Reino Unido em menor grau – pretendem evitar tempos ainda mais difíceis na próxima década, a melhor alternativa seria estimular sua produtividade. Nesse ponto, atrair mais mulheres para a força de trabalho ou persuadir pessoas mais idosas a continuarem trabalhando significaria principalmente maior desemprego para seus jovens e para os menos especializados. Além disso, o que quer que façam nessas áreas, sua sombria realidade demográfica inexoravelmente agravará o problema de poucas pessoas que trabalham ou trabalham bem poucas horas. Já no Japão, e em breve na maior parte da Europa, a aposentadoria de milhões de trabalhadores da geração baby boomer está começando a encolher a força de trabalho, situação que permanecerá idêntica durante pelo menos a próxima geração.

Se os políticos alemães e japoneses puderem descobrir por que, por exemplo, a produtividade de suas manufaturas cresceu 60% menos do que a dos americanos, de 1992 a 2006, ou no caso dos produtores de manufaturas britânicos, 90% menos,[5] poderiam ser capazes de evitar o declínio econômico. Não há escassez de explicações padronizadas. A empresa de consultoria global McKinsey and Company construiu uma indústria caseira a partir de problemas de produtividade decorrentes de regulamentações governamentais nos países de seus principais clientes estrangeiros. É verdade que no Japão e em grande parte de Europa o zoneamento torna muito mais difícil construir fábricas ou shopping centers nos subúrbios, ou lojas grandes em muitas áreas urbanas, e as regulações trabalhistas evitam que varejistas fiquem abertos à noite e que produtores de manufaturas ajustem seus turnos de trabalho.[6] Pesquisas internacionais de executivos globais relatam que França, Reino Unido e Alemanha, usualmente nessa ordem, são os principais infratores quando se trata de impor ônus regulatórios expressivos. Também é verdade que milhares de lojas pequenas e familiares de doces, roupas e produtos variados em Tóquio, Marselha, Bonn e Liverpool permanecem em atividade principalmente porque várias leis as protegem da competição com varejistas maiores e mais eficientes.

No entanto, grandes cidades americanas também possuem milhares de lojas comuns, muitas administradas por recém-imigrados, e a maioria dessas lojas é tremendamente ineficiente em comparação com o WalMart, ou nesse aspecto, ao Carrefour na França e à Tesco no Reino Unido. De qualquer modo, Alemanha, França e Inglaterra ajustaram seus regimes regulatórios durante os 15 anos em que o hiato de produtividade se ampliou.

Outros culpados frequentemente citados não explicam muito melhor essa situação. Impostos sobre pessoas jurídicas, alvo favorito para os conservadores de ambos os lados do Atlântico, têm caído de modo razoavelmente acentuado na Europa e com tamanha intensidade nos EUA que lá os impostos atuais são praticamente os mais elevados de todos. E desde 1990 os países de crescimento lento, França, Alemanha e Japão, devotaram mais de seus PIBs a investimentos em negócios do que os Estados Unidos. Embora frustrante, o problema econômico enfrentado pelo Japão e pela Europa é mais profundo – e bem mais difícil de tratar – do que as mudanças tributárias ou regulatórias simples.

Eis a melhor conjectura: o âmago do problema está na orientação básica de grande parte dos negócios na Europa e no Japão, da política econômica e da cultura comercial, que são estranhas ao que a globalização oferece às economias avançadas. O papel para as economias em desenvolvimento é claro: grande número delas se tornou importante plataforma de produção e montagem para todos os bens no comércio mundial que podem ser padronizados, de camisetas e capas de plástico a computadores e automóveis. A maior parte desse processo resulta simplesmente de todo o capital, tecnologias, administradores e, finalmente, de todas as organizações modernas de negócios que as multinacionais transferiram para o mundo em desenvolvimento nas duas últimas décadas. Além disso, o estupendo crescimento das exportações chinesas está forçando outras nações em desenvolvimento a ficarem à frente do tsunami exportador chinês, que está acelerando a modernização das próprias manufaturas.

Esses eventos criaram novos imperativos econômicos para os países modernos. Pequenas economias avançadas podem ter êxito ao se tornar proeminentes em algumas áreas de nicho altamente evoluídas voltadas a consumidores ao redor do mundo – desenvolvimento de softwares no exterior na Irlanda e tecnologia para celulares na Finlândia, por exemplo, além de eletrônica para celulares e embalagens na Suécia. Economias avançadas maiores enfrentam obstáculos adicionais. Pressionadas por países como a Coreia do Sul e o Brasil em manufaturas e pelos países com nichos bem-sucedidos em serviços modernos e produção muito avançadas, eles têm de usufruir da globalização em larga escala – ou têm de acabar enfrentando o declínio. De início, seus grandes negócios devem atrair novas oportunidades em países em desenvolvimento ao terceirizar pelo planeta afora e vender em todo o planeta, de modo que suas importações, exportações e investimentos diretos estrangeiros venham a abarcar a economia global.

Igualmente importante: suas corporações, cientistas e especialistas em inovações devem fazer apenas o que pode ser feito, de modo consistente, em áreas avançadas – em seus setores e indústrias, criando ou adotando amplamente novas tecnologias, matérias-primas e processos de produção –, usando novas modalidades de financiamento, distribuição e marketing, e novas abordagens de organização e condução dos negócios. Nenhum país ou cultura tem o monopólio sobre a inovação. O Norte da Europa é uma área de avanços repentinos em celulares, por exemplo, e o Japão é a fonte primária das melhores práticas na organização de grandes e modernas operações de produção. Mas a inovação em um local pode ser um boom para todos, uma vez que a globalização e as tecnologias de informação globais permitem a quase todo negócio algum acesso a novos itens e métodos criados na mesma rua ou a 20 mil quilômetros de distância.

De fato, as pesquisas mostram que a capacidade de uma sociedade para adotar e se adaptar rapidamente e de maneira ampla às inovações desenvolvidas por outros é pelo menos tão importante, do ponto de vista econômico, quanto sua capacidade de gerar avanços técnicos repentinos por conta própria. Finalmente, a globalização requer que os negócios nas economias avançadas sejam capazes de usar os mais sofisticados métodos de gestão, tecnologias de informação e ferramentas disponíveis com base na internet para construir e administrar redes globais que unem tudo. Na maioria dessas áreas, a Europa e o Japão estão se debilitando ou fracassando por completo, e têm permanecido assim por muito tempo.

Comecemos com o básico: as maiores economias da Europa não são realmente globais. A maioria de seu comércio e de seus investimentos ainda está concentrada em si mesma, mais os Estados Unidos, enquanto elas deixam o restante da economia mundial em posição periférica. Em 2005, mais de 80% de todas as exportações da França, Alemanha e Reino Unido permaneceram na Europa ou foram para os EUA, com apenas 14 a 18% indo para todo o mundo em desenvolvimento. Ainda mais marcante: somente 17 a 21% das importações da França, Alemanha ou Reino Unido vêm de nações em desenvolvimento, incluindo o gigante exportador chinês e suas importações de petróleo. Quando não terceirizam das nações em desenvolvimento, nem vendem para elas de modo significativo, os três grandes países da Europa sacrificam parte da eficiência da globalização.

Ninguém pode se dar o luxo de ignorar parte do planeta. A Alemanha, há muito tempo o maior exportador do mundo, viu sua participação nas exportações mundiais de farmacêuticos cair nos anos 1990 de 17% para apenas 10%, em maquinaria, de 20% para 16%, e mesmo em automóveis, um declínio de 18% para menos de 17%.[7] As exportações de alta tecnologia se recuperaram um pouco nos últimos cinco anos, mas as de outros países caíram acentuadamente. De 1995 a 2003, a participação do Reino Unido nas exportações mundiais de medicamentos caiu de quase 12% para pouco mais de 9%, e ele perdeu uma parcela ainda maior das exportações mundiais de computadores e equipamentos de comunicação.[8] Os números são ainda mais sombrios para o Japão, que viu sua participação nas exportações mundiais de computadores entrar em colapso, de quase 14% para apenas 8%, e queda em equipamentos de comunicação de quase 17% para 10%.

Veja uma comparação que mostra como essas mesmas medidas podem ocorrer em uma nação se adaptando à globalização: como já observado, cerca de 44% das exportações americanas vão para nações em desenvolvimento e mais de 50% de todas as suas importações vêm dessas nações – em ambos os casos, entre duas e três vezes a participação dos três grandes eurocêntricos. Nesse aspecto, o Japão tem bom desempenho. Com todos os seus problemas econômicos, o país envia 49% de suas exportações para nações em desenvolvimento, e elas representam 63% de suas importações. Para o Japão, isso decorre principalmente do fato de o petróleo e seus importantes produtores de manufaturas terem mudado grande parte da produção para a China e para outros países asiáticos na última década, de modo que agora exportam muitos bens intermediários para suas unidades através da Ásia, e, então, importam muitos produtos finais. O mesmo ocorre com os negócios globais norte-americanos – quase metade de todas as suas importações da China, por exemplo, vem das subsidiárias chinesas das companhias norte-americanas. A diferença é que os laços do Japão com as economias em desenvolvimento estão altamente concentrados na Ásia, enquanto as operações e redes externas dos EUA cobrem mais a América Latina, África e as economias em transição da Europa Oriental e Central, e também a Ásia.

O custo de ignorar amplamente o mundo em desenvolvimento – incluindo, notavelmente, muitas de suas ex-colônias – não consiste apenas em negar aos consumidores alemães, franceses e britânicos acesso a muitas fontes mais baratas de produtos padronizados no mundo, e acesso de seus negócios às matérias-primas e aos bens intermediários de preços mais baixos. Tão importante quanto isso é que eles estão se fechando para os mercados que crescem mais rapidamente exatamente no momento em que os negócios e as pessoas de muitos países em desenvolvimento são finalmente capazes e se mostram ansiosos para comprar o que os países mais avançados produzem.

A preocupação econômica da Europa consigo é ainda mais profunda quando se trata de onde as companhias do Reino Unido, França e Alemanha estabelecem operações estrangeiras ou fazem negócios com empresas locais. Isso é medido por onde um país faz investimento estrangeiro direto. Nessa área, a França parece quase fóbica com relação ao mundo em desenvolvimento: em 2004, menos de 5% do estoque total de investimento direto francês estavam em países em desenvolvimento, com a China recebendo menos de 1%, enquanto 94% estavam localizados em outros países europeus ou nos Estados Unidos. Alemanha e Reino Unido espelharam seus estoques de IED apenas um pouco mais amplamente – 8 a 9% estão no mundo em desenvolvimento e 1 a 2% na China –, enquanto 85% permanecem na Europa ou nos EUA. Isso é especialmente notável, uma vez que países como Polônia, Hungria e República Tcheca oferecem às companhias da Alemanha e da França as mesmas vantagens que o México oferece aos EUA e a China oferece ao Japão – salários e outros custos muito mais baixos, e valores bem próximos.

Somente o padrão de investimento estrangeiro direto dos Estados Unidos e do Japão parece verdadeiramente global. Ambos mantêm 27% de seus estoques totais de IED em economias em desenvolvimento, ou três a cinco vezes a participação dos três grandes países da Europa.

Quando as companhias líderes de outro país buscam os preços mais baixos nos locais com mais rápido desenvolvimento no mundo, estabelecem operações nesses lugares, e aprendem como operar e vender lá, em volumes duas ou três vezes maiores do que as companhias de seus próprios países que produzem os mesmos itens, e os custos são amplos e satisfatórios. A atitude básica em relação ao mundo além do próprio continente é uma das razões mais poderosas pelas quais, neste momento em particular, Alemanha, França e Reino Unido têm crescido tão mais lentamente, têm gerado rendas tão mais baixas e são agora, em geral, menos produtivos do que os Estados Unidos. Certamente, as companhias europeias de produção de automóveis, tecnologias móveis e eficiência energética, para apresentar apenas três áreas, são pelo menos tão globalizadas quanto seus rivais americanos. Recentemente, uma linha aérea europeia mudou suas operações de vendas de bilhetes e de cobranças para a Índia, por exemplo, cortou 40 milhões de euros de seus custos e arrecadou outros 64 milhões de euros em faturas previamente não pagas.[9] Mas em inúmeras outras áreas que conduzem grandes economias as empresas da Alemanha, da França e do Reino Unido têm perdido participação de mercado continuamente em outros países e nos seus próprios, para companhias não apenas americanas, mas também escandinavas, sul-coreanas, de Taiwan e mesmo do Brasil. Portanto, desde 1990 a participação em mercados globais das manufaturas europeias encolheu de 18,5% para pouco acima de 14%, enquanto o mercado global mantido pelas companhias americanas aumentou de 21 para 23%.

A trajetória japonesa para o declínio econômico

A fraqueza do Japão como agente global é diferente e bastante peculiar para uma economia que tem sido uma das mais avançadas do mundo há décadas. Seu comércio global e os padrões de investimentos mostram que suas companhias estão lá fora, no mundo. Sua fraqueza consiste em manter o restante do mundo fora de sua própria economia quase com tanto propósito quanto a Índia. Essa visão, provavelmente dos anos 1950 e 1960, é de quando o Japão construiu barreiras protecionistas impenetráveis para se isolar de qualquer competição. Por trás de toda essa proteção, criar subsídios ajudou a tornar os setores domésticos de automóveis e produtos químicos em exportadores mundiais competitivos (mas não os setores de aviação e farmacêuticos do Japão, que também eram subsidiados do mesmo modo). Os sérios passos errados vieram nos anos 1970, quando os choques do preço de petróleo abalaram a economia e o governo do Japão redirecionou seus subsídios, regulamentações e outras proteções (como também os créditos de bancos privados) dos fortes candidatos a exportações para setores que se debatiam. Esse foi o verdadeiro início da atual economia dual do Japão, dividida entre corporações exportadoras fortes e inovadoras, com alcance global em um punhado de áreas, e centenas de setores fracos e protegidos, desde o processamento de alimentos e têxteis até o varejo e os serviços financeiros.

Outro fato importante foi que, nos anos 1970, o Japão continuou a barrar legalmente qualquer tipo de investimento estrangeiro direto no país. O poderoso ministro das Finanças do Japão suavizou essas barreiras em 1980, mas não com alguma relevância, e um pouco mais em 1992, mais uma vez não o suficiente para qualquer um notar. Muitas dessas restrições finalmente terminaram em 1998, mas seus legados são enormes: quase uma década mais tarde os investimentos diretos estrangeiros no Japão em relação a seu PIB representam um sétimo do nível dos Estados Unidos e um vigésimo e um trigésimo dos níveis da Alemanha e do Reino Unido, respectivamente.[10] O Japão está tão fora da escala nessa questão que as operações de propriedade estrangeira, relativamente ao tamanho da economia, representam um quinto das da Turquia. (Impedidos de fixar participação direta na economia japonesa, os estrangeiros compraram ações de companhias japonesas e atualmente detêm 22% do mercado Nikkei.)

Além disso, uma série de restrições importantes permanece em vigor. Por exemplo, a lei japonesa ainda impede que companhias estrangeiras realizem a maior parte das fusões e aquisições de companhias japonesas. Isso é importante porque em todos os outros locais fusões e aquisições representam mais do que metade de todas as transações de IED – Wal-Mart ou a própria Mitsubishi japonesa, por exemplo, se estabeleceram em novos mercados estrangeiros, assumindo o controle de empresas domésticas e reestruturando-as à sua própria imagem. Mas as leis japonesas efetivamente ainda impedem que as companhias estrangeiras usem suas ações para comprar uma empresa japonesa, e as tomadas de controle hostis são praticamente impossíveis; além disso, ofertas amistosas que não usam ações estrangeiras são rotineiramente rejeitadas pelos conselhos ainda dominados por "controles acionários cruzados" ou por diretores interligados. Essa é a prática corporativa comum no Japão, em que um grupo de companhias mantêm ações umas das outras e as usam para a proteção mútua contra todos que se apresentem. Portanto, mesmo quando a estagnação econômica e a deflação no Japão tornaram muitas de suas empresas acessíveis para compra, a segunda economia do mundo ainda representa apenas 2% das fusões e aquisições fora das fronteiras globais.

O registro das companhias estrangeiras que conseguiram abrir caminho no mercado do Japão deve encorajar outras. A produtividade das subsidiárias japonesas de manufaturas estrangeiras, por exemplo, é 60% maior do que a das empresas japonesas domésticas semelhantes, e o hiato em serviços é de 80%. Isso não é normal: na França e nos Estados Unidos, a companhia doméstica média é quase tão produtiva quanto a afiliada ou a subsidiária estrangeira média. Portanto, essas diferenças no Japão tinham de dar às companhias estrangeiras vantagens enormes, mas não dão porque enfrentam subsídios extensivos e proteções regulatórias do Japão para as companhias nativas menos produtivas com as quais competem. Portanto, em 2005 (o último ano com dados disponíveis), o IED no Japão caiu para seu nível mais baixo desde 1996, antes de a maior parte das restrições legais formais sobre os IEDs serem retiradas.

O modo de o Japão negar a realidade econômica global é justamente tão destrutivo quanto o da Europa. Enquanto Alemanha, França e Reino Unido se limitam amplamente aos mercados de baixo crescimento e mão de obra e matérias-primas dispendiosas de outros países avançados, o Japão cria barreiras para as companhias domésticas não entrarem em contato com o que os líderes globais de suas indústrias e setores estão fazendo. As inovações que renovam as companhias e a economia dos Estados Unidos são, em grande parte, perdidas no Japão. A combinação de proteções regulatórias extensivas para dezenas de milhares de pequenas companhias ineficientes e a ausência de competição das companhias de outros países avançados destroem a necessidade de desenvolver as próprias tecnologias e as melhores práticas, e de adotar a dos outros. O resultado para o Japão é que agora ele se coloca como a economia avançada menos produtiva, e apesar de seus investimentos globais e padrões de comércio, sua participação no mercado mundial de bens manufaturados sofreu contração de 19% para 13%, desde 1990, ou seja, ainda mais do que a da Europa.

Algumas companhias japonesas se opõem a essas tendências, especialmente as empresas exportadoras que têm de competir fora do país, e mais obviamente a Toyota. (No mesmo dia, em fevereiro de 2006, em que a GM fechou uma fábrica em Linden, New Jersey, e a Toyota abriu uma em Tijuana, no México, o presidente da GM, Richard Wagoner, insistiu: "Estivemos à frente por 73 anos continuamente e é provável que estejamos à frente nos próximos 73 anos."[11] Ele está blefando ou se encontra perigosamente desinformado.) Cada um dos três grandes países da Europa também tem exceções de classe mundial – da Alemanha, companhias como a gigante de energia E.on, a fabricante de eletrônicos Siemens e a líder em seguros Alianz; da França, a gigante de energia Total, a líder em seguros Axa e a varejista Carrefour; e do Reino Unido, British Petroleum, HSBC Holdings em serviços financeiros e a Vodafone em telecomunicações.

Por trás dessas empresas de destaque, a maior parte das outras companhias em todos esses países tem tido terríveis dificuldades em adotar e se adaptar à inovação que a globalização torna imperativa. A questão fundamental não é quem se compromete mais com recursos em termos relativos para desenvolver inovações. Desde 1990 o Japão gastou mais do que seu PIB em pesquisa e desenvolvimento do que os Estados Unidos, e embora este supere os três grandes países da Europa, grande parte da diferença decorre de pesquisas e desenvolvimentos nas áreas de defesa.[12]

A melhor pista sobre o que está realmente acontecendo vem dos estudos sobre as fontes dos ganhos de produtividade nos EUA. Lá, emergiu um consenso entre a maioria dos economistas e sociólogos que pensaram sobre o assunto. O primeiro estudo – nada chocante – está ligado intimamente à disseminação das tecnologias de informação. A surpresa é que a intensidade dos benefícios atuais dessas tecnologias advém não de quanto uma companhia ou um país gasta nelas, mas da maneira como as usam.

Nesse ponto, as regulamentações e os subsídios na Europa e no Japão têm impacto relevante. Todos os subsídios para as indústrias centrais e os fazendeiros tornam seus retornos saudáveis, independentemente do que eles fazem, enquanto as regulamentações de controle de zonas e de preços desencorajam novos competidores. Portanto, embora as empresas francesas, alemãs e britânicas tenham investido tanto em tecnologias de informação quanto as empresas americanas (ou suecas), todos os seus subsídios e proteções regulatórias neutralizam as pressões de mercado, que nos EUA forçam a mudar algumas das maneiras de fazer negócios para tornar apropriado o uso desses investimentos.

Dirigentes europeus e japoneses são exatamente tão capazes quanto os americanos de perceber suas necessidades em relação a mudanças – e se eles não são, há uma série de consultores internacionais prontos para fazer isso por eles. Mas é difícil e desagradável para a maior parte das pessoas fazer as mudanças requeridas no sentido de adaptar um negócio a novas tecnologias – cortar e reorganizar departamentos, empregos, produtos e processos, trazer novas pessoas com novas habilidades, dispensar aquelas incapazes de trabalhar com todas as novas ferramentas e muito mais. Portanto, a maioria das pessoas não aceitará os problemas e os pesares de fazer essas mudanças árduas quando os subsídios e as regulamentações os deixarão fazer quase tudo do jeito que sempre têm feito.

Se isso não fosse o bastante, na Alemanha e na França, as empresas que algumas vezes querem adaptar-se descobrem que isso é contrário à lei: lá, ninguém, exceto os menores empregadores, pode demitir ou realocar trabalhadores sem motivo, e reorganizar para fazer bom uso de novas tecnologias não representa um motivo legal. Um banco ou varejista que queira instalar um novo sistema de controle de estoques ou uma operação de telefone automatizada pode realizar essas mudanças, mas não pode liberar os empregados que administram e operam os sistemas antigos ou, em muitos casos, sequer realocá-los. Essa é uma das principais razões para a OECD ter concluído que, fora das indústrias automobilística e de maquinaria, a economia alemã praticamente não se beneficiou das novas tecnologias de informação.[13]

Todas as regulamentações e os subsídios, em paralelo aos impostos elevados sobre as folhas de pagamentos, também detêm o progresso da produtividade no Japão e em grande parte da Europa, ao tornar mais difícil dar início a novos negócios. Isso importa muito porque novas empresas têm mais tendência a adotar – e se adaptar a – novas tecnologias e métodos de negócios, como uma maneira de construir sua marca em um mercado dominado por participantes bem conhecidos. E quando são bem-sucedidas, geram-se pressões sobre os participantes para que esses sigam o líder ou sigam os próprios caminhos. Não podemos saber com certeza, mas a Barnes & Noble poderia ainda ser uma livraria tradicional se as regulamentações e os subsídios tivessem evitado que a Amazon.com se estabelecesse.

Os trabalhadores na França, Alemanha, Reino Unido e Japão também têm mais dificuldades para se adaptar a novas tecnologias e novos métodos de negócios. Uma das razões raramente reconhecidas é que os europeus e os japoneses em idade de trabalho têm significativamente menos educação formal do que os americanos mais produtivos. O Japão e os três grandes países da Europa gastam entre 15 a 25% menos a cada ano com educação, em relação a seus PIBs, do que os Estados Unidos – com algumas dessas diferenças vindo dos maiores gastos privados das famílias americanas, principalmente para enviar seus filhos a uma universidade. Mas o principal fator é que por um longo tempo os europeus e os japoneses têm estado nas escolas durante menos anos do que os americanos – e existe uma ampla pesquisa que aponta que os trabalhadores com mais educação tendem a ser mais flexíveis e adaptáveis a novas tecnologias e maneiras de trabalhar.

Como observamos anteriormente, de acordo com a OECD e o Banco Mundial, alemães e japoneses com idade hoje acima de 25 anos passaram, em média, pouco menos de dez anos na escola; o que é mais do que os ingleses com um pouco acima de nove anos de educação formal e do que os franceses, com uma média de somente um pouco mais de oito anos. Eles estão todos atrás dos americanos com 25 anos e acima disso, que passaram em média mais de 12 anos na escola, ou 20% mais do que os alemães ou japoneses, um terço mais do que os britânicos e surpreendentes 50% mais do que os franceses.[14] Os únicos países que se aproximam dos Estados Unidos nesse aspecto são Suécia e... Coreia do Sul. Além disso, as diferenças se estendem à educação mais elevada, com as pessoas que a recebem sendo presumivelmente as mais eficazes de todas com as novas tecnologias. Aproximadamente 23 a 24% dos adultos franceses e alemães e 28% dos adultos ingleses têm alguma educação além do nível fundamental – em comparação com 38% dos americanos.[15] Nesse aspecto, somente os japoneses, com 37%, chegam perto dos americanos.

Esses resultados jogam novas luzes sobre relatórios que apontam que os estudantes americanos apresentam pior desempenho do que os estudantes de muitos outros países em testes padronizados de matemática, ciências e leitura. De fato, os estudantes americanos apresentam bons resultados em todas as disciplinas da quarta à oitava séries, comparados com os estudantes de outros países avançados.[16] E os estudantes de nível fundamental apresentam melhores resultados em leitura do que os estudantes de todos os outros países do G-7, exceto o Reino Unido. Entretanto, os resultados também revelam que a formação dos americanos em matemática e ciências deixa a desejar para muitos estudantes de mais idade, especialmente os de famílias de baixa renda. Estudantes entre 15 e 16 anos de outros três países do G-7 superam os americanos em matemática, e estudantes de quatro outros países do G-7 superam os americanos em ciências. Mas isso não é tudo, porque uma parcela maior de adolescentes americanos entre 15 e 16 anos ainda está na escola, em comparação com as crianças de outros países avançados, removendo da amostra, em termos relativos, mais jovens não americanos que apresentariam resultados fracos.

Os europeus e os japoneses concordam, como quaisquer outras pessoas, que, em tempos em que as tecnologias estão mudando com rapidez e a competição de países distantes, com baixos custos, vem crescendo acentuadamente, mais educação pode tornar a maioria das pessoas mais produtivas e competitivas. Porém, de modo bem semelhante, esses subsídios e regulamentações isolam muitos negócios europeus e japoneses – perversamente –, e as proteções elaboradas formais e informais para os trabalhadores nesses locais os protegem da dura aspereza da realidade, estreitando inexoravelmente as próprias perspectivas.

O que está reservado para a Europa e o Japão

Como ocorre com o período atual, os anos 1970 e 1980 também foram desafiadores para as economias avançadas. Todos fizeram, de modo geral, o que o momento ditava. Responderam à inflação persistente elevando as taxas de juros e perseveraram ao longo das agudas quedas de atividade que se seguiram. Lidaram com terríveis choques de preços do petróleo tornando sua economia um pouco mais eficiente em termos energéticos por meio de novos padrões de quilometragem de automóveis e de impostos sobre gasolina. E responderam a uma queda inesperada da produtividade cortando impostos sobre diversas atividades para impulsionar o investimento de capitais. Os eleitores se queixaram e alguns líderes caíram, mas os principais países controlaram em grande parte o próprio curso econômico e conseguiram se ajustar razoavelmente bem, sem perturbar seriamente o modo como suas sociedades funcionam.

A globalização acomoda menos; e dessa vez o Japão e grande parte da Europa têm menos controle sobre seu destino econômico. Já agora, eles se afastaram tão rapidamente de suas curvas de ajuste que suas opções para a próxima década são limitadas. Além disso, a adaptação bem-sucedida à realidade econômica requererá mudanças importantes e impopulares em alguns de seus arranjos sociais básicos.

Isso não é provável e, por isso, as perspectivas para as grandes economias europeias parecem extremamente sombrias. A começar por fatores básicos, se eles persistem em ignorar a maioria do mundo em desenvolvimento em seus comércios e investimentos – e não há evidência de uma curva de aprendizado –, irão se limitar a vender e comprar nos mercados que crescem mais lentamente no mundo – os seus próprios – e também nos dos Estados Unidos. Os problemas com sua economia doméstica farão mudanças custosas em seus hábitos de investimentos diretos. Nos EUA, cada dólar enviado ao exterior em investimento estrangeiro direto produz US$ 1,14 em ganhos domésticos, a partir da redução de custos da terceirização de negócios e dos novos empregos que os trabalhadores deslocados encontrarão e ocuparão.[17] Mas França e Alemanha são tão fracos na criação de empregos que, para cada euro enviado ao exterior, sua economia ganha apenas 0,86 euro e 0,74 euro, respectivamente. Além disso, as companhias americanas, japonesas, sul-coreanas e as mais prudentes na Europa já pegaram as melhores oportunidades de investimentos na China e em muitas outras nações em desenvolvimento – fato que representa exatamente a lei econômica de retornos decrescentes.

A perspectiva parece ruim para os trabalhadores da indústria manufatureira da Europa, que está perigosamente dependente de exportar o que fabrica para os Estados Unidos. Essa é uma posição temerosa, porque a indústria de manufaturas alemã, francesa e britânica produz em grande parte as mesmas coisas que as companhias americanas – e suas rivais americanas são mais globalizadas do que elas. Portanto, suas concorrentes dos Estados Unidos recorrem mais à mão de obra, matérias-primas e produção estrangeira barata, como também às melhores ideias e tecnologias em qualquer lugar do mundo. A participação da Europa nos mercados globais de manufaturados vem encolhendo há anos. Na próxima década, é provável que ela se contraia ainda mais nos mercados dos países em desenvolvimento, onde todos competem, no gigantesco mercado norte-americano e, finalmente, nos mercados domésticos da Europa.

Quanto às outras demandas da globalização em relação às economias avançadas – uma capacidade mais saudável de inovar, adotar e adaptar inovações de outros locais –, a próxima década será muito difícil para o Japão e os três grandes da Europa se não encararem com mais seriedade a questão de fazer melhor uso de tecnologias de informação. A dificuldade requer cortar várias proteções aos trabalhadores em um momento em que anos de crescimento lento tornaram esses trabalhadores ainda mais ligados a eles. De modo similar, ajudar as empresas europeias a criar muitos novos empregos – de modo que aqueles que perderem os seus na reorganização dos negócios ainda possam contribuir para a economia – significará reduzir os salários-mínimos, talvez menos impostos sobre as folhas de pagamento e, certamente, sistemas de desemprego menos generosos. Novamente, isso teria de acontecer em um momento em que a renda da maioria dos trabalhadores europeus está estagnando e os governos da Europa necessitam de todas as receitas que puderem obter.

A eleição de Nicholas Sarkozy, um reformador conservador, como presidente da França tem sido amplamente vista como a notícia mais encorajadora em anos para as perspectivas econômicas desse país. Sarkozy está longe de ser um liberal que defende o livre-comércio e os mercados livres nos moldes americanos e britânicos. Poucos anos atrás, como ministro do Planejamento, ele conduziu a recuperação pelo governo da gigante francesa da área de energia e ferrovias Alstrom, e se opôs à compra da gigantesca fabricante de aço Arcelor, pela Mittal Steel da Índia. Como candidato presidencial, regularmente recorria ao "patriotismo econômico" e mantinha o apoio estatal às grandes indústrias. No entanto, desde que tomou posse, em maio de 2007, Sarkozy propôs mudanças que constituiriam uma genuína ruptura com o passado, incluindo amplos cortes na burocracia estatal por meio de desgastes; reformas no sistema previdenciário, significativas ou poderosas em termos simbólicos; novos incentivos para que as pessoas trabalhem por mais horas; reformas no salário-mínimo; mudanças tributárias potencialmente importantes e modificações críticas nas proteções legais contra a demissão de trabalhadores.

O programa de Sarkozy seria árduo para muitos trabalhadores franceses, mas alinharia melhor a economia da França às necessidades da globalização. Entretanto, os resultados iniciais sugerem que as promessas do presidente podem exceder seu alcance político. Ele conseguiu cortar a alíquota máxima de imposto de renda e os impostos sobre heranças rapidamente; porém, as propostas mais amplas e importantes para incentivar a criação de empregos cortando impostos sobre as folhas de pagamentos (enquanto aumenta as cobranças via VAT – Value Added Tax) e estimular a construção de casas tornando os juros sobre os financiamentos imobiliários dedutíveis do imposto de renda, não se moveram nada. Seu plano para alongar efetivamente a jornada semanal de trabalho de 35 horas, fazendo com que horas adicionais sejam isentas de impostos, está emperrado. Além disso, seu esforço inicial no sentido de criar uma grande coalizão com os poderosos sindicatos da França – a fim de implementar seus planos de longo alcance para reduzir algumas pensões estatais, aumentar a idade de aposentadoria, desacelerar futuros aumentos no salário-mínimo da França e tornar mais fácil para os empregadores demitir os trabalhadores – também falhou. Algumas situações poderiam mudar, mas esses resultados sugerem que, assim como ocorre com o Japão sob a administração de Junichiro Koizumi, a França está mais preparada para um reformador do que para verdadeiras reformas.

Criar empregos e atrair investimentos por meio do corte de impostos sobre as folhas de pagamento, como o presidente Sarkozy propõe, parece algo bem além do alcance de todos os principais países da Europa; especialmente quando os custos com assistência médica e pensões que eles ajudam a financiar estão prontos para disparar com a aposentadoria dos trabalhadores mais idosos da geração baby boomer da Europa, enquanto a massa dos trabalhadores que financiam tudo isso começa a encolher. O fato infeliz é que a Europa adiou seu ajuste à globalização por tanto tempo que agora está prestes a se chocar com as pressões adicionais de se ajustar à sua mudança demográfica. Mesmo que Alemanha, França, Itália e Japão tivessem economias bem sintonizadas com a globalização, sua demografia sombria ainda faria maior pressão negativa sobre seu padrão de vida do que qualquer outra força desde o fim da Segunda Guerra Mundial.

Os governos europeus estudaram a questão do custo das pensões durante 30 anos. No caso específico da Inglaterra com Margaret Thatcher, algo foi realmente feito. De fato, suas reformas cortaram os benefícios com tanta profundidade que hoje 20% dos britânicos idosos vivem na pobreza. Sem reverter a direção e expandindo as pensões estatais – o que é cada vez mais provável –, em 2020 quase um terço dos britânicos aposentados viverá na pobreza. Não tanto na França e na Alemanha, que ainda contam com sistemas de pensão tão generosos que são simplesmente insustentáveis mesmo nos próximos 15 anos. A França foi golpeada na reforma de 2003. A perspectiva despertou protestos públicos de 2 milhões de pessoas em uma centena de cidades, embora as mudanças fossem tão modestas que, ainda hoje, o sistema enfrenta escassez de recursos, os quais, em 2020, serão iguais ou superiores a 4% do PIB do país. As propostas de Sarkozy para aumentar modesta e gradualmente a idade atual de aposentadoria e acabar com as provisões especiais até mesmo de aposentadorias precoces em certas profissões e de trabalhadores de companhias estatais já provocaram ataques dos sindicatos, cujos suportes são indispensáveis. A Alemanha também promulgou certas mudanças modestas em seu sistema previdenciário em 2001, e as últimas estimativas de seus efeitos preveem aumento dos custos totais em 1% do PIB a cada três anos a partir de agora.

A dúvida básica dos reformadores europeus para a próxima década é se a globalização reprimirá os ganhos de produtividade e a competitividade daqueles que não se adaptaram bem a ela, o que, por sua vez, reduzirá lenta e seguramente o padrão de vida das pessoas. À medida que os padrões de vida europeus vão sofrendo estagnação ou são erodidos lentamente, a ligação das pessoas com as garantias contra demissão ou realocação, os generosos benefícios aos desempregados e os elevados salários-mínimos que fazem da Europa o que ela é irão somente se intensificar. E nos setores de serviços das economias da Alemanha, França, Reino Unido e Itália os líderes dos mercados domésticos também se agarrarão firmemente aos próprios subsídios e regulamentações protetoras.

Supõe-se que a União Europeia venha a reduzir essa incerteza ao criar um único mercado tão amplo e estável quanto o americano, no qual tudo pode passar sem tarifas ou cotas, o capital possa fluir sem regulamentação e qualquer pessoa possa mover-se sem restrições. O dilema da UE é que seus Estados-membros não querem essa união de mercados livres. Por exemplo, em 2000, adotaram a "Estratégia de Lisboa" para tornar a UE a "economia baseada no conhecimento mais competitiva e dinâmica no mundo". Sete anos depois praticamente nenhuma das recomendações chegou a algum lugar. A estratégia requeria mais P&D fora das quatro indústrias que reivindicavam dois terços dela na Europa, e nada mudou. Exigia reformas para reduzir os custos, e nada aconteceu. Requeria privatização total das companhias estatais de telecomunicações e eletricidade, e a maior parte disso não ocorreu. Exigia que os países-membros encorajassem a criação de novos negócios que acabassem com os subsídios nos monolíticos "campeões europeus", e, também, houve pouca mudança substancial. Finalmente, Lisboa exigiu impostos menores, e embora os impostos sobre as corporações tenham caído em muitos países, a carga tributária total não declinou.

Apesar dos pronunciamentos da UE, seus países principais parecem preferir uma estratégia mais próxima de uma "fortaleza europeia" – uma UE que resiste às pressões globais – a uma economia aberta e global. Por isso, a Alemanha solicitou aos novos dez membros da UE que *elevassem* seus impostos aos níveis da Alemanha, "em nome da justiça"; e Bruxelas realmente ordenou ao governo da Polônia que elevasse impostos. Na mesma tendência, a Suécia recebeu ordens para elevar seus subsídios agrícolas e a República Tcheca teve de adotar regulamentações mais rígidas em seu mercado de trabalho. E, recentemente, Alemanha e França cessaram os movimentos para reduzir barreiras às vendas de serviços de companhias de um país da UE para outro, devido a seus receios bem-fundamentados de que os negócios da Europa Oriental com custos baixos pudessem dominar os seus próprios, em empresas de serviço bem protegidas e ineficientes.

Não é difícil suspeitar que a UE não acredite mais em si mesma – e, com base na rejeição de sua Constituição em 2006 pela França e pela Holanda, muitos europeus também não acreditam. Os céticos quanto à UE têm estado em ascensão política no Reino Unido, Polônia, França, Suécia e Holanda; e os governos italiano, francês e espanhol adotaram medidas para isolar suas companhias domésticas da tomada de controle por outras de *dentro* da UE. E na França, onde a UE nasceu, uma atitude do tipo "Não pise em mim" em relação à União foi um ponto de raro acordo na campanha presidencial de 2007. A socialista Marie-Ségolène Royal apelava para novas políticas industriais, um "tratado social" que iria impor proteção aos trabalhadores franceses dentro da UE e barreiras tarifárias em torno da Europa, enquanto Sarkozy responsabilizava o euro por minar a competitividade francesa e falava em neutralizar o Banco Central europeu. Além desses problemas, a União agora enfrenta pressões sociais explosivas, desencadeadas ao acolher a Europa Central e a Oriental. A ampliação da UE não apenas abriu os mercados de trabalho na Alemanha, França e Itália a milhões de trabalhadores preparados para trabalhar com salários mais baixos; também está aumentando a imigração de muçulmanos e gerando reações ofensivas a essa imigração em alguns dos países mais tolerantes da Europa, fatos que poderão levar à reinstalação das fronteiras nacionais dentro da UE.

As previsões mais recentes sugerem que, no mínimo, ser parte da UE não ajudará as principais economias da Europa na próxima década. De acordo com a OCDE, a França deve esperar crescer aproximadamente 1,5% ao ano de 2010 a 2020 – uma taxa lamentável –, e a perspectiva para a Alemanha não é melhor. Um dos principais grupos consultivos (*think tanks*) da Alemanha, o Institut für Weitwirtschaft, está ainda mais pessimista, prevendo ganhos de cerca de 1% ao ano. Os especialistas do Deutsche Bank apresentam uma visão mais agradável e calculam que com doses adequadas de reformas Alemanha e França podem crescer, respectivamente, 1,9 e 2,3% anualmente. Mas os especialistas do banco também alertam que sem reforma e forte imigração essa trajetória de crescimento pode cair para 0,5% ao ano durante uma década, o que seria perigoso em termos sociais. Em meio a todo esse desânimo, o economista-chefe da OCDE, Jean Philippe Cotis, oferece a consolação típica europeia: "No final (...) nosso próprio modo de vida vale muito mais do que uma vulgar estatística do PIB *per capita*."

Uma perspectiva brilhante é a do Reino Unido. Após duas décadas de Thatcher e Blair, o governo britânico é menor, seus impostos e taxas de desemprego são menores, suas regulamentações, menos rígidas, seus subsídios, menos generosos, e suas taxas de participação da mão de obra são maiores do que na Alemanha, França ou Itália. Mesmo que falte instrução a um quarto dos adultos britânicos, os jovens em média são tão educados quanto os jovens alemães e mais até do que os franceses. Suas empresas também investem mais por trabalhador do que as companhias alemãs, embora ainda menos do que as francesas ou americanas. A perspectiva dos especialistas para o Reino Unido na próxima década está, em média, meio ponto mais alta do que para a Alemanha, e pelo menos tão boa quanto para a França.

Não é assim no Japão, onde a resistência à reforma é quase uma virtude pública. Aos olhos ocidentais, o Japão oferece um caso desconcertante de uma sociedade democrática que aceitou mais de uma década de estagnação econômica com pouco protesto e não mais do que mudanças superficiais em suas políticas econômicas. Muitos japoneses explicam seus problemas pondo a culpa em um evento singular que alegam que ninguém poderia prever ou se responsabilizar – o colapso da "bolha econômica" no início dos anos 1990, quando os preços dos imóveis e das ações desabaram e milhares de empréstimos para realizar negócios fracassaram. A bolha e seu estouro não foram atos da natureza, mas resultados claros e diretos de determinadas políticas tributárias e monetárias, subsídios, regulamentações e arranjos de negócios bem conhecidos a quase todos. Além disso, mesmo que a política de um partido único e as normas sociais do Japão tornem difícil para os eleitores japoneses responsabilizarem suas elites políticas e econômicas por qualquer coisa, o estouro da bolha deve chegar ao fim em alguns anos. Os Estados Unidos desconsideraram os crashes no mercado de ações e os sérios problemas bancários em períodos recentes. O choque para o sistema do Japão também foi certamente menos severo do que aquele que a Coreia do Sul enfrentou na crise financeira de 1997-1998. Mas lá, como veremos, os reformadores assumiram o controle e em poucos anos a Coreia do Sul voltou a ser uma das economias com crescimento mais rápido do mundo.

No Japão, as reformas econômicas decisivas parecem fora de alcance – no mínimo, não aconteceram; e sem elas a economia estagnou e cairá em recessão cinco vezes mais em 15 anos. Assim, uma sucessão de primeiros-ministros fez pouco para reformar as estruturas econômicas pública e privada, tão defasadas quanto o comunismo. Mesmo quando o carismático reformador Junichiro Koizumi conseguiu chegar ao poder, seu próprio partido parou tudo, exceto as mudanças mais modestas; e Koizumi foi sucedido por funcionários do partido que se ajustariam bem ao período em que nada foi feito, os anos 1990. A maioria dos subsídios, proteções e regulamentações mudou pouco; os arranjos de controle cruzado de ações das companhias japonesas que ajudam a manter funcionando milhares de empresas ineficientes continuam e o sistema financeiro do país permanece subdesenvolvido, praticamente sem IPO ou emissão de commercial papers* como alternativa a um sistema bancário enfraquecido. Fora do pequeno círculo de gigantes exportadores japoneses, conduzidos atualmente pela muito bem-sucedida Toyota, a produtividade econômica continua a se debilitar.

Também tem havido pouco progresso em relação à criação de um ambiente para o investimento estrangeiro direto, a melhor tentativa do Japão para introduzir as forças competitivas estimulantes, nas quais a globalização insiste. E a falta de visão econômica da nação quanto ao papel das mulheres na economia permanece forte. A conselheira chefe de Koizumi sobre essa questão, Mariko Bando, descreve sua nação como "um país em desenvolvimento em termos de igualdade de gêneros",[18] e ela não exagera: as mulheres ganham apenas metade do que os homens japoneses recebem pelas mesmas horas de trabalho; e, apesar de ser a força de trabalho que encolhe mais rapidamente no mundo, menos de um terço das companhias japonesas diz que consideraria recrutar mulheres para posições de administração ou técnicas.[19] As pensões públicas representam uma área em que o Japão adotou reformas verdadeiras – embora seja mais fácil elevar impostos sobre as folhas de pagamentos em um país no qual, de acordo com o OCDE, quase 40% das pessoas conseguem evitar ou evadir pelo menos parte dele.[20]

A maneira de sair de um buraco quando não se consegue subir é esperar por alguém para salvá-lo. No Japão moderno, isso significa comercializar um novo dispositivo ou equipamento que o mundo deseja-

---

* Commercial papers: títulos de dívida das empresas, usualmente emitidos no curto prazo. (*N. do T.*)

rá – máquinas copiadoras, televisões em cores etc. – ou, ainda melhor, alcançar uma verdadeira mudança de tecnologia. Mikio Wakatsuki, chefe do Conselho Administrativo do Japan Research Institute, disse que, com tantas manufaturas tradicionais de seu país indo para o exterior, seu futuro se encontra na robótica, na biotecnologia e na nanotecnologia. Honda, Sony e Mitsubishi, todas têm grandes programas de P&D em robótica, e há um interesse considerável em tecnologias de células solares. Mas por aproximadamente 20 anos, como a revista *The Economist* publicou, "as empresas japonesas não se valeram muito de softwares, internet, biotecnologia e outras indústrias de crescimento elevado", e não há no Japão equivalentes a Microsoft, Google, Amazon ou mesmo Apple.

As forças culturais, sociais e políticas que contribuem para a fraqueza econômica contínua do Japão são mais robustas até mesmo do que algumas mudanças tecnológicas repentinas importantes. Ryosei Kokubun, um especialista sobre a posição do Japão no mundo, da Universidade de Keio, constata que a maioria dos japoneses ainda vê a globalização apenas como uma ameaça, não como uma oportunidade.[21] Essa atitude reforça os compromissos políticos e sociais, com todos os arranjos que a globalização determina que devem mudar. Com uma força de trabalho sofrendo contração de 1% ao ano, e esforços, na melhor das hipóteses, incoerentes para elevar a produtividade, o Japão está, agora, na expectativa de outros dez ou 15 anos de crescimento, em média, de 1% ao ano, ou um pouco mais, pontuados por jorros ocasionais de ganhos mais fortes (como recentemente) e por desacelerações periódicas. Nessa provável trajetória, a renda de milhões de japoneses médios irá estagnar ou declinar, enquanto as baixas taxas de retorno e as taxas de poupança em queda célere também erodem a riqueza real das famílias japonesas. Nesse caminho – e é necessário ter uma imaginação vívida para enxergar como o Japão pode colocar-se em outro melhor –, em 2020, o país será uma economia em declínio inequívoco e um fator decrescente na economia mundial.

Enquanto Alemanha, França e Japão estão deixando de se adaptar com êxito à globalização – e, de certo modo, o Reino Unido também –,

Irlanda e Coreia do Sul estão usando a globalização para se promover ao grupo superior das economias mundiais. Nenhuma delas apresenta o tamanho ou a amplitude requeridos para efeitos globais, mas quando países da Europa como Grécia, Hungria ou Portugal buscam um novo modelo econômico nos dias atuais, ou os países da Ásia como Tailândia, Malásia e Indonésia agem assim, pensarão mais provavelmente na Irlanda e na Coreia do Sul do que nas economias modernas, muito maiores, mas ultimamente muito menos bem-sucedidas em suas regiões.

O Tigre Celta

A Coreia do Sul é a maior história de sucesso de uma economia pequena no último meio século, enquanto a Irlanda é da última geração. O sucesso irlandês já atrai delegações de governos da Europa Central e Oriental e institutos de pesquisa, em busca de lições. Isso é óbvio porque o Tigre Celta tem sido a economia desenvolvida com crescimento mais rápido do mundo nos últimos 15 anos. De 1990 a 1995, o país cresceu quase 5% ao ano e, então, acelerou para quase 10% ao ano de crescimento durante 1995-2000. Mesmo de 2000 a 2005, o crescimento real da Irlanda foi, em média, aproximadamente 6% ao ano, cerca de duas vezes tão rápido quanto o dos Estados Unidos, mais de três vezes a taxa de crescimento para os países da zona do euro e quase quatro vezes a da Alemanha.[22] E nos últimos 20 anos o PIB real da Irlanda triplicou, produzindo em 2003 (o último ano desses dados comparativos) o maior PIB por empregado do mundo.[23] Também escapou do desemprego no estilo europeu: desde 1993, mesmo quando a força de trabalho do país cresceu mais de 60%, sua taxa de desemprego caiu dos níveis tipicamente elevados da Europa, de quase 15% para os mais baixos na América do Norte, ou na Europa.[24] *The Economist* resume esses resultados:

> Há quinze anos, a Irlanda era considerada um fracasso econômico (...) Entretanto, em poucos anos, ela se tornou (...) raro exemplo de um país desenvolvido com um crescimento recorde igual ao da Ásia Oriental, com

desemprego e inflações invejavelmente baixos, com carga tributária pequena e dívida pública mínima.[25]

O padrão de vida de quase todos na Irlanda melhorou acentuadamente. De 2000 a 2005, a renda real média na Irlanda cresceu quase 20%, algumas vezes mais rapidamente do que a dos americanos e 20 vezes mais rapidamente do que a dos franceses e alemães. Em 2005, o irlandês médio tinha uma renda consideravelmente mais alta, (US$ 40.150), do que a renda média dos japoneses, britânicos, franceses ou alemães, e quase tanto quanto o americano ou sueco médio.[26] Há uma característica incomum que qualifica alguns desses resultados. A economia irlandesa depende fundamentalmente de investimentos estrangeiros, e parte relevante de seus lucros, que estão incluídos na renda nacional irlandesa, flui de volta para as matrizes das companhias nos Estados Unidos, no Reino Unido e na Europa continental. Se ajustarmos a renda nacional da Irlanda em função dessas amplas saídas de recursos de lucros e dividendos (tecnicamente, usando o "Produto Nacional Bruto", ou PNB, em vez do padrão PIB), a média de renda do irlandês ainda é quase igual ou maior do que a média em praticamente toda parte na Europa. Mas o ajuste também das diferenças em custo de vida garante à Irlanda a vantagem atual sobre o restante da Europa. E, de acordo com qualquer parâmetro, o país é hoje um dos dez mais ricos do mundo.

A Irlanda deve esse rápido progresso a uma estratégia que combina as trajetórias dos países asiáticos nos anos 1970 e 1980 e algumas das políticas da China na última década. Como os Tigres Asiáticos, décadas de amplos investimentos sociais geraram dividendos econômicos quando ocorreu o boom demográfico da Irlanda. Enquanto a geração baby boomer da Irlanda estava crescendo, Dublin aumentou substancialmente o apoio à educação superior e criou um ambiente favorável aos negócios para as companhias que mais tarde empregariam o aumento demográfico, gastando generosamente em infraestrutura pública e oferecendo redução tributária e incentivos especiais aos investidores estrangeiros. Essa nova abordagem, de um país que por décadas se protegeu do progresso com o tradicional protecionismo e investimentos públicos escassos, começou de modo incomum – com um estudo do governo que rompeu decisivamente com as políticas de governo então em vigor. Em 1959, o ministro das Finanças, Thomas Ken Whitaker, comandou uma revisão política que para surpresa de quase todos propôs cortes profundos nas tarifas, mudança nas prioridades públicas, no apoio ao trabalhador no estilo europeu a novos investimentos na indústria, educação e estradas, além de mudanças tributárias e regulatórias impetuosas para atrair companhias estrangeiras. Uma análise recente não exagerou em demasia quando chamou Whitaker de "o arquiteto da Irlanda moderna".[27]

E o mais surpreendente foi que na década seguinte Dublin seguiu seu conselho, acabando com restrições sobre a propriedade de companhias irlandesas por estrangeiros; repelindo impostos corporativos sobre os lucros nas exportações; reduzindo unilateralmente tarifas de importação; negociando um acordo de livre-comércio com o Reino Unido e declarando sua intenção de se unir à Comunidade Econômica Europeia (CEE), a antecessora da UE. A Irlanda não foi admitida para a CEE até 1973, quando a França finalmente deixou de vetá-la como parte da política de Paris, no sentido de bloquear a entrada da Grã-Bretanha. Então, ainda nos anos 1960, o crescimento da Irlanda saltou para mais de 4% ao ano, quando um amplo número de trabalhadores com salários baixos e que falavam inglês – junto com novas isenções tributárias – começou a atrair as companhias dos EUA e da Europa. Em 1970, mais de 350 corporações estrangeiras haviam estabelecido instalações no país;[28] então, quando o país finalmente conseguiu entrar para a CEE, imediatamente se tornou um local de custos baixos para que as empresas industriais americanas e britânicas vendessem para a Europa. E embora a neutralidade da Irlanda durante a Segunda Guerra Mundial a tivesse desqualificado para o Plano Marshall, sua pobreza relativa dentro da CEE a habilitou a receber substanciais pagamentos de "convergência" (para a uniformidade) que ajudaram a financiar os novos gastos com infraestrutura e educação.

Esse foi um bom começo, mas a verdadeira força da nova estratégia econômica da Irlanda levou mais tempo para ser acumulada. Ao longo dos anos 1960 ela permaneceu relativamente dependente da agricultura básica – grande parte era exportada para o Reino Unido – e o desemprego era elevado mesmo com uma substancial emigração. Recorrendo a uma análise da OCDE de 1965 sobre as perspectivas para a Irlanda que enfatizavam a educação, o governo em 1967 acabou com os pagamentos para a educação secundária e ofereceu a todos os jovens irlandeses transporte gratuito para a escola. Os níveis de educação começaram a aumentar; e em meados dos anos 1970 emprego, população e renda nacional começaram, todos, a crescer às taxas sustentadas mais fortes desde a independência da Irlanda.

Embora os amplos investimentos públicos associem a Irlanda à política dos Tigres Asiáticos, sua retirada do protecionismo e o apetite por transferências externas anteciparam as políticas chinesas que viriam mais tarde. Desde os anos 1970 a Irlanda começou com a intenção de se tornar uma plataforma de produção para o mercado europeu, concentrado em produtos de alta tecnologia que demandariam mão de obra altamente especializada e muito bem paga, especialmente nos setores de computação, farmacêutico e equipamentos médicos. Em 1975, dois fabricantes de grandes computadores (*mainframes*), Amdahl e Wang, o produtor de aparelhos médicos Baxter Travenol (agora Baxter International) e os fabricantes de medicamentos Merck Sharp e Warner-Lambert haviam estabelecido novas instalações na Irlanda, e mais de 450 operações de propriedade estrangeira representavam dois terços da produção industrial do país.[29] À medida que essas transferências estrangeiras iam aumentando, os maiores compromissos do país com a educação pública produziram sua mão de obra especializada. De 1965 a 1980, a nação dobrou o número de estudantes na educação secundária ou pós-secundária, e nos 20 anos seguintes voltou a dobrar o número de estudantes em colégios, universidades e outras instituições pós-secundárias, um aumento que sextuplicou o número inicial em 35 anos.

Esses investimentos prepararam a Irlanda para o que os líderes eruditos em demografia e economia David Bloom e David Canning, de Harvard, chamam de dividendos demográficos – quando uma geração do tamanho de uma baby boomer e com mais educação entra na força de trabalho e a economia cria os empregos altamente especializados adicionais para absorvê-los.[30] Para um progresso sustentado, a pesquisa de Bloom e Canning revela que uma geração baby bust deve seguir uma baby boomer, de modo que a parcela da população da nação que está trabalhando ativamente seja impulsionada para cima. Essa queda na fertilidade da Irlanda começou nos anos 1980, quando o contraceptivo foi finalmente legalizado e as oportunidades econômicas do país começaram a atrair mais mulheres irlandesas para a força de trabalho e, com isso, evitou famílias grandes. Bloom e Canning calcularam que a demografia explica um terço do aumento nas taxas de crescimento da Irlanda – levemente menor do que na Ásia Oriental.[31] As maiores economias da Europa e o Japão também colheram os mesmos tipos de benefícios iniciais – nos anos 1970 e 1980 os eruditos os chamavam de "milagres" –, mas não os sustentaram com reformas adicionais que pudessem considerar a globalização.

O progresso da Irlanda quase saiu dos trilhos no final dos anos 1970 e início dos anos 1980, até que, uma vez mais, ela seguiu o conselho dos especialistas. Quando os choques do petróleo dos anos 1970 começaram a atingir a renda crescente dos trabalhadores irlandeses, Dublin reverteu para uma política de déficits orçamentários e políticas monetárias expansionistas; e no início dos anos 1980 inflação e desemprego estavam de volta e o crescimento estava ocorrendo de forma irregular. Em 1985, o déficit nacional alcançou quase 10% do PIB, e o FMI alertou para o fato de que a Irlanda estava na direção de uma crise fiscal e de uma crise cambial. Mais próximo e pessoal do que os alertas do FMI, os acadêmicos e os jornalistas irlandeses observaram que muitos entre os melhores e mais brilhantes do país estavam saindo em busca de melhores perspectivas, incluindo grupos completos de graduados no Trinity College, Harvard ou Oxford da Irlanda. No total, cerca de 200 mil irlandeses emigraram para outros países nos anos 1980, quase 6% da população total.

De forma positiva, o governo levou os avisos a sério e começou a reduzir rapidamente os déficits. Em 1986, recursos para saúde e educação caíram 6%, a defesa perdeu 7%, estradas e habitação sofreram cortes de 11% e os gastos com agricultura caíram 18%. No ano seguinte, um novo governo Fianna Fail (o Partido Republicano) colocou em funcionamento cortes ainda mais acentuados e elaborou um novo acordo social entre grandes empregadores, sindicatos e fazendeiros para que aceitassem aumentos de salários muito limitados em troca de cortes modestos em impostos diretos. Em três anos o gasto do governo irlandês como parcela do PIB caíra um quarto, de 55 para 41%.

A verdadeira boa sorte da Irlanda, contudo, foi que a estratégia que tencionava torná-la parte de uma Europa maior posicionou sua economia muito bem quando a globalização deixou grande parte do restante da Europa desequilibrada. Durante anos o governo fez o que pôde para atrair empresas americanas e britânicas aos setores de hardware e software de TI. Nos anos 1990, muito semelhante ao que ocorreu em Washington com Bill Clinton, Dublin mudou de déficits orçamentários para pequenos superávits, privatizou as telecomunicações, investiu 5% do PIB anual na melhoria dos portos, sistemas de trens e rodovias – duas vezes a média da UE – e aumentou os recursos para projetos de saúde pública e de água e também de educação. O gasto público com educação cresceu 150% desde 1985, especialmente quando o governo aboliu as taxas escolares em faculdades e universidades para jovens irlandeses, em 1995. Embora a Irlanda ainda gaste menos como proporção do PIB com educação do que muitos outros países na Europa, um percentual maior de seus jovens frequenta escolas, quando comparado com os da Alemanha, Itália ou Japão. Além disso, 37% dos homens e mulheres irlandesas em idade entre 25 e 34 anos possuem alguma educação pós-secundária, índice comparado a 27% na UE (nos Estados Unidos, 40%).[32]

Portanto, quando o boom de TI nos EUA ganhou força em meados dos anos 1990, a Irlanda estava bem posicionada para participar. Em 2004, o estoque de US$ 230 bilhões em investimentos estrangeiros diretos na Irlanda era tão grande quanto o da Itália, uma economia oito vezes maior;[33] e hoje o estoque de investimento estrangeiro direto, em relação ao PIB irlandês, é dez vezes o da Alemanha, cinco vezes o da França e quatro vezes o do Reino Unido. A pequena Irlanda também apresenta aproximadamente um terço do IED na China, líder mundial em novos destinos para investimentos estrangeiros e uma economia quase 12 vezes a da primeira.

O compromisso da Irlanda com educação e investimento estrangeiro direto criou uma forma especial de sinergia na globalização, à medida que as transferências estrangeiras passam a expor milhares de trabalhadores altamente especializados do país a tecnologias e práticas operacionais de ponta, que por sua vez permitem que eles melhorem ainda mais suas habilidades. Essas transferências diretas são, em geral, concentradas em tecnologias de informação, farmacêuticos e equipamento médico. Hoje, sete entre as dez principais companhias de TI no mundo – IBM, Intel, HP, Dell, Oracle, Lotus e Microsoft – possuem instalações de produção na Irlanda. Treze das 15 maiores companhias farmacêuticas mundiais também possuem operações importantes lá, incluindo Wyeth; Schering-Plough; Merck, Sharp and Dohme; Pfizer; Novartis, Allergan e GlaxoSmith Kline; e na periferia de Dublin o maior campus de biotecnologia do mundo recentemente foi completado. Finalmente, 15 entre os 25 maiores fabricantes de equipamentos médicos no mundo estão na Irlanda, incluindo Boston Scientific; Becton Dickinson; Bausch and Lombe; Abbott; Johnson & Johnson e Stryker. Um dos resultados disso é que as tecnologias avançadas desempenham um papel mais relevante nas manufaturas da Irlanda do que em qualquer outro lugar na Europa, exceto na Finlândia – mais de 20%, em comparação com a média da UE, de apenas 8%, e não muito atrás dos EUA, com 26%. E as companhias estrangeiras nessas três áreas de alta tecnologia empregam 85 mil irlandeses, um terço dos trabalhadores da indústria manufatureira do país.[34]

Quase 85% de toda essa produção manufatureira é exportada; enquanto algumas décadas atrás as principais exportações da Irlanda eram gêneros de alimentícios, e muitos jovens emigravam, hoje são principalmente os produtos de alta tecnologia de suas aproximadamente 1.200 empresas de capital estrangeiro. Intel, Dell e Microsoft juntas, por exemplo, representam 20% de todas as exportações irlandesas; e em base *per capita*, as exportações agora são sete vezes as dos Estados Unidos, seis vezes as do Japão e quatro vezes as da Grã-Bretanha.

É notável que a modernização irlandesa também se tenha disseminado para alguns serviços de ponta, seguindo a mesma trajetória dos manufaturados. Os trabalhadores com educação formal, os incentivos tributários e os investimentos em telecomunicações, que captaram as transferências de tecnologia avançada, também atraíram importantes IEDs para o setor de serviços financeiros; e na última década, aproximadamente, com poucas notícias do *Wall Street Journal* e do *London Times*, a Irlanda se tornou um local importante para as finanças globais. Mais de um terço dos IED na Irlanda está agora concentrado no Dublin International Financial Services Centre (Centro de Serviços Financeiros Internacionais de Dublin), e mais de metade das 20 maiores companhias de seguros do mundo e dos 50 maiores bancos estão localizados lá. Embora possa parecer estranho para os operadores na Bolsa de Paris ou do Banco da China em Hong Kong, a Irlanda é um eixo genuíno nos mercados de capitais globais, com o valor total dos recursos internacionais administrados lá alcançando mais de US$ 500 bilhões, ou duas vezes o PIB do país.

Conservadores americanos e britânicos gostam de insistir que a transformação da Irlanda foi impulsionada pelos 12,5% de alíquota de impostos corporativos e pela alíquota zero de impostos sobre os lucros nas exportações. Embora exagerem no papel das baixas alíquotas de impostos, impostos baixo são melhores do que os mais elevados para qualquer economia, desde que cubram os gastos públicos que o país deseja ter. A carga tributária total da Irlanda, de 28% do PIB, está bem abaixo da média da UE-15, de 40%; e como parcela dos custos com mão de obra, os impostos irlandeses são aproximadamente dez pontos percentuais mais baixos do que em qualquer outra economia avançada da Europa.[35] Os pagamentos de convergência (compensação para igualdade) da UE também têm importância, cobrindo boa parte dos gastos educacionais e com infraestrutura nos anos 1980 e início dos anos 1990. Mas os impostos reduzidos teriam pequeno efeito se a Irlanda não tivesse aberto a economia para a competição estrangeira e os investimentos externos e os subsídios da UE não teriam importado se Dublin não os tivesse usado com sabedoria.

Além disso, esses fatores fazem pouca diferença hoje, pois os impostos corporativos foram reduzidos em muitos países e a Irlanda não vem se qualificando para os subsídios da UE há algum tempo. O que importa agora é que as tecnologias e os métodos de negócios de muitas entre as empresas mais avançadas do mundo estão firmemente embutidos nas manufaturas e nos serviços irlandeses. Além disso, esses imensos investimentos integram as redes de amplitude mundial dessas corporações globais, ligando a economia da Irlanda aos aspectos mais bem-sucedidos da globalização. O resultado, no julgamento da empresa de consultoria global em negócios AT Kearney, é "a economia mais globalizada do mundo", com o melhor ambiente de negócios na Europa.

Se a Irlanda vai sustentar sua vantagem nos próximos dez ou 15 anos, essa ainda é uma questão aberta. Um aspecto positivo é que a estratégia ainda está gerando os ganhos de produtividade mais vigorosos na Europa, e o país não enfrenta o encolhimento da força de trabalho que assombra o restante do continente e o Japão. Não somente as taxas de nascimento de irlandeses são mais elevadas do que a maior parte do restante da Europa, como também sua prosperidade se tornou um atrativo poderoso para imigrantes. Como nos Estados Unidos, a imigração representa mais da metade do crescimento total da população do país desde 1995,[36] e os de nacionalidade estrangeira representam quase 10% de todos os residentes irlandeses. E diferentemente das ondas de imigrantes muçulmanos pobres que encontram resistência violenta na França, Alemanha, Dinamarca e Holanda, os imigrantes da Irlanda são ocidentais, geralmente educados, e ávidos para se incorporar à economia. Metade vem do Reino Unido, e a maior parte do restante são irlandeses que emigraram nos anos 1980 e 1990 e estão retornando, ou novos imigrantes da Polônia, Lituânia e de países que tiveram acesso à UE.

A Irlanda também evitará grande parte da crise das pensões públicas que assoma na maioria dos países avançados. Agora e na próxima geração, a parcela da população irlandesa com idade igual e superior a 65 anos será a menor na UE. Além disso, como um país pobre há pouco tempo, as pensões públicas da Irlanda nunca foram generosas. E, a despeito da extraordinária prosperidade recente, Dublin reduziu os benefícios futuros em 1999 e, isoladamente entre as economias avançadas, coloca todo ano 1% de seu PIB em um Fundo de Reservas Nacionais para Pensões (National Pensions Reserve Fund).

Mas a globalização apresentará um novo e difícil desafio para o país na próxima década. A Irlanda construiu sua prosperidade sobre ondas de investimento direto ao oferecer uma força de trabalho barata e com boa formação acadêmica, benefícios fiscais e acesso *duty-free* para o restante da UE. Essa estratégia ainda funciona: o retorno anual sobre os investimentos americanos na Irlanda foi, em média, acima de 20% de 1995 a 2002, ou duas vezes tão elevados quanto os investimentos em outros países da UE.[37] Além disso, em 2005 as companhias americanas ainda investiram mais na Irlanda do que na China. Mas uma geração de crescimentos e ganhos de produtividades robustos eliminou a vantagem salarial da Irlanda; e com a recente expansão da UE, novos membros como a Hungria, a República Tcheca e a Polônia podem competir contra ela pelo status de portão de entrada do mercado europeu.

O teste para a Irlanda na próxima década – o qual a China também enfrentará, em um ambiente diferente – é separar-se de sua dependência dos investimentos estrangeiros e desenvolver mais companhias domésticas que possam competir nas áreas de manufaturas e serviços avançados. Na última década, um punhado de companhias irlandesas se tornou agentes nos mercados mundiais, notadamente a CRH, uma multinacional do setor de cimento e material de construção e a única companhia irlandesa na lista da *Fortune*, a Fortune Global 500; a Kerry Group, fabricante de alimentos e condimentos com sede em Tralee, Irlanda; e a cadeia internacional de hotéis Jurys Doyle. Mas os ganhos de produtividade e exportação da nação ainda decorrem principalmente das operações com propriedades estrangeiras. Para abordar a questão, o governo irlandês, em 2000, criou a Science Foundation Ireland e o Technology Foresight Fund para promover e apoiar P&D domésticas em áreas como chips de DNA usados para decifrar genes complexos, agricultura geneticamente modificada, sistemas de processamento paralelos, sensores utilizados em vestimentas e montagem de nanoescalas. Ainda assim, o gasto público com P&D, em relação ao PIB, ainda é o mais baixo entre qualquer nação avançada na UE.

Na próxima década, o crescimento explosivo da Irlanda certamente se colocará perto dos níveis dos EUA. De maior consequência é a evidência, recém-compilada em um estudo financiado pela Microsoft conduzido por um guru em economia do país, o dr. Paul Tansey, de que o progresso da produtividade do país "mascara uma economia dual", em que as companhias nacionais ainda estão bem defasadas.[38] O grande desafio da Irlanda para a próxima década será aplicar sua tecnologia e seus métodos operacionais às companhias domésticas de serviços, nas quais a maioria dos trabalhadores ainda está. Se não puder administrar isso, o milagre celta retornará à realidade para a maioria da população.

Coreia do Sul: realizando por conta própria

O resultado da Irlanda é impressionante; mas o desenvolvimento da República da Coreia, de uma das mais pobres sociedades agrícolas do mundo para uma economia industrial moderna em menos de meio século, é um dos mais extraordinários na história econômica. É também uma importante história política, já que a maior parte do progresso foi conduzida por uma sucessão de ditadores militares brutais. Como disse um comentarista nativo, a Coreia do Sul tem sido uma "ditadura desenvolvimentista"[39] que criou a partir do nada indústrias de exportação de classe mundial e a força de trabalho mais bem-educada do mundo em desenvolvimento. Esses ativos nacionais conduziram a economia em uma crise financeira violenta e súbita e a prepararam bem para as demandas da globalização. E, diferentemente da China e da Irlanda, a Coreia do Sul alcançou esse patamar quase sem investimento direto das corporações globais, embora tivesse obtido substancial ajuda financeira dos Estados Unidos.

Quando a Guerra da Coreia terminou, o Sul era um dos locais mais pobres na Terra. Durante a ocupação japonesa de 1910 a 1945, as estradas de ferro, portos, represas hidroelétricas, fábricas e minas da Coreia do Sul foram todos desenvolvidos no Norte, em torno do rio Yalu; e, em 1945, as fábricas da Coreia do Norte representavam um quarto da base industrial do Japão.[40] As províncias do Sul que se tornaram a República da Coreia tiveram de se conformar em ser a fonte de alimentos do Japão; e o pouco que tinham em termos de infraestrutura e fábricas modernas foi dizimado quando as batalhas da guerra civil ocorreram, principalmente no Sul.

Em 1960, sete anos após o armistício, o PIB da Coreia do Sul, de US$ 2,3 bilhões, e a renda *per capita*, de US$ 79, estavam entre os menores do mundo.[41] Medida em dólares de 2006, a renda de um sul-coreano médio era US$ 534, valor que hoje ficaria na posição 148 no mundo, atrás do Quênia. Em 2005, a renda de um sul-coreano médio era US$ 16.800, um aumento real de 30 vezes desde 1960, ocupando a 36ª colocação no mundo; e o PIB do país alcançou quase US$ 800 bilhões, número dez no mundo e um aumento real de 50 vezes desde 1960.[42] Quanto ao já uma vez próspero Norte, seu PIB em 2005 era de US$ 30 bilhões, menos de 4% em relação ao Sul, e sua renda *per capita* de US$ 1.700 era apenas 10% daquela de seus primos do Sul.

Apesar da presença de dezenas de milhares de americanos na Coreia do Sul nesse período, o progresso extraordinário se deve mais às abordagens chinesas e japonesas, junto com os eventos fortuitos que as elites do país usaram como vantagem. A semelhança com a China era principalmente política. Nos anos cruciais desde o armistício de 1953 até o final dos anos 1980, os líderes sul-coreanos decretavam todas as condições para o desenvolvimento econômico, como ordens emanadas em uma campanha militar. De fato, nos anos 1970, o general-presidente Park Chung-Lee reeditou a versão sul-coreana de *A arte da guerra*, de Sun Tzu, que considera a competição econômica uma guerra vencida quando se alcança participação do mercado dominante. Os conglomerados na forma de cartéis, os "chaebols", que surgiram naqueles anos, e se espalharam pela nação, formavam a artilharia criada por projeto do governo; não para manter as dinastias ricas – a maior parte dessas famílias foi eliminada durante a colonização e a guerra civil[43] –, mas porque era mais fácil para o governo controlar um punhado de grandes companhias do que milhares de empresas menores.

De 1953 a 1987, cada governo sul-coreano começou e terminou em revoltas e golpes militares.[44] No entanto, uma característica singular da Coreia do Sul moderna foi o compromisso consistente dos ditadores com as mudanças econômicas que melhoraram a vida da maioria dos sul-coreanos. Syngman Rhee, que governou de 1948 a 1960, fechou a Assembleia Nacional, expurgou ou executou a maior parte de seus oponentes políticos e rivais potenciais e proibiu a atividade política independente. Também instituiu a escolaridade fundamental para todos e investiu intensamente na infraestrutura básica do país. Quando Park Chung-Lee tomou o controle de Rhee, também expurgou seus oponentes, manteve a Assembleia sem poder e criou uma nova força policial interna e um partido político pessoal que dominou a vida pública do país até os anos 1990. Mas também conduziu um processo de rápida industrialização, a começar por um plano singular e engenhoso: Park prendeu centenas de líderes de negócios por corrupção, impôs multas imensas e, então, disse a eles que pagariam suas multas investindo seus ativos em várias indústrias leves intensivas em mão de obra e "doando" grandes blocos de ações ao governo.[45] Para proteger sua nova carteira, Park criou um sistema de empréstimos, isenções fiscais e favores burocráticos para os negócios, que se tornaram os chaebols, que incrementaram a industrialização do país.

O plano de Park recebeu a bênção dos EUA, quando o conselheiro para segurança nacional do presidente Kennedy, Walter Rostow, o persuadiu de que a Coreia do Sul poderia tornar-se o melhor exemplo para mostrar o capitalismo ocidental. Mais importante ainda foi o fato de que convenceu JFK a manter a ajuda dos EUA à defesa, infraestrutura e educação da Coreia do Sul, que de 1953 a 1965 totalizou cerca de US$ 12 bilhões – quase tanto quanto todo o Plano Marshall.[46] E a partir de 1972, quando Park se declarou presidente vitalício, até seu assassinato em 1979 (sob as ordens de seu aliado político Kim Jong-Pil), ele garantiu que os chaebols tivessem o capital necessário para realizar seus novos planos de desenvolvimento das indústrias pesadas e de alta tecnologia que mais tarde se tornariam competitivas em nível mundial.

Os anos 1980 seguiram o mesmo padrão. Os generais Chun Doo Hwan e Roh Tae Woo tomaram o poder após a morte de Park, declarando prontamente a lei marcial, conduziram à prisão e à execução milhares de ativistas políticos, proibiram a atividade política por qualquer pessoa e fecharam as universidades. Sua brutalidade não terminou aí: quando a primeira recessão séria em décadas levou a protestos de larga escala no início de 1981, na antiga cidade de Kwangju, os soldados de Chun mataram milhares no que se tornou conhecido como o massacre de Kwangju. O general, então, se autonomeou presidente e expurgou 8 mil autoridades e líderes de negócios – e, como os antecessores, passou para as reformas econômicas que fortaleceram a industrialização dos chaebols e expandiu os negócios domésticos para a nova classe consumidora emergente na Coreia do Sul.

A transição para a democracia começou em junho de 1987, quando Chun tentou passar a presidência ao general Roh, e protestos maciços voltaram a irromper. Dessa vez, Chun decidiu manter as primeiras eleições reais no país e o general Roh ganhou por pouco. O novo presidente, agindo como Boris Yeltsin com relação a Mikhail Gorbachev, persuadiu seu oponente e um dos mais proeminentes críticos de Chun, Kim Young Sam, a se juntar a um governo de coalizão; e, então, em 1992, Kim derrotou o companheiro dissidente Kim Dae-Jung para se tornar o primeiro presidente não militar do país.

A estratégia básica da longa sequência de reformadores econômicos ditatoriais da Coreia do Sul – que em seu salto inicial selecionou indústrias concedendo a companhias favorecidas como Samsung e Hyundai empréstimos enormes de bancos estatais, isenções fiscais especiais, contratos do governo e outros favores burocráticos – veio do Japão. Mas os administradores da Coreia do Sul rejeitaram outra política fundamental do Japão, que consistia na proteção de jovens indústrias com relação à competição externa e em usar o próprio povo como consumidor cativo. Essa abordagem, que os economistas chamam de "substituição de importação", foi seguida não somente pelo Japão, mas também pelos Estados Unidos na segunda metade do século XIX e pela Índia na segunda metade do século XX. Mas os ditadores da Coreia do Sul, de modo sensato, reconheceram que o país era pobre demais nos anos 1960 e 1970 para gerar demanda econômica suficiente de modo a manter suas indústrias protegidas em crescimento. Portanto, a partir de 1960 – sozinha entre as nações pobres em desenvolvimento na era do pós-guerra –, a Coreia do Sul abriu sua economia às importações de matérias-primas, peças e maquinaria, de modo que as empresas parceiras pudessem usá-las para gerar exportação.

Não havia nada de mercado livre nesse programa de "Exportar em Primeiro Lugar". Park e seus sucessores estabeleceram metas específicas de exportação para cada companhia e associaram diretamente seus empréstimos, isenções fiscais e outras preferências do governo para alcançar suas metas. Eles também tornaram ilegal para os sul-coreanos comprar muitos produtos voltados à exportação, inclusive fonógrafos, televisão em cores, telefones portáteis e casacos de mink. Somente quando o mercado doméstico estava finalmente crescendo, em meados dos anos 1970, Park introduziu de fato um acompanhamento paralelo das proteções às importações para os novos empreendimentos dos chaebols na produção de bens manufaturados pesados. Os novos produtores sul-coreanos de aço, maquinaria pesada, automóveis, eletrônicos industriais, construção naval, metais e petroquímicos também receberam logo 60% de todos os empréstimos dos bancos sul-coreanos e mais de 75% de todos os investimentos em manufaturas.

Essas políticas funcionaram, e as companhias se tornaram a segunda geração dos exportadores sul-coreanos. Ao final dos anos 1970, um quarto do PIB do país, em rápido crescimento, estava sendo exportado; e nos anos 1980 a média saltou para um terço. (A maior parte dessas exportações foi para os Estados Unidos ou para o Japão, que haviam normalizado as relações com a Coreia do Sul em 1965.)[47] Esse imenso volume desacelerou um pouco nos anos 1990, quando o governo terminou com as restrições sobre os sul-coreanos quanto à compra de seus próprios produtos; mas, desde 2000, elas saltaram novamente para quase 40% do PIB. Este último e enorme fluxo de exportações não foi conduzido por empréstimos e favores do governo, mas pela demanda global por muitos produtos sul-coreanos, e pela expertise e os relacionamentos construídos nos mercados mais demandados do mundo por companhias como

LG Electronics, Samsung e Hyundai, que durante décadas alcançaram as metas de exportações impostas por seus governos.

Portanto, de modo diferente da Irlanda e da China, a Coreia do Sul não importou uma base industrial moderna convidando as companhias mais avançadas do mundo para estabelecerem seus negócios nos país. Bem ao contrário – Rhee e Park barraram o investimento estrangeiro direto em muitas indústrias, e até os anos 1980 os estrangeiros não podiam nem mesmo possuir terras ou construções na Coreia do Sul. Em vez disso, canalizavam as elevadas poupanças pessoais para os bancos estatais, que as emprestavam para os chaebols que estavam em crescimento, e, então, direcionavam os chaebols para a compra ou licenciamento de tecnologias estrangeiras no exterior. Junto com os empréstimos dos bancos ocidentais e japoneses atraídos pelo rápido crescimento do país, essa estratégia tornou a Coreia do Sul um dos países com os mais elevados investimentos do mundo. Mesmo nos anos 1960, quando era pobre e atrasado, os investimentos em negócios com ativos fixos representavam quase 18% do PIB – aproximadamente a taxa de investimento bruto dos EUA nos últimos 40 anos. Nos anos 1970, o investimento em negócios sul-coreanos saltou para 27% do PIB e se manteve em crescimento até quase 30% do PIB nos anos 1980 e 36% nos anos 1990.[48]

Somando tudo isso, desde 1970, a Coreia do Sul dedicou mais de seu PIB ao investimento em negócios do que qualquer outra economia significativa – cerca de dez pontos percentuais por ano mais do que no México e no Brasil, oito pontos percentuais mais do que nos países da União Europeia e dois pontos percentuais por ano mais do que na China e na Tailândia.[49] Mesmo na década de 1995 a 2004, que inclui a crise financeira, a taxa de investimento bruto da Coreia do Sul quase se igualou à da China.

Portanto, quando eventos distantes ou próximos criaram novas oportunidades – para abastecer as forças dos EUA no Vietnã, por exemplo, ou participar do boom da construção no Oriente Médio dos anos 1970 e 1980 –, as companhias sul-coreanas, sozinhas no mundo em desenvolvimento, tinham os investimentos necessários para usufruir delas. E as décadas de investimento elevado, principalmente canalizadas para os chaebols, produziram um elevado e incomum número de companhias globais de sucesso: 14 entre as 500 maiores companhias do mundo, hoje, são sul-coreanas, índice superior à Espanha, Suécia, Itália ou Índia, e duas vezes ao de Cingapura, Tailândia e Taiwan combinadas.[50]

O outro elemento crítico no singular progresso da Coreia do Sul é sumarizado em um fato surpreendente: desde os anos 1960 o governo sul-coreano e seu povo devotaram mais de seu PIB à educação – uma média de 10% ao ano – do que qualquer outro país em desenvolvimento e praticamente todas as nações avançadas. A visão prudente de uma sucessão de ditadores foi o principal elemento; mas grande parte do crédito também vai para os pais sul-coreanos, que pagaram a metade de todo esse gasto. Hoje, cerca de 40% dos estudantes de escolas secundárias no país e 80% dos estudantes universitários estudam em escolas privadas, a maior percentagem no mundo.[51]

O resultado final é uma força de trabalho das mais educadas no mundo. Cerca de 28% dos trabalhadores do sexo masculino na Coreia do Sul têm formação universitária, parcela maior que a da França, da Alemanha ou do Reino Unido (a Coreia do Sul também supera a Alemanha na participação de trabalhadoras do sexo feminino que se formaram em universidades, mas fica atrás da França e do Reino Unido).[52] Os números ainda estão crescendo. Em 2005, mais de quatro em cada cinco sul-coreanos com formação secundária foram para a universidade, a parcela mais elevada do mundo.[53]

A globalização tornou esses investimentos bem rentáveis, porque, à medida que forçou a Coreia do Sul a sair das indústrias de valores mais baixos, agora dominadas pela China e por outras nações que apresentam salários reduzidos, as companhias líderes da nação puderam recorrer a uma força de trabalho extraordinariamente bem-educada a fim de mudar para mercados dominados pelas economias mais avançadas do mundo. A extraordinária educação do povo sul-coreano é uma das principais razões para, hoje, a Samsung superar em competição a Sony, a Toshiba e a Philips; e para a Hyundai Motors, mesmo após seus reveses no final dos anos 1990, ser maior do que a Volvo, a Renault ou a Mazda, e mais lucrativa do que a Ford, a Volkswagen ou a Fiat.

Maior nível educacional nessa escala democrática também torna a Coreia do Sul a sociedade em desenvolvimento mais igualitária no mundo. Pela medida padrão de um economista, o país, hoje, é a 11ª sociedade nesse quesito – bem à frente da França, Itália, Reino Unido e Estados Unidos, e atrás de Escandinávia, Japão, Alemanha, Áustria, Luxemburgo, Holanda e Bósnia-Herzegovina.[54] E o progresso econômico contínuo sul-coreano certamente ajudou a manter o país estável em seus longos anos de ditaduras, golpes militares e reveses financeiros. Talvez essa venha a ser uma lição não descartada pela liderança de Pequim.

A Coreia do Sul também oferece um exemplo importante para França, Alemanha e Japão sobre como se adaptar quando as condições econômicas mudam. Ela enfrentou sérios problemas econômicos duas vezes na última geração, e o governo e as elites empresariais aguentaram firme e escolheram reformas dolorosas. Em 1980, o choque mundial do petróleo, a pior colheita de uma geração, a inquietude popular após o assassinato de Park e o restabelecimento de regras militares levaram a economia sul-coreana a uma parada total. O governo atribuiu a culpa aos enormes e poderosos chaebols, que na verdade haviam crescido tanto – de modo ineficiente, e com muitas dívidas, por causa dos constantes empréstimos estatais, subsídios, isenções de tributos e exportações direcionadas –, que os dez maiores representavam quase metade do PIB do país.[55] O evento mais incomum foi o general Chun, logo após o massacre de Kwangju, realizar uma série de reformas extensas e sensatas do ponto de vista econômico. Ele não somente quebrou alguns dos chaebols em unidades de negócios menores e começou a cortar aos poucos muitos de seus subsídios diretos, como também se concentrou mais no mercado doméstico, cortando subsídios às exportações e repelindo as leis que restringiam o que os consumidores sul-coreanos podiam comprar. Com alcance ainda maior, ele decretou que a maior parte dos empréstimos de bancos locais e 35% dos empréstimos dos grandes bancos nacionais iriam para pequenas e médias empresas. Em uma década, pequenas empresas representavam quase metade do valor adicionado na indústria manufatureira da Coreia do Sul, e dois terços dos empregos no setor de manufaturas.

Então, no final dos anos 1980, quando os avanços da TI estavam reformando a economia americana, o sucessor de Chun, o general Roh, fez outra mudança política decisiva ao recuar quanto às restrições sobre os investimentos diretos estrangeiros – bem antes da Índia ou da China –, enquanto encorajava as companhias sul-coreanas a desenvolver as próprias tecnologias avançadas. Alguns poucos chaebols já eram inovadores de sucesso – com destaque para a Samsung, que desenvolveu o primeiro chip DRM de 64-bit em 1983, e alguns poucos anos mais tarde foi pioneira na estratégia que a IBM seguiu posteriormente, no sentido de oferecer serviços extensivos de TI aos clientes de seus chips, eletrônicos e outros produtos avançados. Assim, com novo apoio do governo, a Hyundai começou a desenvolver protótipos de carros movidos por hidrogênio, eletricidade e álcool, tudo bem antes de seus rivais ocidentais. Em 2000, a Coreia do Sul estava investindo uma parcela maior de seu PIB em P&D – 2,4% mais do que todos os outros países, exceto oito deles.[56] Hoje, os aficionados por computadores e tecnologia e os consumidores ao redor do mundo usam recentes avanços sul-coreanos como equipamentos de solda com precisão a laser, tecnologias que permitem que os usuários de telefones celulares recebam transmissões viajando em altas velocidades, combustíveis alternativos para automóveis, baterias que podem carregar laptops por um mês de uso, novas técnicas de tratamento e transplante de pele em vítimas de queimaduras.

A capacidade de adaptação a novas condições também é clara na resposta da Coreia do Sul à crise financeira de 1997-1998, que afetou o meio de vida ou a segurança econômica de milhões de sul-coreanos. Em um ano, o PIB do país sofreu contração de quase 7%, a moeda perdeu metade de seu valor internacional, 15 entre os 30 maiores chaebols e dez bancos nacionais malograram e o desemprego triplicou, de menos de 3% para quase 9%.[57] Uma ajuda de US$ 57 bilhões do FMI estabilizou a moeda e o sistema financeiro, de modo que os investidores pudessem retornar. Mas Alan Greenspan e Robert Rubin, dos EUA, estabeleceram condições estritas para a ajuda: planejamento industrial renovador e cooperação mútua entre as grandes companhias, grandes bancos e governo; e adotar o modelo dos EUA de comércio aberto, desregulamentação de mercados e transferência financeira. A abordagem americana para a globalização e as críticas aos chaebols por acaso foram bem-aceitas pelo antigo dissidente e recém-eleito presidente Kim Dae-Jung, que aproveitou as condições do FMI para anunciar seu Programa Industrial denominado "Big Deal Industrial Program", que envolvia quebrar os grandes conglomerados e forçá-los a competir em casa com as companhias ocidentais.[58]

Metade dos grandes chaebols desapareceu em dois anos – um recorde que os líderes chineses devem invejar, já que trabalham para desmontar suas empresas estatais –, e a economia sul-coreana se recuperou, com crescimento de 9,5% em 1999 e 8,5% em 2000. Os investidores diretos estrangeiros afluíram para comprar centenas de negócios sul-coreanos a preço de liquidação, comprimidos pela moeda depreciada; e em 2005 as companhias estrangeiras possuíam ou controlavam mais do que 40% das companhias listadas na Bolsa de Valores de Seul e oito dos 14 bancos nacionais.[59]

Sob o programa de Kim-Greenspan/Rubin os chaebols que sobreviveram tiveram de se reestruturar. A Samsung vendeu dez grandes linhas de negócios para companhias estrangeiras, inclusive equipamento de construção (vendida para Volvo AB) e a divisão de automóveis (vendida para a Renault); também dividiu a Samsung Eletronics e investiu ainda mais no desenvolvimento de produtos. Funcionou bem: hoje, a empresa é a maior produtora mundial de chips DRAM, flash memory,* dispositivos de armazenagem ótica e monitores de LCD no mundo; sua divisão aeroespacial está desenvolvendo estações espaciais, sua afiliada na área de construções está construindo o maior prédio do mundo em Dubai e os 13 mil pesquisadores da companhia estão entre os dez maiores recebedores das patentes norte-americanas. Hyundai, o maior chaebol antes da crise financeira, seguiu uma estratégia similar, vendendo negócios periféricos e reorganizando todo o resto em cinco grupos de negócios com os mercados globais. Mas a Daewoo usou o pânico nos negócios para assumir o controle de 14 empresas enfraquecidas em adições às 275 subsidiárias da companhia,

---

* Memória de computador que retém dados em caso de falta de energia elétrica. (N. do T.)

e aumentou significativamente o próprio endividamento. O carnaval de gastos fracassou: no final de 1999, a Daewoo faliu e seu fundador e presidente, Kim Woo-Jung, fugiu do país sob indiciamento. Praticamente tudo que resta hoje da empresa é seu negócio de eletrônicos de consumo, cujos produtos agora são vendidos nas lojas Target, sob a marca Trutech.

A julgar pelos aspectos gerais, a economia da Coreia do Sul deve estar em posição firme para o futuro próximo, mas não é algo certo. O crescimento desde 2000 foi, em média, superior a 4,5% ao ano; a produtividade aumentou 4,3% ao ano, bem à frente da Irlanda e dos Estados Unidos, e duas ou três vezes a taxa da Alemanha, França, Japão e do Reino Unido.[60] A quebra dos chaebols e as reformas de Kim também reestruturaram os mercados de trabalho de acordo com as linhas americanas – mais flexível para os negócios, com muito menos garantias de emprego para milhões de sul-coreanos. O desemprego permaneceu abaixo de 4%, embora cerca de 45% dos trabalhadores sul-coreanos sejam agora empregados "irregulares" que trabalham sem contratos de longo prazo e, com frequência, somente em tempo parcial.[61] Mas nos próximos dez ou 15 anos os trabalhadores sul-coreanos também terão de competir pelos melhores empregos, com um novo influxo de trabalhadores estrangeiros vindos dos Estados Unidos, Japão, Europa e de outros países em desenvolvimento da Ásia. As pessoas jovens estão sofrendo essas mudanças, com a taxa de desemprego atingindo quatro vezes a média nacional. Sem surpresas, milhares agora emigram para os EUA e a Europa, inclusive uma nova fuga de pessoas altamente qualificadas das áreas de ciências computacionais, eletrônicos e pesquisa e desenvolvimento.

A Coreia do Sul necessitará manter seus trabalhadores mais educados no país, com todos os trabalhadores estrangeiros que possa atrair, porque também enfrenta pressões demográficas que podem desacelerar seu progresso. O país seguiu o padrão baby-boom e baby-bust de outras sociedades em desenvolvimento, mas com características especiais que intensificaram seu baby-bust. Para começar, seus enormes investimentos em educação avançada e seu prodigioso crescimento criaram dezenas de milhares de oportunidades de empregos atrativos para mulheres, colocando pressão mais forte na redução das taxas de natalidade do que em muitos outros lugares. Além disso, os governos Park e Chun introduziram o contraceptivo grátis em 1962, e de 1983 em diante cancelaram a cobertura com o seguro de cuidados médicos para as mães grávidas com três ou mais filhos. O resultado foi o colapso das taxas de fertilidade na Coreia do Sul, que caíram de mais de 4,5 crianças por mulher em 1970 para 2,8 em 1980, 1,6 em 1990 e menos de 1,2 atualmente.[62]

As consequências podem restringir o crescimento da Coreia do Sul ao longo de seu trajeto. As projeções da ONU sugerem que os sul-coreanos em idade de trabalho chegarão a aproximadamente 33 milhões entre 2010 e 2015, e depois disso sofrerão contração de cerca de 1% ao ano. Nessa trajetória, a força de trabalho potencial da nação cairá para 31,5 milhões em 2020 e menos de 28 milhões em 2030.[63] Ao mesmo tempo, o número de sul-coreanos idosos irá disparar de cerca de 6,6 milhões em 2005 para 11,4 milhões em 2020, um salto superior a 70% – e se manterá em alta, para mais de 15 milhões até 2030. Essas mudanças também produzirão problemas sérios para a população mais idosa. O país criou pensões estatais somente em 1988, usualmente ligadas a empregos nos chaebols. Portanto, muito parecidas com a China, onde o desmantelamento das comunas agrícolas e das empresas estatais revelaram sua rede de segurança rudimentar, as pensões da Coreia do Sul (e a cobertura com assistência médica) erodiram gravemente quando o governo e a crise financeira levaram a maior parte dos chaebols à quebra. Ainda assim, a OCDE prevê que em 2020 a contração da força de trabalho e o rápido crescimento do número de idosos tornarão o sistema previdenciários público do país "insustentável".[64] À medida que o número de idosos e quase idosos for aumentando, a Coreia do Sul provavelmente enfrentará pressão para expandir a cobertura com pensões – em uma sociedade na qual, mesmo sob regras militares, dezenas de milhares de pessoas regularmente vão às ruas para protestar.

À medida que o pool de trabalhadores sofre contração e a população idosa se expande, a única maneira de manter o crescimento – e gerar receita para coberturas mais amplas no sistema previdenciário – será aumentar a participação dos sul-coreanos que trabalham ou permitir que aqueles que trabalham sejam mais produtivos. A primeira abordagem pode ser mais promissora na Coreia do Sul do que em grande parte da Europa. Por exemplo, tem havido movimentos para acabar com a prática de muitas grandes empresas sul-coreanas no sentido de forçar os empregados a se aposentar aos 50 anos. O maior grupo de trabalhadores potenciais, no entanto, é constituído por mulheres: hoje, somente 56% das mulheres sul-coreanas em idade de trabalho mantêm empregos, muito menos do que a média de 69% para todas as nações industrializadas.[65] À medida que os mercados de trabalho da Coreia do Sul se tornarem mais aquecidos nos próximos anos, os negócios que se adaptaram a outras pressões poderão revisar suas atitudes em direção às mulheres.

É difícil ver como a Coreia do Sul pode melhorar suas taxas atuais de educação superior de modo a aumentar sua produtividade. Entretanto, seus negócios podem expandir o escopo de suas P&D além das indústrias de TI e automobilística, que atualmente representam quase 80% do total. As maiores oportunidades para elevar a produtividade, contudo, estão nas companhias de serviços – bancos, varejo, serviços para negócios, cuidados com saúde e assim por diante –, que mal apresentam metade da produtividade das manufaturas sul-coreanas.[66] Os recordes da Irlanda e da China mostram que a maneira direta de levantar a produtividade de setores defasados é aumentar os investimentos diretos de companhias estrangeiras muito mais produtivas. Desde a crise financeira, o governo sul-coreano tentou fazer isso ao criar "zonas" especiais, onde empresas estrangeiras recebem os tipos de subsídios que costumavam ir para os chaebols – isenção de imposto de renda e impostos corporativos durante sete anos; isenções permanentes de tarifas alfandegárias e impostos de licenças em manufaturas e serviços de alta tecnologia, leasings, assistência médica e educação para os empregados, tudo por conta do governo e sem custos. Até agora, não funcionou. De 2000 a 2005, o IED para a Coreia do Sul foi, em média, menos de 1% do PIB, uma das relações mais baixas no mundo.

Há boas razões para esperar que o IED aumente substancialmente na próxima década. Muitas companhias estrangeiras ficaram distantes porque os custos da mão de obra na Coreia do Sul são agora o dobro, ou algo próximo disso, dos de em Taiwan, Cingapura e Hong Kong,[67] e o país é bem conhecido por seus sindicatos trabalhistas militantes. Mas com a maioria dos chaebols desfeitos ou reduzidos em tamanho, o grande número de trabalhadores irregulares criou uma nova massa de trabalhadores não sindicalizados. Com o tempo, a percepção se ajustará à realidade, e os investimentos diretos estrangeiros devem aumentar. Mais IED, especialmente em serviços, não apenas criaria empregos, talvez para mulheres e pessoas mais idosas que não trabalham agora, como também exporia as companhias de serviços domésticas às melhores práticas dos negócios mais produtivos do mundo na área de serviços, e a competição forçaria algumas a adotarem essas práticas.

A Coreia do Sul também pode oferecer às companhias estrangeiras a economia em desenvolvimento mais intensamente interconectada do mundo. Em 2005, 80% das famílias tinham acesso a computadores domésticos, muito mais do que nos Estados Unidos, Reino Unido, França ou Alemanha, e dez vezes mais em relação a outras nações em desenvolvimento.[68] No mesmo ano, dois terços dos sul-coreanos usavam a internet e mais de 26% de suas famílias assinavam a bandas largas, novamente mais do que nos Estados Unidos e nos grandes países europeus, e léguas à frente de outros países em desenvolvimento.[69] Para as companhias ocidentais, a Coreia do Sul oferece uma força de trabalho e uma base de consumidores que já têm conhecimento e habilidade com computadores e conhecem a internet e a infraestrutura para se conectar às redes globais.

Finalmente, embora a robusta dependência da Coreia do Sul às exportações – quase 40% do PIB são exportados a cada ano – alinhe sua economia com forças representativas da globalização, também torna seu crescimento nacional refém dos clientes dos países mais representativos, especialmente dos Estados Unidos. Uma recessão nos EUA, especialmente do tipo que se espalha pelo mundo, rapidamente impediria o progresso da economia sul-coreana. Mas recessões vêm e vão, e o sinal mais promissor quanto ao futuro desse país é sua capacidade consistente de aceitar o que a economia global oferece e, mesmo assim, progredir.

Quando indivíduos, empresas ou países passam por sucessos incomuns, tornam-se modelos de desempenho para aqueles que aspiram aos mesmos resultados. Nos Estados Unidos, China, Irlanda e Coreia do Sul, o mundo atual tem quatro modelos econômicos. A economia número 1, os Estados Unidos, oferece um modelo de país grande com os benefícios de mercados relativamente não regulados, fortes investimentos públicos em educação e infraestrutura, empreendedorismo, desenvolvimento conduzido domesticamente e globalização agressiva. O modelo americano também se apoia em políticas democráticas básicas, benefícios e proteção sociais limitadas, além de tolerância por desigualdade relativamente elevada. É provável que venha a ser o modelo para a Índia e, talvez com o tempo, Alemanha, França, Brasil e México. A China oferece diferentes caminhos para o sucesso econômico – salários e outros recursos com preços que atraem investimentos estrangeiros diretos maciços, uma combinação de mercados altamente regulamentados e levemente regulados, baixo consumo e poupança pessoal muito elevada, forte investimento público em infraestrutura, investimentos educacionais voltados a somente uma parte da população e benefícios e proteção sociais severamente limitados. Mais importante para outros países é que a abordagem chinesa depende de políticas autoritárias, e também, mais uma vez, de tolerância por elevada desigualdade. É um modelo que pode ter apelo para países africanos, os países mais autoritários da Ásia e talvez, com o tempo, a Rússia.

O mundo agora tem outros dois modelos. A Irlanda é um modelo de país pequeno com políticas de benefícios fiscais e subsídios voltados para atrair investimentos diretos estrangeiros em larga escala, investimentos substanciais em educação e infraestrutura, benefícios e proteção sociais relativamente limitados, tudo construído sobre uma democracia de classe média e produzindo relativa igualdade. Como o sucesso da Irlanda está ligado ao acesso econômico à União Europeia, está se tornando um modelo para as economias transicionais na Europa Central e Oriental. Finalmente, a Coreia do Sul oferece às menores economias uma abordagem diferente, baseada em maciços investimentos públicos e privados em educação e saúde, grandes subsídios iniciais para indústrias fundamentais, acompanhados de poucas barreiras às importações e competição externa, proteções sociais substanciais que, como os subsídios industriais, decrescem com o tempo, e apoio ao empreendedorismo. Diferentemente da Irlanda, ela se apoia inicialmente em políticas autoritárias, com perspectiva de transição para a democracia. A Coreia do Sul pode vir a se tornar um modelo para países africanos e asiáticos que têm líderes autoritários sagazes.

No final, muitos países não seguirão qualquer uma dessas abordagens; e possivelmente não se desenvolverão rapidamente nem prosperarão muito nesse período. Esse é o caminho provável para grande parte do Oriente Médio e alguns países da América Latina. No entanto, o que talvez seja mais marcante em tudo isso é o desenvolvimento histórico, que aponta que as principais economias da Europa e o Japão não mais oferecem um modelo econômico viável para outros países.

Capítulo 6

A nova geopolítica do superpoder único: os participantes

O PODER MILITAR GLOBAL DOS ESTADOS UNIDOS é tão comum que é fácil negligenciar o quanto é único em termos históricos. O que é e capaz de modificar o mundo não é a extensão de sua capacidade militar, política e econômica, mas a ausência de países que sequer se aproximam dessas condições. Esse quadro cria o que um proeminente teórico no assunto, Stephen Walt, chama de "desequilíbrio de poder em favor dos EUA sem precedentes históricos (...) em toda importante dimensão de poder".[1] Durante os séculos XVII e XVIII a França tinha um formidável poderio militar e cultural, assim como a Espanha e esta – e a Grã-Bretanha era mais rica. Na segunda metade do século XIX, quando o Reino Unido possuía a maior e mais importante economia do mundo, essa, ainda assim, não era grande o suficiente para que a economia dos Estados Unidos não a ultrapassasse no fim do século. E pelo menos nesse ponto o século XX foi inteiramente típico, até a última década. O Reino Unido, a Alemanha, os Estados Unidos e o Japão apresentaram competitiva influência econômica, militar, política e cultural durante grande parte da primeira metade do século XX, e por 45 anos após a Segunda Guerra Mundial o alcance dos EUA não era muito mais assustador que o da União Soviética.

Tudo isso mudou. A posição histórica anômala dos Estados Unidos como superpotência única trouxe fim à geopolítica de equilíbrio de poderes que organizou boa parte dos assuntos mundiais por mais de mil anos, e moldará, de modo fundamental, uma nova geopolítica por pelo menos uma geração. Com a globalização afetando cada vez mais a maneira como as nações interagem, a posição singular dos EUA depende substancialmente de sua economia. É claro que seu poderio econômico vai muito além de ser a maior economia, e de, entre as maiores, ser a mais produtiva e a de maior taxa de crescimento. O poder geopolítico que este país obtém de sua economia se baseia, em primeiro lugar, em quão profundamente ela afeta as outras economias. Conforme já dissemos, as empresas e os consumidores americanos compram uma quantidade sem precedentes de bens e serviços do restante do mundo – US$ 2,2 trilhões em 2006, ou mais que o tamanho de todas as economias do mundo, exceto cinco países, e mais de 6% de tudo que é produzido no mundo executando os Estados Unidos. Isso tem importância geopolítica, pois o emprego e a renda de dezenas de milhões em outros países agora dependem diretamente de a economia dos Estados Unidos continuar a crescer o suficiente para mantê-los. O resultado é que grupos poderosos em outros países agora identificam seus interesses com os dos EUA, que, por sua vez, pode limitar a capacidade dos governos, no sentido de adotar medidas adversas. Por exemplo, em 2005, o Brasil e, dois anos depois, a Tailândia anunciaram planos para tornar nulas as patentes de medicamentos americanos de combate ao HIV – um passo ilegal, embora popular em seus países, que teria cortado custos de seus programas públicos de saúde e permitido que se produzissem versões genéricas à exportação para outros países. Ambos recuaram quando suas elites empresariais se opuseram (e ambos aceitaram novos descontos oferecidos pelas empresas farmacêuticas abaladas).

Os Estados Unidos também obtêm poder geopolítico de sua singular capacidade de desenvolver, em grandes volumes, novas tecnologias e outros valiosos tipos de propriedade intelectual, especialmente nas áreas de software e internet, que impulsionam boa parte das mudanças econômicas e dos processos de globalização em si. Agora, outros países lideram a produção e o aperfeiçoamento das manufaturas básicas que as companhias americanas dominavam algumas gerações atrás – aço, eletrônicos, automóveis etc. E o norte da Europa é a moradia de bom número de empresas entre as mais inovadoras em tecnologia da informação, especialmente em tecnologias sem fio. Mas, até agora, não existem concorrentes japoneses, alemães, britânicos, franceses ou chineses para a Microsoft, Google, Amazon, Oracle, Dell ou Amgem – ou, em métodos de negócios, para WalMart ou Goldman Sachs.

Essa capacidade eleva a posição global americana não porque aumenta o lucro que as empresas dos EUA obtêm em suas vendas no exterior; com alcance muito maior, ela sutilmente alinha a trajetória econômica de outros países à dos Estados Unidos e, gostando ou não, isso os torna um pouco mais parecidos com esse país. A infraestrutura de software da internet se desenvolveu de maneira tipicamente americana – com empreendedores trabalhando em áreas que eram, em grande parte, intocadas pela regulamentação governamental – em um sistema radicalmente aberto e descentralizado. Como resultado, a internet se tornou essencialmente "americana" onde quer que esteja, e não apenas porque companhias dos EUA dominam seu desenvolvimento e seu conteúdo. Muito além disso, ela cria oportunidades ao estilo americano aonde quer que chegue, disseminando informação sem restrições e levando ao desenvolvimento de novos serviços e produtos por empresas que operam de formas inovadoras. E isso pode produzir benefícios geopolíticos para os Estados Unidos, à medida que dezenas ou centenas de milhares de pessoas bem-sucedidas ao redor do mundo vão associando seu sucesso às contínuas conquistas tecnológicas.

Imagine se a economia da China fosse líder mundial em termos de inovações, sua língua fosse o padrão internacional e a internet tivesse surgido em seus laboratórios governamentais. Da forma como é hoje, a China se esforça significativamente para restringir o acesso de seu povo ao conteúdo na internet por ela considerado politicamente inaceitável, talvez lembrando como os alemães orientais lideraram a desconstrução do império soviético após anos de acesso direto a notícias sem censura originadas na Alemanha Ocidental. Uma rede mundial de computadores projetada pelos chineses certamente seria um sistema fechado no qual a informação seria controlada. E, caso tivesse ocorrido dessa forma, poderia ter permanecido assim, ao menos por algum tempo. Os mercados globais estão repletos do que os economistas chamam de resultados "dependentes de trajetória" –, pense no videocassete ou, alguns diriam, no Microsoft Windows –, em que a vantagem inicial crítica de um produto cria uma trajetória difícil de se alterar, mesmo após o surgimento de alternativas mais eficazes ou eficientes.

O cerne da influência geopolítica norte-americana decorrente de sua preeminência econômica, contudo, está no fato de que boa parte do mundo agora adota sua abordagem básica para organizar a economia e fazer negócios. Em menos de uma geração, os modelos alternativos que a maioria das nações havia seguido por décadas foram desacreditados e, em geral, descartados. Isso vai além do histórico colapso do coletivismo soviético e da surpreendente conversão da China ao capitalismo. O apelo dos modelos mais mistos de uma economia privada, com pesado direcionamento governamental, também tem diminuído após as economias dinâmicas da Ásia terem estagnado e as europeias terem ingressado em uma década de crescimento decepcionante. Alguns líderes na Europa ou no Japão podem negar, mas pela primeira vez não há, em qualquer lugar do mundo, alternativas dignas de credibilidade à abordagem básica americana sobre os limites do papel do governo na economia e do modo de funcionamento dos negócios.

Isso não torna a abordagem econômica americana "correta" em qualquer sentido objetivo, como na composição do átomo. Antes disso, ela é amplamente preferida agora porque está em sincronia com a atual demanda da globalização. Por um longo tempo, as abordagens europeia e japonesa – para não mencionar o que se passava por um modelo econômico na União Soviética, na Europa Oriental e na China – produziram mais igualdade e segurança econômica para os indivíduos do que o capitalismo ao estilo americano. Mas por quase uma geração a globalização tem enfraquecido a capacidade dessas abordagens de gerar crescimento forte e sustentado – e maior igualdade e segurança têm menos apelo quando as pessoas estão diante da expectativa de empobrecer. Esse é simplesmente um período no qual o crescimento das economias avançadas e em desenvolvimento depende dos governos não apenas para investimento em educação, saúde e infraestrutura moderna, mas também para que recuem em relação a proteções e regulamentações que possam atrasar ou dificultar as grandes transferências de tecnologia, capital e conhecimento especializado. E, atualmente, quase todas as nações também apoiam as instituições internacionais que fazem cumprir as regras de globalização ao estilo americano, especialmente a Organização Mundial do Comércio e a Organização Mundial da Propriedade Intelectual, bem como as mais antigas: Fundo Monetário Internacional, Banco Mundial e Clube de Paris (que lida com questões de moratória de dívida soberana entre nações).

O negócio central da geopolítica é a segurança nacional; e o outro fato geopolítico crítico a respeito do domínio econômico americano é que financiará indefinidamente a posição americana de única superpotência militar global. Em 2006, os Estados Unidos gastaram cerca de US$ 570 bilhões em defesa, ou aproximadamente tanto quanto o restante do mundo em conjunto. Essa assimetria em gastos militares também não tem precedentes históricos. De fato, os Estados Unidos gastam mais em pesquisa e desenvolvimento de novos sistemas de defesa – em torno de US$ 73 bilhões em 2007 – do que todos os orçamentos de defesa de todos os outros países, exceto a China.

Todo esse gasto garantiu aos Estados Unidos um notável domínio como a primeira superpotência militar em mais de um milênio a não ter rivais à vista. Outras nações possuem Exércitos, Forças Aéreas e Marinhas capazes de proteger suas fronteiras de praticamente qualquer país; e com uma defasagem de tempo considerável, algumas poderiam enviar seus soldados, marinheiros e pilotos para combater em outros países. Mas somente os Estados Unidos contam com uma Marinha de Guerra capaz de operar em todos os oceanos, e uma Força Aérea preventiva que, com pequeno aviso prévio, é capaz de projetar forças a partir de bases americanas nos Estados Unidos e ao redor do mundo. Elas carregam tecnologias ao menos duas gerações mais avançadas do que as de qualquer outro país, incluindo China, Reino Unido e Rússia. Essas forças são capazes de prevenir outros países de usarem seu poderio militar além de suas próprias fronteiras e, como aprendeu Saddam Hussein, nenhum governo pode sobreviver por muito tempo contra um ataque sério delas.

A geografia reforça a impressionante vantagem militar americana. Os Estados Unidos são o único país com milhares de milhas de oceano separando-os de qualquer outro país que possua Exército, Marinha, ou Força Aérea digna de se mencionar. E os oceanos e os espaços aéreos sobre eles e sobre todos os outros países são parte do território militar americano, pois apenas sua Marinha e sua Força Aérea são capazes de percorrê-los livremente. A maior parte das guerras tem início por conflitos que surgem, de alguma forma, da proximidade geográfica; e, mesmo hoje, a proximidade da Rússia, China e Índia, por exemplo, tornará mais difícil a perspectiva de esses países trabalharem em conjunto, de forma a equilibrar a vantagem militar americana.

O desproporcional poderio militar americano é resultado direto de gerações de política americana, mas com a tácita concordância de boa parte do restante do mundo. Os Estados Unidos criaram uma força militar única ao dedicar os últimos 50 anos à criação de sistemas e tecnologias assustadoras, gastando o que fosse necessário para construí-los e mantê-los. Esses compromissos provavelmente teriam tornado o país o maior poder militar do mundo, independentemente do que qualquer outra nação tivesse feito. Mas a falta de um adversário próximo capaz de prover uma medida de equilíbrio geopolítico não é apenas resultado das falhas fatais da União Soviética. Também foi necessária a extraordinária decisão, por parte de países que dominaram militarmente boa parte do mundo por séculos – em especial, Alemanha, França, Reino Unido e Japão –, de parar de competir militarmente durante 50 anos. Em vez disso, os principais países europeus e o Japão terceirizaram sua segurança para os Estados Unidos, deixando para este a responsabilidade de dissuadir ou combater onde quer que os soviéticos ou os chineses parecessem agressivos demais. Esses ex-grandes poderes tornaram-se provedores de forças em grande parte simbólicas, no que o historiador Paul Kennedy denominou uma aliança oca, ou "Potemkin": "Os Estados Unidos realizam 98% do combate, os britânicos, 2%, e os japoneses flutuam ao redor das ilhas Maurício." Era um acordo que servia a todos, pois também se encaixava bem nas convicções compartilhadas dos Estados Unidos e da União Soviética de que a hora de eles direcionarem os assuntos mundiais havia chegado.

Quando o império soviético implodiu, os EUA não fizeram esforço para preservar qualquer tipo de sistema bipolar – e por que deveria? –, e moveu-se rapidamente para absorver o Pacto de Varsóvia na aliança da Otan. Além disso, sem o rival soviético próximo para equilibrar os Estados Unidos, a Europa e o Japão continuaram a enfraquecer sua capacidade militar – ao mesmo tempo em que, sem a ameaça soviética, os Estados Unidos continuaram a aprimorar suas defesas e a combater em novas guerras. Hoje os Estados Unidos possuem várias centenas de milhares de tropas prontas para o combate em mais de 100 países – sem contar o Iraque – e fornece treinamento militar para mais de 130 nações. Especialistas afirmam que toda a União Europeia não seria capaz de posicionar 60 mil soldados bem equipados no campo em 60 dias e mantê-los lá por um ano.

As elites europeias que ditam as políticas externa e de defesa têm disparado alarmes, até então sem resultados. O grupo de Venusberg de especialistas europeus de alto nível, reunidos há aproximadamente uma década pela Fundação Bertelsmann para examinar a política de segurança da União Europeia, elaborou seu mais recente e sóbrio relatório em julho de 2007. Ele reconheceu que "nenhum Estado europeu pode ser descrito como um verdadeiro grande poder no mundo atual", e concluiu: "É agora ou nunca a hora para uma política externa e de segurança efetiva para a União Europeia (...) (e) já é tempo de a Europa acabar com sua obsessão por estrutura interna." Sua conclusão foi absoluta e precisa: "Falhem e os europeus perderão qualquer capacidade que têm agora de moldar os eventos futuros."[2]

Poderia ter sido diferente, e teria sido, caso Alemanha, França, Reino Unido e Japão tivessem abordado a Guerra Fria como poderosos parceiros dos Estados Unidos, sendo este o parceiro principal. Mesmo não tendo agido dessa forma, os três grandes países da Europa e o Japão poderiam ter direcionado mais de seus recursos e atenção à competição do Ocidente com os soviéticos. Percorrer esse caminho, no entanto, teria restringido o desenvolvimento dos modernos Estados de bem-estar social europeus, pois os custos de grandes construções para defesa teriam vindo de programas domésticos. Pode-se dizer, de forma justa, que a escolha feita pelos principais países europeus de deixar que os Estados Unidos assumissem a responsabilidade pela forma utilizada pelo Ocidente para confrontar o comunismo lhes permitiu construir e preservar as mesmas redes de benefícios, proteções e regulamentações que agora estão em desacordo com as demandas da globalização e com o envelhecimento de suas populações.

O poderio militar dos EUA não é ilimitado. A China e a Rússia – e, talvez, em breve, a Coreia do Norte – podem enviar um míssil nuclear a Washington, Nova York ou Los Angeles, o que limita as opções militares americanas, pelo menos no extremo (o Reino Unido também poderia, mas isso não conta). Ainda mais importante é que a Guerra do Iraque mostra ao mundo o quanto é fácil para a única superpotência global derrotar militarmente outro governo e quão difícil é para essa superpotência ocupar uma extensa sociedade estrangeira. E como a Al Qaeda demonstrou no 11 de Setembro, a esmagadora superioridade militar americana inspira novas formas de ataque que alavancam um aspecto de sua força contra si mesma.

A nova geopolítica encontra a globalização

Essa nova geopolítica faz interseção com a globalização de três maneiras. Em primeiro lugar, não fosse a globalização, a China seria uma força geopolítica modesta por mais algumas gerações. Em vez disso, sua ascendência econômica por meio da globalização criará um expansivo papel internacional para o país durante os próximos dez ou 15 anos. Em segundo lugar, a globalização tem ajudado a tornar terrorismo e energia questões centrais para a geopolítica por, pelo menos, a próxima década. Vamos examinar essas questões mais adiante. Antes, contudo, examinaremos uma terceira questão que é ainda mais fundamental: a globalização impossibilita conflitos militares diretos entre grandes países e refaz a geopolítica em uma série de pequenos choques entre os países envolvidos na globalização e os grupos e Estados fora dela?

Essa não é a primeira vez que pessoas imaginaram ou esperaram que países extensivamente conectados pelo comércio guerreariam entre si. Essa ideia é, pelo menos, tão antiga quanto o Iluminismo do século XVIII, quando a maioria dos europeus instruídos acreditava que o progresso de sua era nas ciências e na razão, inexoravelmente, produziria paz pelo comércio. Estavam obviamente errados. Ciência e razão apenas tornaram as guerras napoleônicas e a guerra anglo-americana de 1812 mais letais. Os grandes avanços na globalização durante a segunda metade do século XIX também não iniciaram uma era de paz. Em vez disso, a combinação da intensa competição nos mercados internacionais entre os principais poderes com seu nacionalismo levou aos horrores da Primeira Guerra Mundial. No final, nada na história é mais comum do que grandes países lutando para se tornar mais ricos; e na maioria dos casos essas lutas estão intimamente associadas ao desejo por poderio militar. E quando dois ou mais países lutam por mais poderio militar na mesma região, quase sempre são levados a confrontos.

A ideia de que, dessa vez, a globalização produzirá paz permanente entre as principais nações é promovida de forma mais ávida e hábil por um analista do Pentágono formado em Harvard chamado Thomas Barnett. Mais do que qualquer outro, ele tem desenvolvido a visão de que a geopolítica de nosso tempo será definida por uma grande divisão entre aqueles envolvidos na globalização econômica e aqueles fora do clube – e todos no clube descobrirão como lidar uns com os outros.[3] Isso não é meramente uma atualização da visão iluminista. Barnett calcula que a propagação de armas nucleares impossibilitará inclusive guerras convencionais entre grandes países, enquanto líderes em regiões excluídas da economia global descobrirão que somente poderão atingir seus objetivos por meios violentos.

As partes otimistas dessa visão requerem, no mínimo, muita fé. Guerra entre potências nucleares claramente não é algo impensável. Os

Estados Unidos e os soviéticos chegaram perigosamente perto de conflitos nucleares em mais de uma ocasião, assim como a Índia e o Paquistão. Além disso, os mais graduados conselheiros militares e de política externa dos chefes de Estado de cada potência nuclear têm pensado muito a respeito por duas gerações, e o estão fazendo agora em Washington, Moscou, Londres, Paris, Pequim, Deli, Karachi, Tel Aviv, Pyongyang e, em breve, Teerã. E países com armas nucleares que alcancem um nível significativo de comércio entre si podem ter importantes conflitos de interesse em questões econômicas ou não econômicas – pense em energia e, então, em ambições territoriais. Estrategistas militares em Washington, Pequim, Moscou e em outras capitais desenvolveram cenários de conflito e planos que, se possível, mantêm num estágio não nuclear um confronto com outra potência nuclear – e, caso isso não seja possível, determinam o que será feito. E enquanto alguns diriam que a Índia faz parte da globalização e o Paquistão não, um conflito entre essas duas potências teria pouco a ver com essa diferença.

As amplas interações da globalização atual também não têm moderado as tendências nacionalistas intimamente associadas a confrontos e guerras. Uma das razões para que a China e os Estados Unidos adotem a globalização hoje é que é uma forma de se tornarem mais importantes – mais poderosos – no mundo. Modéstia não é uma característica de países que se consideram grandes e excepcionais. A China e os Estados Unidos hoje – e, em outros tempos, os principais países europeus e o Japão – se veem não como peças de um sistema global maior, mas como nações, na história, que reivindicam posições mais elevadas para si mesmas. E isso é nacionalismo clássico. Mesmo com as corporações chinesas se tornando parte das redes de fornecimento e distribuição criadas por empresas americanas, as duas sociedades dão poucos sinais de convergência de valores sociais. Dito claramente, a China não está suportando as violentas rupturas sociais e econômicas associadas a uma rápida modernização porque não quer ser os EUA ou a Suécia; ela quer ser o que sempre foi, a China, só que um pouco mais.

Mesmo assim, Barnett e seus admiradores estão corretos quando afirmam que as guerras dos próximos dez ou 15 anos envolverão, com maior probabilidade, conflitos internos em países pobres (fora do clube) ou ataques preventivos ou retaliatórios realizados pela superpotência única, juntamente com quaisquer aliados que conseguir reunir, contra grupos e Estados renegados. As características salientes do panorama geopolítico não serão as grandes divisões da globalização, por mais críticas que sejam, mas o fenômeno tradicional de países pobres se desintegrando e o inteiramente novo de uma única superpotência assumindo a responsabilidade pela segurança global.

Existe outro sério e preocupante motivo pelo qual a globalização não pode impossibilitar uma grande guerra, mesmo nos próximos dez ou 15 anos. Gradualmente, mas agora de forma definitiva, o mundo ingressou em uma nova era de proliferação nuclear, em que países fracos significativamente "fora da órbita" ganharam acesso a armas nucleares. Durante décadas, um país precisava ser grande e próspero para construir armas nucleares. Essa era terminou decisivamente com o armamento nuclear do Paquistão e da Coreia do Norte.

O mais importante – e ameaçador – desdobramento na proliferação tem sido a propagação, em grande parte descontrolada, da tecnologia de energia nuclear, e a eventual capacidade de países, mesmo os fracos, alavancarem essa tecnologia para desenvolver armas nucleares. O Paquistão, a Coreia do Norte e, com grande probabilidade, o Irã, em breve, ilustram sobriamente esse ponto. Além disso, ao redor do Oriente Médio, a Arábia Saudita tem manifestado interesse em desenvolver tecnologia de energia nuclear, o Egito e a Argélia já possuem reatores para pesquisa nuclear e outras nações árabes (incluindo a Jordânia) esperam segui-los dentro de uma década.

O risco de esses países utilizarem seus reatores para produzir plutônio pode ser contido apenas enquanto seus governos – em geral, autocratas – permitirem à Agência Internacional de Energia Atômica a manutenção do controle e da supervisão estritos de suas atividades relacionadas à energia nuclear. A Coreia do Norte e o Paquistão demonstram, de forma sóbria e definitiva, que esses controles não são barreiras confiáveis à proliferação, desde que esses Estados tenham decidido adquirir armas nucleares. A proliferação do poder nuclear não é algo novo; a iniciativa Átomos para a Paz de Eisenhower ajudou a lançá-la décadas atrás.[4] O que é novo é o crescente ritmo no qual os países instáveis, tanto pobres quanto ricos, estão adquirindo habilidades e tecnologias nucleares, e também o progresso tecnológico que transformou os antes complexos e customizados componentes de armas nucleares em bens industriais padrão.

Nos próximos dez anos veremos mais Estados adquirindo capacidade nuclear. Provavelmente, o gatilho será o que os cientistas políticos denominam "cenário de cascata", em que, por exemplo, o teste de uma arma nuclear pelo Irã dispara o rápido desenvolvimento e o teste de armas por parte do Egito e da Arábia Saudita, os quais têm estado, por algum tempo, em cima do muro em termos de armas nucleares. Esse cenário já ocorreu uma vez, quando a bomba da China impeliu a Índia a desenvolver sua própria bomba e o teste da Índia levou o Paquistão a produzir uma para si mesmo. A capacidade de Taiwan fazer o mesmo provavelmente ajuda a limitar um pouco da agressividade da China em relação à ilha – e vice-versa –, mas é preciso apenas um teste para iniciar uma cascata.

Para evitar um "dia do juízo regional" durante os próximos dez a 15 anos, as novas nações com armas nucleares precisarão replicar a relação de dissuasão que os Estados Unidos e os soviéticos construíram ao longo de décadas, e com muita sorte. Claramente a área mais perigosa para a proliferação nuclear durante a próxima década é o Oriente Médio, onde todos têm grandes interesses. Não é provável que os Estados Unidos, a Rússia ou a China sejam capazes de impedir o Egito ou a Arábia Saudita de desenvolver armas nucleares se o Irã o fizer e não se comportar – ou impedir Israel de fazer o que quer que acredite que deva ser feito. Também é mais provável que Estados fracos usem armas nucleares uns contra os outros, pois um adversário com apenas algumas armas nucleares é um alvo mais tentador para um primeiro ataque.[5] Evitar as catastróficas consequências globais de um conflito nuclear no Oriente Médio será, certamente, a questão central durante a próxima década para os Estados Unidos e para a China, assim como para a Rússia e até mesmo para a Europa.

A geopolítica da superpotência americana

Pelos últimos 15 anos, um país, os Estados Unidos, tem exercido poder e responsabilidade, praticamente, em toda parte do mundo. O mais importante fator isolado na geopolítica dos próximos 15 anos é que, independentemente do resultado final no Iraque, isso não mudará. Assim como pouquíssimas pessoas com grande riqueza vivem como se tivessem de se preocupar com o próximo contracheque, superpotências quase sempre agem com base no que são, isto é, muito poderosas. E sem um rival próximo para equilibrar, impedir ou contestar seriamente a capacidade americana de dar os passos que escolher em qualquer região, os interesses e a conduta americana continuarão a ter escopo global de agora a 2020 – e além disso.

Nesse aspecto, as presidências de Bill Clinton e de George W. Bush têm muito em comum. Enquanto Clinton usou forças militares americanas de forma muito mais breve e menos intensa do que Bush (embora o tenha feito em mais ocasiões), sua abordagem geopolítica foi tão global e ativista quanto a de Bush.[6] Sob o governo Clinton, os Estados Unidos enviaram porta-aviões para o estreito de Taiwan e, mais tarde, convenceram Pequim a encerrar a assistência nuclear ao Irã e ao Paquistão enquanto usavam o acesso a seu mercado para fazer com que a China aceitasse as regras da OMC, criadas pelos Estados Unidos, de competição doméstica e investimento estrangeiro. Os EUA, nos anos 1990, também conseguiram fazer com que a Coreia do Norte congelasse sua produção de plutônio; usou a Otan e a União Europeia para acabar com conflitos e mudar regimes nos Bálcãs; trouxe a Rússia para o G-8 e o Pacto de Varsóvia para a Otan; desnuclearizou a Ucrânia, a Bielorrússia e o Cazaquistão; conteve as ambições de Saddam Hussein; usou novos acordos comerciais para acabar com o governo de partido único no México; restaurou um processo democrático no Haiti; protegeu os mercados financeiros ocidentais das crises financeiras na Ásia e no México e realizou, com sucesso, o papel de intermediário na Irlanda, na questão Índia-Paquistão, na questão Turquia-Grécia, e, com menor sucesso, no Oriente Médio. O governo Clinton também tornou Osama bin Laden um alvo, e tentou assassiná-lo.

O tradicional realismo na política externa dos governos de Clinton e de seu predecessor, George H. W. Bush, levou a estratégias geopolíticas diferentes das doutrinas de George W. Bush e de seus conselheiros mais próximos. Mas essas diferenças na visão de mundo não afetaram o fato ou a lógica inescapável de os Estados Unidos exercerem seu poder em nível mundial.

Embora nenhum país seja capaz de impedir os Estados Unidos de seguir as políticas que venham a escolher, estas podem falhar ou ser tão incorretas que, mesmo no sucesso, prejudicariam os interesses americanos (e de outros). A política americana em relação ao Iraque certamente será julgada um fracasso e também pode ter sido fatalmente incorreta. No mínimo, estabeleceu que a superpotência pode derrubar a liderança de qualquer outro país, mas não necessariamente ocupá-lo com sucesso. Esses resultados afetarão os julgamentos estratégicos não só de futuros presidentes americanos e de seus conselheiros, mas também de outros países e grupos. Também é possível que leve à proliferação das tecnologias e estratégias não convencionais utilizadas por insurgentes no Iraque para combater a tradicional superioridade militar do superpoder. Como a vangloriada doutrina americana de "guerra centrada em rede" (*network-centric warfare*) mostrou-se inútil contra as bombas caseiras (IEDs – Improvised Explosive Devices), suas forças as confrontarão novamente onde quer que combatam no futuro. O mesmo destino provavelmente aguarda as forças russas na Chechênia. Entretanto, a infeliz aventura americana no Iraque não reduzirá seu ativismo ao longo da próxima década, mesmo no Oriente Médio. O fato é que a atividade americana nessa região – assim como na América Latina, na Ásia e na Europa – faz parte dos interesses globais e da geopolítica de uma superpotência única.

Um papel global ativista e adaptável é exatamente o que os principais estrategistas americanos militares e de inteligência veem no futuro do país, com base no mais recente *Quadrennial Defense Review Report* do Pentágono e em estimativas da Inteligência nacional. Esse papel não advém de uma óbvia ameaça existencial aos Estados Unidos. De fato, em vívido contraste com os anos da Guerra Fria, somente a Rússia, em algumas ocasiões, e um punhado de países menores parecem dispostos a desafiar os Estados Unidos, mesmo retoricamente – Coreia do Norte, Irã, Síria, Cuba e Venezuela –, e todos também estão dispostos a fazer negócios com os Estados Unidos na maior parte das áreas. Não obstante, todos os especialistas que explicam o mundo aos presidentes americanos veem um caso convincente para o ativismo americano, tomando como base a "capacidade" daqueles que são hostis aos interesses americanos e a capacidade americana de frustrá-los. Seu escopo global começa com o alcance mundial dos grupos terroristas – supostamente operantes em oito países –, capazes de causar danos a interesses e ativos americanos ao redor do mundo. O Pentágono afirma isso claramente: "Os Estados Unidos estão (...) envolvidos no que será uma longa guerra (...) de escopo global (...) contra extremistas violentos que utilizam terrorismo como sua arma de escolha, e que buscam destruir nosso modo livre de vida."[7]

Os interesses que importam para esses estrategistas e os consequentes objetivos da política de defesa americana para a próxima década vão muito além de "derrotar redes terroristas" e "defender o solo americano". A Arábia Saudita, por exemplo, tem a capacidade de interromper o suprimento americano de petróleo e a China poderia usar sua força militar e sua influência econômica para intimidar seus vizinhos a ponto de fecharem as bases americanas localizadas em seus territórios. Seguindo adiante, a Coreia do Norte tem a capacidade de vender tecnologia de mísseis e armamentos avançados para outras nações que ameacem a paz mundial e a Rússia poderia reter gás natural e eletricidade em prejuízo de grande parte da Europa. Aborde o mundo da forma como os mais graduados estrategistas de Defesa e inteligência o fazem e os Estados Unidos terão opções praticamente ilimitadas para exercer seus superpoderes, de forma a "moldar as escolhas estratégicas de outros países" – incluindo força militar, caso necessário. Com o objetivo de se preparar para o uso da força, o Pentágono também está reorganizando seu poderio militar, "afastando-se de uma defesa estática de postos militares obsoletos ao estilo da Guerra Fria e enfatizando a capacidade de se deslocar rapidamente para locais problemáticos ao redor do globo (...) e conduzir guerras múltiplas e com superposição".[8]

A mais recente *Quadrennial Defense Review* organiza o universo de ameaças utilizando uma topologia que também requer o exercício expansivo do poder americano no futuro próximo. Primeiramente, existem as tradicionais ameaças de países que utilizam "capacidades e forças militares conhecidas de formas bem entendidas de competição e conflito militar". Mesmo nenhum outro país sendo capaz de enfrentar os Estados Unidos dessa forma atualmente, a *Review* olha uma geração à frente, quando a China pode ser um verdadeiro competidor militar, e requer uma nova geração de mísseis estratégicos e sistemas de defesa. A possibilidade de conflitos tradicionais no futuro também está por trás dos atuais planos do Pentágono para novas tecnologias avançadas de guerra convencional – caso a superpotência decida enfrentar outro país hostil (o modelo iraquiano) ou caso as forças americanas estejam por perto quando uma guerra tradicional irromper entre dois outros países (e elas estão estacionadas perto de praticamente qualquer um). Os estrategistas podem estar pensando em países africanos produtores de petróleo no primeiro caso e na questão Índia-Paquistão, ou em Estados independentes da antiga União Soviética, no segundo.

Uma segunda classe de ameaças é o que os estrategistas militares americanos denominam "desafios irregulares apresentados por aqueles que empregam métodos não convencionais para compensar as vantagens tradicionais de oponentes mais fortes". Isso cobre o terrorismo fora dos Estados Unidos, assim como a insurgência ao estilo iraquiano, e seu status de ameaça número 2 sinaliza a determinação das forças militares americanas no sentido de construir a "capacidade" de vencer da próxima vez. Para esses estrategistas, existe pouca dúvida de que haverá uma próxima vez – mesmo que se encaixe em sua terceira classe de ameaças: "Desafios catastróficos que envolvem aquisição, posse e uso de armas de destruição em massa." A falha americana no Iraque, mesmo com todo o dano político causado a George W. Bush e à marca de seu partido, não mudará a importância de uma ameaça de armas de destruição em massa para os futuros presidentes americanos. Poucas pessoas na política nacional americana – e talvez também não muitas na Europa – contestariam um futuro ataque preventivo que pudesse impedir, com sucesso, um país hostil de se equipar com armas de destruição em massa. O problema prático é produzir os incentivos ou as operações necessárias para prevenir que países adquiram armas nucleares e, mais ainda, armas biológicas ou químicas. Portanto, futuras ações americanas para combater essas ameaças terão, por necessidade, de focar na prevenção de que outros usem armas de destruição em massa. Isso explica por que o Pentágono agora está enfatizando a necessidade urgente de ter não apenas "técnicas avançadas de detecção para armas químicas, biológicas e nucleares", mas também de "novas e aperfeiçoadas capacidades para vigilância persistente e inteligência, mobilidade global e ataques rápidos".

Se alguém ainda duvida da abordagem global dos estrategistas militares americanos, a quarta classe de ameaças resolve a seguinte questão: "Desafios destruidores (...) de adversários que desenvolvem e utilizam avanços tecnológicos para anular as atuais vantagens americanas em importantes domínios operacionais." Essas ameaças envolvem versões ultra-high-tech de um ataque tipo 11 de Setembro, algo que requer recursos de uma nação inteira para ser executado. A ideia aqui é que, enquanto a China ou a Rússia precisariam de gerações e de trilhões de dólares para equiparar sua capacidade militar com a dos Estados Unidos, ambos os países e alguns outros poderiam desenvolver tecnologias revolucionárias capazes de anular certas capacidades cruciais da superpotência. Talvez cientistas em Xangai ou em São Petersburgo possam desenvolver, por exemplo, nanotecnologias capazes de neutralizar tanques ou aviões, vírus de software capazes de interromper os sistemas financeiros americanos; ou, algo ainda mais sinistro, como programas de ciberguerra capazes de penetrar os sistemas de segurança de represas hidroelétricas americanas ou de usinas de energia nuclear e instruí-los a abrir as comportas ou a iniciar um derretimento nuclear. (O último cenário, levado a sério por estrategistas, tornou-se parte da trama do popular seriado de tevê de ficção científica e contraterrorismo chamado *24 horas*.) O Pentágono também se preocupa com o espaço e as armas de energia capazes de destruir seus sistemas militares.

Combater essas ameaças requer uma crescente fatia do enorme orçamento anual de pesquisa e desenvolvimento das Forças Armadas americanas. Ao longo da próxima década, à medida que o orçamento de pesquisa e desenvolvimento ultrapassar a marca de US$ 100 bilhões anuais, a maior parte desses gastos irá para o desenvolvimento de tecnologia e para, conforme listado pelo Pentágono, vigilância persistente e inteligência; mobilidade global; ataques rápidos; guerra não convencional sustentada; campanhas de contraterrorismo e contra-insurgência; contramedidas médicas para agentes de bioterrorismo geneticamente modificados; avançadas tecnologias de detecção para armas químicas, biológicas e nucleares; inibidores nucleares mais avançados, mais vigilância não tripulada e desenvolvimento da próxima geração de sistemas de ataque de longo alcance.

Além de pesquisa e desenvolvimento, as propostas que o Pentágono e a Casa Branca estão dispostos a tornar públicas para abordar essas ameaças incluem grande incremento das forças de operações especiais (Special Operation Forces) em todos os ramos das Forças Armadas: mais 3.500 quadros para PSYOPS, ou operações psicológicas, a obtenção das aeronaves não tripuladas Predator e Global Hawk, uma nova geração de mísseis balísticos convencionais para os submarinos Trident e uma nova geração de mísseis terrestres capazes de varrer um exército inimigo sem utilizar explosivos nucleares.

Mesmo com o principal foco apresentado para esse planejamento e aquisição sendo o terrorismo, os estrategistas militares americanos também estão concentrados em futuras ameaças vindas da China, com base em relatórios de seus investimentos em "capacidades militares assimétricas de alto nível, com ênfase em ciberguerra e guerra eletrônica, operações contraespaciais, mísseis balísticos e de cruzeiro, avançados sistemas integrados de defesa aérea, torpedos de última geração, submarinos avançados, ataques nucleares estratégicos a partir de modernos e sofisticados sistemas terrestres e marítimos e veículos aéreos não tripulados para o teatro de guerra". Houve um furor de preocupação por parte do Pentágono no início de 2007, quando os chineses destruíram um de seus próprios satélites meteorológicos porque uma arma antissatélite eficiente poderia cegar a frota espacial americana de mais de 100 satélites militares de vigilância e comunicação.[9]

Houve uma preocupação ainda maior em junho de 2007, após alguns ciberataques bem-sucedidos contra os sistemas de computadores que serviam o escritório do secretário de Defesa Robert Gates terem sido rastreados até o Exército de Salvação Popular.[10] Intrusões similares em sistemas do governo alemão também foram rastreadas até as instalações do governo chinês. Os Estados Unidos e a China – e, muito provavelmente, a Rússia, Israel e outros países – regularmente tentam sondar as redes militares uns dos outros. O problema foi que a China obteve sucesso ao penetrar os sistemas centrais do Pentágono, sugerindo uma nova capacidade de interromper redes militares americanas em momentos críticos. De acordo com relatos: "Hackers de diversas localidades dentro da China passaram vários meses sondando o sistema do Pentágono antes de ultrapassar suas defesas, e o Pentágono foi forçado a desativar sua rede por mais de uma semana durante os ataques."[11]

Para uma superpotência global com interesses ao redor do mundo, as ameaças são ainda mais amplas que o terrorismo, os ciberataques e as forças militares chinesas daqui a uma geração. Com crescente frequência, novas ameaças perceptíveis surgirão, na medida em que assuntos com os quais os Estados Unidos nunca se importaram muito passem a ser vistos como novas questões de segurança. A intensa atenção do governo Bush à Aids na África, por exemplo, foi motivada, em grande parte, por preocupações com o fato de que os nocivos efeitos sociais da epidemia poderiam tornar algumas nações africanas muçulmanas refúgio terrorista ou ameaçar fluxos de petróleo africano. Essa também é a razão pela qual os Estados Unidos, o único país que divide o mundo em "Comandos" militares, recentemente criaram um novo Comando Militar da África (Usafricom). Este toma seu lugar ao lado do Comando do Pacífico (Uspacom – Ásia), do Comando Europeu (Eucom – Europa), do Comando Central (Uscentcom – Oriente Médio), do Comando do Sul (Ussouthcom – América Latina) e do Comando do Norte (Usnorthcom – criado em 2002, para coordenar a defesa da pátria).

Essa tendência de conceber novamente questões não militares como novas ameaças à segurança pode muito bem ser ampliada na próxima década, a começar pela mudança climática. Cientistas e o ex-vice-presidente Gore promoveram o debate político doméstico sobre os riscos da mudança climática em 2006, e até o fim de 2007 vários generais e almirantes haviam entrado na disputa. A segurança nacional americana, eles argumentam, exigirá medidas drásticas em relação ao aquecimento global, pois mesmo mudanças climáticas modestas podem fortalecer os terroristas, ao trazer tempestades catastróficas, fome, epidemias e escassez de água. O ex-comandante das forças navais americanas na Europa, almirante T. Joseph Lopez, defende esta tese: "A mudança climática proverá as condições que estenderão a guerra ao terror (...) em regiões do mundo que já são solo fértil para o extremismo."[12]

A superpotência única e o restante do mundo

A geopolítica da próxima década será definida por ambos os passos que os Estados Unidos vier a dar: para se manter como poder dominante na Ásia, Europa, América Latina e África e pelas respostas dos outros governos. Os realistas da política externa, que certamente aconselharão o presidente americano, há muito têm observado que os países ficam muito desconfortáveis quando uma nação é muito mais forte que todas as outras. Como assinala o professor Walt, de Harvard: "Os países respondem ao desequilíbrio de poder pressionando contra o país dominante." É fácil avaliar a razão – um país poderoso que nenhum outro pode conter é capaz de prejudicar outros países, mesmo quando essa não é a intenção. Os Estados Unidos não tinham a intenção de desestabilizar o Camboja e preparar o caminho para o Khmer Vermelho ao perseguir os vietcongues no país em 1970, assim como o governo Bush não esperava que sua invasão do Iraque fosse acender uma guerra civil sectária e fortalecer o Irã. Mas foi o que ocorreu. Diferenças em valores também podem mover nações e sociedades a encontrar formas de equilibrar uma superpotência, especialmente quando os valores alheios da superpotência estão sendo introduzidos forçosamente em lugares onde não são bem-vindos. Muitos sauditas odeiam os costumes que os americanos trazem consigo, e um amplo apoio financeiro saudita ao fundamentalismo islâmico é um dos resultados disso.

O Pentágono concorda com os realistas: "Nossa posição de liderança nos assuntos mundiais vai continuar a gerar inquietação, certo grau de ressentimento e resistência." É também o que muitas autoridades estrangeiras afirmam publicamente. Alguns anos atrás, por exemplo, Joschka Fischer, então ministro de Relações Exteriores da Alemanha, advertiu que "uma ordem mundial em que o interesse nacional da maior potência é o critério para ação militar simplesmente não pode funcionar", e seu homólogo francês à época, Hubert Védrine, afirmou que "toda a política externa da França (...) tem como objetivo fazer o mundo de amanhã ser composto de vários polos, não de apenas um".

Na prática, enquanto a China e a Rússia dão sinais de seguir esses axiomas, a Europa e a maior parte da Ásia não o fazem. Deixando de lado reclamações públicas, Alemanha, França, Reino Unido e Japão têm feito pouco esforço sério para introduzir maior equilíbrio na geopolítica – e não é provável que venham a fazê-lo nos próximos anos. Mesmo os países europeus e o Japão se preocupando com as consequências das políticas irrestritas dos EUA, eles podem permanecer destacados, pois essas políticas não têm oferecido qualquer ameaça direta a seus interesses. De qualquer forma, após dedicar pouco dinheiro e atenção aos grandes conflitos das décadas mais recentes, a Europa e o Japão não estão em posição de exercer contrapeso nos assuntos globais. A União Europeia não exerceu liderança nem mesmo nos sangrentos conflitos em seu próprio quintal, esperando que os Estados Unidos assumissem o comando no Kosovo e na Bósnia.

Para dizer a verdade, eles não parecem desejar essa liderança; e nenhum dos principais candidatos nas mais recentes eleições na França, na Alemanha ou na Itália propôs que a Europa detivesse um papel global significativo. As únicas exceções têm sido as contribuições europeias à derrubada, liderada pelos Estados Unidos, do Talibã no Afeganistão e o papel do Reino Unido na Guerra do Iraque, criada pelos Estados Unidos – e é improvável que Gordon Brown e seus sucessores emulem Tony Blair nesse aspecto. E se os líderes europeus decidirem reivindicar um papel relevante nos assuntos mundiais em algum momento na próxima década, precisarão de níveis heroicos de capacidade de persuasão. Pesquisas de opinião pública revelam que a maioria dos europeus não vê responsabilidades globais como uma tradição digna de se reviver. Essas atitudes só tendem a endurecer à medida que Alemanha, França, Itália e a maioria dos países da Europa se tornam mais apreensivos com os custos envolvidos em apoiar sua população idosa em rápida elevação, especialmente se a globalização continuar a amortecer esse crescimento.

Um motivo pelo qual os Estados Unidos não tiveram conflitos sérios com a Europa ou com o Japão sob o primeiro presidente Bush ou sob o presidente Clinton é que, quando esses presidentes exercem o poder americano onde e quando decidiam, o faziam dentro de uma estrutura das Nações Unidas ou da Otan e apresentavam as políticas como respostas prudentes à agressão. A lição da primeira Guerra do Golfo, Kosovo e Bósnia é que os Estados Unidos podem projetar sua força militar como desejarem, desde que ajam como se houvesse uma relação de equilíbrio de poder com seus aliados. Fora do domínio militar, os Estados Unidos também têm cooptado com êxito o impulso para o equilíbrio de outras nações ao permitir que instituições internacionais discordem de suas posições em questões de importância marginal. Isso está mais claro na OMC, onde a União Europeia e os países em desenvolvimento periodicamente vencem casos contra os Estados Unidos, inclusive forçando o Congresso americano a modificar certos subsídios domésticos que afetam o comércio.

A Rússia se mostra um problema mais complicado e pode ser um fator mais importante na geopolítica dos próximos dez ou 15 anos, por possuir a determinação de afetar os eventos. Mas não será um poder verdadeiro na geopolítica, pois não possui mais os recursos militares, econômicos e políticos para mover qualquer país importante, muito menos o superpoder. O papel atual da Rússia foi, em grande parte, decidido quando Boris Yeltsin chegou ao poder há mais de 15 anos e a desintegração da União Soviética não lhe deixou escolha a não ser cortar os gastos com Defesa em aproximadamente 90%, reduzindo os quadros militares à metade. Em 1999, foi necessário mais de um mês para que dezenas de milhares de tropas russas repelissem um bando de maltrapilhos de menos de 2 mil militantes islâmicos de volta para a Chechênia – mais tempo do que as forças americanas levaram para derrotar Saddam Hussein em 1990 e 2003. Além disso, os antes temidos sistemas estratégicos russos estão desatualizados e suficientemente deteriorados a ponto de serem perigosamente não confiáveis; e um especialista americano considera as atuais forças convencionais russas "empobrecidas, incompetentes, sombrias e letárgicas".[13] Embora isso amplie seus problemas, o Exército, a Marinha e a Força Aérea russa são agora tão maltreinados e mal-equipados que não seriam mais capazes do que as forças italianas ou japonesas no combate de uma guerra de verdade. E enquanto a influência geopolítica da antiga União Soviética podia requisitar alianças mundiais e para uma visão de mundo com apelo diante dos muitos países em desenvolvimento, menos de uma geração depois a Otan absorveu o Pacto de Varsóvia e a ideologia soviética está, para sempre, desacreditada.

A Rússia também é, hoje, um participante menor na economia mundial e não possui perspectivas realistas para readquirir os meios econômicos necessários para reconstituir seu poderio econômico e geopolítico. Após cinco anos de sólido crescimento alimentado por altos preços de petróleo, o PIB russo de US$ 987 bilhões em 2006 ainda era menor do que o do Brasil e o do Canadá, e apenas 7,5% do PIB americano. Mesmo compensando o custo de vida dos diferentes países, a economia russa é menor que a da Itália e pouco maior que a do Brasil. Hoje, o país não seria capaz de reconstruir sua força militar mesmo que decidisse fazê-lo.

Nem será capaz de fazê-lo no futuro próximo, visto que a provável trajetória econômica do país aponta para baixo. O recuo dos direitos legais e os confiscos arbitrários de propriedade praticados pelo governo Putin desencorajaram o investimento estrangeiro direto do qual o país necessita tão desesperadamente para modernizar seu crítico setor de energia e construir novas indústrias. Em 2005, o estoque total de investimento estrangeiro direto na Federação Russa foi de US$ 132 bilhões – menor que em Cingapura, no México, no Brasil e na Bélgica, e um quarto do realizado na China. A Rússia também não é capaz de reassegurar investidores estrangeiros a respeito de sua futura estabilidade interna. Moscou não enfrenta apenas desafios sangrentos na Chechênia e em outras áreas muçulmanas do Cáucaso do Norte que estão, atualmente, flertando com a independência.[14] Nos próximos anos, também pode ser atraída para uma série de conflitos em outras partes da antiga União Soviética, inclusive a disputa pela Transnístria na Moldávia (onde a Rússia ainda possui duas mil tropas), para o esforço continuado de Nagorno-Karabakh para romper com o Azerbaijão e os movimentos separatistas das regiões da Abecásia e Ossétia do Sul, na Geórgia.

Mesmo que Moscou dispusesse dos recursos e da intenção de reconstruir suas forças e alianças, ainda encararia a demografia de mais rápida deterioração no mundo: relativamente, em breve, a Rússia pode simplesmente não ter mais a mão de obra necessária para uma nação com importância geopolítica. A expectativa de vida dos homens russos vem-se deteriorando há mais de uma geração, e a tendência tem acelerado na última década. Hoje está em menos de 60 anos, o que significa que homens no Egito, na Guatemala e no Vietnã, em média, podem esperar viver por mais tempo que homens na Rússia. As taxas de natalidade russas também estão muito baixas, e o número de crianças que nascem vivas é menor do que o número de mortes – e essa diferença é maior do que 1 milhão por ano desde 2000. Mas a questão maior nas altas taxas de mortalidade é o verdadeiro abandono, por parte do governo russo, da saúde pública. No ano mais recente para o qual o Banco Mundial dispõe de dados, 2003, a Rússia gastou menos de US$ 187 por pessoa em saúde – a Costa Rica gastou 50% a mais, a Polônia gastou o dobro e os Estados Unidos, com US$ 5.705 por pessoa, gastou surpreendentes 30 vezes mais do que a Rússia.[15] E, além das taxas de mortalidade, um censo de saúde russo revelou que mais da metade das crianças russas agora sofre de algum tipo de doença crônica.[16]

De acordo com projeções da Academia de Ciências da Rússia, até 2020 o país terá 50 milhões de pessoas a menos que a Nigéria ou Bangladesh – pouco mais que o México –, e sua expectativa de vida pode estar atrás da Índia e de Bangladesh.[17] Entre hoje e 2020, espera-se que a população em idade de trabalho decresça em quase 15%, e está previsto que o número de crianças diminua em 20%.[18] Quanto a ambições militares, a combinação de baixas taxas de natalidade e altas taxas de mortalidade para homens de 15 a 24 anos (três vezes os níveis americanos) diminuirá praticamente pela metade a população de homens em idade de recrutamento. Dadas essas condições, a questão não é determinar se a Rússia recuperará sua influência geopolítica, mas sim qual é a probabilidade dessas condições levarem a uma desordem em larga escala.

Apesar de suas capacidades militares, econômicas e humanas serem marginais, a Rússia possui duas cartas que pode utilizar na geopolítica da próxima década. Primeiro, com a maior fronteira do mundo, qualquer conflito que envolva a Coreia do Norte, a China, o Azerbaijão e, além do mar Cáspio, o Irã, necessariamente envolverá a Rússia. Segundo e mais importante: a Rússia é uma força genuína na geopolítica da energia. Atualmente, é o maior produtor mundial de gás natural, o segundo maior produtor de petróleo, atrás apenas da Arábia Saudita, e o número sete em produção de carvão. Essas posições não piorarão muito nos próximos dez ou 15 anos, pois a Rússia também possui as maiores reservas de gás natural do mundo, a segunda maior reserva de carvão e a oitava maior reserva de petróleo. Na verdade, o país poderia tornar-se um grande participante em energia global ao longo da próxima década caso reinvestisse suas receitas de petróleo em modernização da produção e tomasse sérias decisões sentido de encorajar companhias petrolíferas ocidentais a expandir seus investimentos externos diretos para a Rússia (uma venda difícil após o confisco da companhia Yukos por Putin).

A Rússia atualmente fornece mais de um terço do petróleo alemão e dois quintos de seu gás natural, e até 2020, de acordo com as previsões da Agência Internacional de Energia, será o principal fornecedor europeu de petróleo e gás natural. Uma razão é um importante novo oleoduto que liga o porto de Burgas, Bulgária, no mar Morto, ao porto grego de Alexandropouli, de modo que o petróleo russo possa ser transportado diretamente para a União Europeia. A rede elétrica russa também fornece energia a partes da Europa, especialmente a seus antigos satélites na Europa Central e Oriental. Além disso, a Rússia escolheu o Japão (e não a China) para financiar 4 mil quilômetros de oleodutos da Sibéria ao Pacífico, o que a tornará um dos principais fornecedores de petróleo para o Japão.

As armas russas de petróleo e gás lhe darão uma influência genuína, mas pouco poder geopolítico real. A Rússia pode usar suas reservas de energia para extrair concessões políticas de países que fizeram parte da União Soviética, especialmente aqueles na atual Confederação Russa. Também será capaz de usar contratos de longo prazo, de forma a assegurar concessões econômicas e comerciais por parte de governos europeus e asiáticos. Mas não dispõe da estratégia ou dos meios para usar seus recursos energéticos de modo a equilibrar ou mesmo afetar políticas americanas, mesmo quando estiverem envolvidos países em suas fronteiras, como o Irã. Pode ser mais desagradável para a Rússia do que para a Europa ou para o Japão, mas ela também terá de olhar para o outro lado conforme os Estados Unidos perseguem seus interesses globais nas regiões que a Rússia uma vez dominou.

A China e a superpotência única

A China e os Estados Unidos podem ser vistos como potenciais parceiros ou competidores na geopolítica. No entanto, em face do abismo entre seus sistemas políticos, da crescente influência econômica chinesa na Ásia e de seu atual acúmulo militar, há pouca probabilidade de que, nos próximos dez ou 15 anos, vejamos os Estados Unidos abordarem a China como um aliado genuíno, como fazem com a Europa e o Japão. De sua parte, a China parece cada vez mais apreensiva com o domínio geopolítico dos EUA, especialmente na Ásia, e essas preocupações provavelmente aumentarão ao longo dos próximos dez ou 15 anos. Sua capacidade prática de equilibrar as políticas globais dos Estados Unidos também aumentará nesse período, mas, mesmo dentro de sua própria região, a capacidade chinesa de restringir as ações americanas será limitada.

A política externa chinesa é formalmente governada pelos "Cinco Princípios de Coexistência Pacífica" fixados por Zhou Enlai em 1953 e registrados na Constituição chinesa 30 anos depois. Eles podem ser vistos como encarnando a postura internacional de um país ainda atormentado pela ocupação estrangeira e sentindo-se relativamente fraco, conforme expresso nos três primeiros princípios de "respeito mútuo pela soberania e integridade territorial de toda nação", "não agressão mútua" e "não interferência com as questões internas uns dos outros". Os "Cinco Princípios" também sugerem uma nação empenhada em se tornar suficientemente poderosa de forma a garantir que nenhuma outra nação venha a dominá-la novamente, em especial nos dois últimos princípios que clamam por "relações de igualdade e benefício mútuo" e "coexistência pacífica".

Nessa estrutura, a política externa chinesa é incomum, no sentido de que é moldada pela predominante prioridade doméstica do governo de se modernizar e crescer o mais rapidamente possível. Uma acelerada modernização não é meramente uma condição necessária para defender o país de potenciais inimigos. Além disso, a estratégia chinesa de modernização depende da manutenção de relações amigáveis com os países que fornecem seus gigantescos investimentos diretos, pois grande parte de seu crescimento depende de sua relação com os países que compram suas exportações.

Os líderes chineses, às vezes, parecem obcecados por crescimento e modernização, e nas políticas externas que ajudam a sustentá-los, porque aparentemente acreditam que isso será o que, em última análise, vai manter o povo chinês fiel à sua autoridade. Não é algo surpreendente, em virtude de quanto o governo chinês tem requisitado de seu povo por mais de uma geração. Primeiro, a Revolução Cultural arrancou milhões de chineses instruídos de suas profissões e de seus lares. Então, a forte guinada do comunismo para o capitalismo alijou boa parte da ideologia nacional, incluindo uma série de radicais mudanças na agricultura, que custaram a mais de 100 milhões de famílias camponesas seus lares e seu sustento. Isso tem sido seguido pelo fechamento, por parte do governo, de milhares de empreendimentos estatais, uma política que, a cada ano, custa a outros 10 a 20 milhões de trabalhadores chineses seu sustento. E a dissolução das comunas agrícolas e da maior parte dos empreendimentos estatais custou à maioria dos chineses qualquer espécie de aposentadoria pública ou seguro-saúde.

Para os líderes preocupados com quanto tempo as pessoas irão aceitar políticas governamentais que exigem tanto sacrifício, fornecer os mais rápidos crescimento e processo de modernização do mundo ano após ano pode transmitir a ideia de que tempos melhores virão.

Suas preocupações são alimentadas pela crescente incidência de protestos públicos no país. Um especialista chinês, Sun Liping, estima que, todos os dias, entre 120 e 250 demonstrações de mais de 100 pessoas ocorrem em áreas urbanas, além de outros 90 a 160 incidentes por dia em aldeias no interior. O mais alto oficial de polícia do país, Zhou Yongkang, reconheceu que aproximadamente 4 milhões de pessoas participaram de 74 mil protestos públicos significativos em 2005, crescendo em anos recentes "como um vento violento". E todos esses números subestimam o que está realmente acontecendo, pois autoridades locais tentam, com frequência, encobrir distúrbios.

Há alguns anos, jornalistas da revista *The Economist* vasculharam notícias na imprensa chinesa durante algumas semanas e encontraram, dentre os principais incidentes, uma passeata de 5 mil aposentados de uma oficina têxtil estatal, exigindo o aumento em seus miseráveis pagamentos mensais, que paralisou boa parte da cidade de Bengbu, na China Oriental; demonstrações em massa por maiores salários com 3 mil trabalhadores de uma fábrica de CDs na zona econômica especial de Shenzhen, que bloquearam as principais rodovias da cidade durante quatro horas; e uma batalha na cidade próxima de Dongguan entre a tropa de choque da polícia e cerca de 5 mil trabalhadores de uma oficina de impressão de donos japoneses, reivindicando comida de melhor qualidade.[19] Exemplos mais recentes, de março de 2007, incluem 20 mil pessoas protestando contra um aumento nas passagens de ônibus e confrontando mil policiais com armas e aguilhadas elétricas na província de Hunan, e, alguns dias depois, milhares de camponeses em Guangxi, próximo à fronteira com o Vietnã, quebrando carros e incendiando coisas para protestar contra multas, que chegavam a US$ 1.300, aplicadas a famílias que burlavam as leis do filho único.

Alguns escritores chineses como Shuguang Wang, professor da Universidade Chinesa de Hong Kong, associam, publicamente, os protestos ao fraco desempenho do governo em combater a corrupção que muitos chineses culpam por seus problemas de renda, no combate ao crime que cresceu cinco vezes desde 1980 e na melhoria das perigosas condições de trabalho, que resultam em mais de 100 mil acidentes industriais fatais por ano.[20] A julgar pelas declarações do ministro de Segurança Pública Zhou, o governo nacional irá conviver com os protestos econômicos – mas não com qualquer coisa que sugira que dissidentes políticos estejam usando os protestos para pressionar o partido. Então, a maioria das autoridades locais tolera as milhares de marchas e manifestações pacíficas de pequena escala e poucos decibéis por parte de camponeses e trabalhadores que carregam petições e cartazes, especialmente se parecerem espontâneas e desorganizadas. Protestos arquitetados por indivíduos com atividades políticas ou que interrompam os negócios de uma cidade atraem respostas mais enérgicas, e elas são cada vez mais comuns.

Quando *The Economist* questionou em editorial: "A China enfrenta uma instabilidade séria?", sua resposta foi: "No longo prazo, existem motivos para preocupação."[21] Essa conclusão pode ser exagerada, mas as preocupações com relação à estabilidade social por parte dos autointitulados líderes da nação transmitem um senso de urgência às políticas externas capazes de afetar o crescimento e a modernização do país. Essa conexão, por si só, tem tornado uma relação estável com os Estados Unidos "o principal fio condutor da estratégia de política externa da China", conforme colocado pelo presidente Hu. Não há mistério algum: os EUA são o mercado crítico para o crescimento chinês, comprando 30% de suas exportações (o WalMart, por si só, importa mais de US$ 15 bilhões por ano), e através de suas gigantescas importações de outros países, apoiando indiretamente a demanda global por produtos chineses. Os Estados Unidos também são indispensáveis para a modernização da China, fornecendo a maior parte dos investimentos estrangeiros tanto direta quanto indiretamente por intermédio de seu papel em outras economias. Os líderes chineses entendem perfeitamente que o acordo tácito que possuem com os Estados Unidos vai além de comércio e investimento. Desde pelo menos o fim dos anos 1990, quando eles aderiram aos termos de ingresso na OMC, têm aceitado uma longa transformação baseada, em grande parte, no capitalismo ao estilo americano. Por enquanto, eles estão dispostos a viver com o papel americano de superpotência única, mesmo na Ásia, porque não podem arcar com as consequências de desafiá-lo e porque este provê a estabilidade global necessária para a manutenção do fluxo externo de tecnologia, especialização e energia.

O papel central dos EUA na trajetória escolhida pela China para si mesma ajuda a explicar por que seus líderes sentem-se tão contrariados quando o Congresso americano ou, pior, a Casa Branca periodicamente fazem uma ameaça comercial. Em Pequim, apelos americanos para reduzir o comércio com a China soam como uma ameaça para o crescimento do país e, para líderes mais cínicos e desconfiados, parte de uma trama da superpotência para minar a estabilidade da nação. A fim de desencorajar esses apelos, a liderança recentemente intensificou seus esforços no sentido de ampliar as importações dos Estados Unidos para a China, já com um aumento de 300% na última década.[22] E ao longo da próxima década é provável que a China faça boa parte das concessões econômicas que sejam verdadeiramente exigidas pelos Estados Unidos, desde que não impeçam seu crescimento. A menos que as relações sino-americanas sejam rompidas por outras questões, a China continuará a financiar o déficit de conta-corrente americano, a expandir suas importações dos Estados Unidos e a abrir novas áreas para empresas americanas, especialmente em serviços financeiros, comerciais e de saúde. O que a China não permitirá é que pressões de Washington ditem o valor de sua moeda, pois isso diminuiria o ritmo de suas exportações para outros países e concederia um elemento de sua própria soberania.

Soberania e poder nacional são os outros motivos pelos quais a relação sino-americana permanecerá como a questão central na política externa chinesa pelos próximos dez a 15 anos. As preocupações imediatas da China com relação à soberania envolvem Taiwan, Tibete e Xinjiang, questões que seus líderes veem como assuntos puramente domésticos que as autoridades linha-dura nos Estados Unidos ainda poderiam usar para dividir a "grande" China. A agitação separatista por parte da etnia Uigur em Xinjiang, possivelmente incitada pela Al Qaeda no Turquestão, não é amplamente acompanhada no Ocidente, mas tem preocupado Pequim muito mais do que o Tibete. Por sua vez, o Tibete tem-se tornado uma questão que algumas celebridades americanas acreditam justificar uma ação americana de algum tipo, mas essa visão nunca foi mantida pelos políticos americanos. Taiwan é diferente. O pior período nas relações sino-americanas veio em 1996, quando a China testou um novo míssil que parecia projetado para ameaçar Taiwan, e o governo Clinton respondeu enviando porta-aviões americanos ao estreito de Taiwan. O incidente deixou uma forte impressão em Pequim. O diretor do Centro da China no Instituto Brookings, Jeffrey Bader, escreveu recentemente: "O planejamento militar é esmagadoramente direcionado a um alvo – o uso da força no estreito de Taiwan para evitar a independência formal de Taiwan."[23]

Supondo que Taiwan, Estados Unidos e China se comportem de forma razoável no futuro, a maior questão de soberania para a China é como conviver com uma superpotência única cujas responsabilidades globais tornam qualquer região sua área de influência. O Reino Unido, o Japão, a Alemanha, a França e a Rússia têm de conviver com esse quadro também, mas seus papéis geopolíticos vêm diminuindo há algum tempo. O poder da China está crescendo e muitos observadores ocidentais agora veem os contornos de uma estratégia chinesa no sentido de acumular os recursos econômicos e militares necessários para equilibrar ou limitar a capacidade americana de perseguir seus interesses, ao menos na Ásia.

Um indício é que a China vem desempenhando um papel mais ativo nos aspectos regionais de diversas questões globais – ajudando a persuadir a Coreia do Norte a recuar de seu programa nuclear, proporcionando assistência à reconstrução do Afeganistão e votando com os Estados Unidos para encaminhar o programa nuclear iraniano às Nações Unidas. Alguns proeminentes especialistas chineses em política externa têm começado a escrever energicamente a respeito das ambições regionais de seu país. Wang Jisi, diretor de estudos americanos na Academia Chinesa de Ciências Sociais, afirma que a China agora se vê como um poder continental que precisa lidar com um amplo espectro de *zhoubian guojia*, ou lugares vizinhos, incluindo a Índia, a Mongólia, o Paquistão, a Rússia e o Japão, assim como a Ásia Central. Jisi também tem escrito que o crescente poderio militar chinês não ameaçará qualquer de seus "parceiros regionais", mas proporcionará um seguro contra uma coalizão, liderada pelos Estados Unidos, com o objetivo de conter a China.

O espectro da China como um poder de equilíbrio na Ásia se baseia principalmente em seu contínuo crescimento militar. A China revela pouco sobre seus gastos militares ao mundo, e os especialistas ocidentais não conseguem concordar nem mesmo em sua ordem de grandeza. Alguns anos atrás, por exemplo, Pequim afirmou ter gasto US$ 22,4 bilhões com suas forças militares – uma cifra que excluiu explicitamente pesquisa e desenvolvimento militar, custos com a Polícia Armada do Povo, armamentos comprados do exterior e algumas outras áreas. A CIA americana e o Instituto para Estudos Estratégicos em Londres concluíram que a verdadeira cifra era aproximadamente três vezes a oficial, o que faria da China o segundo maior país em gastos com defesa, embora longe do número 1. A Rand Corporation, entretanto, estima os gastos em cinco ou oito vezes o nível oficialmente reportado, o que chegaria, talvez, à metade dos gastos americanos. Quaisquer que sejam as cifras corretas, mesmo os dados oficiais mostram os gastos chineses com defesa crescendo aproximadamente 12% ao ano desde o final dos anos 1990.

Muito mais se sabe a respeito das forças chinesas. O país mantém ao menos 2.250.000 quadros em serviço ativo, mais outros 1.500.000 na Polícia Armada do Povo. Cinco anos atrás, possuía mais de 70 submarinos conhecidos, ao menos 750 aviões na Marinha e duas mil aeronaves de combate – frotas que são fracas se comparadas às americanas, porém maiores do que as da França, Alemanha, Reino Unido, Japão e Índia juntas.[24] A China também possui uma respeitável força de mísseis balísticos. Especialistas contaram mais de 30 mísseis com alcance suficiente para atingir a Europa ou os Estados Unidos, 110 que poderiam atingir qualquer local na Ásia e um número significativo de mísseis lançados a partir de submarinos e de curto alcance para lugares como Taiwan. Desde então a China tem expandido e aprimorado essas forças. Estrategistas de defesa americanos acreditam, por exemplo, que a China desenvolveu e construiu cinco novos submarinos "classe Jin", armados com novos mísseis nucleares JL-2 de alcance superior a 5 mil milhas, além de um novo sistema móvel, terrestre, de ICBM, capaz de atingir os Estados Unidos.[25]

No mínimo, essas capacidades, juntamente com um número significativo de navios de assalto anfíbios, caças e submarinos de fabricação russa com mísseis capazes de ameaçar um porta-aviões, podem oferecer não apenas uma ameaça imediata a Taiwan, mas também, do ponto de vista de um antigo adido militar americano em Pequim, "dissuadir ou retardar nossa capacidade de intervir".[26] Se isso se tornasse a avaliação internacional comum, começaria a revisar os termos da dominância americana na Ásia. As melhorias nas forças nucleares da China também têm levado alguns analistas ocidentais a questionar se a política oficial chinesa de manter "apenas a capacidade nuclear necessária para retaliar" foi substituída pelo "uso mais flexível de armas nucleares", como um proeminente ex-conselheiro para a Ásia do presidente George W. Bush, Michael Green, afirmou.[27] Autoridades chinesas rejeitam a preocupação, apontando para a crescente capacidade americana não apenas de monitorar o existente inibidor chinês, mas também de desenvolver novas defesas de mísseis balísticos.

Isso está começando a parecer uma corrida armamentista; e, quem quer que a tenha iniciado, o resultado pode muito bem ser "o que antes era cinza agora é claro – a China atualmente é capaz de combater de forma efetiva em uma guerra nuclear", como um especialista em China do United States Naval War College, Lyle Goldstein, escreveu recentemente. Ele pode estar certo – embora, com um número estimado de 400 ogivas nucleares comparado a 10 mil ogivas instaladas por parte dos Estados Unidos, os líderes chineses saibam que qualquer tentativa de travar uma guerra nuclear contra os Estados Unidos seria o fim da China. Em comparação com qualquer outro país na região, contudo, as forças convencionais e nucleares chinesas irão, em breve, elevar-se ameaçadoramente. Uma força-tarefa independente formada para avaliar a capacidade militar chinesa, liderada pelo ex-secretário de Defesa americano Harold Brown, chegou a uma avaliação provavelmente realista e sóbria. A conclusão é que, além de maximizar suas opções em relação a Taiwan, seu crescimento militar tem como intenção tornar a China o principal poder na Ásia, levando isso uma década ou algumas gerações. Enquanto isso, como assinalado pelo professor de China em Assuntos Mundiais na Universidade de Harvard, Alastair Iain Johnston: "A China está disposta a ver os Estados Unidos como uma hegemonia global, desde que não aja dessa forma na Ásia."

Em face da extensão da China e de sua crescente importância econômica, suas ambições regionais são inevitáveis – assim como o é a agenda global americana, dada sua dominância militar e econômica no mundo. O problema para a próxima década é que o objetivo chinês de longo prazo está em conflito com a contínua intenção americana de ser o principal poder na Ásia (assim como na Europa, no Oriente Médio, na América Latina e na África). Nessa questão central, os líderes chineses, de acordo com relatos, desconsideram as declarações americanas regulares de que os interesses americanos são servidos da melhor maneira por uma China estável e próspera, acreditando, em vez disso, que, conforme os realistas da política externa recuperarem sua influência nos Estados Unidos, o país irá se movimentar para "conter" a China.

Isso ajuda a explicar a contínua hostilidade em relação ao Japão, que a China vê como aliado dos Estados Unidos contra ela, assim como o tratado de amizade de 2001 entre a China e a Rússia e seus repetidos esforços para cooperar com a União Europeia. Nos últimos anos, a China tem resolvido antigas disputas de fronteiras com vários países da Ásia Central e com a Rússia, e deu início a sérias conversas com a Índia sobre o mesmo assunto. A China também está trabalhando para tornar suas relações econômicas com outros países da Ásia Oriental tão importantes quanto seus laços com os Estados Unidos. Durante a última década, seu comércio de mão dupla tem crescido aproximadamente 350% com Cingapura, 700% com a Coreia do Sul, 835% com a Tailândia e mais de 1.000% com a Índia, Malásia e com as Filipinas.[28] E todos esses parceiros comerciais têm superávits com a China.

A competição sino-americana na Ásia veio para ficar. Apesar de provavelmente as forças militares chinesas atuais não serem capazes de tomar para si e manter, por exemplo, as ilhas disputadas com o Japão ou o território disputado com a Índia, até 2020 seu poderio militar tornará pequeno qualquer país na Ásia, inclusive a Rússia. Entre hoje e 2020, a estratégia americana para a Ásia retardará a influência regional da China o máximo possível em intensidade e duração. Esse é o significado estratégico do acordo de livre-comércio pendente entre os Estados Unidos e a Coreia do Sul, um modelo que provavelmente será replicado em outros países da Ásia nos próximos anos. E para reduzir o alcance da China os EUA têm estado ocupados construindo uma rede de bases militares através da Ásia e do Pacífico – no Japão, Guam, Austrália, Coreia do Sul, Cingapura, Malásia, Afeganistão, Paquistão, Quirguistão, Tadjiquistão e Diego Garcia, no oceano Índico. (A revista *Foreign Policy* considera Diego Garcia e a base da Força Aérea de Manas, no Quirguistão, duas das mais importantes bases globais americanas.) Todo esse pré-posicionamento de ativos militares americanos pode atender a um "propósito duplo", moderando algumas das ambições da Rússia e do Irã.

É improvável que a China encontre um aliado genuíno contra os Estados Unidos em qualquer um dos principais países da Ásia – especialmente no Japão, na Coreia do Sul e na Rússia. Por motivos de proximidade e petróleo, o Kremlin se preocupa mais com a China desafiando a Rússia do que com as consequências dos EUA desafiando a China. A Coreia do Sul está mais intimamente ligada aos Estados Unidos econômica, militar e politicamente do que qualquer outro país, com a possível exceção do Japão e do Reino Unido. E as relações sino-japonesas têm estado congeladas, apesar do extenso envolvimento do Japão na economia chinesa. Sempre que um primeiro-ministro japonês visita o Santuário Yasukuni para os mortos em combate – incluindo criminosos de guerra da ocupação japonesa da China, condenados –, Pequim permite enormes manifestações públicas anti-Japão e tem até feito vista grossa para ataques a empresas de donos japoneses. De maior importância, a China e o Japão competem diretamente por acesso a petróleo e gás natural vindos da Sibéria e perfuração no mar da China Oriental; e a China consistentemente bloqueia as tentativas japonesas de obter um assento permanente no Conselho de Segurança da ONU.

Ao mesmo tempo, o Japão é o maior investidor na China, e essa é a maior parceira comercial do Japão, o que, por si só, tornará relações pacíficas uma prioridade natural para ambos os governos ao longo da próxima década. Essa é, certamente, a visão nos círculos empresariais japoneses. Como disse Motoya Okada, chefe da grande cadeia de varejo Aeon, não muito tempo atrás: "Houve uma época em que as pessoas falavam sobre a ameaça chinesa, mas eu acredito que o povo chinês nos tornará ricos."[29]

Também está claro que, à medida que a China preparou suas forças militares, os laços estratégicos e de defesa do Japão com os Estados Unidos foram fortalecidos. Por diversos anos as diretrizes do Programa Nacional de Defesa do Japão têm enfatizado tanto o papel central da aliança com os Estados Unidos quanto os novos planos de aquisição de suprimentos militares, que parecem movidos pelo fortalecimento militar chinês, incluindo novas aeronaves de transporte, caças e contratorpedeiros "para responder a uma invasão de ilhas longe da costa", novos sistemas para detectar e rastrear mísseis balísticos em aproximação (este último também está apontado para a Coreia do Norte)[30] e um novo acordo com os Estados Unidos para a aquisição de sistemas de defesa contra mísseis balísticos.[31] Os laços entre o Japão e os Estados Unidos são bastante fortes para que, apesar das amplas críticas públicas à presença americana no Iraque, Tóquio fornecesse tropas para o esforço de guerra americano entre o fim de 2003 e meados de 2006.

No entanto, os líderes chineses provavelmente podem continuar confiantes em que o Japão permanecerá não nuclear por algum tempo. Para início de conversa, isso é inimaginável, enquanto o Japão continuar dentro do perímetro estendido de defesa dos Estados Unidos, pois a superpotência não aprovaria. Mesmo o público japonês se opondo menos ao rearmamento do que uma vez já fez, estrategistas como Matake Kamiya, da Academia Nacional de Defesa do Japão, argumentam que uma bomba japonesa semearia desconfiança do Japão por boa parte da Ásia e poderia impelir a Coreia do Sul e Taiwan a fazer o mesmo.[32] Proeminente analista japonês que critica a abordagem "global, unilateral" americana do mundo e acredita que o Japão deveria considerar desenvolver armas nucleares, Nakanishi Terumasa, da Universidade de Kyoto, concorda que o fortalecimento militar da China aumenta o valor dos Estados Unidos como aliado natural do Japão.[33]

O grande fator desconhecido na abordagem chinesa para a geopolítica e os Estados Unidos é sua própria evolução política ao longo da próxima década. O reitor da Escola de Governo John F. Kennedy de Harvard, Joseph Nye, tem-se mostrado otimista, sugerindo que a dependência chinesa dos mercados estrangeiros e o desenvolvimento de uma classe média poderiam começar a reduzir o autoritarismo, alinhando melhor seus interesses com os dos Estados Unidos. Em tese, a agitação social generalizada poderia levar a reformas políticas; mas a instabilidade poderia, com probabilidade similar, produzir repressão, especialmente em relação a liberdades econômicas. Para o futuro próximo, os líderes chineses são a única fonte plausível de mudança política significativa. A atual "quarta geração" de líderes estará no poder até 2012, e eles certamente permanecerão comprometidos em evitar o "erro russo" de rápidas reformas políticas que ultimamente enfraqueçam a autoridade do Partido.

O relato de um informante a respeito da atual liderança chinesa tornou-se disponível no fim de 2002, com a publicação chamada *Disidai* (quarta geração),[34] no Ocidente, de algumas das investigações internas de candidatos ao Comitê Permanente. O mais notável retrato é o do primeiro-ministro Wen Jiabao, que ascendeu por meio dos quadros como o braço direito, inicialmente de Zhao Ziyang, o secretário-geral do Partido expurgado após ficar ao lado dos estudantes durante o evento de Tiananmen, e depois do primeiro-ministro Zhu Rongj da terceira geração. Wen é retratado como favorável a algumas reformas econômicas de grande alcance e questionador de alguns dos enormes projetos de obras públicas, incluindo planos de construir redes de 4.800 quilômetros de canais e aquedutos para levar água do sul da China às províncias do norte. Mas, em relação a reformas políticas, Wen é tão conservador quanto

Hu Jintao. O chefe de segurança, Luo Gan, que ascendeu ao topo como o principal assessor de Li Peng, o chefe de segurança durante o evento de Tiananmen, também é retratado como favorável a reformas em algumas áreas, incluindo acabar com a tortura por parte da polícia; menos restrições à movimentação de pessoas e um único sistema de benefícios para chineses das áreas urbana e rural. Mas ele também é linha-dura em relação a lei e ordem e dissidência política, presidindo um sistema que executou aproximadamente 60 mil pessoas de 1998 a 2001.

Ninguém é capaz de dizer qual será a abordagem, por parte da quinta geração, da geopolítica e do papel dos EUA na Ásia, especialmente porque ninguém sabe quem eles serão. Qualquer país soberano pode dizer não aos Estados Unidos – a Alemanha e a França o fizeram em relação à Guerra do Iraque. Mas dizer não a uma superpotência geralmente não influencia no que esta venha a fazer, mesmo que seja na própria vizinhança do país em questão. Daqui a uma geração a China pode vir a dispor dos recursos econômicos e militares para dizer não aos Estados Unidos e apoiar essa posição de forma convincente, especialmente na Ásia. Não é provável que isso ocorra ao longo da próxima década.

A dimensão e os limites da superpotência única

Examinaremos mais à frente a provável forma de duas questões geopolíticas importantes para a próxima década: energia e terrorismo. Concluímos nossa discussão acerca da topografia básica da geopolítica examinando a maior ação global atual da superpotência: a derrubada, por parte das forças militares americanas, do governo de Saddam Hussein e a subsequente ocupação do Iraque.

Ninguém sabe como a saga iraquiana se desdobrará ao longo do próximo ano ou da próxima década; e ao ler este texto as condições podem estar bem diferentes das vigentes quando este foi escrito, e de maneiras que ninguém poderia prever. No entanto, a forma como os eventos no Iraque já se desenrolaram fornece compreensão sobre as características críticas da geopolítica da próxima década.

Começando com o óbvio, essa superpotência pode travar uma grande guerra com grandes implicações econômicas e políticas para qualquer outro país importante por decisão própria. Os Estados Unidos optaram por esse caminho, apesar da objeção de quatro outros atores geopolíticos – França, Alemanha, Rússia e China – e com o aval de apenas dois, Reino Unido e Japão, e o apoio material de apenas um. Com o fim da geopolítica do equilíbrio de forças, nenhum país está em posição de alterar decisões de guerra e paz por parte dos Estados Unidos. Os EUA conseguiram das Nações Unidas o que ela interpretou como um consentimento formal para sua ação militar, enquanto declarava seu direito – isto é, seu poder – de proceder sem a aprovação de ninguém. O único apoio do qual os Estados Unidos realmente precisam para empreender qualquer grande ação militar consiste no apoio político doméstico – e assegurar esse apoio foi amplamente visto como o principal motivo para o governo Bush ter ido às Nações Unidas.

Por poder tomar essas decisões sem consultar outros países, uma superpotência também não precisa apelar a qualquer *casus belli* tradicional – como uma agressão clara (Segunda Guerra Mundial), uma catástrofe humanitária (Sérvia) ou um aliado sob ataque (Vietnã e a primeira Guerra do Golfo). Em vez disso, os Estados Unidos ofereceram uma nova doutrina de superpoder de guerra preventiva e mudança de regimes. Armas de destruição em massa nas mãos de um inimigo "irracional" podem muito bem justificar a guerra preventiva na perspectiva de qualquer um – embora a doutrina também pudesse servir à União Soviética nos anos 1950. Os EUA nunca consideraram seriamente uma guerra preventiva unilateral com a União Soviética porque isso requer uma superioridade militar tão grande a ponto de poder ser realizado a um custo relativamente baixo e sem atrair outros participantes. O direito de travar uma guerra preventiva tem-se tornado parte da visão de mundo de alguns daqueles que podem liderar os Estados Unidos em um grau que estava evidente durante um debate televisionado entre os candidatos presidenciais republicanos em junho de 2007, quando vários afirmaram que considerariam um ataque nuclear preventivo, com o objetivo de acabar com o programa de armas de destruição em massa do Irã.[35]

Mesmo enquanto a Guerra do Iraque se desenrola de forma tão ruim que nenhum futuro governo americano tentará replicá-la, sua falha não altera a capacidade de a superpotência travar guerra com base apenas no próprio discernimento, nem de eliminar potenciais ameaças que poderiam levar a futuros ataques preventivos. Também não foram impostos, por parte dos países que se opuseram à Guerra do Iraque desde o início, custos políticos capazes de forçar os Estados Unidos a assegurar seu apoio para a próxima guerra. Quando um futuro presidente americano se questionar se outra guerra preventiva atenderia a algum interesse americano vital, as questões decisivas ainda serão as perspectivas de sucesso e a extensão do apoio político doméstico, e não se outros países apoiarão a política.

Provavelmente, essa decisão irá, mais uma vez, envolver o Oriente Médio. Apesar de os Estados Unidos abordarem seus interesses em termos globais e engajá-los ativamente em todas as regiões, esses interesses são maiores hoje na Ásia e no Oriente Médio. A Ásia, necessariamente, receberá grande parte da atenção da superpotência porque é lá que se encontra a China, e esta é vital para a economia dos Estados Unidos e do mundo como o único grande país com capacidade e inclinação para desafiar o poderio americano em qualquer sentido significativo. O Oriente Médio será o outro principal foco permanente da geopolítica americana nos próximos dez ou 15 anos, pois é lá que se encontra boa parte do petróleo do mundo, e toda grande economia ainda depende de um suprimento estável dele. Infelizmente, a maior parte do petróleo jaz nas areias de nações governadas por regimes autoritários frágeis e inseguros, todos próximos ao contínuo conflito Isarel-Palestina, por si só uma fonte de tensão e instabilidade regionais. Como superpotência única, os Estados Unidos têm, tacitamente, se tornado fiadores da estabilidade da região e da soberania de muitos países ali situados, incluindo, durante os últimos 50 anos, Israel. Nada disso mudará na próxima década. Por fim, o Oriente Médio também é a base do fundamentalismo islâmico e do apoio a grupos terroristas que continuarão a ameaçar os interesses norte-americanos no futuro próximo.

Mais uma vez, as falhas da campanha americana no Iraque não reduzirão o que está em jogo para os Estados Unidos no Oriente Médio e poderiam até mesmo elevá-lo. Independentemente de quem os americanos elejam presidente, os Estados Unidos durante os próximos dez ou 15 anos estarão agressivamente engajados na região e em seus conflitos – incluindo a possibilidade real de outra significativa campanha militar. Mesmo que os Estados Unidos venham a se encontrar sem bases permanentes no Iraque de onde operar, ainda as terão no Catar, Kuwait, Bahrein e Turquia, assim como suas bases secretas em outros locais na região.

A saga do Iraque também demonstra que a verdadeira restrição imposta aos EUA como superpotência vem do próprio povo: eles podem forçar o governo dos Estados Unidos a fazer o que nenhum outro país pode exigir, isto é, mudar o curso. Uma significativa minoria de americanos se opôs à política para o Iraque desde o início. Essas diretrizes começaram a mudar apenas quando uma significativa maioria se voltou contra elas, não pelo que pretendiam realizar, mas por sua falha em fazê-lo. Os americanos perdoam muitas coisas em seu governo e presidente, mas não perdoam o fracasso.

A Guerra do Iraque também fornece uma importante medida das capacidades geopolíticas do superpoder americano. Agora e no futuro próximo os Estados Unidos são capazes de derrotar as forças militares de qualquer outro país de forma rápida e convincente, mas não podem, por conta própria, impor a mudança de regime em favor da democracia que buscam. Podem aniquilar as legiões de um governo estrangeiro, mas não alterar a dinâmica social de um país. Os Estados Unidos já iniciaram o que será um prolongado debate sobre se sua política para o Iraque tentou, fundamentalmente, ir longe demais ou se foi meramente mal planejada e mal-implementada. A forma como os profissionais de política externa e de defesa vierem a resolver a questão – e se o público americano vier a concordar – pode influenciar de maneira vital como os Estados Unidos conduzirão a geopolítica pelo tempo que permanecerem como superpotência única.

Até agora, uma questão com a qual a maioria dos especialistas parece concordar consiste na improbabilidade de os Estados Unidos conseguirem, por conta própria, estabilizar uma sociedade profundamente dividida, uma vez que tenham derrubado seu governo. James Dobbins, que dirige o Centro de Política de Segurança e Defesa Internacional (International Security and Defense Policy Center) na Rand Corporation, defende essa tese abertamente. Ele argumenta que o modelo correto para o Iraque foi Kosovo e Bósnia, em que os Estados Unidos lideraram uma coalizão da Otan e, com a cooperação de países vizinhos, pacificaram com sucesso conflitos étnicos tão severos quanto os do Iraque.[36] Mas Kosovo e Bósnia são exemplos intimidadores, pois, com base no que funcionou nesses lugares, o Iraque precisaria de uma força internacional de meio milhão de soldados com o apoio dos vizinhos Irã, Rússia, Turquia e Síria.

Ainda mais importante: o relatório final do Iraq Study Group (Grupo de Estudos sobre o Iraque) tem uma visão semelhante. O grupo encarna a visão de mundo dos anciãos de Washington, e é composto por dois ex-secretários de Estado, um ex-procurador-geral, um ex-secretário de Defesa, um ex-chefe de gabinete da Casa Branca, dois ex-senadores, um ex-presidente do Comitê de Assuntos Externos da Câmara e um proeminente negociador de Washington. Sua recomendação-chave:

> Os Estados Unidos deveriam lançar imediatamente uma nova ofensiva diplomática para construir um consenso internacional para a estabilidade no Iraque e na região. Esse esforço diplomático deveria incluir todo país que tenha interesse em evitar um Iraque caótico, incluindo todos os vizinhos do Iraque. Estes e os países-chave dentro e fora da região deveriam formar um grupo de apoio para reforçar a segurança e a reconciliação nacional no Iraque, que nem este nem os Estados Unidos podem alcançar por conta própria.

Nesse caso, está claro que a insurgência não terminará sem a cooperação do Irã e da Síria, pois eles abastecem e apoiam as milícias xiitas. De forma mais geral, onde quer que um país esteja em desordem, seus vizinhos se envolverão (se puderem), pois a desordem inevitavelmente os afetará. E, então, seis meses após rejeitar a análise do grupo de estudos, em meados de 2007, a Casa Branca mobilizou-se para abrir diálogo com o Irã e intensificar seus contatos sobre o Iraque com a Rússia e a Turquia.

Não há uma forma sensata de prever o resultado final no Iraque e suas implicações para a estabilidade do Oriente Médio e de tudo mais que isso implicar. As lições extraídas dessa experiência pelos futuros presidentes e Congresso americanos, e por outros governos, também são incertas. Além disso, eventos e personalidades hoje desconhecidos podem fazer pender a balança em futuras decisões de guerra e paz. O que pode ser conhecido é a enorme capacidade dos Estados Unidos e seus limites reais, o papel central do Oriente Médio e sua geopolítica e a provável disposição de futuros governos americanos no sentido de organizar um apoio global para as políticas que os Estados Unidos continuarão a definir.

Capítulo 7

A crise que se aproxima na saúde, na energia e no meio ambiente global

ALGUMAS VEZES, problemas sérios que abalam e moldam a vida de uma nação são previsíveis porque o que os gera está ao mesmo tempo bem enraizado e aparente. O rápido crescimento dos custos com assistência à saúde e energia são duas questões que inevitavelmente criarão pressão social e econômica enorme em todo país importante nos próximos dez ou 15 anos; e o modo como cada sociedade administra essas pressões pode ter efeitos graves não apenas sobre a saúde de centenas de milhões de pessoas, como também sobre o crescimento de suas economias. Combinados com a intensa competição decorrente da globalização, esses custos em elevação podem continuar a tolher empresas e ganhos salariais em países avançados, e, assim, afetar profundamente as perspectivas das famílias de classe média pelo mundo todo.

Todas as crises de assistência médica que a maioria dos países enfrenta envolvem as combinações de número de pessoas idosas em rápido crescimento e os custos das tecnologias médicas usadas para tratá-las igualmente crescendo com rapidez. Os custos do tratamento de pessoas jovens também estão subindo. Mas nas próximas décadas, e após elas, a geração baby boomer estará com 60 e, depois, 70 anos, enquanto seus irmãos e irmãs mais velhos chegam à faixa dos 70 ou 80 anos, e alguns de seus pais sobrevivem até os 80 ou 90 anos. Estas são as idades em que muitos idosos estarão em condições que custam entre US$ 15 mil e US$ 150 mil para tratamento, em vez de US$ 200 a US$ 1 mil.

O momento dessas crises – agora – reflete não somente as demografias singulares, mas também os efeitos da globalização. Os mercados potenciais para novos aparelhos e equipamentos, e medicamentos usados na assistência à saúde, todos se tornaram globais, levando a mais P&D (mais custosas), e mais adiante a tratamentos cada vez mais caros. Quando a Gilead Sciences ou a LG Life Sciences, da Coreia do Sul, consideram investir US$ 1,2 bilhão em uma linha promissora de pesquisas biotecnológicas, estimam receitas futuras de pacientes potenciais não somente dos EUA ou da Europa, mas também de muitos países da Ásia, da América Latina e de qualquer outro lugar em que as pessoas ou os governos sejam capazes de pagar pelo tratamento. Vários desses mercados estão se expandindo muito rapidamente e não apenas por questões demográficas. Além disso, a globalização está tornando mais partes do mundo prósperas, e em toda parte, à medida que as pessoas se tornam mais ricas, valorizam mais pequenas melhorias nos cuidados com a saúde. E as proteções das propriedades intelectuais que ajudam a levar ao progresso médico também se tornaram globais nos últimos cinco a dez anos, isolando os que os criam da competição mais direta, e com frequência mantendo preços pelo menos razoavelmente elevados na maioria dos lugares.

Nenhum país hoje está preparado para pagar as contas que vencerão em 2020, e antes disso, devido à combinação de tantas tecnologias e tratamentos dispendiosos; e também muitas pessoas que poderiam usá-los não estão preparadas para isso. Em alguns locais, esse problema se tornará uma crise política e social quando as pessoas procurarem tratamentos que nem elas nem seus governos terão condições de pagar. Assistência à saúde é algo diferente de quase todas as outras coisas negociadas nos mercados, porque as pessoas podem substituir um novo BMW que não podem comprar por um Ford usado ou transporte público, ou uma framboesa por uma banana em seus cereais no café da manhã, mas não há substituto para quimioterapia ou diálise. Portanto, mesmo quando os preços são muitos elevados, as pessoas mostram-se muito relutantes quanto à redução de seus cuidados com a saúde – especialmente quando seus governos garantem ostensivamente o acesso de todos, como fazem nos países desenvolvidos, exceto nos Estados Unidos. À medida que as fileiras de idosos e o conjunto de novas tecnologias continuam a crescer, essa garantia quebrará a estrutura financeira para a assistência à saúde em quase todos os lugares. E quando os que demandam a assistência médica tiverem de se defrontar com aqueles que a financiam, ambos levarão suas alegações e frustrações para a arena política.

Cada país apresenta suas condições especiais. No Japão e em grande parte da Europa, à medida que a demanda por tratamentos caros vai aumentando, o número de pessoas que trabalham para financiar os gastos pagando impostos estará encolhendo – e, então, o crescimento lento e a globalização provavelmente manterão seus salários em baixa. Esse aperto será especialmente difícil na França e na Alemanha, onde os custos com assistência à saúde já são muito elevados e a carga tributária já está entre 45 e 50%. Japão e Reino Unido gastam consideravelmente menos com saúde, e seus impostos são menores. Mas o Japão tem a maior população dominada por idosos do mundo e uma economia muito fraca, enquanto o Serviço de Saúde Nacional Britânico (Britain's National Health Service) enfrenta pressões públicas generalizadas para expandir de modo acentuado seus recursos e serviços.

Os custos com assistência médica apresentam problemas especiais para os Estados Unidos também, apesar de sua demografia mais favorável, porque já gasta uma parcela muito maior de sua renda nacional com assistência do que os outros países. Esse país também está fortemente comprometido com o uso das tecnologias de ponta, muitas das quais desenvolvidas lá. Além disso, o próximo presidente e o Congresso dos EUA provavelmente caminharão na direção de oferecer coberturas com seguros para o número crescente de pessoas que perderam os seus por motivo de elevação de preços. Ainda mais importante é que os Estados Unidos, praticamente de forma isolada, possuem pouco controle sobre preços e orçamentos globais para manter os custos sob verificação. Todos esses fatores juntos levarão os custos totais a US$ 10 mil por pessoa em poucos anos, e os embates políticos que se seguirão poderão ocorrer em função dos impostos elevados necessários para cobrir as explosivas contas médicas para os idosos, ou em quanto os custos médicos estão afetando os salários dos trabalhadores.

Todo país avançado já lidou anteriormente com problemas financeiros em seus sistemas de assistência médica, mas nada como a maioria enfrentará na próxima década. No Japão, Estados Unidos e Europa, os impostos, os prêmios de seguros e os copagamentos aumentarão, e a qualidade de seus serviços médicos lentamente será pior à medida que o acesso aos tratamentos mais recentes se tornar limitado.

A China enfrenta uma crise em seu sistema de saúde. Lá, a questão central não serão os custos elevados da última geração de medicamentos, dispositivos e procedimentos, mas o desafio mais dispendioso de restaurar a assistência básica para cerca de 1 bilhão de chineses. Em uma sociedade cuja prosperidade cresce a cada ano, mas apenas para aproximadamente um terço das pessoas, e com um governo que realiza inúmeros projetos públicos dispendiosos de modernização, os milhões de chineses, que agora protestam contra os salários e a corrupção, podem exigir a restauração da assistência médica universal.

Os custos de energia podem representar um ônus quase tão grande quanto os custos com assistência médica. As dimensões e a urgência desse problema decorrem de um encontro ou uma colisão de uma série de eventos econômicos e políticos, e também de forças inexoráveis da natureza. Os primeiros dois fatores são os econômicos – demanda mundial de energia em rápido crescimento, conduzida pela rápida modernização na China e em outros países em desenvolvimento comprometidos com a globalização, e os custos crescentes para garantir que as ofertas de energia atendam à nova demanda. Os mesmos processos econômicos que agora permitem que China, Índia e outras economias se desenvolvam e cresçam mais rapidamente do que qualquer sociedade já conseguiu anteriormente empurraram os preços do petróleo de US$ 20 a US$ 30 por barril nos primeiros dois anos desta década, para US$ 50 a US$ 80, reduzindo, desse modo, porções variadas de crescimento em toda parte. Os próximos dez ou 15 anos também podem incluir períodos com quedas acentuadas dos preços da energia; mas, na verdade, é mais provável que o preço alcance US$ 90 a US$ 100 por barril, ou valores ainda maiores.

Acima da oferta e demanda, o terreno da "petropolítica" se tornou ainda mais traiçoeiro. Ofertas de petróleo crescentes concentradas em países politicamente frágeis no Oriente Médio e na África, junto com a Rússia – e a estabilização do Oriente Médio em particular –, podem ser mais problemáticas do que em qualquer momento há décadas, à medida que os Estados Unidos forem se desembaraçando do Iraque e o crescente poder regional do Irã colocar pressão adicional sobre seu vizinho saudita. A energia complicará a geopolítica da próxima década de outras maneiras. A rede crescente de investimentos, de joint ventures e de contratos de longo prazo com estatais de petróleo no Oriente Médio, África, América Latina e Ásia Central pode cada vez mais colocá-la em situação não planejada com a Rússia, o Japão e os Estados Unidos. E a Rússia continuará a tentar extrair vantagens geopolíticas da crescente dependência da Europa com relação ao petróleo e ao gás russos. Os Estados Unidos, a superpotência, tentarão supervisionar tudo isso, manobrando para conter as ambições da China, dobrar as da Rússia e manter o Oriente Médio como um fornecedor estável de energia para o mundo.

O novo fator é a crescente preocupação mundial com os efeitos no meio ambiente do uso de toda essa energia em relação ao clima global, os quais podem alcançar em breve um ponto extremamente grave. Essas preocupações levarão os preços da energia no mundo a valores ainda mais elevados, primeiro, ao reduzir investimentos em geração de energia elétrica com técnicas intensivas em carvão. Já, por exemplo, a perspectiva da futura regulamentação está desacelerando novos investimentos em unidades de energia elétrica alimentadas com carvão; e daqui a cinco anos essa desaceleração fará com que o preço da eletricidade na Europa suba. O lado positivo é que essas preocupações também estão despertando maior interesse em fontes de energia renováveis, como eólica, energia solar e biomassa, que, com base em estimativas, compreendiam 30% dos novos investimentos em geração de energia elétrica no mundo em 2005.[1]

Custos muito maiores virão quando os países avançados realmente regulamentarem os gases-estufa que vêm dos combustíveis fósseis, uma perspectiva crescente nos próximos dez anos. Formou-se um consenso na Europa, no Japão e nos EUA, no sentido de que a trajetória atual de produção de CO_2 e outros gases-estufa acabará provocando sérios danos às condições climáticas em toda parte. Ainda assim, as soluções propostas provocarão dissensão, desde o maior até o menor grau de intensidade, no que diz respeito às regulamentações voltadas para impostos sobre carbono e sistemas complexos de limites e trocas. Entretanto, não há sinal de que a China, a Índia e outros países em desenvolvimento com emissões em rápido crescimento compartilhem um consenso. Qualquer perspectiva de participação deles requererá o tipo de liderança internacional efetiva dos Estados Unidos, algo que não se vê desde a primeira Guerra do Golfo e o lançamento bem-sucedido da OMC.

Quanto os países terão de gastar com assistência médica

Diferentes sociedades gastam quantias muito variadas com assistência à saúde. De modo não surpreendente, a China gasta pouco em relação a qualquer país avançado, com seu governo dedicando menos de 2% do PIB para a assistência médica e seus cidadãos contribuindo com outros 2,5%. Sob qualquer medida, os Estados Unidos são quem gasta mais – cerca de 16% de seu PIB, segundo a última contagem realizada em 2006, ou seja, aproximadamente US$ 6.700 dólares por pessoa, comparado a algo entre 10 e 11% do PIB na França e na Alemanha, e cerca de 8% no Japão e no Reino Unido.[2] Isso torna o compromisso financeiro do Reino Unido com assistência à saúde consideravelmente mais próximo da China do que dos Estados Unidos.

Ninguém sabe quanta diferença essas disparidades provocam na verdadeira qualidade dos cuidados que as pessoas recebem, especialmente entre os países avançados. Em 2004, o Fundo da Comunidade das Nações publicou um estudo de longo prazo sobre os cuidados médicos no Reino Unido, EUA, Canadá, Nova Zelândia, e Austrália.[3] Embora gastando duas vezes mais por pessoa, os Estados Unidos ultrapassam as taxas de sobrevivência de câncer no seio e câncer no colo do útero – mas as taxas de sobrevivência dos britânicos eram maiores do que as americanas em vários outros tipos de câncer, incluindo colorretal, leucemia infantil e linfoma de Hodgkin, e também em transplantes de rim e de fígado. Mas o estudo não pode dizer, por exemplo, se mais britânicos sobrevivem a transplantes porque o cuidado deles é melhor ou porque os americanos realizam transplantes em pacientes mais doentes.

Uma diferença clara é que os britânicos contam com muito menos barreiras financeiras. Isso porque o U. K. National Health Service recolhe mais de 85% da conta total da nação para cuidados médicos; e Alemanha, França e Japão não estão muito atrás, com o governo financiando de 75 a 81% dos gastos totais em cuidados com a saúde de seus habitantes.[4] O que isso significa é que as pessoas pagam pelos cuidados umas das outras por meio de impostos, que é um indício que implica por que esses países gastam muito menos do que os Estados Unidos. O fato político grave é que os contribuintes tolerarão somente aumentos de impostos modestos e eventuais para manter o sistema funcionando, e por isso a Europa e o Japão aplicam o controle de preços e alguma forma de orçamento global a seus setores de assistência médica.

Os EUA, obviamente, apresentam arranjos muito diferentes, com o governo utilizando 45% do orçamento nacional para cobrir as pessoas de rendas baixas e os aposentados (e seus próprios empregados), enquanto a maioria das empresas fornece seguro privado. Os americanos responsabilizaram a ineficiência frente aos custos elevados do sistema, o que realmente é observado. Mas a enorme burocracia do sistema de assistência pública à saúde no Reino Unido ou na Alemanha também é notoriamente ineficiente – e, em todo caso, as maiores "ineficiências" decorrem das incertezas inerentes à maior parte da medicina. A razão mais importante pela qual os EUA gastam tanto mais é simplesmente política: enquanto os europeus e os japoneses podem forçar seus políticos a encontrarem maneiras de oferecer cuidados sem elevar excessivamente seus impostos, os americanos, insatisfeitos com seus custos em alta ou com suas coberturas médicas reduzidas, não podem fazer muito com relação a isso, a não ser tentar encontrar outro emprego.

Os americanos gastam tanto em assistência à saúde que os impostos *per capita* que sustentam os idosos e os pobres são maiores do que os impostos *per capita* pagos paga cobrir todos na Alemanha, no Japão e no Reino Unido.[5] Além desses impostos, os americanos têm de pagar por seus seguros privados e pelos custos com outros gastos que, juntos, são maiores, por pessoa, do que todos os gastos médicos por pessoa no Reino Unido e no Japão.[6] Os americanos têm tolerado essa situação porque sua renda é maior do que a dos japoneses e da maioria dos europeus, e porque eles pouco têm podido fazer no que diz respeito a essa questão.

Ainda assim, os dispêndios médicos também têm crescido rapidamente na Europa e no Japão, porque os controles de preços não podem impedir que as pessoas envelheçam ou interromper a tecnologia que está sendo desenvolvida para tratar as doenças dos idosos. De 2000 a 2004, o gasto *per capita* com assistência médica aumentou quase 7% ao ano na França e mais de 9% ao ano no Reino Unido.[7] Os aumentos no Reino Unido chegaram a superar os dos Estados Unidos, onde os custos cresceram pouco mais de 8% ao ano.

Isso é apenas o começo. À medida que a geração baby boomer começar a se aposentar, de 2010 a 2020, a parcela da população com idade igual ou superior a 60 anos aumentará na França, de 23 a 27%, na Alemanha, de 27 a 29%, e no Japão, de 30 a 34%.[8] O Reino Unido está em situação um pouco melhor, com a parcela de pessoas com 60 anos ou mais indo de 23 a 25%, enquanto os colegas idosos americanos subirão de 18 para 22%.

O envelhecimento rápido é um problema porque, quanto mais idosos somos, maiores são nossos custos médicos, e as doenças finais da maioria das pessoas são as mais dispendiosas de todas. Nos Estados Unidos, o custo médio dos serviços médicos de uma pessoa salta 70% entre as faixas etárias 65-69 e 75-79, e mais 35% para idades acima de 80.[9] Esses aumentos são menos dramáticos quando o governo controla os preços da assistência médica, mas, mesmo assim, ainda são substanciais. Os custos médios com serviços médicos dos japoneses aumentam

62% entre as faixas etárias de 65-69 e 75-79; na Alemanha, esses custos aumentam 39%; e no Reino Unido, 37%.[10] E de 2010 a 2020 a parcela da população com idade igual ou superior a 75 anos alcançará 15% no Japão, 12% na Alemanha e 10% na França.[11] Nesse aspecto, também, a perspectiva demográfica é melhor para os britânicos e americanos, com os idosos com 75 anos ou mais representando apenas 8% de todos os britânicos em 2020 e 6,4% dos americanos.

Os custos aumentam tanto porque as pessoas idosas apresentam uma probabilidade muito mais elevada de ter doenças do coração, câncer e outros problemas cujo tratamento se tornou muito dispendioso. Mais de 80% de todos os americanos que morrem de doenças coronárias têm idade igual ou superior a 65 anos, por exemplo. Mortes decorrentes de câncer também estão altamente concentradas em pessoas idosas, em todos os países avançados, com mais de 70% ocorrendo em pessoas com idade igual ou superior a 65 anos, e a faixa etária mais comum para mortes por câncer é de 75 a 84 anos.[12]

Embora o envelhecimento da geração baby boomer e de seus pais venha a provocar forte efeito nos custos futuros da assistência médica, de fato, as cifras custos aumentaram 20 vezes nos últimos 35 anos, indo de US$ 75 bilhões em 1970 para US$ 2,1 trilhões em 2006, elevando-se 4 a 5% ao ano após inflação, mesmo quando os boomers entravam nas fases geralmente saudáveis dos 20 e 30 anos.[13] Olhando para trás e para a frente, o custo mais impactante na assistência médica é a inovação, a mesma força que ajuda a tornar uma economia forte. Novos medicamentos dispendiosos recebem a maior parte da atenção política, mas o fator de maior custo é a proliferação dos novos procedimentos, como angioplastias, substituições de juntas, transplantes, cirurgias artroscópicas e novos aparelhos médicos, de scanners MRI e CT a desfibriladores implantados e o tempo dos médicos e o uso dos hospitais requeridos para que se realizem os procedimentos. Em 2006, enquanto os americanos gastaram US$ 214 bilhões com prescrições de medicamentos, gastaram US$ 421 bilhões com médicos e US$ 652 bilhões com tratamento em hospitais.[14]

A maioria dos novos procedimentos e tecnologias vale o custo. Doenças do coração e ataques cardíacos têm sido de longe as causas principais de morte nos países avançados. Mas desde os anos 1980 a taxa de mortalidade nos Estados Unidos caiu quase pela metade, sendo as inovações médicas o motivo principal.[15] Nos anos 1970, quando os ataques cardíacos matavam aproximadamente 3,5 pessoas por mil americanos a cada ano, as pessoas que sobreviviam ao ataque iam para as unidades de tratamento cardíaco, onde usualmente recebiam lidocaína para batimentos irregulares, um tratamento curto com betabloqueadores para reduzir a pressão arterial, um medicamento "destruidor de coágulos" e, em alguns casos, cirurgia com bypass de artéria (pontes de safena). Em meados dos anos 1980 as angioplastias substituíram muitas pontes de safena, e os betabloqueadores se tornaram uma terapia de controle da hipertensão. Nos anos 1990, chegaram ao mercado novos medicamentos, que evitavam a formação de coágulos, junto a procedimentos de colocação de talas e de revascularização para manter o sangue fluindo, e desfibriladores implantados. O número de pacientes com ataque cardíaco que passaram por cirurgia disparou, de aproximadamente 10% em 1984 para mais do que 50% em 1998;[16] e o gasto total com ataques cardíacos aumentou 50% – mas o número de americanos que morreram de ataques cardíacos caiu para 1,9 por mil.

Essas melhorias e outras comparáveis em situações que só recentemente eram consideradas intratáveis – Aids, doença renal, muitos tipos de câncer e outras – aumentaram os custos não somente porque os novos medicamentos e equipamentos são caros e os médicos e enfermeiras que os usam têm que ser treinados e pagos de acordo; em adição, mais pessoas sobrevivem a essas crises e, então, seguem para tratamentos caros e de longo prazo; mais pessoas têm que ser tratadas por causa de efeitos secundários, tais como anemia em pacientes de diálise; e mais pessoas sobrevivem para acabar desenvolvendo outros problemas que requerem tratamentos caros e com alta tecnologia.[17]

De acordo com quase todos que olham com atenção para os custos de assistência médica, esses fatores representam a maior parte do crescimento real das despesas com saúde em todos os locais.[18] E esses dispendiosos avanços e inovações tecnológicas estão realmente em aceleração. Em 2005, empresas de medicamentos, biotecnologia e equipamentos médicos dos EUA gastaram US$ 65 bilhões em pesquisas; o governo americano gastou outros US$ 40 bilhões, e as universidades e fundações mais US$ 10 bilhões – tudo para desenvolver os tratamentos, procedimentos e equipamentos da próxima década.

Um estudo de caso que mostra como as novas tecnologias empurram para cima os custos, e que envolve o desenvolvimento de um novo procedimento para mais de 2 milhões de americanos com um problema chamado fibrilação atrial, isto é, batidas cardíacas rápidas e irregulares, foi relatado no New York Times.[19] Uma década atrás esse problema usualmente ficava sem tratamento; mas após os cientistas determinarem, poucos anos atrás, que ele pode levar a enfartes ou a sérias deteriorações do coração, pesquisadores de indústrias e acadêmicos desenvolveram um novo tratamento chamado ablação com base em cateter. Cirurgiões costuram longos cateteres através das veias do paciente até seu coração, com pequenos dispositivos encaixados na extremidade, que neutralizam permanentemente a parte do músculo do coração que produz os impulsos elétricos anormais. O procedimento custa de US$ 25 mil a US$ 50 mil porque requer um equipamento muito especializado que custa US$ 5 mil e só pode ser usado uma vez, quatro horas de tempo de um cirurgião de coração e sua equipe e as instalações do hospital. O FDA (Federal Drug Administration) nem mesmo tinha aprovado o procedimento desde o verão de 2007, mas a América Heart Association e o American College of Cardiology o apoiava, e os cirurgiões e hospitais já o tinham usado milhares de vezes simplesmente para cobrar das seguradoras e do Medicare (usando os códigos de outros procedimentos cardíacos).

Quando o tratamento for aprovado formalmente, como ele certamente será, seu uso irá crescer. Os hospitais e as clínicas cardiológicas que irão oferecê-lo comprarão muitos equipamentos caros além de cateteres e seus dispositivos complementares, incluindo sistemas de alta tecnologia de diagnósticos, mapeamento computadorizado e guia robótico. Os especialistas da indústria calculam que apenas o equipamento irá gerar vendas de US$ 1,5 a US$ 5 bilhões na próxima década; e as equipes de cirurgia, hospitais e outros custos associados serão algumas vezes isso. Se os pacientes que usam o procedimento se precaverem contra enfartes e deteriorações do coração, haverá economia de recursos no longo prazo – e contanto que seja usado somente em casos em que a terapia alternativa com medicamentos que custam US$ 1.000 não funcionar. No entanto, os médicos e hospitais que geram receitas significativas com as ablações baseadas em cateteres têm pouco incentivo em fazer essa distinção, e a maioria dos pacientes seguirá o conselho deles.

O sistema de saúde americano não possui uma autoridade central que possa limitar o uso do tratamento ou estabelecer seu preço, mas ele pode de maneira indireta criar restrições embutidas. Falta de seguros de saúde efetivamente impede muitos tratamentos para cerca de 15% das pessoas. As seguradoras privadas e o governo federal com seus Medicare e Medicaid também aplicam uma forma frouxa de controle de preços ao usualmente pagar aos hospitais, médicos e farmácias menos do que os valores no varejo. As seguradoras privadas que cobrem 60% dos americanos também restringem as coberturas para procedimentos ou medicamentos que consideram "experimentais" ou fora da norma; e em aproximadamente 10% dos casos elas negam cobertura para alguns pacientes, com frequência por "condições preexistentes".* Essas práticas ressaltam as injustiças que emergem inevitavelmente quando a busca de lucros na assistência à saúde privada colide com os preços em rápido crescimento do tratamento médico e com a forte resistência a prêmios mais elevados. Mas, comparado com os protocolos e preços estabelecidos pelos sistemas de saúde britânico, japonês, alemão e francês, essas práticas têm tido efeitos modestos nos preços e no acesso da maioria dos americanos à medicina de alta tecnologia.

Outra razão pela qual os custos de assistência médica nos EUA são tão maiores é que os sistemas em outros países tacitamente transferem alguns de seus custos para os Estados Unidos. Enquanto os EUA permanecem com os preços de modo geral não controlados no que diz respeito a novos equipamentos, medicamentos e outros trata-

---

* A reforma do sistema de saúde proposta pelo governo Barack Obama visa, entre outros objetivos, extinguir essa prática. (*N. da. E.*)

mentos, a maioria deles também é usada na Europa e no Japão, só que com controle de preços, o que força os responsáveis por esses desenvolvimentos a aceitar menos em cada venda. Portanto, por exemplo, os mesmos medicamentos prescritos custam de 43 a 50% menos na Alemanha, Reino Unido e França do que nos Estados Unidos.[20] Como as companhias que produzem esses bens e serviços os apreçam de modo a gerar um retorno total estabelecido pelos mercados financeiros, os controles de preços europeus e japoneses aumentam os preços nos mercados americanos.

O grande problema é que algumas das tecnologias mais eficazes nos custos são subutilizadas, enquanto outras, muito menos eficazes, são utilizadas em excesso.[21] A cirurgia com pontes de safena funciona bem para pessoas com doenças cardíacas da principal artéria coronária esquerda, mas não para aqueles com doença em único vaso – embora muitos deles também sofram a cirurgia. Medicamentos que diminuem o colesterol funcionam bem para aqueles com doenças cardíacas ou múltiplos fatores de risco, mas não para milhões de outros que também os tomam. E o dr. Alan Lotvin, um cardiologista que chefia a maior empresa de educação continuada na área médica nos Estados Unidos, estima que metade das atuais angioplastias não tem de ser feita. Além disso, alguns novos tratamentos oferecem benefícios somente modestos e a um custo elevado. Há cinco anos, os dois principais medicamentos para câncer de cólon custavam cerca de US$ 500 por tratamento e gerava um prazo médio de sobrevivência de oito meses; as atuais quimioterapias para câncer de cólon custam cerca de US$ 300 mil a US$ 500 mil, com prazo de sobrevivência de 13 a 20 meses. E o modo como os médicos e hospitais são pagos pode afetar o uso de procedimentos dispendiosos: pacientes com coberturas do tipo honorários por serviço apresentam probabilidade 50% maior de receber um eletrocardiograma e 40% maior de radiografia no peito, por exemplo, do que outros como eles em todos os outros aspectos.

A Kaiser Foundation estima que na trajetória atual os dispêndios com assistência à saúde atingirão US$ 4 trilhões em 2015, o que representará US$ 12.200 por americano,[22] e US$ 5,7 trilhões em 2020. Os EUA podem seguir o restante do mundo e cortar esses custos com controles de preços, ou com um sistema que mantém as seguradoras privadas em atividade, ou por meio de um novo sistema nacional de assistência à saúde. O resultado, inevitavelmente, irá um pouco além do que estará mais adiante disponível para todos: a assistência médica se tornará gradualmente menos high-tech, pelo menos para aqueles que não podem pagar um prêmio de seguro elevado. Os tratamentos iniciais das pessoas se tornarão as opções menos dispendiosas, seguradoras e governos irão aprovar menos novas tecnologias, medicamentos e procedimentos de uso geral caros; e o desenvolvimento deles acabará desacelerando.

O aperto que se aproxima na França, Alemanha e Estados Unidos

Os preços são mais elevados nos EUA, mas todos os países avançados enfrentarão crises em seus sistemas de saúde muito parecidas na próxima década. Isso será assim especialmente na França, Alemanha e Estados Unidos, porque seus sistemas de saúde são semelhantes. Para começar, os três sistemas dão às pessoas ampla autonomia para administrar seus próprios cuidados com a saúde. Todos na França e na Alemanha podem escolher seu médico principal, como também podem os americanos, com a notável exceção para as pessoas não seguradas que têm que aceitar quem eles conseguem em salas de emergência de hospitais ou em clínicas de caridade. Ser atendido por um médico também é muito fácil; os franceses e alemães visitam médicos em media oito a nove vezes ao ano, e os americanos, em média, cinco vezes ao ano.[23] Todos esses países também fornecem mais assistência na base de honorários por serviço, com os americanos e franceses pagando, e, então, sendo reembolsados, enquanto os fornecedores de serviços de saúde alemães são pagos diretamente pelo governo.

Os três sistemas também combinam elementos públicos e privados, embora de maneiras diferentes. Na França, o governo cobre de 70 a 80% dos custos de todos na maioria dos serviços, medicamentos e aparelhos, independentemente de idade ou renda, e quase todos os franceses também possuem seguro privado para os outros 20 a 30%.[24] Na Alemanha, a divisão público-privada está baseada na renda: o governo cobre quase todos os custos com serviços de saúde para todos que ganham até US$ 60 mil por ano (incluindo "cura natural", acupuntura, homeopatia, óculos, substituição de dentes, visitas a spas de saúde e alguns procedimentos cosméticos). Os 15% com ganhos superiores na Alemanha também podem ter a cobertura pública, mas cerca de dois terços optam por ficar fora da cobertura do governo e somente com a cobertura privada.[25] Finalmente, nos Estados Unidos, o governo financia a assistência médica para os idosos e as pessoas de baixa renda, ou cerca de um quinto do país, enquanto 80% do restante possuem seguro de saúde privado através de seus empregos. Aqueles deixados de fora, cerca de 15% dos americanos, ficam em alguma posição intermediária – jovens demais e não pobres o suficiente para se qualificar para os programas do governo, trabalhando em empregos que não oferecem cobertura privada e pagam muito pouco para suportar seguros de saúde privados. A diferença essencial que afeta os custos, no entanto, é que a Alemanha e a França têm sistemas em que o governo determina que serviços médicos, produtos e procedimentos são reembolsados, e estabelecem o preço deles. Essas regulamentações compreendem não somente controles de preços da maioria dos medicamentos e procedimentos, mas também controles salariais dos médicos: os médicos franceses ganham aproximadamente duas vezes a renda média da França, e os médicos alemães ainda menos, enquanto os médicos americanos recebem cinco vezes a renda média dos EUA.[26]

Os três sistemas estão se esforçando para conter seus custos. Angioplastias, transplantes, terceira e quarta rodadas de quimioterapia e milhares de outros procedimentos dispendiosos são um pouco menos disseminados na Europa, e custam menos em Paris e em Berlim do que em Nova York e em Miami. Mas os três sistemas adotam a medicina moderna e deixam a maioria das decisões para médicos e pacientes, com poucas restrições às demandas. O resultado é que os Estados Unidos devotam a maior parcela de sua economia à assistência médica no mundo, e França e Alemanha estão em terceiro e quinto lugares, respectivamente. Além disso, enquanto os custos com assistência médica nos EUA têm subido 8% ao ano desde 2000, os mesmos custos têm subido 5% ao ano na França e na Alemanha. Levando em conta o rápido envelhecimento que França e Alemanha enfrentarão, e seguindo a trajetória atual, os três sistemas podem ver seus custos dobrarem, ou mais do que isso, entre hoje e 2020.

Os três países quase certamente responderão de modo muito semelhante a como eles fizeram na última década, mas com maior impacto acumulado sobre a qualidade da assistência médica das pessoas. A primeira linha de defesa dos governos francês e alemão, das companhias de seguro dos EUA e dos programas Medicare e Medicaid dos EUA é cortar reembolsos a hospitais, médicos e empresas de medicamentos. Isso provavelmente funcionaria, por pouco que seja, na França e no apoio aos idosos nos EUA, uma vez que em ambos os casos as seguradoras privadas oferecem cobertura suplementar para compensar a maior parte da diferença. Outros limites a essa abordagem também se tornaram aparentes recentemente. Por exemplo, os médicos da França e da Alemanha são sindicalizados, e ambos conduziram greves exitosas em 2005 e 2006 para aumentarem seus honorários e salários. Essa estratégia também irá inevitavelmente degradar a qualidade do atendimento, ou pelo menos desacelerar seu progresso, porque os alvos são os serviços, os medicamentos e os procedimentos mais dispendiosos, que usualmente são os desenvolvidos há pouco tempo e os mais avançados. E se o objetivo é gerar economias importantes, ele tem que ser dirigido àqueles com os problemas mais sérios: na França, 10% das pessoas respondem por três quartos dos gastos com assistência à saúde,[27] e as proporções são comparáveis em todos os locais em que existem sistemas médicos avançados.

A segunda linha de ataque aos custos é tornar mais caro ou mais difícil conseguir tratamento. Em 2003, a Alemanha encerrou sua longa tradição de assistência gratuita e introduziu modestos pagamentos de 5 a 10 euros a cada consulta médica, prescrição de remédios e dia gasto em um hospital ou clínica de reabilitação. Esses pagamentos ainda são consideravelmente menores do que os pagamentos de 20 a 30% na França ou Japão. Na França, os copagamentos são repassados para a cobertura suplementar das pessoas, em que os prêmios naturalmente têm crescido. Os americanos sofrem a maior e mais rápida elevação dos custos com desembolsos: em 2004, eles foram em média US$ 255 por pessoa para aqueles com cobertura privada, com os 10% superiores gastando mais de US$ 1.500, e quase US$ 600 por pessoa, incluindo aqueles sem cobertura.[28] A grande limitação dessa abordagem é seu efeito na saúde das pessoas, porque, quando os copagamentos e os custos com desembolsos aumentam acentuadamente, as pessoas se cuidam menos. Ainda assim, não chega perto das causas básicas do rápido crescimento dos custos, já que a maior parte desses custos decorre dos tratamentos avançados em pessoas com doenças graves, e elas não são impedidas pelos pagamentos.

A terceira resposta a esses custos crescentes é pagá-los com aumento de impostos ou de prêmios de seguros de saúde. Na Alemanha, a primeira-ministra Ângela Merkel anunciou em 2007 planos para aumentar as "contribuições" para o sistema do governo em 0,5% para 7,1% do salário de um trabalhador e 8% dos custos nas folhas de pagamento das empresas, ou um total de aproximadamente 15% da renda da maioria das famílias que trabalham. Também há planos na Alemanha para elevar os impostos sobre rendas como salário e pensões para limitar os déficits que assomam a longo prazo no sistema de saúde. Na França, o governo substituiu o imposto sobre as folhas de pagamentos de 6,8% para os empregados por um imposto de 5,25% sobre todas as rendas – os sociais-democratas reivindicaram a mesma mudança na Alemanha –, mais os 11% de impostos sobre as folhas de pagamentos para os empregadores.[29] Nos Estados Unidos, os grandes aumentos vieram nos prêmios dos seguros privados pagos através do trabalho nas empresas, que subiu 87% de 2000 a 2006, comparado à inflação geral de 18%.[30] Em 2006, os prêmios eram em média US$ 11.500 para cobrir uma família de quatro pessoas, incluindo US$ 3 mil pagos diretamente pelos trabalhadores.[31]

Essa abordagem, como as outras, no final funciona somente na margem. À medida que todo país importante observar a idade de sua população aumentar rapidamente nos próximos dez anos, e os custos dos tratamentos que ela precisa crescerem ainda mais rapidamente, eles não serão capazes de elevar impostos ou prêmios o suficiente para cobri-los. Essa habilidade provavelmente alcançará um limite ainda mais cedo do que os cortes nos reembolsos ou aumentos nos copagamentos, porque os impostos e os prêmios já são bastante elevados. Com carga tributária total de 45 a 50% na maior parte da Europa, quanto a mais os trabalhadores europeus irão desejar pagar de impostos para financiar basicamente as crescentes despesas médicas de pessoas aposentadas? E com os prêmios de seguros pagos através dos locais de trabalho em média alcançando US$ 11.500 para uma família de quatro pessoas, quanto eles ainda poderiam aumentar?

Ainda há algumas poucas maneiras comparativamente fáceis para cortar custos em todos os sistemas. Os alemães provavelmente exigirão que as pessoas que querem se consultar com um especialista obtenham uma solicitação de um clínico geral, como todos os outros já fazem. Os franceses, que usam medicamentos cerca de duas vezes mais do que os americanos ou a maioria dos europeus, caminharão no sentido de usar mais genéricos. E o governo dos EUA pode forçar os médicos, hospitais e seguradoras a cortar seus custos administrativos adotando recibos e procedimentos de reembolso padronizados, talvez quando finalmente caminharem para cobrir as pessoas sem seguros.[32] Ainda assim, essas mudanças e tudo mais ainda deixarão lacunas de custos crescentes. Independentemente do que mais pode acontecer, em 2020 o acesso da maioria das pessoas aos tratamentos mais dispendiosos e tecnologicamente avançados da época será reduzido de modo substancial. E ao longo do tempo essas reduções diminuirão ao passo de outras inovações médicas.

A crise na assistência médica no Japão e no Reino Unido

O Japão e o Reino Unido já chegaram à posição para a qual Alemanha, França e Estados Unidos se dirigem. A capacidade do Japão e do Reino Unido de manter seus gastos com sistemas de saúde nacionais em cerca de 8% do PIB (2005) – aproximadamente metade do percentual que os EUA gastam, e três quartos do percentual na França e Alemanha[33] – parece notável. O que os separa e faz tamanha diferença, dito de forma simples, são os controles governamentais muito mais restritos sobre os preços de tudo relacionado à assistência médica.

No Japão, os honorários dos médicos, os salários das enfermeiras e de outras pessoas ligadas à saúde, as contas de hospitais, os preços de medicamentos, os equipamentos médicos e as instalações médicas são todos determinados, após alguma negociação, por um conselho. Ele estabeleceu preços em níveis tão baixos que de 1980 a 2000 os custos com assistência médica no Japão cresceram realmente mais lentamente do que os preços ao consumidor em geral.[34] Uma razão para isso é que quando a demanda por serviços de saúde aumenta no Japão, o governo mantém o limite de gastos cortando os reembolsos. Quando o uso dos aparelhos de ressonância magnética (*scanner* MRI) saltou em 2000 e 2001, por exemplo, o governo japonês cortou os honorários que pagava aos médicos e aos hospitais de US$ 150 para um pouco mais de US$ 100 – o uso dos mesmos aparelhos custa entre US$ 650 e US$ 1.200 nos EUA, e não muito menos na Alemanha e França –, e os médicos e hospitais japoneses começaram a usá-los menos.[35]

O controle de preços e de salários na saúde inevitavelmente reduzem a oferta de médicos e dos serviços mais dispendiosos que requerem os equipamentos mais caros. Há bem menos médicos para cada mil pessoas no Japão e no Reino Unido do que nos EUA, Alemanha ou França, porque eles ganham muito pouco. Como qualquer pessoa pode consultar qualquer médico ou especialista no Japão sem uma solicitação médica ou não pagar além do copagamento padrão, os japoneses também vão aos seus médicos com frequência – embora se diga constantemente que as visitas aos médicos japoneses consistem de "esperas de três horas e contatos de três minutos".[36] O Japão também usa, de modo menos amplo, a medicina custosa e de alta tecnologia, com menos da metade de unidades de tratamento intensivo e camas para atendimentos coronarianos por mil pessoas do que os Estados Unidos, e aproximadamente um terço de cirurgias.[37] Em vez disso, as terapias com medicamentos são mais comuns – os medicamentos representam 20% de todos os dispêndios com assistência médica, ou quase duas vezes tanto quanto em qualquer lugar, exceto na França – porque eles são mais baratos do que a cirurgia e os médicos japoneses podem vendê-los com margem de lucro. Portanto, as ablações baseadas em cateteres descritas anteriormente nunca serão usadas tão amplamente no Japão como nos Estados Unidos.

Enquanto os controles japoneses efetivamente racionam os cuidados médicos de alta tecnologia onde eles atuam, os controles de preços no Reino Unido produzem escassez, especialmente de médicos e de seus tempos, e congestionam os procedimentos nos hospitais. No total, o Reino Unido tem um dos sistemas médicos governamentais mais simples do mundo. The British National Health Service (NHS) é proprietário dos hospitais, emprega os médicos, estabelece as tarifas por todos os serviços para os pacientes internos e externos e, então, paga os custos sem copagamentos, exceto quanto a modestas cobranças de cerca de 15% das receitas e de despesas mais elevadas em tratamento dentário e serviços óticos.[38] As tarifas reduzidas combinadas com acesso livre e instalações levaram às atuais famosas longas esperas e a problemas de qualidade no sistema. A escassez na assistência à saúde no Reino Unido começa com os menores números de médicos para cada mil pessoas de qualquer país desenvolvido.[39] O NHS é uma perspectiva tão desestimulante para os jovens médicos que ele precisa contratar médicos de outros países europeus para plantões nos fins de semana,[40] e a British Medical Association relata que dois terços dos médicos que entraram para o serviço de saúde em 2004 foram treinados fora do Reino Unido, principalmente na África. As esperas mais longas, em média dois meses ou mais, envolvem atendimento por um especialista e, se necessário, receber tratamento em hospital.[41] Após um impulso importante e amplos aumentos de recursos pelo então primeiro-ministro Tony Blair, o número de pessoas que esperam mais de seis meses por procedimentos em hospitais caiu – enquanto é uma questão ainda em discussão –, mas o impulso teve pouco efeito sobre os grandes números daquelas que esperam até cinco meses. Não é surpreendente que aqueles que podem optar por ficar fora do sistema geralmente o fazem; agora, 12% dos britânicos estão pagando seguros privados e tendo acesso a médicos que trabalham fora do NHS e a hospitais que não são de propriedade do NHS.[42]

Uma razão pela qual eles estão optando por sair do sistema são os relatórios públicos e os estudos privados que mostram como os níveis baixos de suporte afetaram a qualidade. The National Audit Office relatou que o Reino Unido apresenta o pior registro na Europa de infecções adquiridas em hospitais, com 9% infectados em qualquer período, causando 5 mil mortes por ano. Similarmente, a OCDE informa que a média das fatalidades no Reino Unido nos primeiros sete dias após enfartes são duas vezes a média de outros países da OCDE. E como no Japão, os médicos e os hospitais ingleses executam procedimentos cardíacos entre um terço e metade das taxas na França e na Alemanha, apesar de ter a segunda maior posição no mundo no que se refere à incidência de doenças cardíacas.[43]

Certo fatores afetam a saúde da população com tanta ênfase que é possível caracterizar o sistema de assistência médica. Contra os dados anteriores, por exemplo, são os registros de que a taxa de mortalidade neonatal britânica é menor do que a da Alemanha, e sua taxa de mortalidade materna é menor do que a da França – mas sua taxa de mortes por doenças transmissíveis é maior do que nos outros países avançados.[44] De modo semelhante, um relatório recente de um *think tank* conservador em Londres anunciou que quase 31 mil britânicos morrem a cada dia porque o NHS não alcança o padrão médio de assistência médica de outros países da UE em doenças do coração, doenças respiratórias e câncer.[45] Mas os dados do relatório mostram que as taxas de mortes por duas dessas causas – doenças cardíacas e câncer – estão bem abaixo da média da UE.

Qualquer que seja o veredito sobre a medicina pública do Reino Unido, a insatisfação disseminada da população forçou Londres a dobrar os gastos do governo com assistência médica entre 2000 e 2008. À medida que os boomers britânicos começarem a se aposentar, o Reino Unido sofrerá a mesma pressão que Alemanha e França enfrentam: em 2003, o custo médio da assistência médica para um britânico com idade abaixo de 65 anos era 440 libras por ano; acima de 65 anos, saltava para quase mil libras ao ano, e muito mais alto do que isso após 75 ou 85 anos de idade.[46] O volume do baby boom britânico é menor do que o de muitas outras nações avançadas, mas o número de idosos britânicos ainda aumentará quase 23% de 2005 a 2020.[47]

O sistema britânico é financiado por substanciais impostos sobre folhas de pagamentos, mais recursos adicionais do imposto de renda e dos 17,5% do VAT. Pelas estimativas do governo britânico, manter o passo exigirá aumento de recursos em 23% entre agora e 2020.[48] Essa é uma perspectiva assustadora em termos políticos. Elevar o VAT britânico em dez pontos percentuais, por exemplo, somente resolveria um quarto da escassez de recursos projetada. Mas quando o presidente do Royal College of Surgeons, Bernie Ribeiro, recentemente clamou pela introdução dos copagamentos vistos em todos os outros locais, o chefe do maior sindicato de trabalhadores na área de saúde, Unison, o censurou. Entretanto, nos próximos dez ou 15 anos é praticamente inevitável que a assistência à saúde britânica introduza os copagamentos, e também recorra a impostos mais elevados e menos uso de novas tecnologias médicas dispendiosas, qualquer que sejam as consequências para a qualidade.

O problema que surge no Japão é que sua estratégia de conter os custos está colidindo com sua questão demográfica. O país tem envelhecido mais rapidamente do que qualquer outra região a mais de uma geração; e em 2020 mais de um terço dos japoneses estará com idade igual ou maior de 60 anos.[49] O envelhecimento dos boomers é uma questão generalizada, mas em nenhum outro lugar ele afetará o sistema de saúde tanto quanto no Japão. Este país gasta com assistência à saúde de pessoas idosas, por indivíduo, cinco vezes o que gasta com jovens japoneses,[50] porque a medicina de baixa tecnologia tem menos aplicações aos problemas que afetam as pessoas idosas, incluindo doenças do coração e tipos de câncer que causam dois terços de todas as mortes.[51]

Nos próximos dez ou 15 anos, esse problema se tornará ainda mais sério. Uma análise recente do economista especializado em saúde, de Harvard, David Cutler, descobriu que, apesar do estrito controle de preços no Japão, os custos crescentes do sistema como um todo podem depender igualmente do envelhecimento de seus boomers e de mudanças tecnológicas.[52] Além disso, grande parte do desenvolvimento atual de novos equipamentos, tratamentos e medicamentos dispendiosos está concentrada em doenças cardíacas e câncer. Em 2020, segundo a melhor estimativa, a tecnologia e o envelhecimento aumentarão os gastos no Japão com assistência médica em aproximadamente 75% ou mais – apesar dos controles estritos –, e expandirá a parcela do PIB do Japão devotada à assistência médica em quatro pontos percentuais, ou seja, em 50%.[53]

O Japão financia seu sistema de saúde quase da mesma maneira que todos os outros o fazem – com impostos e copagamentos. Nos últimos 15 anos, o governo já dobrou os impostos pagos por trabalhadores e baseados em salários, o que representa 70% das receitas com assistência à saúde. Também elevou os copagamentos dos não idosos de 10 para 30% em duas etapas, sem nenhum efeito aparente na demanda por serviços médicos.[54] Então, em 2000, Tóquio ampliou seu problema, criando cobertura universal com assistência de longo prazo, em uma tentativa infeliz de poupar recursos no curto prazo, transferindo pessoas idosas de hospitais para casas de repouso. (Não funcionou.)[55] Então, em 2006, o governo também elevou o copagamento dos idosos para até 30%, baseado em idade e renda, introduziu um novo copagamento de 20% para os custos médicos de crianças e cortou tarifas e honorários para hospitais, clínicas, médicos e farmácias.

O Japão terá bem poucas opções restantes à medida que os custos de seu sistema de saúde aumentarem acentuadamente na próxima década. Alguns especialistas japoneses estimam que os custos irão requerer nova duplicação dos impostos pagos pelas pessoas que trabalham.[56] A pressão atual pode ser ainda pior se o país deixar de abrir sua economia, de modo que possa vir a estimular seu crescimento e a base tributária para financiar sua assistência à saúde. Todas essas forças tornam quase certa uma batalha política em torno do sistema de saúde no Japão. É seguro supor, mesmo para este país, que nenhum governo eleito pode seguir os aumentos acentuados de impostos com outra elevação de 50% nos impostos sobre a folha de pagamentos, arrematados por aumentos substanciais nos impostos de renda, VAT e municipais, que também ajudam a financiar o sistema de saúde. Nem os copagamentos podem subir muito, sem cortes na cobertura universal. E os controles de preços draconianos que seriam necessários para cobrir o hiato afastariam o Japão da maior parte dos avanços médicos.

No Japão, como quase em qualquer lugar, os acontecimentos mais prováveis nos próximos dez ou 15 anos serão novos protocolos médicos, que ditarão a medicina de tecnologia mais reduzida, os maiores copagamentos e as menores tarifas para tratamentos de maior tecnologia. As pessoas ricas no Japão e em todas as outras partes do mundo serão capazes de comprar o acesso pessoal às últimas tecnologias e medicamentos biológicos. Para a maioria das pessoas, a longa tendência de melhoria na saúde provavelmente desacelerará e pode até parar.

A versão da China sobre a crise do sistema de saúde

A China enfrentará sua própria e única crise no sistema de saúde na próxima década. Como a única sociedade na história a estabelecer um sistema de cobertura básico e universal, a China agora se depara com a perspectiva de ter que construir um sistema médico moderno para mais de 1 bilhão de pessoas no curto prazo – e desviar recursos enormes de seu programa central de modernização para isso.

Nos anos 1970, todos os chineses da área rural tinham acesso à assistência médica muito básica através de uma vasta rede de clínicas operadas pelas comunas agrícolas, enquanto quase todos os outros trabalhavam para o governo ou em empresas estatais que forneciam cobertura em hospitais nas cidades e municípios. Com o fim do sistema das comunas nos anos 1980, a maioria das clínicas rurais fechou e o acesso livre terminou; e à medida que a maior parte das empresas estatais foi desaparecendo, nos últimos 15 anos, a cobertura para seus empregados também desapareceu, inclusive para milhões de aposentados.[57] O que restou foi um sistema que fornece cobertura para aproximadamente 20% dos chineses – os soldados do Estado e os servidores civis, e aqueles que trabalham para as empresas estatais remanescentes ou em companhias de propriedade estrangeira.

Com quase nenhum atendimento básico disponível através de médicos independentes, os hospitais e as clínicas do governo atendem a todas as necessidades médicas da China,[58] pelo menos para a fração que está segurada ou que pode pagar por conta própria, e que também vive em uma grande cidade com hospitais modernos. Fora das cidades, de acordo com o dr. Michael Moreton, um obstetra americano que trabalhou no único hospital no estilo ocidental e de propriedade privada na China, o Beijing United Family Hospital, "os hospitais têm poucos equipamentos que poderiam ser chamados de modernos, ou até mesmo encanamentos modernos".[59] E nas aldeias da China, relata o Banco Mundial, 70% dos "médicos" não têm mais do que uma formação de segundo grau acrescida de um treinamento médico de 20 meses em média.[60]

Para os quase 80% de chineses sem seguro ou meios privados para pagar, os médicos não os atenderão e os hospitais não os admitirão, independentemente de quão doentes ou feridos eles estiverem. Um jovem americano e amigo meu, trabalhando com sua esposa em Tsingtao, teve um filho em 2007, com os procedimentos do ponto pagos antecipadamente, e quando ela pediu uma injeção epidérmica, ele teve que correr até o apartamento deles para pegar 500 remembi antes que o obstetra providenciasse a injeção. O jornal *The New York Times* relatou um situação mais séria, mas também típica de atendimento com pagamento adiantado no início de 2006. Jin Guilian, de 36 anos, tinha trabalhado durante dez anos como empregado de um hospital que se recusou a tratá-lo quando ele desenvolveu um problema de coração e uma infecção no braço, porque ele não podia pagar o tratamento.[61] A família dele viajou 800 quilômetros para levá-lo para casa, em Fuyang, onde eles tiveram condição de cobrir quatro dias no hospital local a US$ 15 por dia. De lá, Jin foi para uma clínica sem aquecimento "onde cachorros sem dono vagueavam pelos corredores imundos e sem iluminação", e, então, para casa, para morrer de problemas que poderiam ter sido tratados facilmente e com êxito onde ele tinha trabalhado.

A política de "pagar adiantado ou assumir os riscos" se estende até mesmo para a vacinação de crianças e contra doenças transmissíveis. Sarampo e tuberculose, por exemplo, ainda são doenças epidêmicas na China. A Organização Mundial de Saúde estima que 30 milhões de chineses irão desenvolver tuberculose nesta década,[62] e que todo ano 250 mil chineses morrerão dessa doença, junto com fatalidades decorrentes de hepatites.[63] A abdicação do governo em relação à assistência médica também é evidente nos dados do Banco Mundial que mostram que na China os custos dos desembolsos das pessoas atualmente representam quase dois terços de todos os gastos com assistência médica.[64] Mesmo entre os 20% com seguros, um terço dos custos com hospitais é coberto por pacientes e suas famílias.[65] E as próprias estimativas do governo revelam que metade de todos os chineses que estão doentes ou feridos fica sem tratamento porque eles não podem arcar com as despesas.

As perspectivas também constituem a razão principal para que os chineses poupem cerca de 30% de suas rendas – embora a maioria nunca possa poupar o suficiente para cobrir o tratamento de problemas sérios. Em 2003, a permanência média em um hospital custava o equivalente a 43% da renda anual de uma família média.[66] Esse problema é especialmente agudo entre os chineses idosos, 90% dos quais não são segurados e, de acordo com um estudo da Elderly Health and Family Research Center, na Universidade de Pequim, geralmente vivem na pobreza.

O problema social e político para os líderes da China é por quanto tempo eles podem justificar o que o jornal médico britânico *The Lancet* chama de política de "pagar ou morrer", enquanto centenas de milhões de chineses podem se lembrar do acesso grátis aos cuidados com saúde, e sabem que seu país prosperou muito. Em 2002, o Politburo prometeu restaurar o acesso universal e iniciou uma série de programas-piloto em 50 cidades e em 2 mil condados rurais. Até aqui, no entanto, todos tiveram pouco sucesso. Os programas urbanos são construídos em torno de contas privadas individuais com saúde e subsidiados por impostos, mas poucas pessoas sem cobertura conseguem utilizá-los. O programa para áreas rurais sofre do mesmo problema. É um sistema voluntário para cobrir doenças graves, e cobra dos indivíduos 10 remembi por mês para participar dele, e também recebe outros 10 de cada um dos governos local e central. Como ele é voluntário, o programa não pode evitar seleção adversa, em que aqueles com maior probabilidade de necessitar de tratamentos graves são os mais prováveis de participar. Essa é uma questão séria, porque os três pagamentos combinados geram somente US$ 4 por pessoa por mês.[67] Relativamente poucos chineses se inscreveram, porque esses recursos escassos ainda requerem grandes desembolsos para doenças sérias e nenhuma cobertura para problemas menores.

Fornecer cobertura significativa para mais de 1 bilhão de pessoas na próxima década afetaria profundamente os programas de modernização do governo chinês, porque envolveria mais do que os custos dos tratamentos. Para oferecer esses tratamentos, a China também teria que construir, equipar e contratar equipes para milhares de novas clínicas e hospitais pelo país – e ao mesmo tempo enfrentar as mesmas forças que pressionam para cima os custos com assistência médica em toda parte. De 2005 a 2020, o número de chineses com idade igual ou maior do que 65 anos irá de 144 milhões para 244 milhões, à medida que a parcela deles na população cresce de 11 a 17%.[68] O peso adicional de tratar de pessoas com essa idade quando os problemas mais sérios e dispendiosos realmente ocorrerem – doenças do coração e câncer representam mais do que a metade das mortes na China[69] – envolverá não somente os 100 milhões de novos idosos, mas aproximadamente 230 milhões, já que somente 10% dos idosos atuais possuem cobertura médica. Os custos de tratamento para chineses mais jovens, que também não possuem cobertura, serão menores por pessoa, mas oferecer o mesmo cuidado básico para outro bilhão de pessoas forçará as finanças do governo e impedirá os investimentos domésticos em outras áreas.

A assistência médica na China é de baixa tecnologia em relação ao que está disponível nos EUA e na Europa; mas não é impermeável a pressões para expandir os serviços mais custosos. Os hospitais e os centros de saúde rurais chineses operam sob o que é chamado Management Responsability System (Sistema de Administração de Responsabilidade), que provê pagamentos fixos aos hospitais e clínicas e mais o direito de cobrar dos pacientes, com ou sem seguros, tarifas adicionais por serviço, com valores determinados por uma comissão central de preços. Como em toda parte, a maioria dos serviços recomendados envolve alta tecnologia, com custo maior, especialmente porque os médicos malpagos na China recebem bônus com base nas receitas que eles geram. As mesmas regras se aplicam às prescrições de medicamentos – o governo estabelece os preços que os hospitais e os médicos pagam, mas eles podem cobrar mais dos pacientes. O irônico resultado é que mesmo com 80% das pessoas da China quase não tendo acesso a cuidados com saúde sérios, grande parte dos tratamentos e medicamentos que o restante recebe são desnecessários.[70]

Os líderes chineses, com certeza, não irão cumprir seus prazos de 2010 e provavelmente não alcançarão ampla cobertura até 2020. Mas os arranjos atuais também são insustentáveis. No final de 2006, 2 mil pessoas no Sudoeste da China saquearam um hospital por causa de tarifas médicas elevadas e do serviço de má qualidade oferecido a um menino de 3 anos de idade que morreu por envenenamento acidental,[71] e o jornal *The Lancet* relata que numerosos protestos ocorreram devido a recusas de tratamento.[72] Um esforço sério para estender a cobertura e os cuidados médicos também geraria amplos dividendos econômicos no longo prazo. Mas, a menos que a inquietude social force as lideranças, o progresso real nessa área continuará a ser secundário em relação aos investimentos para a industrialização.

Os problemas de energia do mundo começam mas não terminam com oferta e demanda

Muito parecido com a assistência médica, quanto os preços da energia aumentarão ou cairão na próxima década, e os efeitos resultantes sobre as economias, podem depender tanto da política quanto da simples conjugação oferta e demanda. A globalização continuará a provocar o crescimento da demanda por energia a taxas maiores do que às da oferta disponível, aos custos atuais, como tem ocorrido nos últimos cinco anos.

Embora o mundo tenha amplas fontes de energia para qualquer nível concebível de demanda na próxima década, recorrer a muitas delas – areia betuminosa e óleo de xisto, energia solar, biomassa, gás natural de águas profundas – será mais dispendioso do que os gastos com que as pessoas estão acostumadas. No entanto, como esses aumentos nos preços de energia afetará os países, as empresas e famílias, irá depender de se eles ocorrem gradualmente, como acontece quando os mercados determinam preços, ou abruptamente, como acontece com frequência quando fatos políticos elevam os preços.

Quando os preços aumentam gradualmente, as pessoas podem encontrar maneiras de usar um pouco menos de energia, e as empresas podem absorver ou passar adiante seus aumentos de custos em incrementos que a maioria dos acionistas e consumidores podem tolerar. Portanto, à medida que os preços do petróleo dobraram nos últimos anos, a maioria das famílias e empresas ajustou com sucesso seus outros gastos e investimentos, pouco a pouco. No mínimo, os próximos dez anos irão ver bem mais desse aperto de cintos dos negócios de famílias americanas, europeias e japonesas. Não somente a globalização forçará todos a recorrer a fontes de energia cada vez mais caras, mas também as respostas às mudanças do clima quase certamente empurrarão mais ainda os preços para cima. Mas isso pode acontecer não somente de forma gradual. O Oriente Médio continua a ser uma zona de guerra, e os governos dos produtores principais, tais como Arábia Saudita, Irã, Rússia, Nigéria e Venezuela, permanecem politicamente frágeis. Portanto, os choques de preço por interrupções repentinas dos fluxos de petróleo também são possibilidades significativas para a próxima década. A boa notícia é que também são prováveis períodos de declínio dos preços da energia, já que preços mais elevados provocam o uso de novas fontes de energia e de tecnologias mais eficazes em termos enérgicos.

A demanda mundial de energia crescerá mais do que um terço entre agora e 2020, de acordo com as análises mais recentes do governo dos EUA. A maior parte desse aumento virá dos países em desenvolvimento, com um aumento de 80% previsto para a China, Índia e o restante da Ásia em desenvolvimento.[73] Embora a demanda de energia na Europa,

Japão e Estados Unidos seja esperada aumentar somente 14%, todos pagarão os preços mais altos provocados pelo uso em rápido crescimento de energia dos países asiáticos. E até 2020 todos os países em desenvolvimento consumirão metade de toda a produção mundial de petróleo, 55% de todo o gás natural e quase 70% do carvão.[74]

Os imensos aumentos na demanda de energia vindo dos países em desenvolvimento refletem seus rápidos crescimentos econômicos, mas também quão intensivas em energia são suas economias. China, Índia e quase todas as outras economias em desenvolvimento se concentram na manufatura e na agricultura em vez de em serviços, e suas operações manufatureiras e agrícolas são, de modo usual, relativamente ineficientes em termos energéticos, e concentradas em setores que requerem quantidades de energia particularmente amplas, tais como fundição de minério, cimento, ferro e aço, carnes e laticínios e fermentação.[75] Também há grandes diferenças na "intensidade de energia" das economias dos países avançados – por exemplo, a Irlanda usa um quarto da energia para produzir 1 euro de PIB do que usam França e Alemanha; isso porque parte significativa do PIB irlandês advém de serviços de TI e financeiros[76] – mas nada que se aproxime da intensidade de energia e ineficiência da China, Índia ou mesmo Argentina.

Ninguém sabe o que toda essa nova demanda de energia significará precisamente para os preços do petróleo daqui a um ano ou em dez anos, e um dos motivos é que a maior parte das nações produtoras de petróleo não sabe quão grandes são suas próprias reservas (ou, se eles sabem, não dirão). O Kuwait, por exemplo, anuncia reservas de petróleo de 99 bilhões de barris, enquanto a Petroleum Intelligence Weekly as estima em metade desse valor. Angola se inclinou em outra direção, declarando 5,4 bilhões de barris de reservas tanto antes quanto depois que quatro novos grandes campos de petróleo foram descobertos; e sem explicação o México, primeiro, declarou reservas entre 7 bilhões e 13 bilhões de barris em 2002 e, então, subiu o número para 16 bilhões de barris no ano seguinte. Mesmo os dados das reservas de Arábia Saudita não são confiáveis, pois o governo insinuou que as reservas do país poderiam ser duas vezes o volume que ele há tempos declara: 260 bilhões de barris. No entanto, no geral, as reservas de petróleo confirmadas no mundo saltaram 60% nos últimos 20 anos e as reservas de gás natural conhecidas dobraram.

Quaisquer que sejam realmente as reservas mundiais, nos próximos dez anos o mundo atenderá a nova demanda de energia a preços que provavelmente alcançarão US$ 100 por barril ou mais, no caso do petróleo. Uma razão fundamental é que os investimentos para desenvolver novos campos e áreas existentes desaceleraram acentuadamente nos últimos dez anos, em grande parte porque os preços baixos do petróleo, a partir de meados dos anos 1980 e até o final dos anos 1990, convenceram a OPEP que excesso de oferta era a norma. O investimento também está reduzido na Rússia, que representava dois quintos de todo o aumento da produção de petróleo de 2000 a 2005, seguindo as decisões do presidente Putin de dominar o conglomerado de energia Yukos, e restringir ainda mais os investimentos ocidentais nas operações de petróleo da Rússia. A outra razão para o baixo investimento diante da demanda crescente é que as dez maiores companhias de petróleo do mundo são, todas, monopólios de propriedade dos governos de, em ordem, Arábia Saudita, Irã, Rússia, Iraque, Catar, Kuwait, Venezuela, Emirados Árabes Unidos, Nigéria e Argélia.[77] (A maior empresa privada de petróleo, Exxon Móbil, está na décima quarta posição.) O grupo de energia da McKinsey and Company estima que para atender à demanda crescente nas próximas duas décadas a partir de fontes convencionais, os investimentos em capital na produção de petróleo no Oriente Médio e na África teriam que saltar dos níveis atuais de US$ 8 bilhões ao ano para aproximadamente US$ 45 bilhões por ano.[78] Mas as empresas de petróleo estatais que controlam 90% das reservas mundiais e 80% da produção global continuam a resistir a fazer esses investimentos por elas próprias ou a permitir que empresas privadas estrangeiras preencham esse hiato.

À medida que os preços de energia caminham para cima, os efeitos serão sentidos principalmente em países em que as economias são mais intensivas em energia, e a demanda por energia está crescendo mais rapidamente – o que significa que países como China e Índia, Brasil e Argentina, e partes da Europa Central e Oriental, Escandinávia, Alemanha, França e o restante da Europa Ocidental serão pouco afetados, porque os elevados impostos sobre energia e as densas populações tornaram essas regiões energeticamente eficientes. Os efeitos sobre os Estados Unidos e o Reino Unido ficarão entre os dois grupos acima, porque eles são menos energeticamente eficientes do que a maior parte da Europa, e, no caso dos EUA, ligados de modo estreito às principais economias em desenvolvimento.

A última década de subinvestimento em energia também provocou um debate público sobre o "pico do petróleo", ou seja, o momento em que a produção mundial de petróleo atingirá o ponto máximo e começará a declinar, colocando ainda mais pressão para cima nos preços. O especialista em energia Daniel Yergin, de modo sensato, chama essa discussão de contraposição entre "pessimistas geológicos" e "otimistas tecnológicos".[79] A visão pessimista em relação ao petróleo pode ser tratada de modos convencionais e não dispendiosos, enquanto a otimista aponta para as imensas quantidades de petróleo "não convencional" presas em areias betuminosas, xisto e em águas profundas. A região do Atabasca, em Alberta, no Canadá, por exemplo, tem 150 mil quilômetros quadrados de depósitos de areia com óleo ricos em betume, uma substância como o alcatrão, que pode ser extraída e processada para separar o óleo.[80] Custa cerca de US$ 40 para extrair e processar o betume para produzir um barril de óleo, comparado a uma média mundial convencional de preço do petróleo cru entre US$ 12 e US$ 15 por barril. Baseados na extração de um barril de petróleo de cada 2 toneladas de areia, esses depósitos podem dar ao Canadá a segunda maior reserva do mundo. No mínimo, as areias betuminosas do Canadá poderiam produzir 4 milhões de barris por dia em 2020, ou o equivalente a um terço da produção atual da Arábia Saudita – custo de três ou quatro vezes o do petróleo convencional. Muitos outros países possuem grandes quantidades de óleo de xisto, que são rochas que quando aquecidas liberam formas de petróleo líquido refinável chamado kerogens (querogênio). Os geólogos estimam que os depositos de xisto em Wyoming, Colorado, e Utah contêm o equivalente a 800 bilhões de barris, ou três vezes as reservas convencionais provadas da Arábia Saudita; e empresas na Estônia, Brasil e China já produzem óleo de xisto em escala modesta, por um pouco menos do que o óleo da areia betuminosa. À medida que a demanda global de petróleo continuar, na próxima década, a aumentar mais rapidamente do que a produção de petróleo cru convencional, o mundo extrairá mais óleo, a custos mais elevados, das areias betuminosas e de xisto.

O mundo também possui imensas reservas de gás natural, tanto convencional quanto não convencional, para ajudar a atender a demanda de energia. O fator principal na questão de custo está ligado às despesas para movimentar o gás dos países que o produzem para aqueles que o consomem; e durante a próxima década, governos e empresas gastarão dezenas de bilhões de dólares construindo novos dutos de gás natural e tanques especiais para gás natural liquefeito. Em termos econômicos, esses grandes investimentos ainda serão menos dispendiosos do que o uso do carvão, que é aceitável ao meio ambiente na Europa ou nos EUA, ao desenvolver e aplicar novos processos químicos para capturar e isolar o carbono, ou construindo novas plantas nucleares e liberando seus resíduos de forma segura. Aos preços nos quais essas opções se tornem economicamente viáveis, energias renováveis a partir do sol, vento e plantas de biomassa, tais como capim e milho, e fontes geotérmicas, todas podem ser desenvolvidas em escalas significativas.

A próxima década mostrará que ambos os lados do debate sobre o "pico do petróleo" estão certos. A demanda gerada pela globalização conduzirá os preços do petróleo para valores acima de US$ 100 por barril; e a esses preços areia betuminosa e óleo de xisto se tornam competitivos, como também frotas de navios-tanques para gás natural liquefeito. De acordo com estimativas do governo dos EUA, a esses preços os negócios e as pessoas do Ocidente também irão mudar mais o uso de energia para fontes renováveis, e também gás natural.[81] Os preços mais elevados também estimularão tecnologias mais eficientes em termos de energia e mudanças no estilo de vida que economizem energia e que possam também aliviar a pressão. Quando os preços do petróleo dispararam em 1977, e permaneceram elevados até meados dos anos 1980, as empresas, famílias e os motoristas americanos alteraram seus padrões e hábitos o suficiente para cortar o uso de petróleo na economia dos EUA em mais 5% ao ano. Se as fontes renováveis fossem acionadas em uma escala importante nessa época, esses novos usos provavelmente iriam se manter. Amory Lovins, um expoente importante em energia não baseada em petróleo, observa que levou menos de uma geração para os automóveis substituírem as carruagens e para o diesel acabar com o uso do vapor nas locomotivas – e ninguém jamais voltou atrás.[82] Mesmo o governo dos EUA prevê que as fontes renováveis representem quase 10% do uso de energia nos EUA até 2020.

Essas várias mudanças também irão gerar um pouco de fortes subidas e descidas nos preços de energia, indo para cima quando a demanda alcançar o limite da produção convencional e, então, para baixo quando novas fontes forem utilizadas; os preços elevados reduzem a demanda e os custos das novas tecnologias na área de energia declinam.[83]

Choques de petróleo e a segurança energética

Os aumentos no preço da energia que preocupam a maioria das pessoas, ou deveriam preocupar, são aqueles que acontecem repentinamente, porque eles forçam as pessoas a revisar seus planos de uma vez e reduzi-los acentuadamente. Fortes subidas de preços repentinas, que duram pelo menos seis ou 12 meses, também empurram outros preços para cima, reduzindo os investimentos e o crescimento geral de um país. Com uma parcela crescente da energia no mundo vindo de países com governos frágeis e instáveis, e alguma evidência que os problemas políticos e climáticos estão se agravando, um aumento acentuado e desestabilizador de preços acionado por eventos políticos ou naturais é provável na próxima década. Mesmo que os regimes nos principais países exportadores de petróleo consigam se manter, a maior parte dos membros da OPEP está localizada no meio ou próxima às principais zonas de guerra e aos principais locais de terrorismo no mundo. Produções elevadas e operações de carregamento são especialmente vulneráveis a ataques, e particularmente na Arábia Saudita, com os maiores campos de petróleo no mundo em Ghawar, o maior complexo de processamento em Ras Tanura e as maiores instalações de tancagem em Sea Island. Quase metade de todo o petróleo saudita passa através de Ras Tanura e dos dois imensos e complexos terminais em Sea Island; e um cálculo mostra que um ataque a essas duas instalações pode obstruir a oferta de petróleo global por dois anos.[84]

Numa visão mais geral, a International Energy Agency (Agência Internacional de Energia) calcula que 80% das exportações de petróleo do Oriente Médio são transportados através de três canais, "todos os quais estão predispostos a acidentes, pirataria e ataques terroristas ou guerra": o estreito de Hormuz, entre Irã e Omã, o Ba-el-Mandab, conectando o golfo de Aden e o mar Vermelho, e o canal de Suez e o oleoduto Sumed, que ligam o mar Vermelho e o Mediterrâneo.[85] Caso a violência interrompa a produção ou o carregamento de um importante produtor da OPEP durante um determinado período de tempo na próxima década, os preços subirão de forma rápida o suficiente para níveis prejudiciais em termos econômicos em quase todos os países do mundo.

Os cenários mais graves envolvem os dois exportadores de petróleo dominantes no mundo, Arábia Saudita, com cerca de 10 milhões de barris por dia, e a Rússia, com 6 a 7 milhões de barris. Todos os outros estão bem atrás – Noruega e Irã exportam um pouco abaixo de 3 milhões de barris por dia, e Nigéria, Emirados Árabes Unidos, Kuwait e Venezuela, cada um, pouco mais de 2 milhões de barris por dia. Um evento catastrófico que reduza acentuadamente as exportações dos sauditas ou dos russos, ou uma decisão política de qualquer um deles que tenha o mesmo efeito, faria disparar os preços do petróleo no mundo todo. Dos dois, é mais provável que a Arábia Saudita venha a passar por isso, enquanto é mais provável que a Rússia aja por conta própria.

Por pelo menos duas décadas a Arábia Saudita usou seu poder sob o petróleo, principalmente para controlar a OPEP e policiar seus membros. Ela moldou e conduziu a política da OPEP de permitir que os preços mundiais do petróleo duplicassem gradualmente desde 2004, ao reduzir as cotas de produção quando os estoques de petróleo aumentavam nas principais nações consumidoras. E os sauditas não toleram que outros membros se desviem de suas quotas. Em 1998, quando a Venezuela elevou suas exportações, Riad impulsionou sua própria produção e deixou os preços caírem até que Caracas finalmente cedeu, quando o preço estava a US$ 9 por barril. (O episódio desacreditou o então presidente Rafael Caldera Rodriguéz e seu partido pró-Ocidente, e ajudou a eleger o agitador antiamericano Hugo Chavéz.) Para sua própria segurança, é improvável que os sauditas maquinem um repentino choque de preços na próxima década, especialmente um que prejudicaria os Estados Unidos. A Al Qaeda e seus associados e imitadores estão firmemente entrincheirados no Iraque, na fronteira ao norte dos sauditas, e um Irã militante e de devotados xiitas está a menos de 170 quilômetros distante através do golfo Pérsico. Para o futuro previsível o regime saudita, junto com os governos dos Emirados Árabes Unidos, Kuwait e Qatar, continuarão a confiar na proteção militar dos EUA.

Bem após deixarem o Iraque a seu próprio destino, os EUA estarão ativamente engajados em fazer o que puderem para assegurar fluxos estáveis de petróleo – o que incluirá proteger a Arábia Saudita e o regime de sua família reinante. O compromisso dos EUA com o Oriente Médio não é por causa de seu próprio acesso ao petróleo. Os EUA importam quase 60% do petróleo que consomem, mas 80% disso hoje vêm de fora do golfo Pérsico, e somente 13% vêm da Arábia Saudita.[86] O Japão tem muito mais em risco diretamente no golfo Pérsico, com quase 90% de suas importações vindos do Oriente Médio. A China também. Ela atualmente importa muito menos petróleo do que os EUA, mas quase 60% dele vêm do golfo Pérsico, e em 2015 a região do golfo representará 70 a 80% das importações de petróleo da China.

Se os Estados Unidos não importassem mais nenhum barril de petróleo do golfo, seus interesses econômicos e geopolíticos ainda seriam inevitáveis. Um choque de oferta originário no Oriente Médio afetaria diretamente o preço da importação de petróleo do México, Venezuela, Canadá e de outras nações. Além disso, a globalização aumenta amplamente o risco econômico dos EUA quanto à estabilidade do golfo, uma vez que os Estados Unidos são os maiores participantes e proprietários na economia global, com fluxos anuais de comércio de US$ 4 trilhões por ano e investimentos estrangeiros de aproximadamente US$ 13 trilhões.[87] Nenhuma administração dos EUA irá ignorar a perspectiva de um choque de petróleo que abale as economias chinesa e japonesa – com incalculáveis efeitos políticos na China – e faça a economia global encalhar. Como o único país com a capacidade de oferecer uma medida de segurança global, os Estados Unidos também agirão – esperamos que de modo mais inteligente e eficaz que no Iraque – se levantes políticos nos países produtores de petróleo do golfo ou da África minarem a estabilidade de seus governos. Para a próxima década, e após, os militares americanos também irão continuar a fornecer segurança marítima no mundo para os 40 milhões de barris de petróleo que cruzam os oceanos do mundo em navios todos os dias. Em 2020, os carregamentos diários de petróleo nos oceanos alcançarão 67 milhões de barris, mais milhões de toneladas de gás natural liquefeito, e a Marinha dos EUA será a única força capaz de manter a segurança das rotas marítimas globais.

Europa, Japão e Estados Unidos estão muito mais bem preparados para um choque nos preços do petróleo em algum momento na próxima década do que estavam no início dos anos 1970. Após o embargo do petróleo árabe em 1973, juntos, eles criaram a Agência Internacional de Energia, com sede em Paris, para monitorar os mercados de energia mundiais. Eles também estabeleceram reservas nacionais de petróleo que foram usadas exatamente antes da Guerra do Golfo e após o furacão Katrina, fizeram esforços de conservação em nível nacional e prepararam planos para compartilhar suas ofertas durante futuras rupturas no mercado. Eles concordaram em dar passos para diversificar suas próprias importações de energia e para lidar com potenciais interrupções domésticas, expandiram as capacidades de refino e de armazenamento, estenderam seus sistemas de distribuições e equipamentos de reserva. Uma razão pela qual o Katrina não derrubou a economia dos EUA foi o fato de os EUA terem agora mais do que 100 refinarias, 2 mil plataformas *offshore*, 260 mil quilômetros de oleodutos, instalações para manusear

15 milhões de barris por dia de importações e exportações, 410 campos subterrâneos de armazenagem de gás e 2 milhões de quilômetros de gasodutos.[88]

Apesar de todos esses passos e preparação, uma ruptura grave na próxima década levará os preços do petróleo acima de US$ 100, talvez US$ 150 por barril, e, então, o pânico provavelmente derrubará os mercados de ações e de títulos de dívida mundiais. Se a ruptura persistir durante alguns meses, ela levará o mundo a uma séria recessão, e em um período em que muitos países estarão especialmente vulneráveis. Nas principais economias da Europa uma séria recessão causará impacto nas receitas, mas não os custos com assistência à saúde e bem-estar, colocando pressões significativas sobre a unidade da União Europeia. E se a severidade da recessão variar significativamente de membro para membro da UE – e muito provavelmente irá –, ela pode criar dificuldades com o compromisso do sul da Europa com o euro, incluindo o da Itália e Espanha. Uma recessão grave no Japão, após uma década de crescimento em geral muito lento, pode finalmente terminar com o poder político enfraquecido do LDP e romper a força política japonesa. Os Estados Unidos serão mais expostos a um choque inicial de preços do petróleo, já que são menos eficazes em termos energéticos do que a maioria da Europa e Japão; mas sua economia mais baseada nos mercados se ajustará mais rapidamente e eficientemente às novas condições, reduzindo o impacto da queda.

A grande questão é o efeito de um choque de preços do petróleo e de uma recessão global sobre a China, e como ele será respondido. Mais do que qualquer outro país importante, o crescimento da China depende profundamente de suas exportações e investimentos, e uma recessão global irá atingir ambos duramente. A desaceleração acentuada no crescimento também forçará Pequim a suspender seu programa de desmontar suas empresas estatais, pelo menos por enquanto, ou permitirá que o desemprego aumente de modo acentuado. A questão mais grave para os líderes chineses – e para o restante do mundo – é se uma queda grave na China enfraquecerá a estratégia da liderança política de manter seu monopólio sobre o poder político oferecendo contínuo progresso econômico. Se um movimento em larga escala irromper, Pequim pode ser forçada a agir de forma repressiva, como fez em 1989, ou finalmente introduzir os primeiros elementos de uma liberdade política moderna.

A petropolítica da China e da Rússia

Algumas vezes afirma-se que as mudanças nos mercados de energia estão criando uma nova "petropolítica" internacional que terá efeitos de longo alcance.[89] Embora as implicações sejam com frequência exageradas, as questões de energia criarão sérios desafios para a política americana na próxima década e podem ampliar a influência geopolítica da China e da Rússia.

A abordagem de Pequim quanto ao Oriente Médio à política energética internacional tem sido reconhecidamente não ideológica, até mesmo oportunista, desde seus primeiros movimentos em direção à reforma econômica no final dos anos 1970.[90] Nos anos 1980 e 1990, a China vendeu armas para ambos os lados na Guerra Irã-Iraque, colaborou com Israel no F-10 fighter, enquanto vendia mísseis de alcance intermediário para os sauditas, e considerou a venda de mísseis para Síria e Líbia antes de recuar sob pressão dos EUA. Nos anos recentes, a China bloqueou as ações da ONU contra o Irã, seu parceiro em energia, em 2006, com relação ao programa nuclear dele, e, então, concordou com sanções suaves em 2007. O elemento constante tem sido a determinação da China de garantir acesso confiável às enormes reservas de petróleo e gás natural que necessita para seu programa de modernização. De 1990 a 2002, a demanda chinesa de petróleo subiu 90%, enquanto a produção doméstica cresceu 15%, e essa demanda acelerou ainda mais nos últimos cinco anos.[91] Para atender a essa necessidade de energia a China passou 15 anos cortejando os membros da OPEP, começando com Omã e Iêmen, no início dos anos 1990, e, então, mudando em seguida para o Kuwait, Emirados Árabes Unidos, Argélia, Egito, Líbia e Sudão.

Na virada do século, Pequim concentrou sua atenção quanto à energia na Arábia Saudita, Iraque, Irã, e se tornou um agente mundial na área de energia. Em 1999, a China formou uma "parceria estratégica em petróleo" com Riad, com os sauditas vendendo petróleo cru e gás natural e a China abrindo seu setor de refino para a Aramco, a gigante estatal de petróleo saudita. Hoje, a Arábia Saudita é o principal fornecedor de petróleo para a China, e o principal investidor nas refinarias chinesas. Além disso, em 2002, a China adotou uma nova política de encorajar a "saída para o exterior" de suas três imensas companhias estatais de energia – China National Petroleum Corp., China National Petrochemicals Corp. e China National Offshore Oil Corp. –, para comprar participações em projetos de petróleo pelo mundo. Ela também direcionou outras empresas estatais a expandir suas exportações e investimentos em países com empresas de petróleo estatais. (A Índia recentemente adotou a mesma abordagem.) Ao mesmo tempo, Pequim assinou um acordo de produção e compartilhamento de 22 anos com o Iraque para desenvolver o segundo maior campo de petróleo do país, quando as sanções da ONU foram levantadas. Sua situação atual ainda é incerta.

A China também investiu dezenas de bilhões de dólares em operações com petróleo iraniano ao longo da última década, grande parte em acordos de "recompra" nos quais a China paga para desenvolver o campo e, então, reivindica uma parcela de sua produção. Na próxima década, esses laços provavelmente serão expandidos e aprofundados. O Irã necessitará ainda mais de investimento estrangeiro, tecnologia e expertise, porque sua produção atual depende sensivelmente de um pequeno número de grandes campos de petróleo ultrapassados tecnologicamente. E se o programa nuclear do Irã continuar a isolá-lo das empresas ocidentais, ele quase certamente irá se voltar para as empresas estatais de petróleo da China, que obtiveram acesso às últimas tecnologias e métodos através de suas joint ventures com companhias ocidentais. Além da Arábia Saudita e do Irã, a China também tem projetos de energia em todo país produtor de petróleo no mundo – Argélia, Angola, Azerbaijão, Canadá, Chade, Equador, Egito, Cazaquistão, Indonésia, Mongólia, Mianmar, Niger, Nigéria, Nova Guiné, Peru, Rússia, Sudão, Síria, Tailândia,

Venezuela e Vietnã, e em alguns casos em joint ventures com empresas da Itália, Índia, Austrália e Arábia Saudita. E a direta importância econômica de toda essa atividade da China em energia tem sido positiva para os Estados Unidos, Europa e todos os outros, já que ela ajuda a expandir as ofertas globais de petróleo.

Todos esses projetos e abordagens fazem parte de uma agenda política formada nos níveis mais elevados do governo chinês. As três principais companhias estatais de energia, que compreendem quase a indústria inteira, são administradas por executivos nomeados pelo Central Committee of the Communist Party, suas estratégias são determinadas pela National Development and Reform Commission e o Standing Committee of the Politburo tem a palavra final em todas as principais decisões.[92] Pelo menos até aqui, essas estratégias e decisões são conduzidas basicamente pelos imperativos energéticos da rápida industrialização, e não por ambições geopolíticas. Desde 2003, a China tem sido a fonte de 40% de todo o crescimento no uso mundial do petróleo; e sua demanda de energia aumentará ainda mais rapidamente na próxima década, à medida que o programa de modernizar a agricultura passar a vigorar. A China também está nos estágios iniciais de uma explosão do número de proprietários de automóveis, o que elevará ainda mais suas necessidades de energia. Em 2005, havia aproximadamente 23 milhões de carros nas ruas da China, tanto quanto no Reino Unido, de propriedade de 5% da população. Em 2020, o número de carros na China deve alcançar 90 milhões, e, depois, 130 milhões, até 2030, ou aproximadamente o número de carros nos EUA em meados dos anos 1970.[93] Essas necessidades, além da industrialização, devem expandir as importações de petróleo da China para 7 milhões de barris por dia até 2020 e 10 milhões de barris por dia até 2030, ou seja, tanto quanto os Estados Unidos importaram em 2006.

Embora a geopolítica não tenha determinado curso da China nos mercados de energia mundiais, os laços que ela está formando terão efeitos geopolíticos. Em 2020, os sauditas venderão mais petróleo para a China do que para os Estados Unidos; e embora o governo saudita ainda quase certamente dependerá dos Estados Unidos, ele recorrerá ao apoio de Pequim quando se encontrar em desacordo com Washington. Os laços econômicos da China com o Irã também terão implicações políticas. Além do petróleo, as empresas estatais da China instalaram plantas de produção de automóveis e televisões no Irã; elas estão construindo uma extensão do sistema de metrô em Teerã e uma rede nacional de banda larga, e as empresas chinesas entraram em uma série de áreas quando os negócios europeus saíam sob ameaças das sanções dos EUA em 2006 e 2007. No mínimo, o Irã se voltará para a China para compras militares, uma questão potencialmente grave enquanto os EUA reveem sua posição no Iraque.

A deterioração das relações da China com o Japão também está diretamente ligada à energia. O conflito mais sério até agora aconteceu quando o Japão concedeu a uma companhia japonesa, Teikoku Oil, os direitos de explorar um vasto campo marítimo de gás natural localizado no mar da China Oriental, entre a costa central da China e a cadeia de ilhas Ryukyu do Japão. O mar entre os dois países tem aproximadamente 600 quilômetros de largura, e o Japão ofereceu estabelecer o limite no meio do caminho – o que daria a Teikoku Oil o acesso ao petróleo. A China insiste que seu território se estende até o extremo de seu promontório (rochedos continentais), o que compreenderia todo o campo e iria de fato levar as águas territoriais da China para próximo das costas das ilhas do Japão. Quando os navios da Teikoku chegaram à área disputada, a China despachou contratorpedeiros equipados com mísseis e fragatas para sua plataforma de perfuração próxima – e, então, conforme Tóquio diz, um navio chinês apontou a torre de sua arma em direção a um avião japonês que monitorava a atividade. O incidente provocou demonstrações antijaponesas em Pequim orquestradas pelo governo, e, em seguida, contrademonstrações em Tóquio após a China começar a perfurar um campo próximo à fronteira disputada. Dois anos depois, um empate intranquilo ainda persiste. Ao final, isso poderia corroer as relações sinojaponesas, com ambos os lados buscando o apoio americano; ou poderia terminar em projetos de desenvolvimento conjunto.

O ativismo energético da China no Oriente Médio, Ásia Central e África pode tornar este país um competidor dos Estados Unidos no que diz respeito à influência nessas regiões – mas não tão breve. Até pelo menos a próxima década a China terá motivos que a compelirá a manter sob controle tal competição. Os Estados Unidos não são somente a economia indispensável para a modernização da China; sua Marinha em águas profundas é também a única garantidora das rotas marítimas, através das quais milhões de barris de petróleo estrangeiro seguem para a China todos os dias durante o futuro previsível. Além disso, a estratégia de energia da China sugere que seu próximo passo será formar joint ventures com companhias de petróleo dos EUA e da América Latina, e talvez da Ásia Central e Oriente Médio também; de modo muito semelhante às que ela tem com a companhia de petróleo italiana Agip e com companhias de petróleo dos EUA e de outros países ocidentais que estão dentro da China. Isso tudo, provavelmente, mudará quando a China se tornar uma potência militar e naval importante, mas isso não acontecerá até 2020 e por alguns anos após.

Embora a China se movimente agressivamente para assegurar os recursos energéticos que necessitará para continuar se modernizando, a Rússia parece estar usando seus recursos energéticos para tentar reconquistar parte de seu poder geopolítico anterior. Durante os anos 1990 e nos primeiros anos deste século a Rússia escorregou da posição de potência mundial para um país de porte médio, com uma economia enfraquecida e em encolhimento, lutando em uma guerra interna brutal com a Chechênia e se esforçando para se manter em união. Ela não pode impedir os EUA de cercarem seus ex-clientes Estados e levá-los para a Otan; de revogar o tratado ABM;* de travar duas guerras no Oriente Médio e duas intervenções militares na Europa Oriental; de estabelecer novas bases militares próximas à Ásia Central e até mesmo de apoiar os líderes da "revolução racial" anti-Rússia em países que tinham sido parte da antiga URSS.

A duplicação dos preços do petróleo e do gás a partir de 2004 deu à Rússia sua primeira alavancagem política desde o colapso da União So-

---

* Tratado ABM: tratado entre Estados Unidos e União Soviética sobre limitação de sistemas de mísseis antibalísticos. (*N. do T.*)

viética. Como a segunda maior produtora e exportadora de petróleo do mundo, após os sauditas, e a maior produtora e exportadora de gás do mundo, a Rússia, em seus campos, produz mais de 8 milhões de barris de petróleo por dia (mais do que duas vezes a produção do Irã) e quase 2 bilhões de metros cúbicos de gás natural por dia (20% mais ao que os Estados Unidos). Mais importante ainda, o país exporta 6 milhões de barris de petróleo por dia, principalmente para a Europa – que compra 4 milhões de barris de petróleo cru e 2 milhões de produtos refinados. A Rússia também exporta 600 milhões de metros cúbicos de gás natural diariamente, atendendo a 43% das necessidades da Alemanha; 26 a 30% das necessidades da Itália e França; 60 a 70% do gás natural consumido na Áustria, Hungria e Turquia; 80% do gás usado na República Tcheca e Ucrânia; e quase todo o gás natural usado na Grécia, Finlândia, Bulgária, Geórgia, Eslováquia, Belarus e países bálticos.[94]

O comunismo pode estar morto, mas o governo russo consolidou um controle efetivo sobre quase toda a produção de petróleo e gás no país, e, portanto, suas exportações e usos domésticos podem ser instrumentos de política estatal. A administração Putin não somente cercou e quebrou a Yukos, a gigantesca companhia de petróleo doméstica, mas também fortaleceu o monopólio efetivo da Gazprom, o conglomerado estatal de gás que produz 93% do gás natural do país, ao deixar a Sibneft, a maior companhia de petróleo da Rússia, com reservas de 119 bilhões de barris, sob o controle da Gazprom; mais do que qualquer nação, exceto a Arábia Saudita e o Irã, a Gazprom também está desenvolvendo o vasto campo de gás de Shtokman no mar de Barents para produzir gás natural liquefeito para enviá-lo ao mercado americano em 2012. O Kremlin também está estendendo o alcance da Transneft, a companhia estatal que opera as maiores redes de dutos de petróleo e gás do mundo, construindo novas dutovias sob o mar Báltico para a Alemanha, e, finalmente, para o Reino Unido.

O governo russo usa seus vastos ativos energéticos, primeiro, para suavizar o desempenho econômico frequentemente desapontador do país, vendendo petróleo e gás da Gazprom para empresas e famílias a aproximadamente um quinto dos preços mundiais. O resultado é que mesmo com exportações e preços de energia recordes, a indústria de petróleo e gás da Rússia quase não supera o ponto de nivelamento e tem bem poucos recursos para melhorar seus equipamentos e suas operações. O governo russo também estabelece preços para suas exportações que são determinados politicamente. Quando Belarus era um favorito do Kremlin, ela pagava à Gazprom cerca de US$ 50 pelo mesmo gás que custava aos novos membros da UE, Letônia e Estônia, US$ 110, e chegava a custar à Polônia, um crítico frequente, US$ 200. A Rússia também não hesitou em forçar seus preços políticos: em janeiro de 2006, quando a Ucrânia rejeitou o aumento que multiplicou por cinco os preços da Gazprom após sua "Revolução Laranja" (Orange Revolution), Putin cortou os fluxos de gás natural para o país – e quando a UE objetou, o Kremlin sugeriu que poderia desviar para a China o gás natural que ia para a Europa.[95] Vender gás natural de campos da Sibéria ocidental para a China em vez da Europa pode custar à Rússia US$ 50 a US$ 70 bilhões – ainda mais do que custaria à Europa substituí-lo –, mas para o Kremlin tudo tem a ver com poder geopolítico flexível. De modo similar, a decisão de Moscou para estender os dutos siberianos para Nakhodka, no mar do Japão, em vez de para Daquing, na China, enquanto o Japão e a China estejam em conflito por causa do petróleo no sul do mar da China, tem tudo a ver com política asiática.

Enquanto o Kremlin quase certamente continuará a usar o acesso ao seu petróleo e a seu gás e os preços que cobra para obter concessões políticas, sua alavancagem ainda será razoavelmente limitada. A Gazprom, mesmo elevando seus preços, não conseguiu reverter as mudanças políticas na Ucrânia; e seus clientes da Europa Ocidental têm outras alternativas. A Rússia pode ser capaz de intimidar países pequenos profundamente dependentes de petróleo e gás, mas mesmo muitos deles possuem outras fontes potenciais, incluindo o Irã – e em alguns anos talvez o Iraque também. Além disso, o comportamento da Rússia quanto a consolidar o controle estatal sobre a produção de energia e exportações do país reduziu acentuadamente seu próprio acesso aos investimentos, à tecnologia e à expertise estrangeiras necessárias para expandir esses recursos, tornando a Rússia um dos produtores de energia menos eficientes no mundo. Os analistas ocidentais esperam que as produções de petróleo e gás da Rússia realmente alcancem o pico em 2010 e daí em diante declinem – mesmo os representantes do governo russo preveem que a produção se estabilize na próxima década –, e a produção nos três campos gigantes de gás natural na Sibéria ocidental, que representa 70% da produção da Gazprom, já está declinando. E qualquer período de excesso de oferta global – ou uma recessão global que reduza a demanda – prejudicará a estratégia do Kremlin e desestabilizará a economia russa.

Como o mundo lidará com a mudança global

O lado negro do uso cada vez mais crescente de energia no mundo – ainda mais sombrio do que a trama do Kremlin – é a poluição que está gerando e seu impacto sobre o clima. Essas preocupações se tornaram globais pela primeira vez nos anos 1990, quando as Nações Unidas inicialmente tentaram mostrar preocupação crescente com os gases-estufa liberados pelos combustíveis fósseis. Os protocolos de Kyoto falharam nas tentativas de exercer um controle sério nas emissões de qualquer país. Mas os próximos dez anos provavelmente presenciarão outro esforço concentrado para gerar novos arranjos internacionais de controle de emissão de dióxido de carbono (CO_2), o principal gás estufa. A proposta provavelmente usará uma abordagem diferente da de Kyoto, já que para ter êxito terá que ser conduzido pelo principal antagonista aos protocolos de Kyoto, o governo dos Estados Unidos, e incluir a China e outros países em rápido desenvolvimento que prometeram nunca se unir a um programa do tipo do de Kyoto.

A ciência básica da mudança climática é hoje internacionalmente incontroversa. Os gases-estufa produzidos principalmente por queima de combustível fóssil se acumulam na atmosfera terrestre – eles não se desfazem durante cerca de um século –, absorvem radiação infravermelha, que iria se dirigir de volta para o espaço, e irradiam parte dela de volta para a Terra. Portanto, à medida que os níveis de CO_2 aumentam na atmosfera, as temperaturas dos oceanos e do ar terrestres também aumentam. Nos últimos 150 anos, os níveis de CO_2 subiram de 271 partes por milhão para 370, ou seja, 37%. Entre os efeitos mais visíveis observados na última década e popularmente atribuídos aos aumentos de temperatura estão o degelo de geleiras e limites de neve, o desaparecimento de lagos, anos sucessivos de recorde de altas temperaturas na maioria dos continentes e furacões e tornados mais frequentes nos Estados Unidos, monções e tufões na Ásia e inundações na Europa, África e Ásia.[96] Os cientistas não concordam sobre quão rapidamente ou quantos desses efeitos irão piorar, ou a que concentrações as mudanças serão irreversíveis. No entanto, surgiu um consenso aproximado de que 450 a 500 partes por milhão podem ser o ponto-limite para efeitos climáticos graves e permanentes, e que sem medidas sérias os níveis de CO_2 irão alcançar 600 partes por milhão em 2050.[97]

Se os principais governos do mundo pretendem evitar os cenários catastróficos, terão de descobrir, nos próximos anos, como manter as emissões abaixo dos níveis atuais, mesmo quando o uso de energia mundial dobrar nos próximos 20 anos.[98] O desafio é parcialmente tecnológico, já que alcançar o objetivo requer o desenvolvimento e a disseminação de muito mais equipamentos e matérias-primas eficientes em termos energéticos, e provavelmente novos combustíveis alternativos. O desafio também é político e econômico, uma vez que toda resposta plausível envolve preços de energia mais elevados, pois que eliminarão parte do crescimento econômico – e a maioria dos políticos está relutante em fazer isso de modo a evitar custos ainda maiores em algum momento futuro. Portanto, resolver o problema da mudança climática será um dos problemas políticos assustadores da próxima década, com muitos governos tentando convencer seu eleitorado a aceitar preços de energia ainda mais elevados juntamente com as outras mudanças em suas vidas.

O maior desafio na mudança climática pode ser mesmo geopolítico. A União Europeia e o Japão irão ampliar a pressão sobre Washington para assumir a liderança, porque a intensidade energética relativamente alta da economia americana e o estilo de vida da maioria dos americanos, centrados nos automóveis, ditam que, se as emissões mundiais devem cair, os Estados Unidos terão que absorver custos mais amplos do que qualquer outro país. Além disso, um esforço eficaz também terá que incluir China, Índia, Brasil e outros países grandes em rápido desenvolvimento que veem mudanças climáticas como um problema que deve ser resolvido pelos países avançados que mais produzem gases-estufa. Isto pode ser verdade, mas também estará defasada em breve, já que as nações em desenvolvimento produzirão tanto gás-estufa quanto as economias avançadas.

Diante desses obstáculos, alguns observadores veem pouca perspectiva para um compromisso global sobre mudança climática. As perspectivas para a Organização Mundial de Comércio também pareceram áridas durante algum tempo; mas ela ganhou força com as lideranças efetivas dos Estados Unidos e da Europa, e o crescente reconhecimento de que os custos seriam menores do que os receados. A liderança americana ainda não está presente para a mudança climática, mas provavelmente estará nos próximos poucos anos. A educação pública e o ataque relâmpago, via mídia, conduzido pelo ex-presidente Albert Gore, levou a opinião pública americana a apoiar a ação; a maioria democrática no Congresso também exigiu ação, e quase todo candidato sério à Presidência em 2007 também agiu assim. Além disso, em 2007, ExxonMobil, Chevron e outras grandes empresas de petróleo dos EUA pela primeira vez solicitaram um debate público não sobre se a mudança climática é um problema grave, mas sobre as melhores maneiras de se dedicar a ela.

Há também evidência crescente de que os ajustes a um programa sério podem custar menos do que muitos receiam que custem. Um estudo de 2007 da empresa de consultoria McKinsey, por exemplo, analisou os custos das opções disponíveis se os principais países concordassem em limitar as emissões de CO_2 de modo a conter a concentração atmosférica no máximo em 450 partes por milhão em 2030.[99] O estudo descobriu que alcançar esse objetivo envolveria mudanças na maioria das formas de uso da energia moderna, mas não muito drásticas – e isso sem avanços tecnológicos sensacionais para amenizar os efeitos ao longo do tempo. Uma boa parte do esforço envolveria etapas para melhorar a eficiência energética, que ao longo do tempo não custaria nada às pessoas. Mudar para automóveis híbridos, melhorar o isolamento de prédios, plantas e casas, e usar sistemas de aquecimento, resfriamento e de iluminação mais eficientes em termos energéticos gerariam economias devido à redução de energia que compensaria os custos iniciais mais elevados. Por uma estimativa, melhor isolamento e aquecimento, resfriamento e iluminação mais eficiente sozinho podem reduzir o crescimento da demanda de eletricidade mundial à metade nos próximos 20 anos. Os passos seguintes, menos dispendiosos, envolvem plantar mais florestas e desacelerar o desflorestamento – a vegetação absorve o CO_2 e produz oxigênio, portanto, quanto mais, melhor –, e mudanças nas práticas de criação de gado. Depois, vêm os passos mais custosos, que envolvem as medidas que muitas pessoas pensam em primeiro lugar – mudar para fontes de energia alternativas que produzem menos gases-estufa, como eólica, solar e tecnologias que capturam carbono –, seguidos por medidas ainda mais dispendiosas, tais como o uso de combustível como o biodiesel e carvão limpo na produção de manufaturas.

O progresso para reprimir a mudança climática nos próximos dez a 15 anos pode ser menos doloroso do que muitas pessoas supõem, mas somente com esforço mundial genuíno. O desafio geopolítico é que os países avançados que mais provavelmente darão passos sérios não podem alcançar o objetivo global por conta própria, porque a maioria das opções menos dispendiosas para conter as emissões de gás estufa envolve ações dos países em desenvolvimento. É mais barato, por exemplo, equipar casas e prédios novos, indústrias e fábricas de automóveis com tecnologias mais eficazes e limpas do que ajustar as estruturas e os carros existentes – e nos próximos dez ou 15 anos a maioria dessas instalações serão construídas em países em rápido desenvolvimento, principalmente na Ásia. Mas será difícil vender isso para os países em desenvolvimento, visto que é também inicialmente mais dispendioso usar tecnologias mais eficientes, em termos energéticos, e mais limpas, a menos que os países avançados criem um fundo global para ajudar a compensar alguns dos custos iniciais. Além disso, a maior parte dos ganhos potenciais com a mudança climática a partir de práticas de arborização e de criação de gados estão localizados na América Latina e África, e esses passos envolverão custos iniciais para corrigir.

A questão das emissões de CO_2 dos automóveis é diferente. Os americanos, europeus e japoneses ainda comprarão a maioria dos carros novos em 2020, e provavelmente em 2030 também, porque a frota nacional em países avançados é renovada entre cada seis a oito anos. Mas, China, Índia, Indonésia, Bangladesh, Brasil e outras grandes economias em desenvolvimento também irão aumentar amplamente suas compras de automóveis nos próximos dez a 15 anos, e esperamos que eles, também, possam passar para veículos híbridos ou movidos por baterias elétricas.

Um dilema, por enquanto, é que China, Índia e as outras grandes economias em desenvolvimento em rápido crescimento dizem que nunca irão aderir a um sistema que limita suas emissões. O ônus de mudar seus pensamentos caberá aos Estados Unidos, porque eles são o único país com poder de induzi-los a participar. (A Arábia Saudita provavelmente também tem o poder, mas não o incentivo.) Dois anos atrás a liderança dos EUA parecia extravagante no que diz respeito à mudança climática. Em 2007, o presidente Bush, pela primeira vez, concordou que seria necessária uma ação internacional para a questão do aquecimento global; e em 2009 conversas sérias sobre mudanças climáticas tornaram-se parte dos esforços do novo presidente para reconstruir o apoio internacional para a liderança americana.

A questão real para China, Índia e Coreia do Sul – e, quanto a isso, os Estados Unidos, Alemanha e Reino Unido – é quanto realmente custará fazer o que é necessário para reduzir o risco de aquecimento global. Os economistas que fazem esta pergunta geralmente concluem que o custo médio de todas as medidas necessárias para manter as concentrações futuras de gás-estufa dentro do que se imagina ser uma faixa segura, daqui a 20 ou 30 anos, seria de cerca de 40 euros ou US$ 50 por tonelada de CO_2 reduzido.[100] Isso não é trivial, mas também não é opressivo: às taxas atuais de uso de energia, isso custaria aproximadamente US$ 300 por ano americano (dólares de hoje), cerca de US$ 100 por ano para os europeus (eles consomem menos energia porque seus impostos sobre energia são quatro vezes maiores do que os dos EUA), e cerca de US$ 25 por pessoa na China. Esses custos por pessoa seriam maiores em 2020, especialmente para a China, porque as pessoas usarão mais energia – mas também seriam mais razoáveis para a maioria das pessoas, já que as rendas médias também serão razoavelmente maiores até então na China, EUA e a maioria dos outros lugares.

A dificuldade é que a maioria das pessoas resistirão às mudanças que envolvem gastar mais hoje, digamos, por um carro híbrido ou uma lavadora altamente eficiente em termos energéticos, para evitar os custos mais elevados de consumir energia a preços maiores. Uma maneira de vencer essa resistência em algumas áreas será com o uso de ordens e regulamentações governamentais requerendo maior padrão de eficiência nos combustíveis de automóveis, maiores padrões de eficiência energética para utensílios domésticos, iluminação e isolamento. Essas regulamentações custarão aos consumidores e construtores mais no início, e farão os consumidores e proprietários de casas pouparem ainda mais no futuro. Mas essas medidas são somente suficientes para metade das necessidades, e se todos no mundo tomarem parte delas. Se Estados Unidos, China e o restante do mundo puderem chegar a um acordo para enfrentar seriamente esse problema na próxima década, as pessoas e as empresas estarão lidando com um regime de *cap-and-trade*, tal como o de Kyoto, ou com novos impostos sobre o carbono – e ambas as abordagens elevarão os preços da energia ainda mais do que os que são reservados, devido à oferta e demanda.

Sob o regime *cap-and-trade*, cada país concordaria em limitar sua emissão anual de CO_2 em um nível acordado e, então, alocaria o total através de permissões distribuídas para seus maiores produtores de gás-estufa – empresas de utilidade pública, manufaturas, agronegócio e produtores e distribuidores de petróleo e de gasolina –, baseado em alguma fração de suas emissões no ano anterior. Aqueles que podem ficar abaixo de seus tetos, a custos relativamente reduzidos, farão isso e venderão os excessos de permissões para outros que não podem atender a seus próprios tetos; portanto, em teoria, o limite total de emissão pode ser alcançado, a cada ano, ao menor custo total. Consumidores e empresas no final arcarão com esses custos. Empresas de utilidade pública ou de manufaturas, que podem fazer mudanças para ficar abaixo de seus limites, passarão adiante os custos dessas mudanças, como também farão aqueles que têm que comprar mais permissões. Se tudo é passado adiante, as pessoas serão desencorajadas a comprar energia produzida por aqueles menos eficazes na redução de carbono. A maioria dos políticos americanos e europeus, que querem enfrentar as emissões de gás-estufa, atualmente favorece o sistema *cap-and-trade*. Não é difícil discernir seu apelo político, já que os aumentos nos preços da energia parecerão vir do mercado e não do governo.

Entretanto, a maioria dos economistas que defendem ações sérias não favorece o regime *cap-and-trade* – e por boas razões. Eles veem que qualquer sistema de limites preestabelecidos tornará os preços da energia ainda mais voláteis do que já são, e isso é ruim para os investimentos e a economia como um todo. Eles se lembram do final dos anos 1970, quando o Banco Central dos EUA estabeleceu um teto para a oferta monetária e o preço do dinheiro – as taxas de juros – disparou. Nesse caso, os preços das permissões e da energia subjacente podem se elevar rapidamente se a demanda de energia for maior do que a esperada quando os limites foram estabelecidos – por exemplo, porque o verão está especialmente quente e o inverno inesperadamente frio, ou a economia cresce mais rapidamente do que o previsto. O regime *cap-and-trade* também parece vulnerável à corrupção e manipulação. As permissões valerão dezenas de bilhões de dólares, que governos tanto honestos quanto corruptos terão que distribuir e, então, monitorar após cada negociação. O sistema será um privilégio para as empresas financeiras que negociarão e especular com as permissões – mercados financeiros para essas permissões já foram criados em Chicago e em Londres –, e suas comissões e lucros nas negociações acabarão aumentando os preços das permissões também.

Em vez disso, muitos economistas do meio ambiente preferem tarifas ou impostos sobre o carbono ao *cap-and-trade*, porque eles gostam do sinal de preço claro e direto que uma tarifa sobre carbono oferece para favorecer os combustíveis menos carbono-intensivos. Além disso, tarifas sobre carbono não tornam os preços da energia mais voláteis quando a demanda aumenta inesperadamente, enquanto o *cap-and-trade* torna. Tais impostos ou tarifas também devem reduzir o uso da maior parte das formas de energia intensivas em carbono, como os impostos altos sobre utilidades pública e gasolina na Europa fizeram com que as empresas e as famílias se tornassem mais eficientes em termos de energia do que nos EUA. E todos concordam que os impostos sobre carbono seriam muito mais simples de administrar do que o sistema de permissão sob o regime *cap-and-trade*, e menos aberto à corrupção. Um sistema de impostos sobre carbono também pode ser projetado para encorajar as pessoas a favorecer os combustíveis e os produtos menos intensivos em carbono, enquanto as protege contra custos elevados no curto prazo, por exemplo, usando as receitas de impostos crescentes sobre carbono para reduzir impostos nas folhas de pagamentos. A desvantagem é que os impostos sobre carbono permitirão que as emissões aumentem com demandas inesperadas, como acontece hoje. Esses aumentos poderiam ser compensados aumentando as alíquotas de impostos ou as tarifas sobre o carbono no ano seguinte, se os políticos quiserem elevar os impostos para a saúde do planeta no longo prazo.

Se o mundo vai ou não combater a mudança climática na próxima década, dependerá, em última instância, dos Estados Unidos e da China. Os EUA são, de longe, o maior produtor de gases-estufa; e em 2020 a China estará se aproximando rapidamente. Os Estados Unidos se retiraram do acordo *cap-and-trade* de Kyoto quando se tornou claro que as habilidades dos alemães, britânicos e russos para manipular seus limites os aliviariam de qualquer ônus significativo, deixando quase todos os ajustamentos mundiais para os Estados Unidos, Austrália (ela também se retirou), Japão e Canadá. (Eles permaneceram, mas reinterpretaram os termos do acordo de Kyoto para evitar a maior parte dos custos.) Se os Estados Unidos liderarem um segundo esforço global, eles tentarão usar o poder e os recursos de uma superpotência para persuadir a China a participar – talvez com promessas de joint ventures para desenvolver e produzir combustíveis alternativos e novas tecnologias eficientes em termos energéticos. E se a China reverter sua posição e se juntar aos Estados Unidos, Europa e Japão em uma abordagem global com relação às emissões de gás-estufa, será difícil para outras nações em desenvolvimento recusar.

À parte o que os Estados Unidos poderiam querer, os incentivos da China de enfrentar a mudança climática aumentarão na próxima década. A Organização Mundial de Saúde relatou que sete entre as dez cidades mais poluídas do mundo estão na China; e o Banco Mundial estima que a poluição custa atualmente à China o equivalente a 8% do PIB a cada ano, principalmente com problemas de saúde e danos a colheitas e estruturas. Sem mudanças políticas sérias, a poluição na China é projetada para crescer quatro vezes até 2020, criando ônus que a China "não é capaz de suportar", como disse o chefe da Administração de Proteção Meio-ambiental Estatal da China, Zhang Lijun.[101] Talvez o mais atrativo de tudo é que Pequim pode vir a verificar que o apoio às reformas de mudança climática ajudará a desacelerar o crescimento das necessidades de energia e a dependência de petróleo da China.

Ninguém pode saber como será uma nova abordagem global à mudança climática. Se o compromisso for sério – o que ainda está longe de acontecer –, os impostos sobre carbono também apresentarão uma vantagem política valiosa: eles geram grandes volumes de receitas que os governos podem usar como quiserem. Os líderes da China podem ver os impostos sobre carbono como uma fonte crescente de recursos para a assistência médica, enquanto um futuro presidente dos EUA mais provavelmente cortará impostos sobre as folhas de pagamentos ou outros impostos. O regime *cap-and-trade* também irá gerar dezenas de bilhões de dólares, mas os recursos irão para produtores de energia e outros negócios com excesso de permissões para vender, para as instituições financeiras que irão administrar e negociar as permissões para especuladores e investidores que preverem corretamente a direção dos preços das permissões no curto prazo.

Quer os principais países do mundo cheguem a um acordo nos próximos dez anos com relação a impostos sobre carbono de forma harmoniosa, ou de alguma outra maneira para reduzir as emissões de gás, ou com nada disso, os preços da energia continuarão subindo. Isso, em si, pressionará os governos e as empresas a tomarem decisões úteis. Por legislação, regulação ou simplesmente porque os preços da gasolina alcançarão US$ 5 a US$ 6 por galão, e muito mais do que isso na Europa e no Japão, uma parcela crescente dos automóveis e caminhões no mundo andarão com células elétricas combustíveis, etanol de celulose e outros biocombustíveis. O Brasil já produz etanol com hidrogênio por menos, por galão, do que gasolina, e a Volkswagen e a General Motors introduziram os "carros flex", que podem andar com gasolina pura, etanol puro ou qualquer combinação dos dois. Embora preços mais elevados para eletricidade e aquecimento não levarão muitas pessoas a modificar suas casas ou substituir seus eletrodomésticos, os preços mais elevados reduzirão o consumo de energia da maioria das pessoas, o que por sua vez reduzirá as emissões na margem.

Finalmente, nem os problemas de energia mundiais, nem as previstas mudanças climáticas podem ser tratados com base nessas margens. De modo muito semelhante ao financiamento do sistema de saúde, quando milhões de boomers chegarem à idade em que necessitarão de tratamentos médicos dispendiosos, as questões de energia e mudança climática se tornarão mais polêmicas e sérias durante a próxima década e irão requerer reformas amplas e definitivas.

Capítulo 8

As imprevisibilidades da história: terrorismo catastrófico e os avanços tecnológicos significativos

As NAÇÕES NÃO PODEM ALTERAR as forças globais que agora moldam suas trajetórias. Embora os resultados não possam ser ordenados, as sociedades sempre têm margens para afetar as consequências das forças que não podem controlar diretamente. O comportamento relativamente aberto quanto à imigração dos EUA amenizará os custos econômicos de seus ciclos baby boomer e baby-buster, e outras sociedades poderiam adotar uma atitude similar. A posição da China nas profundas reformas econômicas é de fazer o país se desenvolver e prosperar através da globalização de maneiras atualmente além do alcance da Índia; mas com liderança agressiva a Índia poderia implementar reformas comparáveis. Nem é demais imaginar que Alemanha e França – especialmente a França nos últimos anos – poderiam reverter lento declínio econômico reestruturando seus Estados de bem-estar mais na linha dos modelos americano e irlandês. Não há cenário que alterará a posição dos EUA como única superpotência por um longo tempo, mas a China e a Rússia podem encontrar um modo de aliança que poderia trazer de volta elementos de equilíbrio de poder geopolítico na Ásia Central e do Sul.

A história da geração anterior está repleta de eventos totalmente inesperados, especialmente a implosão da União Soviética e a adesão da

China ao capitalismo, e os próximos dez ou 20 anos incluirão muitos acontecimentos imprevistos. Ainda assim, bem poucos poderiam afetar materialmente as três forças examinadas aqui. Mas há pelo menos duas imprevisibilidades – uma sombria e uma muito mais promissora – que certamente poderiam. A poderosa e sombria possibilidade é o terrorismo catastrófico. A superioridade militar historicamente desproporcional dos EUA levou seus oponentes a tentar táticas diferentes, tais como insurgências na forma de guerrilhas e armas não convencionais, desde dispositivos explosivos improvisados (IEDs, ou *Improvised Explosive Devices*) até armas biológicas. A lenta resposta dos EUA a esses acontecimentos já pode ter custado sua aura de invencibilidade. Embora seja muito improvável, os terroristas poderiam ampliar suas táticas e armas não convencionais a tais extremos na próxima década que os efeitos poderiam alterar a geopolítica e a globalização.

Um ataque terrorista que devaste as instalações de petróleo dos sauditas, por exemplo, afundaria os mercados de ações e de títulos de dívida pelo mundo, desencadearia uma recessão global e desaceleraria ou possivelmente faria parar o programa de modernização da China, com efeitos políticos amplos e imprevisíveis. Os terroristas também poderiam conseguir utilizar armas nucleares. A maneira mais fácil seria um ataque a uma base nuclear ou fazer explodir uma bomba nuclear, embora os efeitos econômicos e políticos concretos provavelmente não mudariam uma nação. Uma possibilidade mais terrível – embora também menos provável – seria a detonação de uma arma nuclear roubada ou de um dispositivo nuclear improvisado em uma grande cidade dos EUA ou da Europa. Esse cenário é usualmente considerado em filmes de ação; mas se isso em alguma ocasião acontecer, seus efeitos podem alterar muito o que agora consideramos como certo.

A imprevisibilidade mais celebrada em termos históricos é o avanço tecnológico inesperado que pode aliviar ou mesmo resolver problemas econômicos e sociais intratáveis. Isso aconteceu recentemente em escala histórica quando uma geração de avanços na potência e na capacidade computacional ajudaram a impulsionar a globalização e, com isso, a ascensão econômica da China e o período sustentado mais forte de crescimento mundial registrado. Não é provável, embora possível, que os próximos dez a 15 anos vejam avanços revolucionários na nanotecnologia que bem rapidamente levariam ao uso em larga escala de energia solar e a partir de hidrogênio a baixo custo. Tais avanços inesperados resistiriam a algumas pressões econômicas advindas do rápido crescimento de demanda de energia e do crescimento lento dos investimentos e da produção de petróleo, e possivelmente tornariam a mudança climática um problema que os países poderiam administrar sem grandes sacrifícios, e reduziriam o avanço geopolítico da Rússia e do Oriente Médio.

Se a energia limpa da nanotecnologia não estiver em nosso futuro, também é concebível que os avanços biotecnológicos possam mudar, o que significa envelhecer exatamente quando a geração baby boomer na maioria dos países alcançar a idade em que sérios problemas médicos se tornam lugar-comum. Os cientistas que recorrem aos bem-sucedidos avanços revolucionários na decifração do genoma humano, por exemplo, podem descobrir terapias que irão reparar os genes defeituosos que provocam muitas doenças, incluindo vários tipos de câncer. Talvez um pouco mais possíveis sejam os avanços nas terapias com células-tronco, não somente para doenças como Parkinson e Huntington, ferimentos no tecido nervoso espinhal e fibrose cística, mas também doenças do coração, diabetes, Alzheimer, infartos, queimaduras, artrite óssea e artrite reumatoide. Não podemos saber agora se esses tipos de avanço na medicina ajudariam a aliviar os problemas financeiros que ameaçam os sistemas de saúde nacionais ou os tornariam ainda piores. No entanto, se eles ocorrerem, podem redefinir o que significa envelhecer, e amenizar os ônus demográficos em muitas nações.

A imprevisibilidade do terrorismo – a quem temer

A guerra dos EUA com o terrorismo ajudará a definir a geopolítica da próxima década, independentemente de quem for o presidente. A forma que essa guerra assumirá, no entanto, irá depender de como cada administração dos EUA define o inimigo e sua ameaça. No paradigma atual americano "nós-contra-eles", o "eles" têm sido definidos de modo amplo como fundamentalistas e extremistas islâmicos. A trajetória futura da guerra contra o terrorismo dependerá, em boa parte, de como os presidentes americanos e o Congresso distingam os fundamentalistas islâmicos, com os quais os ocidentais podem aprender a conviver, e os violentos extremistas islâmicos que não conviverão com ninguém.

O islã possui profundas divisões, como os atuais conflitos no Iraque atestam, que retrocedem ao debate entre os seguidores originais de Muhammad, após a morte do profeta no ano 632, sobre se seu sucessor, ou "califa", deveria ser alguém de sua descendência direta ou a pessoa considerada de mais valor, mais instruída e mais devota.[1] Quando os líderes tribais na Arábia declararam que um dos companheiros mais próximos de Muhammad, Abu Bakr, seria o primeiro califa, uma maioria concordou e se intitulou "Sunni" (sunitas), segundo Ahl as-Sunnah wa'l-Jamã'h, ou aqueles que seguem o exemplo de Muhammad. Mas uma minoria insistiu que o primo e genro de Muhammad, Ali ibn Abi Talib, deveria sucedê-lo, e ela se autodenominava Shi'a, ou xiitas, de shi'at Ali, ou ajudantes de Ali. Durante três décadas, houve dois califas competindo, culminando em uma série de assassinatos e batalhas que formalmente dividiram o islã em duas seitas. Os xiitas permaneceram como uma pequena minoria desde então, compreendendo hoje de 10 a 15% dos muçulmanos concentrados no Irã e partes do Iraque, Iêmen e nas regiões Central e Sul da Ásia.[2]

Os sunitas e os xiitas discordam em muitas questões, mas a mais importante para a geopolítica do século XXI é que os líderes xiitas mantêm autoridade política e religiosa, enquanto os califas sunitas tradicionalmente são subordinados aos reis e governos muçulmanos. O islã sunita também desenvolveu numerosas seitas, baseadas originalmente em várias interpretações dos conselhos de Alá para ajudar aos pobres. Como os debates teológicos podem eventualmente se tornar questões com consequências para todos, uma das interpretações formou a base para o wahhabismo sunita, e uma abordagem fundamentalista do Alcorão, cujo fundador, Abd al Wahhab, fez uma aliança política e religiosa no século XVIII com um líder árabe chamado Muhammad bin Saud. Aproximadamente dois séculos depois, quando os descendentes de Saud unificaram a Arábia em um reino, o wahhabismo se tornou a religião oficial da Arábia Saudita.[3]

A globalização criou uma sensação de crise para muitos muçulmanos seguidores do wahhabismo, que, como muitos cristãos e judeus fundamentalistas, aderem a uma leitura estrita e literal de seu texto sagrado. Vivendo segundo as leis do Alcorão significa rejeitar os valores ocidentais, em um período em que a globalização leva esses valores para todas as facetas dos negócios e para a maioria das casas dos muçulmanos. Qual deve ser a resposta é uma questão que atualmente divide os fundamentalistas muçulmanos de muitas maneiras, porém, a mais importante envolve incitar novos movimentos islamitas com objetivos políticos e religiosos.[4] Embora todos os fundamentalistas queiram restaurar uma fé islâmica pura, os islamitas perseguem poder político de modo a reformar radicalmente suas sociedades, enquanto a maioria dos outros fundamentalistas sunitas deseja coexistir com qualquer sistema político que esteja em vigor.

Essa divisão se estreitou um pouco no final dos anos 1980 e início dos anos 1990 com um novo movimento "neofundamentalista" que procura persuadir os muçulmanos a mudar gradualmente suas sociedades em Estados islâmicos restritos.[5] Para os ocidentais, o termo novos fundamentalistas parece soar muito parecido com islamitas. Suas visões de uma sociedade islâmica ideal são similares; e todos rejeitam a democracia, porque os homens (muito menos as mulheres) não têm o direito de usurpar as leis de Deus. Mas os neofundamentalistas querem alcançar a sociedade ideal, mudando os corações e as mentes das pessoas, enquanto os islamitas têm como alvo os líderes muçulmanos que consideram traidores, juntamente com todas as potências estrangeiras não muçulmanas.

À margem do movimento islamita se encontram os grupos preparados para a batalha com o Ocidente, e que matam qualquer um que esteja no caminho deles. Esses grupos radicais e violentos surgiram nos anos 1980 e 1990, no mesmo momento em que os novos fundamentalistas, a partir da catalisadora guerra contra os soviéticos no Afeganistão. A batalha para expulsar os soviéticos infiéis e criar o Estado islamita no Afeganistão uniu islamitas e o *Jihad* – em uma luta que recebeu extenso suporte material dos EUA –, e forneceu o cenário e as condições para radicalizar e treinar milhares de jovens homens muçulmanos fundamentalistas. Além disso, a vitória contra os soviéticos validou a abordagem do *Jihad* e criou grandes grupos de seguidores testados em batalhas que, agora, podem lutar contra infiéis em outros locais. Os Estados Unidos logo se tornaram o alvo central, por seu secular comportamento globalizante e seus valores, por estabelecer bases militares ocidentais em territórios islâmicos durante a primeira Guerra do Golfo – e durante 12 anos após – e, finalmente, por seu apoio a Israel.

Durante a próxima década os Estados Unidos e grande parte da Europa enfrentarão pelo menos três desafios distintos do mundo islâmico. Na Arábia Saudita e em outros países sunitas, milhões de fundamentalistas islâmicos, muitos educados em colégios (madrassas) de instrução islâmica wahhabita financiados por sauditas, irão expressar regularmente suas visões sobre o Ocidente como uma ameaça direta à vida ditada pelo Alcorão. Os líderes e os povos ocidentais podem aprender a viver com esse opróbrio, como fizeram tempos atrás quando muitos milhões de chineses e russos escoriaram o Ocidente. Entre todos os fundamentalistas islâmicos também haverá dezenas de milhares de neofundamentalistas e islamitas radicais comprometidos em reestruturar suas sociedades em Estados estritamente islâmicos. Se eles obtiverem êxito, isso será um desafio maior, porque os Estados islamitas estritamente sunitas são mais prováveis de desafiar as políticas de segurança global dos EUA, a resistir a aspectos centrais da globalização como livre fluxo de investimentos estrangeiros e a entrar em conflito com o Irã xiita. Lidar com esse desafio será o domínio da diplomacia e da arte de governar, se suas práticas de sucesso puderem ser revividas.

Entre todos os islamitas, também há milhares de fanáticos violentos que criarão o terceiro desafio e a ameaça mais importante. A atual diferença entre os republicanos e os democratas na geopolítica dos EUA poderia ser enquadrada na seguinte questão: se a guerra ao terrorismo deve visar ambos, os islamitas e os *jihaditas* – o segundo e o terceiro desafios –, ou concentrar nas ameaças do *Jihad* enquanto aplica diplomacia convencional e abordagens políticas ao desafio islamita.

Se a próxima década de guerra dos EUA contra o terrorismo deve ter como alvo somente os extremistas violentos ou também os grupos islamitas pode depender do que acontecerá quando os islamitas criarem seus Estados: eles se tornarão aliados ativos dos terroristas ou sociedades islâmicas contentes por tratar de suas próprias questões? Apesar da retórica dos neoconservadores dos EUA, a oposição islamita à democracia não é equivalente à ajuda ao terrorismo, uma vez que a maioria dos aliados dos Estados Unidos no Oriente Médio também se opõe ferozmente a ele. De fato, dos 50 países com populações majoritariamente islâmicas no mundo atual, somente 19 possuem algo como um governo democrata. E o Ocidente convive amistosamente com outros inimigos implacáveis da democracia, notavelmente a China, como fez durante a Guerra Fria. Mesmo concentrar o foco no apoio ativo aos terroristas não produz respostas fáceis além do caso extremo do Talibã e sua proteção agressiva aos terroristas que tinham recém-perpetrado um ataque hediondo aos Estados Unidos. O governo islamita xiita do Irã é difícil de classificar, apoiando os terroristas em algumas ocasiões e não em outras. Também não há resposta simples para o Hamas, grupo terrorista que assumiu poder político por meios democráticos, e o Hezbollah, que combina táticas do *Jihad* contra Israel com ativismo social dentro do Líbano.

As complexidades das políticas do Oriente Médio e dos EUA sugerem que a guerra dos EUA contra o terrorismo nos próximos anos será uma questão *ad hoc* concentrada principalmente em grupos determinados a expressar suas oposições implacáveis ao Ocidente cometendo assassinatos em massa. A Al Qaeda ainda é a mais influente e mais conhecida. Embora os Estados Unidos não tenham conseguido capturar Osama bin Laden, eles destruíram o suporte estatal do grupo no Talibã, dizimaram sua liderança original e reduziram seu papel de fornecimento de apoio ideológico, técnico e financeiro a outros grupos terroristas. De fato, a Al Qaeda retornou às suas origens no Maktab al-Khadamat, um grupo mujahedin no Afeganistão que pouco fazia em termos de combate, mas levantava recursos e recrutava e treinava mujahedins para grupos de combate mais ativos.[6]

Os próximos anos da guerra contra o terrorismo provavelmente também estarão concentrados em centenas de células domésticas e novas organizações que simpatizam com a Al Qaeda e algumas vezes recebem seu apoio, especialmente na Europa.[7] O Serviço de Inteligência e Segurança nesse país (AIVD), por exemplo, estima que haja 20 redes do *Jihad* somente nesse país, com ligações para cerca de 300 a 400 fora de lá.[8] Um sinal encorajador é a evidência de que muitos desses grupos agora se comunicam com partes do crime organizado, de modo a usar suas "redes de fornecimento, transporte e movimentação de dinheiro".[9] Essas conexões podem criar uma nova vulnerabilidade, pois grupos criminosos há muito tempo têm sido fontes de informação para o cumprimento da lei nos EUA e na Europa.

A tendência mais problemática é o surgimento, fora do Iraque, de novos grupos terroristas que um dia possam ser tão eficazes no mundo quanto a Al Qaeda foi. Como o Afeganistão nos anos 1980, o Iraque é atualmente um ímã para recrutar terroristas, tanto para o *Jihad* contra as forças americanas, quanto para a luta entre xiitas e sunitas. E exatamente como o Afeganistão durante a ocupação soviética, o Iraque se tornou um local ideal para treinar combatentes não testados sob condições reais. Milhares de jovens islamitas estão aprendendo como seguir ordens, obter informações e montar explosivos à medida que observam como os soldados americanos e britânicos lutam, e a desenvolver maneiras de matá-los. Esses novos grupos de terror parecem estar organizados, principalmente, em células semi-independentes, que se mostram mais difíceis de rastrear e mais adequadas à guerra terrorista do que organizações estruturadas na forma hierárquica da Al Qaeda.

O terrorismo imprevisível: o que recear

O terrorismo extremo, violento, apresenta uma longa linhagem, recuando pelo menos até o culto judaico clandestino os "Fanáticos da Judeia", ou Sicarii ("os homens das adagas"), no século I, que atacava os soldados romanos que ocupavam a Judeia (e os judeus que colaboravam com os ocupantes), até que eles foram aniquilados em Masada. A Revolução Francesa deu aos terroristas o seu nome moderno, embora o Reino de Terror fosse uma forma de política de governo mais característica do stalinismo no final dos anos 1930. As redes independentes de células anarquistas violentas no final do século XIX eram mais próximas ao terrorismo moderno, conseguindo assassinar nos anos entre 1878 e 1913 um presidente francês, dois primeiros-ministros espanhóis e um primeiro-ministro russo, o czar Alexander II, o rei Umberto I da Itália, o rei George I da Grécia e o presidente dos EUA William McKinley.

A maior parte do terrorismo moderno, no entanto, tem sido doméstico e não geopolítico, começando com os terroristas irlandeses do final do século XIX, que formaram um exército secreto para combater poderes ocupantes muito semelhantes ao modo dos Fanáticos da Judeia. O modelo de um exército secreto se espalhou durante o século XX para a Espanha, Grécia, Alemanha, Japão, México, Jordânia, Síria, Líbano e Palestina. O que distingue a maior parte dos terroristas que enfrentam o Ocidente atualmente daqueles grupos é sua agenda geopolítica e o desejo de seus praticantes de usarem armas extraordinárias de destruição em massa. (Essas armas estão no âmbito exclusivo dos terroristas geopolíticos com inimigos bem distantes, já que nenhum grupo explodiria um dispositivo nuclear ou espalharia uma praga em um país que ele pretende recuperar.)

Os terroristas não necessitam de armas de destruição em massa para provocar um forte impacto. Mas algumas poucas décadas de experiência mostraram que, embora qualquer ato terrorista importante torne milhões de pessoas ansiosas, a maioria tem pequenos efeitos econômicos e políticos de longo prazo. Para isso acontecer, o terrorista tem penetrar razoavelmente em uma sociedade e durante um período prolongado – como tem sido na Colômbia, Irlanda do Norte e região Basca da Espanha, Israel e, atualmente, Iraque. Nesses locais, o terrorismo deprimiu economias e tolheu o desenvolvimento. Em todos os outros locais, onde o terrorismo tem sido ocasional e localizado, seu impacto concreto vem sendo surpreendentemente modesto. Enquanto a Al Qaeda e seus sucessores forem incapazes de usar armas mais poderosas do que aviões ou de realizar múltiplos ataques de modo regular durante anos, como fazem no Iraque, suas ambições de prejudicar seriamente os Estados Unidos ou outros países ocidentais grandes serão frustradas.

Mesmo os custos econômicos imediatos do terrorismo são raramente elevados. Pequenas operações – um assassinato político ou uma bomba que atinge poucas pessoas – apresentam efeitos econômicos desprezíveis. Mesmo uma greve enorme tem pouco efeito negativo em um grande país. Os dados consistentes mostram que os ataques do 11 de Setembro não mudaram a economia dos EUA, com os gastos com consumo, investimento e aceleração do PIB no trimestre seguinte. E as economias modernas absorvem regularmente muitas perdas humanas e financeiras bem maiores devido ao mau tempo e a desastres naturais – a onda de calor de 1988 que tirou a vida de mais de 5 mil americanos, por exemplo, ou o terremoto de 1999 em Izmut, Turquia, que matou 17 mil.

O terrorismo usa a violência para criar expectativas de mais por vir, e onde essas expectativas vigoram, os receios das pessoas podem reprimir investimentos. Esses efeitos são maiores em pequenos países onde nenhum lugar parece seguro, e em pequenas economias que dependem de capital estrangeiro. Portanto, o capital estrangeiro fugiu da Colômbia durante 20 anos, e sua renda *per capita* ainda está aproximadamente 40% abaixo da média da América Latina. Quando a violência religiosa irrompeu através de Belfast, a Irlanda do Norte se tornou a região mais pobre do Reino Unido – e ela começou a se recuperar nos anos 1990, quando a violência diminuiu. Israel é outro caso importante de economia prejudicada pelo terrorismo. A *intifada* criou um clima de guerra em termos políticos e econômicos; e o Banco de Israel calcula que isso custe a Israel 4% do PIB por ano ao deprimir os investimentos estrangeiros e o turismo e aumentar os déficits orçamentários. No entanto, em lugares maiores do que Colômbia, Irlanda do Norte e Israel, os efeitos econômicos são localizados. A violência política tem assolado a região basca da Espanha desde o início dos anos 1970, e embora o PIB dessa região tenha crescido 10% mais lentamente, o restante da Espanha tem crescido rápido o suficiente para se tornar a nona maior economia do mundo.

Nos Estados Unidos, Japão e outras grandes economias, atos de terrorismo afugentam investimentos nos setores e nas áreas locais vistas como particularmente vulneráveis, e os direcionam para setores e locais mais seguros. Os ataques ao World Trade Center foram um golpe para a economia de Manhattan, mas não para Boston ou Chicago. Mesmo em Manhattan, o impacto foi concentrado no sul da ilha, onde os terroristas destruíram quase 30% dos espaços de escritórios de classe A. O 11 de Setembro também criou obstáculos às indústrias aérea, hoteleira e de seguros. Mas os investimentos e a demanda foram transferidos para outros setores, especialmente quando o Federal Reserve facilitou o crédito para acalmar os mercados. E seis anos depois, os imóveis no sul de Manhattan estão muito mais valorizados do que eram no verão de 2001. De modo similar, quando a Brigada Vermelha promoveu ataques na Alemanha e Itália no final dos anos 1970 e início dos anos 1980, o turismo sofreu, mas não a economia como um todo.

Grandes economias modernas podem continuar a progredir mesmo com atos ocasionais de terror destrutivo, porque seus mercados rapidamente redistribuem capital e serviços para outros locais distantes da violência. Pode ser politicamente incorreto dizer isso, mas o impacto econômico de um ataque como o 11 de Setembro parece muito com um desastre natural, com perdas repentinas seguidas do estímulo para reconstrução. O que interrompe economias como Estados Unidos, Japão ou Reino Unido não são ataques locais, mas choques que atingem todos os mercados de uma só vez, como quando a OPRP triplicou o preço da energia de um dia para outro.

A princípio, a internet pode se apresentar como um alvo possível. Em outubro de 2002 e novamente em fevereiro 2007, por exemplo, um grupo desconhecido montou um ataque sofisticado de "recusa de serviços" em uma série de "servidores raiz" da rede, com o objetivo de inutilizar as redes militares americanas que usam esses servidores.[10] Além disso, os computadores da Al Qaeda apreendidos pelos soldados americanos no

Afeganistão continham centenas de páginas de informação sobre os dispositivos digitais que controlam remotamente malhas de energia elétrica, água, dutos, transporte e comunicação nos EUA, e como reprogramá-los.[11] Representantes do governo dos EUA também mostram preocupação com uma pequena célula de terroristas treinados em ciências computacionais que usa a internet para acessar os "sistemas de controles distribuídos digitalmente", e que desligam controles em linhas férreas, fecham interruptores de circuitos em malhas elétricas e ajustam válvulas em represas e dutos que transportam água, petróleo e gás natural.

Ataques terroristas cibernéticos, na própria internet ou nos sistemas críticos de infraestrutura de um país, acessados através da internet, são possíveis, e ataques a sistemas de energia elétrica, de dutos e de represas podem gerar bilhões de dólares de prejuízo. No entanto, custos e efeitos significativos e de longa duração são improváveis. A estrutura descentralizada e aberta da internet, que torna possível os ataques, também torna mais fácil separar as áreas danificadas da web e repará-las. E embora ataques à infraestrutura possam produzir consideráveis danos locais, as interrupções passariam de modo razoavelmente rápido, novamente de forma muito semelhante a um desastre natural. Para causar danos sérios, os terroristas cibernéticos teriam que interromper a web ou os sistemas de infraestrutura durante um longo período de tempo, que por enquanto parece quase impossível.

Entretanto, o impacto limitado da maior parte do terrorismo não será importante se o terrorismo se tornar muito mais mortal na próxima década. Entre as possibilidades, se os terroristas usassem armas nucleares ou biológicas contra as cidades americanas e europeias, especialmente se isso acontecesse mais de uma vez, esses fatos poderiam mudar o paradigma de terror para uma guerra completa. E guerras modernas apresentam custos políticos, sociais e econômicos muito amplos. Um ataque nuclear ou bioterrorista a uma importante cidade americana ou europeia seria um "cisne negro", usando um termo atual – um evento raro e difícil de prever, e com amplas implicações para a trajetória da globalização e da geopolítica.

O ataque mais provável (mas ainda com baixa probabilidade) envolveria material nuclear, mas não armas nucleares, com efeitos significativos, embora não mudassem uma nação.[12] Por exemplo, bases de energia nuclear nos EUA, Europa ou Japão são consideradas bastante vulneráveis aos ataques terroristas ou sabotagem, mas não a eventos com efeitos catastróficos. Numerosas vezes, pessoas perturbadas colidiram com as cercas em torno de instalações nucleares e até mesmo conduziram seus carros através de portas de prédios. Essas instalações também podem ser atacadas por ar como o Pentágono e o World Trade Center. Mas as chances são muito pequenas para que um ataque desses camicases possa disparar a liberação de grandes quantidades de radiação mortal. Para isso acontecer, os terroristas teriam que romper paredes de concreto com espessura de 1,20m que contêm reatores, e paredes de aço de 17 a 30 centímetros, e, então, acionar um explosivo químico ou fogo para dispersar a radiação na atmosfera. No acidente de 1979 em Three Mile Island, o líquido refrigerante falhou e o combustível fundiu, mas, sem grandes rupturas nas paredes nem fogo ou explosão substancial, pouca radioatividade escapou. E especialistas dizem que nem mesmo uma grande aeronave pode fazer isso tudo.

A sabotagem terrorista que replicasse os erros humanos e mecânicos que destruíram Chernobyl em 1986 pareceria um modo mais confiável de espalhar pânico verdadeiro. A fusão de Chernobyl espalhou radiação sobre 145 mil quilômetros quadrados, tornando mais de 600 quilômetros quadrados indefinidamente inabitáveis, e no fim causou mortes estimadas em 4 mil pessoas. The Union of Concerned Scientists estimou que um ataque que liberasse tanta radiação a partir da base nuclear de Indian Point, no condado de Westchester, a 60 quilômetros de Manhattan, poderia matar 44 mil americanos.[13] Mas a liberação de radiação em Chernobyl foi tão ampla e grave porque os soviéticos construíram seus reatores sem a parede externa de concreto de contenção; por isso, a explosão do hidrogênio e o fogo da grafita puderam soprar parte do núcleo radioativo diretamente na atmosfera. Não existe nada como Chernobyl na Europa Ocidental, Japão ou Estados Unidos.[14] A sabotagem terrorista em uma instalação nuclear na França, o país com a maioria dessas instalações, ou outro país avançado, seria um evento aterrorizante e espetacular que acionaria muitas outras medidas rígidas de segurança. Mas o verdadeiro impacto econômico e social de longo prazo, como no caso de Three Mile Island, seria limitado.

Um grupo terrorista acharia mais fácil tecnicamente construir uma "bomba suja", ligando plutônio a explosivos convencionais, do que replicar o dano de Chernobyl. O obstáculo é conseguir o plutônio, transportá-lo e manuseá-lo. Mesmo que um grupo possa realizar tudo isso, o dano real, depois que os escombros assentarem, ainda poderia ser limitado. Uma bomba radiológica pode contaminar permanentemente o Parlamento britânico ou a Bolsa de Valores de Nova York; e com bastante plutônio e poder explosivo alguns blocos em torno do ponto central. Mas prédios e quarteirões são fungíveis, e membros do Parlamento ou corretores poderiam se mudar para outro lugar. Os maiores efeitos viriam de aterrorizar todas as pessoas no mundo, porque todos acreditariam que isso poderia acontecer outras vezes. Toda cidade importante instalaria sensores de radiação elaborados, como em Washington, D.C.; todo governo iria intensificar drasticamente a segurança em torno de materiais nucleares – o que eles deviam ter feito há muito tempo – e as represálias militares contra os culpados ou aqueles suspeitos seriam mortais e devastadoras. No entanto, é duvidoso que as reações alterariam as trajetórias de globalização ou mesmo a geopolítica.

Todas as apostas estariam erradas, no entanto, se os terroristas conseguissem construir uma verdadeira bomba nuclear. A arma mais provável seria um "dispositivo nuclear improvisado" (em inglês, IND), que utilizasse urânio altamente enriquecido (em inglês, HEU).[15] Um IND seria talvez um dispositivo com um "conjunto de armas" lembrando uma versão crua da bomba de Hiroshima, que tinha um cano de 15 centímetros de diâmetro e 1,80m colocado em ambos os extremos, com explosivos-padrão em cada extremidade, uma massa de HEU próxima a esses explosivos e uma segunda massa de HEU no outro extremo. Detonar os explosivos propele uma massa em direção à outra, criando uma massa grande o suficiente para suportar uma reação em cadeia de fissão nuclear. Não é tão simples construir e detonar quanto parece, mas razoável o suficiente para cinco especialistas em armas nucleares de Los Alamos concluírem que terroristas sem prévia experiência, com algumas habilidades críticas, e acesso ao urânio, poderiam construir uma e acioná-la.[16] A vontade certamente está presente no caso da Al Qaeda: Osama bin Laden disse a seus seguidores que seus deveres religiosos incluem ajudá-lo a adquirir material nuclear.[17]

A maior dificuldade dos terroristas será conseguir urânio altamente enriquecido.[18] A maneira mais provável é roubá-lo, algo tornado possível devido à falha espetacular do regime de não proliferação nuclear mundial. Desde os anos 1950 o esforço de não proliferação permitiu que qualquer país desenvolvesse energia nuclear pacífica; e atualmente existem 435 bases de energia nuclear em 30 países, todas fontes potenciais para roubo de urânio altamente enriquecido. As fontes mais prováveis, no entanto, estão na infraestrutura nuclear fragmentada da Rússia, onde alguns especialistas acreditam que somente 50% dos materiais físseis estão guardados com segurança adequada. A Al Qaeda, o culto terrorista japonês Aum Shinrikyo, Iraque e Irã, todos, segundo relatos, procuraram material nuclear na Rússia.[19] E o U.S. National Research Council concluiu alguns anos atrás que "grandes estoques de SNM (materiais nucleares especiais) ainda estão armazenados em muitos locais (na Rússia) que aparentemente não possuem controles de estoque, e as ameaças inerentes aumentaram".[20] Os Estados Unidos criaram o Cooperative Threat Reduction Program (Programa Cooperativo de Redução de Ameaças), em 1991, para conseguir e destruir material nuclear na antiga União Soviética; mas seus recursos têm sido tão limitados que não se espera que o serviço seja feito até 2018.[21]

As falhas da não proliferação também criam oportunidades para os terroristas roubarem armas totalmente construídas. Com tecnologias de energia nuclear transferíveis para a produção de armas nucleares e somente inspeções para evitar essas transferências, as armas nucleares já se espalharam para Israel, Índia, Paquistão e Coreia do Norte. E com toda probabilidade, o Irã será uma potência nuclear na próxima década. Dentro de dez a 15 anos, muitos especialistas esperam que o clube nuclear possa também incluir um número significativo dentre um grupo crescente como Japão, Coreia do Sul, Indonésia, Arábia Saudita, Egito, África do Sul, Brasil e talvez outros.[22] Atualmente, as armas nos arsenais dos Estados Unidos, Reino Unido, França, China e, provavelmente, Índia e Coreia do Norte estão bem guardadas. Mas há preocupações com os numerosos dispositivos multiquilotons entre os "materiais nucleares especiais" não completamente seguros na antiga União Soviética, incluindo bombas muito mais poderosas do que as bombas de Hiroshima e Nagasaki.[23] Especialistas em defesa estratégica e civil também se preocupam com que os simpatizantes da Al Qaeda nos serviços militares e de inteligência paquistaneses consigam acesso a uma de suas armas no país ou ao urânio enriquecido do país para um IND.[24]

O fato encorajador é que nenhum grupo terrorista conseguiu até agora comprar ou roubar uma arma ou urânio para construir armas. Se isso mudar, há poucas dúvidas de que os terroristas possam enviar e detonar um dispositivo nuclear improvisado em quase qualquer parte do mundo. Os Estados Unidos inspecionam talvez 2% dos 7 a 8 milhões de containers que chegam a seus portos a cada ano, e a maioria dos outros países inspeciona ainda menos.[25] Há planos de submeter muitos outros containers a leituras radioativas; mas os sensores funcionam melhor com plutônio em armas prontas do que com urânio altamente enriquecido, que emite pouca radiação.[26] Todos os países também possuem centenas ou milhares de quilômetros de fronteiras sem sensores ou monitores.

Uma arma pode também ser detonada em um porto antes de ser detectada ou inspecionada. A RAND Corporation analisou os efeitos prováveis de uma detonação nuclear de 10 quilotons – uma pequena bomba, porém, mais do que um dispositivo improvisado – no porto de Long Beach, 35 quilômetros ao sul de Los Angeles.[27] Aproximadamente 60 mil pessoas morreriam instantaneamente; mais 150 mil ficariam expostas à água e sedimentos radioativos, 2 a 3 milhões de pessoas teriam de ser realocadas para fora das áreas contaminadas e um total de 6 milhões poderiam tentar fugir da área de Los Angeles. Os custos diretos excederiam US$ 1 trilhão, o equivalente a cerca de 8% do PIB dos EUA, ou 40 a 45% da produção anual do Reino Unido, França ou China. Um dispositivo nuclear imperfeito acionado no sul de Manhattan geraria custos pelo menos tão grandes.[28]

Os custos globais indiretos, se isso acontecer na próxima década, serão bem maiores. Cada país fechará seus portos e a maior parte de suas fronteiras, e esses fechamentos poderiam continuar por longo tempo. A primeira baixa seria nos transportes de petróleo por navio, e, então, no comércio mundial. Os mercados de ações e de títulos de dívida sofreriam um crash; e enquanto o Federal Reserve e outros Bancos Centrais poderiam ser capazes de acalmar o pânico, não poderiam desfazer as perdas reais sem precedentes.[29] O mundo provavelmente entraria rapidamente em profunda recessão.

As economias acabariam se recuperando, com a maior parte de suas capacidades intacta, mas a globalização e a geopolítica nunca mais seriam as mesmas. As transferências financeiras desacelerariam, porque muito capital fluiria para as áreas afetadas diretamente e porque os governos investigariam todas as transferências financeiras de modo muito mais severo. Os governos também endureceriam com o comércio de todas as tecnologias que concebivelmente poderiam ser usadas pelos terroristas, incluindo a maioria das tecnologias de informação. Ninguém pode saber o impacto preciso sobre a geopolítica; mas nações com número significativo de terroristas ou de simpatizantes, incluindo grande parte do Oriente Médio, estariam em risco de operações ou ataques em larga escala de policiamentos conduzidos pelos EUA. Os efeitos domésticos posteriores também poderiam ser sísmicos. Um ataque nuclear terrorista bem-sucedido em qualquer país avançado poderia levar rapidamente a mudanças importantes na liberdade política tradicional, incluindo o aumento dos poderes executivos associados a guerras mundiais, compreendendo vigilância, detenção e censura à imprensa.

Uma detonação nuclear é o pior caso de imprevisibilidade, mas certas formas de bioterrorismo na próxima década também são passíveis de afetar a trajetória atual da globalização, da geopolítica e, mesmo, da demografia global. O dr. Anthony Fauci, diretor do U.S. National Institute of Allergies e Infectious Diseases, e importante médico de saúde pública dos EUA, disse – ainda antes do 11 de Setembro – "que um ataque bioterrorista contra a população civil nos Estados Unidos é inevitável (...) a única questão é que agente(s) serão usados e sob que circunstâncias o(s) ataque(s) irá(irão) ocorrer".[30]

Nada é inevitável em política, mas liberar um agente biológico mortal em uma cidade americana ou europeia é uma tática com uma série de características que agradaria aos terroristas. Não envolve grande equipamento ou radiação que podem ser percebidos ou detectados facilmente. A fuga daqueles que carregam o agente também é simples, porque o alvo nem mesmo saberá que está sendo atacado durante algum tempo. Um ataque biológico também requer menos recursos que o terrorismo nuclear; e se funcionar, é fácil de replicar.[31] Talvez o mais importante seja a existência de muitas fontes potenciais de agentes biológicos mortais que podem ser roubados ou mesmo transferidos. O Center for Nonproliferation Studies, do Monterey Institute of International Studies, conta 11 países com programas biológicos ofensivos confirmados, incluindo Irã, Síria, Egito, Argélia, Líbia, Sudão e Paquistão.[32]

Como outras formas de terrorismo, os ataques bioterroristas mais fáceis de serem realizados teriam efeitos limitados. Muitos especialistas acreditam que os alvos mais prováveis seriam as tropas americanas e aliadas no Oriente Médio, ou um ataque ao setor agrícola para atingir os alimentos de um país.[33] Um ataque a uma instalação militar dos EUA no exterior teria custos econômicos ou com saúde limitados – exceto para aqueles infectados, naturalmente –, mas, poderia ter efeitos geopolíticos ao provocar, por parte dos governos anfitriões, a exigência de saída dos militares dos EUA.[34] Outra tática poderia envolver infectar gêneros alimentícios importados. Em países avançados, no entanto, tal tipo de agroterror pode ser detectado de modo razoavelmente fácil, e os gêneros alimentícios afetados podem ser descartados. Em 1996, quase 1.500 americanos em 20 estados foram acidentalmente infectados com um parasita que causa sérias dificuldades intestinais, chamado cyclosporoiasis, vindo nas framboesas importadas da Guatemala, mas não houve efeitos econômicos e sociais posteriores.[35]

O que preocupa os especialistas em saúde pública são os agentes biológicos que o Center for Disease Control and Prevention (CDC) classifica como "alto risco", porque eles apresentam taxas de mortalidade elevadas e podem gerar pânico.[36] Os principais candidatos são anthrax, botulismo e varíola. O anthrax é preocupante porque é mortal e simples de produzir em grande escala: a bactéria infesta o solo em muitas partes do mundo, e quando um animal pastando o ingere, ele pode ser extraído do sangue do animal e, então, desenvolvido em grande quantidade em qualquer laboratório. As instruções passo a passo podem ser compradas na internet por US$ 18,11,[37] e a equipe da Comissão do 11 de Setembro descobriu que a Al Qaeda "estava fazendo progressos em sua capacidade de produzir anthrax antes do 11 de Setembro."[38]

Mas é muito difícil infectar um grande número de pessoas com anthrax, porque uma pessoa tem que ser diretamente exposta a uma alta densidade de seus esporos. Os esporos são resistentes e podem ser transportados nas roupas ou em qualquer coisa que esteja em contato com a pessoa infectada, mas a doença não pode ser transmitida diretamente de pessoa para pessoa. Para usar anthrax como uma arma de bioterror séria um grupo terrorista poderia produzir algumas poucas centenas de quilos e contrabandeá-los para os Estados Unidos ou Reino Unido em sacos cuidadosamente amarrados, visar uma ou mais cidades importantes e dispersar a toxina a partir de aviões ou de automóveis. Sob as condições corretas, um grande número de pessoas poderia ser infectado, assoberbando o sistema médico.[39] Mas essa é uma situação muito remota, uma vez que esse tipo de operação está bem além da capacidade de qualquer grupo terrorista que opera atualmente – e desde os ataques com anthrax em 2001 nos Estados Unidos o governo do país e outros governos fizeram estoques de vacinas contra o anthrax.

Como o anthrax, as toxinas do botulismo são fáceis de conseguir e tão mortais que são consideradas a proteína mais tóxica na natureza. Mas os terroristas também teriam muitas dificuldades de infectar um grande número de pessoas com botulismo, porque a proteína se degrada rapidamente quando exposta ao ar. É por isso que a seita Aum Shinrikyo abandonou o esforço multimilionário, em dólares, de fabricá-la em grande quantidade e se voltou para o gás sarin, que atinge o sistema nervoso e que foi usado para matar 12 pessoas e ferir 3.800 nos metrôs de

Tóquio em 1995.[40] Além disso, desde julho de 2004 o governo americano estocou tratamentos para o botulismo, e também para anthrax e varíola, sob o projeto chamado "Project Bioshield".[41]

A varíola é muito mais transmissível do que o anthrax ou o botulismo, se propagando facilmente de pessoa para pessoa, especialmente porque a maioria das pessoas no mundo nunca foi inoculada contra ela ou suas inoculações expiraram. Se um grupo terrorista conseguisse liberar o vírus da varíola em grande quantidade, ele poderia produzir efeitos devastadores. Também seria muito difícil para qualquer organização terrorista fazer isso. Como a doença foi erradicada há quase 30 anos, os únicos estoques conhecidos do vírus foram mantidos nos laboratórios do CDC nos EUA, em Atlanta, e nos laboratórios do Estado russo. Embora haja relatos não confirmados de quebra de segurança nesses locais, a Organização Mundial de Saúde (OMS) concluiu que um único vazamento poderia provavelmente ser contido. A vacina contra a varíola pode evitar a infecção ou reduzir sua severidade, se administrada até quatro dias após a exposição. Isso torna possível "quebrar a cadeia de transmissão e interromper a propagação da varíola dentro de um período de tempo relativamente curto", contanto que o país onde a doença foi disseminada tenha "um sólido sistema de vigilância", sensível aos casos de varíola; e também um sistema de saúde pública que possa isolar os casos e administrar a vacina a todos que tenham estado em contato com pessoas portadoras da doença.[42] As vacinas disponíveis atualmente não seriam suficientes para imunizar todos – os Estados Unidos têm cerca de 15,4 milhões de doses, os estoques da OMS outro meio milhão de doses, na Holanda, para uma emergência, e outras nações anunciam ter mais 60 milhões de doses de qualidade e potência variadas[43] – mas suficientes para conter uma epidemia.

Como a detonação de uma arma nuclear em um centro urbano importante, há um cenário bioterrorista que é ainda pior. Ele envolve um agente, como a varíola, liberado simultaneamente em vários locais sem "sólidos sistemas de vigilância". Se uma epidemia de varíola começa em países ou cidades não preparadas e, então, se espalha, saindo do controle, ela poderia ser um evento que alteraria uma nação. As viagens aéreas e ferroviárias seriam suspensas para tentar conter a disseminação; e grandes parcelas do comércio internacional seriam interrompidas à medida que os países, estados e províncias tentassem fechar suas fronteiras. As escolas e os eventos públicos seriam suspensos por medo de contágio; e os negócios seriam fechados porque muitos de seus empregados estariam doentes ou aterrorizados com receio de contrair a doença. O único setor em processo de boom seria o de saúde, que ficaria assoberbado rapidamente, e a economia global provavelmente entraria de modo abrupto em recessão. Nos piores casos, o número de mortos poderia mudar a demografia nacional. Por outro lado, quando a crise passasse, em três, seis ou nove meses, a vida econômica e política retornaria ao que era antes.

Os outros dois fatos imprevisíveis relacionados ao terror que poderiam alterar a trajetória da globalização e a geopolítica envolvem extremas sublevações islâmicas ou tomadas de controle na Arábia Saudita ou Paquistão. A Al Qaeda ainda é uma força influente em ambos os países, porque, depois que a colisão ocidental derrubou o Talibã, a maioria dos seguidores de Bin Laden seguiu pela fronteira para o Paquistão ou retornou para a Arábia Saudita. Uma vez em casa, muitos se juntaram à afiliada QAP, ou a "Al Qaeda na península Árabe".[44] Uma batida da polícia saudita após o bombardeio de estabelecimentos ocidentais em Riad em maio de 2003 enfraqueceu a QAP, mas a maior parte dos membros permanece livre e leal a Bin Laden.

As verdadeiras perspectivas de um terrorismo na Arábia Saudita inspirado na Al Qaeda são desconhecidas. O substituto de Bin Laden, dr. Ayman al-Zawahiri, proclamou que a mudança de regime na Arábia Saudita é uma prioridade, exortando os seguidores em um vídeo de 2007 a "trabalhar seriamente para mudar esses regimes corruptos e corruptores", obtendo a concordância quanto a uma mudança para o *jihadismo* islâmico.[45] Um importante jovem europeu especialista em terrorismo no Oriente Médio, Thomas Hegghammer, vê a maioria dos militantes sauditas como nacionalistas e, portanto, mais inclinados a atacar os Estados Unidos do que seu próprio regime.[46] Mas os especialistas americanos veem de modo diferente, enfatizando a extrema austeridade e intolerância da ideologia islamita wahhabi como uma fonte de profundos ressentimentos contra uma família real conhecida por sua opulência e corrupção.

A população xiita da Arábia Saudita, estimada em 10% do país e marginalizada pelos oficiais sunitas wahhabistas, constitui um berço para sentimentos antirrealeza.[47] Os sauditas xiitas estão concentrados na região mais oriental da nação, onde a maior parte das instalações de petróleo está localizada e vulnerável a ataques, especialmente o enorme complexo em Abqaiq. Ele responde por dois terços da produção de petróleo saudita e abrange os principais terminais de exportação em Ras Tanura, e os dutos Petroline, desde os campos de Abqaiq e Ghawar até Yanbu no mar Vermelho.[48] Se os extremistas depuserem a família saudita – ou talvez pior, se os terroristas tomarem qualquer instalação-chave –, a interrupção da produção de petróleo pode durar um ano ou mesmo dois. O governo saudita tem visto essa ameaça crescer, e anunciou em agosto de 2007 uma nova força de segurança de 35 mil homens para proteger sua infraestrutura de produção de petróleo de qualquer ataque, a ser treinada e equipada pela gigante da área de defesa dos EUA, a Lockheed Martin.[49] As maiores economias do mundo podem suportar uma breve interrupção na produção do petróleo saudita recorrendo às suas reservas estratégicas; mas uma que dure meio ano ou mais provocaria uma recessão global profunda, com consequências políticas potencialmente graves.

A aritmética de um corte no petróleo saudita é realista. Os produtores de petróleo no mundo podem bombear cerca de 6 milhões de barris adicionais por dia eliminando todas as interrupções, e os sauditas respondem por 4 milhões desses 6 milhões de barris. Se metade da produção atual saudita parasse – cerca de 5 milhões de barris por dia –, isso deixaria o mundo com menos 3 milhões de barris diários, se todos os outros bombeassem o quanto pudessem. Nessas condições, um especialista nessa indústria, Julian Lee, disse que "seria difícil estabelecer um limite para o tipo de pânico que se veria no mercado global de petróleo". De modo conservador, os preços do petróleo iriam para US$ 150 por barril e mais do que isso. O FMI estima que um aumento de US$ 10 por barril por ano reduziria o PIB mundial em 0,6%, com 0,8% de declínio nos EUA, na área do Euro e na Ásia em desenvolvimento.[50] Por esse cálculo, US$ 150 por barril de petróleo cortariam cinco a seis pontos percentuais do PIB nos Estados Unidos e na Europa, o que significaria graves recessões. Além disso, um salto repentino de US$ 50 a US$ 70 por barril ou mais teria efeitos em cascata que poderiam ser ainda mais nocivos. Ele poderia suspender o programa de modernização da China, derrubar governos, incluindo o dos próprios sauditas, e aumentar amplamente o poder político da Rússia e do Irã, os maiores produtores do mundo depois dos sauditas.

A derrubada do atual governo saudita pelos extremistas islâmicos em algum momento nos próximos dez a 15 anos apresentaria outros riscos. Baseado nos registros do Irã, o novo governo pode não conseguir virar as costas para os mercados de petróleo. Mas, como com o Irã, os sentimentos anti-Ocidente e antiamericanos se ampliariam, talvez através da região,[51] e a Arábia Saudita passaria de importante aliada dos EUA para um adversário potencial.[52] Embora o programa econômico islamita seja vago, além de sua oposição à corrupção e ao consumo patente da família Al Saud, sua agenda de política externa é mais clara: oposição implacável à presença dos Estados Unidos, Israel e todos os países ocidentais no Oriente Médio.[53] Essa agenda do maior produtor de petróleo do mundo criaria sérios problemas para a determinação dos EUA de protegerem Israel e manter fornecimentos estáveis de petróleo para e economia global.

Um controle extremista do governo do Paquistão teria efeitos diferentes, porém igualmente profundos sobre a geopolítica da próxima década. O Paquistão já é "um país que fracassou cinco ou seis vezes", na frase do especialista em política externa Stephen Cohen;[54] e os islamitas extremos são muito poderosos lá. Em julho de 2007, os "militantes Mesquita Vermelha" ("Red Mosque") resistiram a quase 12 mil membros da força de segurança fortemente armados do presidente Musharraf, em uma batalha de uma semana. Se os militantes e suas legiões de islamitas simpatizantes tomassem o poder em Karachi, isso poderia significar um governo com o Talibã, armado com poder nuclear, e com fortes laços com a Al Qaeda. Alguns analistas acreditam que eles precipitariam rapidamente um confronto com a Cashemira, que poderia provocar um ataque preventivo da Índia, e terminar em uma guerra nuclear regional.[55] Um cenário igualmente alarmante, que preocupa alguns especialistas militares ocidentais, é o colapso militar da campanha de coalizão no Afeganistão conduzida pelos EUA, que poderia em breve significar, como lorde Ashdown, o ex-líder do Partido Liberal Democrata britânico, disse: "O Paquistão afunda (...) (e) não se pararia uma guerra regional que se ampliaria que (...) se tornaria essencialmente uma guerra entre sunitas e xiitas pelo direitos no Oriente Médio."[56] Por esses motivos, os Estados Unidos, nos próximos anos, fariam o possível para proteger o governo de Musharraf ou de um sucessor ligado a ele. A China, uma boa amiga do Paquistão, também gostaria de parar qualquer deslize para um extremismo islâmico, pelo menos para evitar o apoio paquistanês aos islâmicos afegãos, que por sua vez apoiam os separatistas muçulmanos na província de Xinjiang, na China.[57]

Embora seja improvável que terroristas provoquem qualquer um desses eventos imprevisíveis na próxima década, se provocarem, os custos políticos e econômicos seriam enormes, e os efeitos secundários poderiam remodelar as trajetórias da globalização e da geopolítica. Essas possibilidades devem levar o foco da guerra ao terror nos próximos anos para essas ameaças, especialmente se os Estados Unidos diminuírem sua ação no Iraque. Essas consequências realistas de tais atos terroristas espetaculares também podem gerar um contexto e uma agenda políticas de cooperação geopolítica mais extensiva entre os Estados Unidos, a União Europeia e a China, como também o Japão.

A imprevisibilidade tecnológica – o que esperar

Do mesmo modo que episódios imprevisíveis de extremo terrorismo podem mudar o mundo para pior, avanços tecnológicos substanciais nos próximos dez ou 15 anos podem fortalecer o crescimento e o desenvolvimento mundial, e possivelmente ajudar a resolver as crises de energia, meio ambiente e de saúde que muitos países enfrentarão em breve.

Inovações tecnológicas que mudam o modo de viver e de trabalhar de milhões de pessoas não são nem regulares nem raros; e as características do próximo avanço importante, quando ele acontecerá, e como afetará as pessoas, são todos desconhecidos. Mas há sérias razões para acreditar que o passo global da inovação tecnológica tem acelerado, aumentando a probabilidade de que algum avanço subsequente surgirá nos próximos dez a 15 anos. Uma razão para isso é que os físicos, biólogos e químicos da atualidade, como nunca antes, podem aproveitar o poder enorme de novas tecnologias de informação em seus campos de trabalho. Outro fator é que pela primeira vez na história da ciência o progresso tecnológico passou a ser verdadeiramente global. Dezenas de milhares de engenheiros, cientistas, empreendedores e pessoas inteligentes entre as mais engenhosas do mundo sem responsabilidades em San Jose, Xangai, Tel Aviv, Estocolmo e outras cidades, leem as mesmas análises, participam das mesmas discussões, ou as observam, e, então, trabalham em conjunto para competir umas com as outras, tudo rotineiramente.

A globalização tem outro efeito menos óbvio sobre o passo do progresso tecnológico. Ao permitir que tantas sociedades se tornem prósperas, ela expande amplamente o mercado para softwares mais poderosos, novos tratamentos médicos, automóveis mais eficientes em termos energéticos e outras novas tecnologias. Mercados com mais potenciais aumentam os retornos possíveis de inovações em desenvolvimento, o que aumenta os recursos devotados a esse fim – e, por fim, o número de tecnologias para uso em escritórios, fábricas e residências. Portanto, não é surpreendente que a economia mais movida por retorno e por mercados do mundo, os Estados Unidos, tenha se tornado a estufa de inovações no mundo (com algumas notáveis exceções, como a pesquisa com células-tronco).

A posição dos EUA como única superpotência também tem sua importância. Mais de dois séculos atrás, Immanuel Kant observou que as guerras, com frequência, impulsionam o progresso ao incentivar o desenvolvimento e a disseminação de novas tecnologias. Essa relação persiste hoje nos Estados Unidos, onde o orçamento de P&D do Pentágono, US$ 74 bilhões por ano é maior do que o orçamento militar completo de qualquer outro país, exceto talvez o da China. O principal órgão de P&D

militar básicos, o Defense Advanced Research Projects Agency (DARPA), ficou famoso com o que se tornou a internet. Seus projetos atuais incluem novas maneiras de perceber os componentes de explosivos para a guerra contra o terrorismo, que poderiam levar à criação de chips de diagnósticos médicos; pesquisas em supercomputação, que poderiam mudar a arquitetura dos PCs e técnicas para acelerar o desenvolvimento de vacinas de anos para meses.

Embora não possamos prever qual será o próximo avanço repentino crítico, podemos identificar onde grande parte dos talentos e dos financiamentos para a pesquisa mundial está focada atualmente. Muitas das maiores apostas das P&D em nanotecnologia estão localizadas nas tecnologias de energias alternativas, que podem ter um impacto global importante se elas se pagarem. De modo semelhante, cientistas nas fronteiras da biotecnologia têm como alvo novas abordagens para tratar ou curar o câncer, doenças do coração e doenças com componentes genéticos, que podem terminar ajudando a sustentar os sistemas de saúde nacionais. Grande parte da atual energia na inovação em TI parece concentrada em maior mobilidade e miniaturização, tendência que pode disseminar ainda mais a internet e as tecnologias de informação em países em desenvolvimento e acelerar seu crescimento e a globalização.

Nanotecnologia e a crise de energia mundial

A nanotecnologia é a ciência de pequenas e quase inimagináveis "máquinas" e componentes – de 10 milionésimos a 1 bilionésimo de 1 metro (o que é um "nanômetro").[58] Os pesquisadores podem construir nanocoisas do geral para os detalhes, por exemplo, depositando filmes ultrafinos sobre uma camada fina de silício e, então, imprimindo materiais para fazer um chip de computador de 15 nanômetros. Também podem construí-las do particular para o geral, usando processos químicos para combinar átomos ou moléculas próprias.[59] Um dos pioneiros nesse campo, o professor de Berkeley Paul Alivisatos, chama o surgimento da nanotecnologia de "um momento importante na história da ciência" porque "em vez de separar coisas, nós estamos colocando-as juntas novamente.[60] A próxima década pode estabelecer se o professor Alivisatos e outros entusiastas estão certos quando comparam o impacto potencial da nanotecnologia ao advento da eletricidade e do computador.

Os governos no mundo nitidamente estão prestando atenção, expandindo seus orçamentos para P&D em nanotecnologia, multiplicando-os por nove desde 1997, de US$ 432 milhões a cerca de US$ 4,1 bilhões em 2005; e empresas em pelo menos 60 países estão conduzindo pesquisas em nanotecnologia de modo sério. Grande parte dessa pesquisa tem como foco construir componentes básicos, principalmente nanotubos e nanocamadas, colocando-os juntos em nanoestruturas, e entendendo porque ao nível nano de moléculas e átomos as características físicas básicas de uma nanoestrutura com frequência mudam enquanto elas "funcionam". Elas são difíceis de visualizar, mas em laboratórios pelo mundo atualmente existem nanodispositivos, nanotransistores, nanoamplificadores, nadomedicamentos e nanoprodutos químicos, máquinas moleculares e motores moleculares, e nanodispositivos que emitem lasers e armazenam energia.[61]

Sem perceber, milhares de pessoas já usam produtos que possuem nanocomponentes. Materiais em nanoescala são usados em fitas magnéticas para gravações, protetores solares, sensores e sistemas catalíticos para automóveis, corrosão e tintas resistentes a arranhões, bolas de tênis de longa duração e raquetes de tênis de peso leve, tratamentos para evitar manchas em roupas e curativos para queimaduras e ferimentos.[62] Hard drives na maioria dos computadores possuem camadas com nanoespessuras de moléculas magnéticas que aumentam a capacidade de armazenamento. Em pouco tempo, nanorrevestimentos também serão usados em muitos medicamentos, pisos resistentes ao desgaste e peças duras como o diamante para aviões e foguetes que são tão leves que economizam combustível.[63] A utilização está se expandindo tão rapidamente que o mercado de nanomateriais passou de US$ 1 bilhão em 2007, e projeções das indústrias previam ganhos de mais 40% em 2008 e um mercado de US$ 35 bilhões ate 2020.[64] E um projeto conjunto entre Mitsubishi Research Institute, Deutsche Bank e Lux Research nos Estados Unidos recentemente estimou que até 2015 US$ 1 trilhão no mundo todo irão conter nanocomponentes, produzidos por 2 milhões de trabalhadores da área de nanotecnologia.[65]

O filão principal da nanotecnologia para pesquisadores e investidores é uma maneira prática, multiplicável, acessível e baseada na nanotecnologia de produzir energia de hidrogênio ou solar, que possa afastar o mundo dos combustíveis fósseis e do mensurável e lento aquecimento global. O uso de combustíveis limpos e renováveis à base de hidrogênio pode estar a dez, 20 ou 30 anos distante – tarde demais para ajudar muito na mudança climática –, mas se e quando isso acontecer, dependerá provavelmente de nanoelementos. Por exemplo, os projetos de pesquisa mais promissores atualmente para extrair o hidrogênio da água – sem queimar combustíveis fósseis – envolvem ou eletrodos em nanoescala para produzir energia química ou fios elétricos em nanoescala para produzir eletricidade.[66] Richard Smalley, laureado com o Nobel, prevê que em uma década ou menos os cientistas irão desenvolver protótipos bem-sucedidos de células e baterias combustíveis construídas a partir de nanotubos, que são "folhas" enroladas de átomos de carbono, e também painéis para converter energia solar com nanoestruturas. Uma vez desenvolvido, poderão tornar o hidrogênio uma fonte de energia prática, limpa e sustentável, e "resolver todo o problema de energia do mundo com apenas seis instalações de energia solar, em seu todo menor do que uma fração do Arizona".[67] Se isso não der resultados, outros pesquisadores estão trabalhando com membranas construídas a partir de nanoestruturas que podem remover CO_2 (e nitrogênio) do gás natural à medida que ele estiver sendo produzido.[68]

Nanocomponentes também são centrais em muitos projetos de pesquisa sobre como armazenar hidrogênio para alimentar automóveis. Seria necessário cerca de 5 quilos de hidrogênio para gerar a energia de um tanque cheio de gasolina, mas essa quantidade de hidrogênio à temperatura ambiente seria um gás que ocuparia 50 mil litros, ou 14 mil galões. Para usar hidrogênio como combustível, os fabricantes de automóveis terão que construir um carro que possa mantê-lo sob enorme pressão – um carro conceitual em desenvolvimento pela Honda armazenaria hidrogênio a pressões equivalentes às bombas hidráulicas de um Airbus[69] – ou usar metais, ou compostos químicos, que possam absorver o hidrogênio, e, então, liberá-lo através de reações térmica, elétrica ou química, de modo a alimentar o carro. Até aqui, os melhores materiais para absorver hidrogênio que já se encontrou foram os nanotubos de metais ou químicos.[70] Aqui, também, dr. Smalley acredita que dispositivos de armazenamento de hidrogênio baseados na nanotecnologia estão a menos de década distante.

A outra área onde as inovações repentinas podem ter efeitos de longo alcance é a de máquinas em nanoescala. Um tipo delas é uma versão miniaturizada de uma existente. Um grupo de cientistas da Universidade da Califórnia construiu uma nanoesteira-condutora para transportar átomos, e o menor nanomotor do mundo, incluindo pistões, interruptores eletromecânicos e transistores, todos criados a partir de nanotubos. Um "balanço" em nanoescala criado pelo grupo pode dobrar como uma prancha de mergulho quando uma molécula adere a ele, criando um sensor químico ou biológico sem fio e altamente sensível. E outros pesquisadores estão trabalhando com cápsulas com comprimentos de algumas poucas centenas de átomos, que seriam injetadas como um minúsculo submarino na corrente sanguínea para buscar e destruir células doentes. Outro tipo de máquina em nanoescala é o construtor molecular ou nano, que teoricamente será capaz de selecionar átomos individuais, um a um, para produzir outra nanoestrutura.[71] O modelo é a própria natureza: Ralph Merkle, um pioneiro da nanociência, observa que "a natureza pode fazer crescer máquinas moleculares complexas usando nada mais do que uma planta".[72]

A maioria dos cientistas vê esse tipo de nanotecnologia como um longo caminho a percorrer – se ocorrer –, mas também crítico para comercializar a nanotecnologia. O físico líder do grupo de Berkeley, dr. Alex Zettl, explica: "No momento, construímos a maior parte dos nanodispositivos um de cada vez – algumas vezes (...) átomo a átomo (...) mas se não pudermos aumentar a escala, então eles se tornarão uma curiosidade em vez de uma tecnologia viável."[73] Um dos pioneiros na área, Don Eigler, da IBM, que conduziu uma famosa demonstração da nanoescala em 1989 ordenando 35 átomos individuais de xenônio para formar o logo da IBM, ainda é cauteloso: "Nós podemos imaginar uma série de aplicações desenfreadas. As chances de que iremos acertar na mosca selecionando as grandes são razoavelmente baixas."[74] Para a nanotecnologia afetar os problemas mundiais urgentes relacionados à energia e ao meio ambiente nos próximos dez ou 15 anos, uma previsão recente do diretor de pesquisa do Center for Responsible Nanotechnology, Chris Phoenix, terá que estar certa: "os nanofabricantes e as nanofábricas serão em breve produzidos rotineiramente em laboratórios e estarão prontos para escala industrial até 2013."[75]

Uma inovação nanotecnológica repentina na área de energia pode ter amplos efeitos em muitos países. Uma forma de energia solar ou a partir de hidrogênio com preços competitivos, e multiplicável, adaptada às fábricas de manufatura de combustível e ao aquecimento e resfriamento de prédios e casas pode parar ou mesmo reverter a subida espiral de preços, fornecendo ímpeto adicional para a modernização da China. Os Estados Unidos, com a economia mais intensiva em energia das nações avançadas, também se beneficiariam de modo significativo. Mas uma inovação repentina na área de energia não seria uma panaceia rápida ou fácil para muitos locais, tais como a Índia ou a América Latina, pois mudar para novas fontes de combustíveis requereria trilhões de dólares em novos investimentos. Os maiores efeitos, especialmente na primeira década, podem ser ambiental e geopolítico, antes do econômico. Novas fontes de energia baseadas na nanotecnologia podem contribuir muito para os esforços de conter as emissões de CO_2 e sua concentração na atmosfera. A disseminação dessas tais novas fontes de energia também pode representar um golpe nos Estados produtores de petróleo, incluindo Rússia e Irã, e ao longo do tempo reduzir a significância geopolítica do Oriente Médio.

Biotecnologia e a crise da saúde

Inovações repentinas e potencialmente poderosas também podem ocorrer na biotecnologia, especialmente se outro salto de progresso na manipulação de materiais genéticos produzir avanços práticos na assistência médica.

Os atuais esforços internacionais públicos e comerciais para mapear o genoma humano analisando a ordem, as características químicas, o espaçamento e a função de mais de 23 mil genes nos cromossomos humanos é um dos maiores empreendimentos científicos dos tempos modernos. O projeto foi concebido originalmente, por estranho que pareça, no Departamento de Energia dos EUA e um punhado de universidades nos anos 1980, e formalmente iniciado em 1990 como um projeto do Departamento de Energia, o U.S. National Institutes of Health, e um consórcio de instituições de pesquisa na França, Alemanha, Japão, Reino Unido e China, como também nos Estados Unidos. Impulsionado no final dos anos 1990 por avanços nos programas de computação, o Human Genome Project (HGP) anunciou um primeiro esboço do genoma em 2000, e versões mais completas e detalhadas em abril de 2003 e maio de 2005, cobrindo cerca de 92% de todas as sequências de genes. Empresas privadas também aceitaram a missão de mapear o genoma, incluindo Celera Genomics, que publicou seu próprio mapa, ao mesmo tempo em que a HGP (Human Genome Sciences), que aplicou os resultados para desenvolver os tratamentos médicos. Decodificar os remanescentes 8% de sequências, incluindo milhões de pares básicos de DNA no núcleo e nas extremidades da cada cromossomo, terá que esperar por novas tecnologias; mas muitos cientistas acreditam que a maior parte dessas sequências representa "DNA sem importância", que pode nem mesmo conter genes.

Enquanto a Celera nunca liberou publicamente seu mapa de sequência do DNA para as pesquisas médicas, as análises do HGP está armazenada no banco de dados "GenBank", disponível para qualquer um na internet, junto com literatura científica sobre cada sequência. As interpretações dos dados ainda são razoavelmente básicas, mas os pesquisadores privados e do governo estão desenvolvendo novos softwares para analisar e escavar os resultados para obter percepções que possam no final ajudar a produzir novos tratamentos médicos. As principais aplicações até aqui têm sido novos testes de predisposição genética ao câncer de mama, fibrose cística e doenças do fígado; e também tem havido progresso no desenvolvimento de testes para outros tipos de câncer e doença de Alzheimer. Uma estimativa revela que até 2001 200 milhões de pessoas no mundo tinham feito testes e usado medicamentos que utilizaram engenharia genética, e o número atual é algumas vezes maior.[76] Nos próximos dez anos, os testes genéticos podem se tornar uma prática médica rotineira para pacientes em todos os países avançados.

Outra fronteira da biotecnologia envolve o trabalho de identificação das 200 mil proteínas do corpo humano e suas interações com os genes, uma vez que muitas doenças são supostamente causadas por genes defeituosos que codificam incorretamente uma proteína. Até hoje, os cientistas desenvolveram tratamentos experimentais cujo alvo são 500 proteínas, ou um quarto de 1% do total. Muitos pesquisadores e as companhias de biotecnologia que os empregam acreditam que eles podem mapear as proteínas mais importantes em mais cinco anos e criar terapias genéticas para reparar ou substituir os genes defeituosos que causam doenças particulares em uma década após o mapeamento.[77] Outra linha de pesquisa genética envolvendo proteínas, alardeada pelo fundador do Human Genome Sciences, dr. William Haseltine, objetiva evitar a maioria das reações adversas a medicamentos – que somente nos Estados Unidos resulta em cerca de 100 mil mortes a cada ano, ou seja, mais do que diabetes, Aids, pneumonia ou acidentes de automóveis. Essa linha de pesquisa é elaborada para identificar e isolar genes particulares que podem ser injetados em células e induzi-las a produzir uma proteína desejada que iria "entregar" o remédio.[78]

Aplicações de células-tronco para tratar e talvez curar "doenças com uma única célula" estão mais próximas de serem usadas.[79] Células-tronco são utilizadas hoje para transplantes de medula óssea para alguns tipos de câncer, leucemia e doenças sanguíneas graves. No futuro próximo, de acordo com o U.S. National Institutes of Health, as células-tronco podem se tornar "uma fonte renovável de substituição de células e tecidos" para tratar Mal de Parkinson e doença de Alzheimer, danos à coluna cervical, infartos, queimaduras, doenças do coração, diabetes, osteoartrite e artrite reumatoide.[80] Na fronteira da pesquisa nessa área, os cientistas britânicos usaram células-tronco dos cordões umbilicais de recém-nascidos para fazer crescer pequenas versões do fígado humano em seus laboratórios. Em mais de cinco anos, eles esperam ser capazes de usar células-tronco para reparar fígados lesados e fazer crescer novos fígados para transplantes uma década após.

Pesquisas similares também estão em andamento em outros países. Médicos na Argentina injetaram com sucesso células-tronco da medula óssea no pâncreas de pacientes diabéticos, permitindo que eles produzissem a própria insulina e abaixando seus níveis de glicose no sangue. Pesquisadores italianos aliviaram os sintomas de distrofia muscular em cães de caça com pelos dourados injetando neles células-tronco. Talvez o mais importante seja o uso de células-tronco, por cientistas espanhóis, para tratar pessoas que sofrem de angina e de insuficiência cardíaca; e os cientistas suíços que desenvolveram válvulas do coração em seus laboratórios a partir de fluidos amnióticos; e, ainda, os cientistas americanos que usaram células-tronco de embriões para reconstruir com sucesso os músculos do coração e melhorar seu funcionamento em ratos de laboratórios, quatro dias após um ataque cardíaco.[81] Há muitos obstáculos científicos e técnicos, mas é possível que dentro dos próximos dez a 15 anos, os cientistas sejam capazes de usar terapias com células-tronco para tratar com sucesso uma parcela razoável de doenças cardíacas e de tipos de câncer atuais, e que desenvolvam novos órgãos para transplantes.[82]

Previsões no campo da ciência médica com frequência não atingem o alvo. Como o dr. Eric Juengst da Case Western Reserve University observa: "A biologia é sempre mais complicada do que pensamos."[83] O dr. Eric Lander, autor da primeira sequência do genoma humano publicada, acredita que levaria algumas poucas décadas a mais para se desenvolver medicamentos eficazes a partir do projeto genoma.[84] Outros cientistas preveem que a primeira geração de "alterados pela engenharia genética", bebês geneticamente mais sadios, nascerá na próxima década, e novas gerações de medicamentos genéticos serão desenvolvidos e irão "desligar" os genes que produzem certos tipos de câncer.[85]

A previsão mais segura é que as objeções culturais, religiosas e filosóficas continuarão a ser levantadas nessas áreas e irão atrasar algumas linhas de pesquisa. Mas com a globalização da ciência e do desenvolvimento tecnológico as restrições sobre as pesquisas em um ou mesmo em alguns países não podem interromper permanentemente a ciência. A recusa da administração Bush em financiar trabalhos com células-tronco de embriões transferiu muitas linhas de pesquisa para células-tronco dos cordões umbilicais e para instalações em outros países, o que é aparente nos avanços recentes em tratamentos com células-tronco vindos da Europa, América Latina e Ásia. E se a previsão de um proeminente geneticista da University of London, dr. Stephen Jones, de que o primeiro humano clonado surgirá nos próximos cinco anos estiver correta, esse feito não ocorrerá nos Estados Unidos.[86] De modo similar, a resistência europeia a alimentos geneticamente modificados não irá parar o rápido progresso esperado nessa área.[87] No futuro próximo, por exemplo, um tipo de arroz geneticamente modificado, com grãos amarelos, concentrado em betacaroteno deve estar disponível nos países em desenvolvimento com deficiências disseminadas de vitamina A;[88] e, de acordo com um dos pais de "revolução verde", dr. Norman Borlaug, muito em breve "nós teremos que saber como produzir o alimento que será necessário para alimentar a população de 8,3 bilhões de pessoas que existirão no mundo em 2025".[89]

Se tratamentos seguros e eficazes, feitos a partir de engenharia genética ou de células-tronco, para casos de diabetes, doenças do coração e câncer, vierem a ocorrer na próxima década, eles poderão ajudar os sistemas de saúde nacionais já castigados, suplantando milhões de cirurgias dispendiosas e tratamentos de longo prazo. Se esses ou outros avanços repentinos ocorrerem no tratamento e mesmo na cura das doenças graves mais comuns – novamente, doenças do coração, câncer e diabetes –, os países que adotá-los podem desfrutar de crescimento e de produtividades mais fortes em apenas poucos anos, à medida que as pessoas se recuperem e trabalhem novamente em tempo integral. Grandes avanços nessas áreas podem também ajudar alguns países a lidar com suas pressões demográficas, estendendo o período em que as pessoas mais idosas podem trabalhar de modo produtivo. Mas esses tratamentos também podem ser tão custosos para desenvolver e usar que eles podem piorar os ônus financeiros que as nações avançadas já enfrentam em seus sistemas de saúde e forçar alguns países a abrir mão de seu uso amplo.

Tecnologias de informação e a perspectiva para a globalização

Enquanto os nanotecnólogos e os biotecnólogos escrevem regularmente sobre seus horizontes de pesquisas pioneiras, os cientistas da tecnologia de informação geralmente parecem mais modestos. Após décadas de surpreendente avanço, muitos cientistas de TI veem hardwares e softwares mais poderosos surgindo, mas não mudanças revolucionárias. No entanto, maiores potências computacionais e capacidades de softwares significarão queda dos verdadeiros preços de ambos; e isso deve acelerar ainda mais sua disseminação em muitas nações em desenvolvimento.

Nas nações avançadas, a maior parte dos dólares para o desenvolvimento de tecnologia está indo para softwares. O presidente da Microsoft International, Jean-Philippe Courtois, vê o surgimento de softwares inteligentes, que podem processar o modo pelo qual a pessoa o usa, e, então, customizá-lo automaticamente para cada usuário.[90] Um blogueiro das tendências da TI muito seguido, Robert Scoble, prevê novos softwares que ligarão dados a fotografias, de modo que possam ser buscados tão facilmente quanto um texto; e também programas que converterão textos em fala e vice-versa, tão sem emendas que uma busca na web por um restaurante ou um hotel, por meio de um telefone celular ou um computador, produzirá uma resposta verbal.[91]

Outros especialistas da indústria veem uma tendência que a Microsoft, por exemplo, não receberá bem – a disseminação do movimento de fonte aberta, em que as pessoas conseguem acesso livre a programas de softwares e a seus códigos-fonte, de modo que eles podem revisá-los à vontade ou contratar alguém para fazer as mudanças que eles querem. O presidente e COO da Sun Microsystems, Jonathan Schwartz, prevê "uma onda gigantesca que inundará o mercado" já que "todos os produtos da Sun em algum momento serão livres ou com fonte aberta",[92] e outros veem a mesma onda chegando.[93] Outro acontecimento potencial, que abalaria as empresas que atualmente dominam os mercados de software, de acordo com o ex-executivo editor da *Harvard Business Review*, Nicholas Carr, é o surgimento, nos próximos anos, das "empresas de utilidade pública" de TI; através delas as companhias e os consumidores serão capazes de acessar e usar milhares de programas de software online, em uma mudança similar à que ocorreu 100 anos atrás, quando as empresas de manufaturas, com seus próprios geradores elétricos, começaram a comprar eletricidade das empresas de utilidade pública centrais.[94]

A disseminação acelerada da banda larga também está mudando a internet de uma mídia baseada em texto para outra, baseada em vídeo. Hoje, o vídeo na internet ainda é, principalmente, entretenimento; nos próximos anos, ele dominará as correspondências e as comunicações de negócios também.[95] Essa mudança, provavelmente, irá alterar o modo como a maioria das pessoas paga por seu acesso à internet, e ainda mais importante, aumentará as trocas ou os trabalhos à distância.

O modo como os provedores de internet cobram o acesso à rede é uma questão política sensível nos Estados Unidos atualmente, na forma de um debate sobre "neutralidade na rede", ou se esses provedores devem ser capazes de cobrar preços diferentes pelos diversos sites na rede, com base na largura da banda que o conteúdo requer. As pressões econômicas decorrem do fato de que, embora o número de novos assinantes tenha diminuído na maioria dos países avançados, onde as taxas de acesso estão chegando a 70 ou 80%, a demanda por banda larga está crescendo rapidamente com a disseminação de vídeos. Um minuto para achar e ver (*browsing*) textos exige entre 2 e 200 KB de banda larga, comparado com pelo menos 4.000 KB para um minuto de vídeo, mesmo com as tecnologias avançadas de compressão. O vídeo já representa 50 a 60% de todo o tráfego da banda larga no mundo; e com o advento de novas aplicações, incluindo a tevê de alta definição com acesso à internet, sua parcela deve alcançar 80 a 90% até o fim de 2010.[96]

Até então, a demanda de banda larga pode atingir a capacidade da internet de lidar com ela, causando congestionamento e graves desacelerações, a menos que os provedores e as companhias de suporte aumentem seus investimentos em três ou quatro vezes. Como a maior parte da nova demanda decorre de aplicações baseadas em vídeo, não de novos assinantes, as tarifas mensais padrão para o acesso à internet não suportarão grandes aumentos de investimentos. Como o verdadeiro congestionamento da internet seria intolerável para dezenas de milhões de pessoas e de negócios, a maneira pela qual as pessoas pagam pelo acesso à internet mudará. Ou todas as tarifas uniformes aumentarão, e as pessoas irão pagar de acordo com faixas baseadas em quanto elas usam a banda larga, ou os provedores de conteúdo pagarão segundo faixas baseadas na demanda por banda larga dos conteúdos ofertados.

O mais importante é que o uso crescente de vídeo na internet afetará o modo como os negócios funcionam em muitos países. Em alguns anos, a internet transmitirá ao vivo imagens de filmes em telas amplas, quase tão nítidas quanto em cinemas. Isso permitirá que milhões de pessoas trabalhem de locais remotos, especialmente de suas casas, e ainda mantenham contato regular face a face com chefes e colegas. Uma vez que a tecnologia esteja em funcionamento, a economia dos trabalhos à distância sugere que elas podem se expandir rapidamente. As companhias podem economizar não somente em viagens de negócio, mas também o overhead básico no espaço do escritório e utilidades públicas. O trabalho à distância em larga escala também pode amenizar alguns dos conflitos entre família e trabalho para milhões de famílias com crianças nas quais o casal trabalha. A AT&T, que promoveu seu uso há alguns anos, calcula que em 2005 o trabalho à distância economizou para a companhia 30 milhões em locais para escritórios, reduziu a rotatividade de pessoal pela metade entre aqueles trabalhando à distância e aumentou o valor da produtividade em US$ 150 milhões.[97] Especialistas nessa área estimavam que mais do que 12 milhões de americanos trabalhavam à distância pelo menos um dia no mês em 2006, e em 2008, ou 2009,[98] mais 24 milhões de americanos e 100 milhões de pessoas no mundo estariam trabalhando à distância em base regular.[99]

Se a tecnologia e a economia chegarem a esse ponto até 2015 e 2020, os dias de trabalho de dezenas de milhões de homens e mulheres de empresas americanas, europeias e japonesas serão bem diferentes dos atuais. As economias de tantas pessoas trabalhando em tempo integral de casa ou de centros com satélites, e tantos outros dividindo seus trabalhos entre casa e escritório, podem ajudar a aumentar os lucros, os investimentos e o crescimento. Talvez tão importante seja a possibilidade de o trabalho à distância em níveis significativos reduzir as emissões de gases-estufa.

Entretanto, as maiores mudanças esperadas pela maioria dos especialistas em TI na próxima década envolvem aumentos contínuos da potência e da capacidade dos hardwares e softwares. Esses aumentos irão se traduzir em queda de preços para as tecnologias já existentes nos EUA, Europa e Japão, especialmente TI sem fio e móvel, e com disseminação mais rápida nos grandes países em desenvolvimento. O impacto econômico e social do telefone sem fio e da internet poderia ser maior na Ásia e na África, onde constituem o primeiro sistema de comunicações moderno em muitos locais, do que em países avançados, onde suplantam ou suplementam versões antigas e com fio. E a principal razão pela qual as tecnologias de comunicações sem fio se tornarão parte da infraestrutura básica na China, Índia e outros países em desenvolvimento na próxima década é seu baixo custo. Sistemas sem fio custam bem menos para se construir do que sistemas com linhas de cobre – cerca de um terço do serviço via cobre ou fibra.

Esse uso crescente de aparelhos sem fio nas nações em desenvolvimento já gerou amplos dividendos econômicos, de acordo com um estudo recente da McKinsey, ao impulsionar a produtividade em 2006 o suficiente para adicionar estimados 2% no PIB da Índia, 5% no PIB da China e 7,5% do das Filipinas.[100] Motoristas de táxis em Pequim e Manila, por exemplo, gastam menos tempo dirigindo para seus destinos porque eles podem pedir informações sobre suas direções e seus clientes regulares podem chamá-los para serviços.[101] De modo similar, os pescadores indianos usam serviços de celular para determinar para qual porto devem levar seus peixes; e fazendeiros filipinos o usam para comparar preços para alimentos e equipamentos e trabalhadores diaristas na América Latina telefonam para saber que lugarejos próximos poderiam necessitar de seus serviços.[102] O uso crescente de comunicações móveis em países em desenvolvimento também pode amenizar algumas tensões da modernização, permitindo que os camponeses chineses, por exemplo, se mudem para cidades à procura de empregos e ainda fiquem em contato com suas famílias. (Do mesmo modo, cartões de chamadas internacionais pré-pagos amparam as imigrações para os Estados Unidos oferecendo uma modalidade factível para latino-americanos e asiáticos manterem contato com suas casas.[103]) A única razão para que os ganhos na Índia sejam menores, até então, do que na China e nas Filipinas é que o uso de aparelhos sem fio é menos disseminado na Índia, porque as pessoas são mais pobres e os telefones e serviços são mais caros lá. Mas esses custos também estão baixando na Índia, com as assinaturas de aparelhos sem fio passando a marca de 110 milhões em abril de 2006 e esperando alcançar 200 milhões até 2010.[104]

Durante a próxima década, as mesmas economias provavelmente produzirão acesso sem fio via internet barato nesses países. Construir um sistema de banda larga sem fio, tal como o Wi-Fi, custa cerca de um nono de um sistema com linha, pois ele pode servir maior número de pessoas com menos equipamentos, e pode ser distribuído e reparado mais rapidamente e de forma barata.[105] Permitir que múltiplos provedores de internet sem fio concorram entre si e com os provedores que utilizam cabos farão todos os preços de acesso caírem – como eles caíram nos países avançados, onde os preços da banda larga estão baixos e o uso da banda larga bem elevado. De 2003 a 2006, as famílias dos EUA com banda larga saltaram de menos de 21 milhões para mais de 50 milhões; e os especialistas da indústria preveem que o uso da banda larga no mundo irá saltar de aproximadamente 250 milhões de famílias em 2007 para 474 milhões em 2010.[106] Do mesmo modo que as famílias americanas de renda mais baixa passaram a ficar conectadas pagando as mesmas taxas de adesão das famílias de renda mais elevada, os países mais pobres devem ser capazes de se conectar em larga escala, especialmente com sistemas sem fio, durante a próxima década.

Essa tendência pode ser reforçada pela iminente liberação de um laptop com preços tão baixos que ele poderia se tornar amplamente disponível para crianças e adultos em países desenvolvidos. O MIT Media Lab lançou o projeto "Um Laptop por Criança" há três anos no Fórum Econômico Mundial em Davos, na Suíça.[107] O computador do projeto, o "XO", usa softwares livres e de fonte aberta, e é produzido por apenas US$ 176.[108] Ele também incorpora inovações desenhadas para as condições em países em desenvolvimento, mas que provavelmente se tornarão padrão em muitos laptops: uma tela que pode ser lida sob a forte luz do sol, alta resistência à chuva e poeira, antena Wi-Fi protegida que permite faixas muito largas, e uma bateria de 12 horas com energias alternativas, incluindo um painel solar ou um carregador de bateria com energia solar.[109] Protótipos do XO já estão em uso em escolas no Brasil, Nigéria, Tailândia e Uruguai. Com o lançamento formal da máquina, os governos que adotam uma política de um laptop por criança serão capazes de comprar dezenas de milhares de máquinas pelo preço de custo, incluindo sistemas operacionais e outros softwares em suas próprias línguas.[110] Na esperança de diminuir ainda mais os preços para os países pobres, o XO também será vendido nos Estados Unidos e na Europa por US$ 350 a US$ 525 por máquina.[111]

As tendências na TI, do mesmo modo que as perspectivas de avanços repentinos na nanotecnologia e biotecnologia, podem afetar as trajetórias de muitos países na próxima década. A convergência de telefones móveis, internet móvel e laptops baratos pode levar a outra explosão de crescimento e desenvolvimento na próxima década – especialmente em locais que recebam bem as companhias estrangeiras para construir as redes e fornecer os hardwares e softwares, e investir na educação de suas crianças e trabalhadores para que eles usem essas tecnologias. Esse acontecimento pode ser especialmente poderoso em partes da América Latina, que abrandou as restrições sobre os investidores estrangeiros, em áreas da África não dilaceradas por conflitos civis e, talvez, na Índia. Mas a perspectiva de acesso disseminado à rede apresentará um problema para a liderança da China, que trabalha consistentemente para restringir o acesso livre de seu povo à rede. Em países avançados, mais potência computacional e queda dos preços dos softwares também devem gerar outro impulso à produtividade, especialmente nos Estados Unidos e em outras economias menos reguladas, onde as empresas são mais capazes de ajustar suas operações para usufruir de novas tecnologias. Mas se há outros tipos de avanços significativos surgindo na TI, para energia limpa e barata a partir de avanços na nanotecnologia, ou de tratamentos potencialmente revolucionários para câncer e doenças do coração a partir dos laboratórios de biotecnologia, os cientistas que os desenvolvem ainda não estão falando sobre eles.

O futuro que as principais nações não podem evitar

Essa é uma nova era, e toda empresa, governo e sociedade terão que encontrar seu lugar nela. De tempos em tempos, figuras políticas singulares podem inspirar nações a seguirem novos caminhos – Franklin Roosevelt, Winston Churchill, Charles de Gaulle, Mao Tse-tung, Martin Luther King e Mikhail Gorbachev – e mudar suas sociedades durante gerações. Fora da política, gênios criativos e suas equipes podem realizar avanços tecnológicos que, por fim, reorganizariam aspectos da vida de todos. Qualquer um desses fatores pode ocorrer amanhã em praticamente qualquer lugar. No entanto, os três acontecimentos sísmicos examinados aqui já estão profundamente inseridos nos arranjos sociais, econômicos e políticos de todos os principais países, e muitas de suas importantes consequências são praticamente certas.

Como ninguém é capaz de afetar sensivelmente o tamanho de gerações já nascidas, boa parte dos efeitos diretos do histórico envelhecimento das populações nacionais não pode ser evitada. A principal consequência para a maioria das pessoas é que a era dos governos que prometem e promovem crescentes benefícios de aposentadoria e assistência médica acabou. Daqui a dez ou 15 anos novos aposentados ao redor da Europa Ocidental receberão menos cheques do que hoje, os impostos para financiar esses cheques serão maiores e déficits orçamentários estarão, mais uma vez, crescendo ano após ano. Os problemas mais sérios, no entanto, atingirão os programas de assistência médica, à medida que os custos dos procedimentos e de outros tratamentos para o número de idosos em forte crescimento em todos os países avançados aumentarem além da capacidade real de todos os países. Americanos, europeus e japoneses terão grandes aumentos em seus impostos ligados à assistência à saúde, prêmios de seguros, franquias e outros desembolsos – e muitos governos e seguradoras começarão a reduzir o amplo acesso aos tratamentos mais caros e avançados.

O envelhecimento das nações, possivelmente, significará menos progresso econômico, especialmente para a próxima geração de europeus e japoneses, pois ele começará a encolher as forças de trabalho e a reduzir a poupança nacional, que por sua vez tenderão a diminuir as taxas de investimento e os ganhos de produtividade. O impacto sobre a produtividade pode ser compensado nos próximos anos com mais educação para os europeus e japoneses entre 20 e 40 anos, em comparação com seus pais – de 1970 a 2000, o número de pessoas frequentando faculdades na França, Reino Unido e Japão, medida como fração de suas populações em idade universitária, foi de menos de 20% para cerca de 50% ou mais.[112] Mas isso não importará muito a menos que seus governos garantam que eles tenham empregos de alto salário para preencher, reformando suas economias e aumentando os investimentos públicos. E isso não deve acontecer na maioria dos lugares, porque boa parte dos europeus e japoneses com empregos resistirão às reformas capazes de minar a segurança de seus empregos, e os recursos para financiar mais investimentos públicos terão de vir da mesma fonte que irá financiar os crescentes benefícios de aposentadoria dos boomers.

Os Estados Unidos sentirão menos pressão demográfica que a Europa ou o Japão durante, pelo menos, a próxima década – sem considerar a assistência médica –, e a China também será capaz de conter o impacto de seu próprio envelhecimento acelerado sobre sua economia e seu orçamento. Mas a decisão por parte da China de permitir a dissolução de seus antigos arranjos de pensão e assistência médica pode produzir exigências populares de mudança, que ela não será capaz de resistir. Além disso, as vantagens dos EUA e da China são temporárias. Olhando para dez ou 15 anos à frente, após 2020, ambas as sociedades irão enfrentar pressões econômicas e fiscais geradas pelo envelhecimento, comparáveis ao que a Europa e o Japão têm de enfrentar muito mais cedo.

Ao redor do mundo, a globalização mudará a vida das pessoas mais que a demografia. Pode-se dizer que seu impulso essencial se encontra na derrubada de barreiras que países usam para proteger suas empresas de competição e seus trabalhadores de risco, e que seu valor central é competição em casa e ao redor do mundo. A perspectiva é que, ao derrubar barreiras e adotar a competição, trabalhadores e empresas criarão mais riqueza – e os retornos iniciais sugerem que, em uma escala global, tal perspectiva é realista: conforme a globalização tem se estabelecido ao longo dos últimos cinco a dez anos, a produção mundial tem crescido mais rapidamente do que em qualquer outro período comparável. E as economias estão pagando alto por tentarem se manter afastadas da globalização, como a Rússia e partes da América Latina, ou por manter seus velhos arranjos, como em boa parte da Europa e do Japão.

Ao longo da próxima década, o imperativo econômico para a maioria das nações continuará a ser: abra sua economia para as ambições de seu próprio povo e para as capacidades de outros. Os países que prosperarão na próxima década serão aqueles que abrirem seus mercados tanto quanto for viável às ideias e ao ímpeto de seus empreendedores, aos investimentos e operações de empresas estrangeiras e aos bens e serviços produzidos através de redes globais. Seguir esse curso – ou não segui-lo – não é uma questão de certo ou errado, mas simplesmente a melhor forma que o mundo possui hoje de gerar crescimento e riqueza.

A globalização produzirá dezenas de milhões de vencedores que seguem suas regras. Os países avançados mais prósperos na próxima década serão aqueles que se concentrarem com maior sucesso no que economias avançadas fazem de melhor – criar, adotar e adaptar novas e poderosas tecnologias e processos de produção a novas formas de financiar, vender e distribuir produtos e a novas abordagens de organização e administração de empresas. É nesse aspecto que as abrangentes proteções regulatórias para trabalhadores e pequenas empresas, que boa parte da Europa e do Japão ainda sustentam, terão seu maior impacto. Comparados a eles, os Estados Unidos, a Irlanda e alguns outros países devem ver um crescimento mais forte, suas empresas irão, em geral, obter maiores lucros e fatias de mercado, e seus consumidores pagarão preços menores. E dentro de cada país avançado os maiores ganhos irão para aqueles que trabalham, administram ou são proprietários de uma parte dos empreendimentos que desenvolvam ou comercializem inovações ou que simplesmente as usem com eficácia.

A China e outros países em desenvolvimento que permanecerem leais às regras da globalização continuarão a se modernizar e a crescer em um ritmo histórico, e a migrar mais algumas centenas de milhões de pessoas para fora da pobreza ao longo da próxima década. Até 2020, a China pode ultrapassar os Estados Unidos como a maior nação do mundo em termos de comércio internacional, e a maioria dos produtores de manufaturados de calibre mundial serão empresas nacionais chinesas em vez de transplantes americanos ou japoneses – contanto que graves distúrbios sociais ou os antiquados setores de serviços e sistema financeiro não prejudiquem o rápido progresso.

Ao longo da próxima década, a China também se tornará um grande investidor e proprietário de empresas americanas e europeias. O investimento estrangeiro direto (IED) chinês em outros países cresceu 20 vezes de 2000 a 2006, quando ultrapassou US$ 16 bilhões.[113] Isso ainda é pouco quando comparado aos US$ 217 bilhões investidos em outros países por americanos em 2006, e, até agora, a maioria das centenas de bilhões de dólares, euros e ienes que ingressam na China todos os anos voltam através da compra de títulos de dívida de governos ocidentais ou de investimentos em projetos petrolíferos no Oriente Médio e na África. Mas, desde 2006, o IED realizado pela China tem sido mais diversificado e mais sofisticado, incluindo a compra de grandes participações na Bear

Stearns, no Barclay's, no Blackstone Group e na 3M, e as compras diretas da marca britânica MG pelo produtor de automóveis Chery e da divisão de computadores pessoais da IBM pela fabricante chinesa de computadores Lenovo. Ao longo dos próximos dez anos, as empresas estatais e privadas chinesas irão adquirir participações em inúmeros bancos, produtores de manufaturas e empresas de serviços de renome americanos e europeus – ou os comprarão pura e simplesmente –, especialmente em mercados ocidentais, nos quais a China planeja ingressar, como os de automóveis, aeronaves, eletrônicos, maquinaria e software.

A próxima década de globalização também irá impingir custos elevados em todos os países. Nações em desenvolvimento que permanecerem em boa parte fechadas e não investirem seriamente em sua infraestrutura e educação – particularmente a Rússia, partes da América Latina e boa parte da África – ficarão ainda mais para trás. Muitos países africanos, por exemplo, podem enfrentar ondas tão grandes de emigração de jovens instruídos e profissionais de classe média que enfraqueceriam ainda mais suas perspectivas e, por sua vez, a estabilidade de alguns regimes. Mesmo na China, a globalização não irá melhorar as condições de todos. A última década viu dezenas de milhões de camponeses expulsos da agricultura, dezenas de milhões de trabalhadores de fábricas perdendo seus empregos à medida que o governo fechava empresas estatais e o fim da ampla cobertura de pensão e assistência à saúde. Os próximos dez anos produzirão mais deslocamentos, que serão igualmente violentos.

A próxima década também não será fácil para muitos americanos, europeus e japoneses. Ao longo dos últimos cinco anos os salários reais do trabalhador médio caíram na França e na Alemanha, moveu-se pouco no Japão e cresceu menos de 1% ao ano mesmo nos Estados Unidos, onde os ganhos de produtividade médios foram de 3% por ano. Esse arrocho salarial é um efeito colateral inesperado da competição e do crescimento que a globalização promove, e ele não está terminando. Com milhares de empresas esquadrinhando o mundo pelas mais baratas e eficientes fontes de trabalho, matérias-primas, financiamento e serviços, e batalhando para conquistar, desenvolvendo a próxima inovação, uma fatia dos negócios de seus rivais, toda a intensificada competição torna mais difícil para qualquer um aumentar seus preços. (Este é um importante motivo pelo qual a inflação tem estado mansa por algum tempo e provavelmente permanecerá assim durante a próxima década.) E, à medida que os custos de energia e de assistência médica aumentam bruscamente para empresas que frequentemente não podem aumentar seus próprios preços, estas são obrigadas, em vez disso, a conter seus custos trabalhistas. Não há nada no horizonte capaz de mudar qualquer uma dessas forças, e dezenas de milhões de europeus, japoneses e americanos podem esperar, na melhor das hipóteses, somente aumentos salariais modestos ao longo da próxima década. Mesmo isso estará fora do alcance de pessoas em economias avançadas cuja educação e treinamento pararam no ensino médio ou, pior ainda, antes disso.

Outros aspectos da globalização irão cobrar custos adicionais, especialmente na Europa. Independentemente do que qualquer governo faça, o grosso das operações e empregos associados a manufaturados básicos não retornará aos países avançados. Nem alguém é capaz de impedir as perdas adicionais de milhões de empregos no setor de serviços que irão, em breve, ser realizados eletrônica e remotamente. Os Estados Unidos, a Irlanda, a Suécia e outros países abertos à globalização e à inovação criarão novos empregos para compensar as perdas. Fábricas de pneus e siderúrgicas nos Estados Unidos e na Europa não estarão contratando, mas alguns de seus trabalhadores americanos se tornarão instaladores de cabos ou operadores de equipamentos médicos; enquanto outros, buscando trabalho, o encontrarão em empresas em rápida expansão como a Google, que lançou um novo produto praticamente toda semana nos últimos três anos e triplicou sua força de trabalho. Mas se a maioria das empresas europeias continuarem a, em grande parte, ignorar o mundo fora da Europa e dos EUA, elas perderão mais pedaços de seus mercados domésticos e estrangeiros. Promessas recentes de desfazer algumas restrições trabalhistas, feitas por Sarkozy, da França, assim como recentes movimentos no Japão para desfazer algumas de suas barreiras para investimento estrangeiro direto – caso venham a tornar-se realidade – poderiam ajudar nos próximos anos. Mas, na maioria dos aspectos, pressões domésticas na Europa e no Japão para expor suas empresas nacionais a mais competição permanecerão fracas. Entretanto, se esses países não mudarem seus cursos, a globalização será implacável. Além do arrocho nos custos salariais, esses problemas podem muito bem deixar as rendas reais dos europeus e japoneses médios menor em 2020 do que hoje, um fracasso notável para uma economia avançada.

Conforme a globalização impiedosamente divide trabalhadores, empresas e países em vencedores e perdedores, as distâncias entre eles irão tornar-se mais estreitas ou mais largas. Em um processo que os economistas chamam de "convergência", países em desenvolvimento bem-sucedidos liderados pela Coreia do Sul, Cingapura, Taiwan e Portugal estreitarão um pouco suas diferenças de renda em relação às economias avançadas. E dentro das nações em desenvolvimento de rápido crescimento grande número de pessoas muito pobres terá uma melhora significativa, mesmo se as medidas econômicas usadas como padrão de igualdade não melhorarem muito. (A China tem se tornado uma das sociedades mais desiguais do mundo, mesmo enquanto várias centenas de milhões de pessoas têm ascendido para fora da pobreza, pois cerca de 10 milhões de trabalhadores altamente qualificados têm feito ainda mais progresso e um punhado no topo tem se tornado muito rico.) Porém, as mais bem-sucedidas economias em desenvolvimento também irão se afastar ainda mais dos retardatários na América Latina, África e partes da Ásia.

A desigualdade entre países avançados também aumentará à medida que os EUA, a Suécia, a Irlanda e alguns outros continuarão a crescer mais rapidamente que lugares como a Alemanha, França e Japão. A desigualdade também se intensificará dentro da maioria dos países avançados, especialmente nos Estados Unidos. Elevados retornos sobre capital estão tornando os ricos muito mais ricos e os salários daqueles que desenvolvem ou trabalham com a panóplia de inovações do século XXI estão aumentando mais rapidamente do que os salários de todos os outros – enquanto americanos, europeus e japoneses, que precisam competir com trabalhadores remotos em países em desenvolvimento, veem seus contracheques diminuir, e os salários da maioria dos outros trabalhadores são espremidos pela intensa competição que a globalização promove.

A globalização apresentará aos países avançados alguns desafios políticos formidáveis. Muitas das batalhas políticas domésticas da próxima década, especialmente nos EUA, Reino Unido e Alemanha, irão concentrar-se nos crescentes preços de energia e assistência médica, impulsionados, em parte, pela globalização. No entanto, o maior desafio político envolverá necessariamente manter o apoio popular às economias abertas mesmo enquanto os salários das pessoas estão estagnando. A dura verdade é que a única trajetória nesse período que não levará a um declínio nacional consiste em reconhecer a forma pela qual o mundo está mudando e fazer o que pode ser feito: manter a economia aberta, enquanto, por exemplo, se provê amplo treinamento em novas tecnologias; apoiar a formação de novos negócios para criar mais empregos e diminuir as pressões sobre os salários desacelerando os crescentes custos de assistência médica e energia para as empresas. As sociedades que trabalharem com as forças que impulsionam a globalização – os Estados Unidos, a Irlanda e a Suécia vêm à mente, e também a Coreia do Sul e a China, entre as nações em desenvolvimento – devem encontrar nos próximos dez a 15 anos um período de prosperidade real.

Os principais elementos da geopolítica atual também estarão conosco pelo menos até o ano 2020. A posição americana de superpotência sem rivais próximos não irá mudar, qualquer que seja o resultado da campanha liderada pelos Estados Unidos no Iraque e no Afeganistão; e, por outra geração ou mais, nenhuma outra nação ou aliança plausível de nações será capaz de criar um verdadeiro equilíbrio de poder com os Estados Unidos. Também é muito improvável que a atual missão global dos Estados Unidos de preservar a segurança ao redor do mundo mude; no entanto, em última análise, são os eleitores americanos quem julgam as políticas do governo Bush e de quem quer que eles venham a eleger como presidente nas eleições posteriores.

O poder global dos EUA nesse período não está embasado na sutileza ou na execução de suas políticas, mas sim em como sua missão global serve às necessidades da maioria das outras nações e em sua capacidade desproporcionalmente grande de realizar essa missão. Independentemente do que os líderes de outras nações às vezes dizem por motivos de política doméstica, quase todo país aceita com prazer a tácita promessa americana de impedir que poderes regionais subjuguem seus vizinhos – como no Kuwait e na Bósnia – e salvaguardar as rotas marítimas e aéreas por onde passam os suprimentos mundiais de óleo e de comércio. Governos ao redor do mundo aceitam que, a menos que alguém assuma essas responsabilidades, sua própria segurança poderia estar em risco –, durante o futuro próximo nenhuma nação exceto os Estados Unidos poderá ou irá assumir total responsabilidade. Portanto, se o Irã, ou, depois, a Síria, avançarem no caminho para a obtenção de armas nucleares – ou se radicais islâmicos vierem a tomar o poder no Paquistão –, a França, a Alemanha, a China e até a Rússia irão aceitar, particularmente até com prazer, campanhas lideradas pelos EUA para detê-los.

Outros acontecimentos hoje desconhecidos afetarão o curso da geopolítica ao longo da próxima década, e quando ocorrerem, somente os Estados Unidos estarão em posição de liderar a resposta mundial. A Europa e o Japão possuem os recursos para criar um papel geopolítico importante para si mesmos, mas há décadas eles puseram de lado a inclinação e o compromisso de fazê-lo. O poder para equilibrar ou desafiar os Estados Unidos em uma política como a Guerra do Iraque, como a União Soviética podia fazer durante a Guerra Fria, requer a capacidade de sustentar e realizar tal desafio. Dadas as iminentes demandas domésticas da Europa e do Japão e os problemas econômicos que eles encontram em ajustar-se à globalização, não há expectativa de que essas regiões empenharão esses recursos com fins geopolíticos. A Rússia sob Putin apresenta tendência de desafiar os Estados Unidos e o faz regularmente sob a forma de palavras, mas é militarmente muito fraca e economicamente muito pequena para sustentar sua retórica bombástica. Olhando à frente, a demografia desastrosa da Rússia e suas profundas distorções econômicas e corrupção irão efetivamente impossibilitá-la de reconstruir os recursos necessários para restringir a única superpotência no mundo. Um estudo da RAND Corporation intitulado *Assessing Russia's Decline* conclui que a ex-superpotência tornou-se um "Estado fraco" em "declínio militar, social e político" e com pouca "capacidade de resolver seus problemas econômicos".[114] A China é o único país com os meios e a determinação de eventualmente fazer-se ouvir na geopolítica. Mas ela não terá pressa para fazê-lo dentro dos próximos dez a 15 anos, pois seus líderes estão convencidos de que sua autoridade política depende de um rápido progresso econômico, que, por sua vez, depende de forma vital de boas relações com os Estados Unidos.

A influência global da China será sentida em ao menos uma forma importante nos anos seguintes. Seu espetacular sucesso econômico e a perspectiva de que algum dia ela será capaz de desafiar os Estados Unidos a tornam um modelo político e econômico para outros países, em competição completa e direta com o modelo americano. O apelo internacional da abordagem dos EUA – combinando mercados abertos, liberdade política individual, pluralismo e estado de direito – reside tanto em seu histórico de estabilidade política e social quanto em sua atual dominância econômica e militar. A maioria das nações reconstituídas na Europa Central e Oriental, grande parte da Ásia e boa parte da América Latina tem adotado o modelo americano básico. A China oferece autoritarismo combinado com tecnologia e métodos empresariais ocidentais, e a promessa de que é capaz de oferecer crescimento e desenvolvimento mais rápido do que sob os compromissos e demoras da democracia. A abordagem e a promessa irão, quase certamente, agradar alguns governos da Ásia, África e América Latina ao longo da próxima década. Existe também um terceiro modelo no mundo hoje: a nova abordagem islâmica que usa política autoritária a serviço da religião, combinada com a hostilidade a valores ocidentais e, às vezes, laços econômicos com nações ocidentais. Esse modelo, em sua forma estrita, como no Afeganistão sob o Talibã, tem apelo e alcance internacional limitado, mas, combinado com investimento e comércio ocidental, o modelo islâmico já é uma abordagem proeminente no Oriente Médio e pode se espalhar para partes da África e da Ásia ao longo da próxima década.

Com todo o desproporcionado poder econômico e militar dos EUA, sua capacidade de exercer esse poder para moldar os acontecimentos mundiais continuará a ser limitado pela opinião doméstica, especialmente se os Estados Unidos vierem a tentar mais uma vez entrar em guerra praticamente por conta própria. Conforme observado recentemente por Zbigniew Brzezinski a respeito dos Estados Unidos no Oriente Médio: "Mesmo sendo seu poder (dos EUA) incomparavelmente maior do que o de qualquer Estado (...) eles não podem, por motivos domésticos, mobilizar-se em uma escala suficiente para impor sua vontade através da força."[115] Independentemente do que o presidente americano venha a acreditar com respeito a relações exteriores, terá de reconstruir o apoio doméstico para a inescapável missão da superpotência única de preservar a estabilidade global. A Al Qaeda e seus imitadores poderiam tornar essa tarefa politicamente mais fácil realizando outro ataque de grande visibilidade do mesmo nível do 11 de Setembro. O elemento essencial, no entanto, será o retorno, praticamente certo, à abordagem tradicional americana de lidar com ameaças através da construção e da liderança de amplas coalizões internacionais.

Ao longo da próxima década, os EUA utilizarão amplas abordagens colaborativas para lidar com, por exemplo, crescentes pressões para reduzir os riscos de mudança climática e o próximo episódio de desordem financeira global que ameaça os fluxos de comércio e de investimento. Lidar com futuras ocorrências de instabilidade doméstica em Estados petrolíferos ou com ataques a seus regimes também envolverá tanto a liderança americana quando a participação ativa de países-chave muçulmanos, da França e da Alemanha, e, talvez, da China e da Rússia. Além disso, mesmo com os Estados Unidos assumindo o papel principal, todos os principais países do mundo estarão envolvidos ativamente em tentar desacelerar a contínua propagação de capacidades nucleares, evitar conflitos entre países em desenvolvimento com armas nucleares e impedir que terroristas adquiram materiais ou armas nucleares. A próxima década também pode demonstrar os limites de tais coalizões – e, talvez, até a eficácia de uma resposta americana isolada – se desordem política na

Federação Russa ou agitação doméstica na China vierem desestabilizar esses governos.

Os gregos antigos ensinavam a suas crianças que a união de Zeus e Themis, a deusa da necessidade, concebeu três filhas conhecidas como as Moirai ou Destino, que determinavam a extensão e a trajetória da vida das pessoas. A maioria de nós agora vê o mundo de maneira diferente, confiantes em que as decisões humanas, juntamente com alguns eventos aleatórios, determinam as condições que os indivíduos e sociedades enfrentam e os caminhos que seguem. Mas a natureza sempre detém uma mão poderosa no que diz respeito a todos os assuntos humanos, e as três mudanças históricas de nosso tempo possuem a força prática da natureza em suas próprias esferas. Sim, os líderes políticos com ideias particularmente boas ou ruins provocarão guinadas inesperadas em nossa geopolítica; empresas e governos irão elaborar novas formas de abordar as pressões da globalização e de capitalizar em suas oportunidades; e até o inexorável envelhecimento da maioria das sociedades produzirá respostas sociais, econômicas e políticas não antecipadas. No entanto, esses acontecimentos históricos marcaram suas presenças em nossas vidas, e pelo menos nesta época, não serão negados.

Notas

1. O esquema global

1. *Population and the American Future: The Report of the Commission on Population Growth and the American Future*, The Center for Research on Population and Security, http://www.population-security.org/rockfeller/001-population-growth-and-the-american-future.htm#TOC
2. Entrevista, janeiro, 2006.
3. Bureau of Labor Statistic (BLS), Data on Mass Layoffs, http://www.bls.gov/home.htm.
4. Alexander Hamilton, James Madison, John Jay, *The Federalist Papers*, Paper Four (Nova York: Signet Classics, 2003).
5. Julie DaVanzo, Olga Oliker, e Clifford A. Grammich, *Two Few Good Men: The Security Implications of Russian Demographics* (Santa Monica, CA: RAND Corp, 2003).
6. Ibid.
7. Entrevista, 12 de setembro de 2006.
8. Entrevista, 1º de dezembro de 2005.

2. O terremoto demográfico

1. De Vanzo, Oliker, e Grammich, *Too Few Good Men*.
2. Ibid.

3. Diane Farrell, Sacha Ghai, e Tim Shavers, "The demografic deficit: How aging will reduce global wealth," *McKinsey Quarterly Online*, março de 2005, kttp://www.mckinseyquarterly.com/.

4. Citado em Robert Stone Emgland, *Aging China: The Demographic Challenge to China's Economic Prospect* (Westport, CT: Praeger/Greenwood, 2005).

5. Entrevista, 25 de janeiro de 2006.

3. A primazia da globalização

1. International Labour Organization, Key Inidicators of the Labour Market (KILM), capítulo 6, "Wage and Labour Cost Indicators," figura 15c, "Real manufacturing wage indices, selected Asian economies, 1995 to latest available years", http://www.ilo.org/public/english/employment/strat/kilm/download/kilm15.pdf.

2. World Bank, Human Development Indicators, 2005.

3. "China Boosts Road Construction," People's Daily, http://www.english.people.com.cn/english/200012/20/eng20001220-58274.html; e "Road Financing in China,"http://www.unescap.org/ttdw/common/TIS/AH/files/egm06/financing china-2nd.pdf.

4. Telecom Regulatory Authority of India, citado em Candace Lombardi, "Cell phone subscriptions surge in India," CNET, http://news.com/Cell+phone+subscriptions+surge+in+india/2110-1037-3-6059482.html.

5. World Bank, Human Development Indicators, 2005.

6. Interview, agosto de 2006.

7. Jonathan Watts. *Guardian*, 15 de março de 2006.

8. Fortune, "Global 500", http://money.cnn.com/magazines/fortune/global500.

9. "Studying McDonald's abroad: overseas branches merge regional preference, corporate directives", http://www.findarticles.com/p/articles/mi-m3I90/is-15-39/ai-nI3649042.

10. Ibid.

11. William W. Lewis, The *Power of Productivity: Wealth, Poverty and the Threat to Global Stability* (Chicago: University of Chicago Press, 2004).

12. Ibid.

13. Ibid.

14. Lowell L, Bryan e Michelle Zanini, "Strategy in an era of global giants", *McKinsey Quarterly*, nº 4 (2005).

15. International Telecommunications Union, http://www.itu.int/ITU-D/ict/statistics.

16. "China Boosts Road Construction", *People's Daily*.

17. David Wessel, *Wall Street Journal*, 2 de abril de 2004, citado em Diana Farrell, *The Emerging Global Labor Market* (McKinsey Global Institute, junho de 2005).

18. Northeast Human Resources Association, http://www.nehra.com/articlesresources/article.cfm?id+1106.

19. Shabana Hussein, "And now a domestic outsourcing boom," Expressindia.com, http://www.expressindia.com/fullstory.php?newsid+39601.
20. Farrell, *The Emerging Global Labor Market.*
21. Bureau of Economic Analysis, "Summary Statistics for Multinational Companhies", http://www.bea.gov/bea/newsrel/ mncnewsrelease.html.
22. *The Impact of Offshore IT Software and Services Outsourcing on the U.S. Economy and the IT Industry* (Lexington, MA: Global Insight, março de 2004).
23. Ibid.
24. Farrel, op. cit.
25. Ibid.
26. http://www.privatehealth.co.uk/.
27. Kristin Gerencher, "Vital Signs: Going abroad for medical and dental care," Market Watch, 5 de maio de 2006, http://www.marketwatch.com/News/Story/Story.aspx?guid=%7BoCIBE8DD-24FE-4AFE-AB03-B728D9A59990%7D&siteid=bigchart&dist=.
28. Catherine L. Mann, "Offshore Outsourcing and the Globalization of US Services: Why Now, How Important, and What Policy Implications", in *The United States and the World Economy*, ed. C. Fred Bergsten (Washington, D.C.: Institute for International Economics, janeiro de 2005).
29. Ibid.
30. Bureau of Labor Statistics, "Hourly Compensation costs for Production Workers in Manufacturing, 33 Countries or Areas, 22 Manufacturing Industries, 1992-2005", http://www.bls.gov/flshcindnaics.htm.
31. Ibid.
32. "Andy Stern Introduction Booklet", http://www.seiu.org/docUploads/Andy%20Stern%20Introduction%20Booklet%200I3I2006%2Epdf.
33. Alexander Jung, "Taming the Globalization Monster", Spiegel Online, http://www.Spiegel.de/international/o,I5I8,392276,oo.html.
34. Fundo Monetário Internacional (FMI), World Economic Outlook (2006), Statistical Appendix, tables I, 20, 43: e Mangal Goswami, Jack Ree, e Ina Kota, "Global Capital Flows: Defying Gravity", Finance and Development 44, nº I, março de 2007, http://www.imf.org/external/pubs/ft/fandd/2007/03/picture.htm.
35. McKinsey Global Institute, "$118 Trillion and Counting: Taking Account of Global Capital Markets".
36. Senate Committee on *Banking, Housing, and Urban Affairs, Federal Reserve's First Monetary Report for 2005*, 109th Cong., 1ª sess., 2005, hhttp://frwebgate. Access. gpo.gov/cgi-bin/gerdoc.cgi?dbname=109_senate_hearings&docid=f:21981.wais.
37. Fundo Monetário Internacional, *World Economis Outlook* (abril de 2006), chapter I, "Global Prospects and Policy Issues".
38. Thomas Helbling, Florence Jaumotte, e Martin Sommer, "How Has Globalization Affected Inflation? Interantional Monetary Fund", *World Economic Outlook* (abril de 2006).

39. DeAnne Julius, "Back to the Future of Low Global Inflation", http://www.bankofengland.co.uk/publications/speeches/I999/speeches57.pdf.
40. Helbling, Jaumotte, e Sommer, "How Has Globalization Affected Inflation?".
41. *The Economist Housing Survey*, 16 de junho de 2005.
42. Chiaku Chukwuogor-Ndu, "Stock Market Returns Analysis, Day of the Week Effects, Volatility of Returns:Evidence from European Financial Markets 1997-2004", *International Research Journal of Finance and Economics*, n° I (2006).
43. Bureau of Economic Analysis.
44. National Intelligence Council, Mapping the Global Future: Report of the National Intelligence Council's 2020 Project, dezembro de 2004, http://www.dni.gov/nic/NIC_globaltrend2020.html.
45. Ibid.

4. Os dois polos da globalização: China e Estados Unidos

1. World Bank Group, EdStats, ttp://wwwI.worldbank.org/education/edstats/.
2. World Bank, World Development Indicators.
3. United Nations, *World Investment Report* 2005, http://www.unctad.org/en/docs/wir2005annexes_en.pdf.
4. World Bank, World Development Indicators.
5. World Bank data.
6. Christopher Koch, "Making It in China," *CIO*, http://www.cio.com/archive/I0I505/china.html.
7. Ibid.
8. Interview, 11 de julho de 2006.
9. Lai Nai´keung, "It's time to take seriously a US-ledglobal recession", *China Daily*, ttp://www.chinadaily.com.cn/english/doc/2005-I0/06/conten_482807.htm.
10. Ibid.
11. Jinglian Wu, Understanding and Interpreting Chinese Economic Reform, trans. Wang Jianmao (Mason, OH: Thomson/South-Western, 2005).
12. "Protests in China, the Cauldron Boils", *Economist*, 29 de setembro de 2005.
13. Charles Pigott, *China in the World Economy: The Domestic Policy Challenges* (Paris: Organisation for Economic Co-operation and Development, 2002).
14. Elizabeth C. Economy, *The River Runs Black* (Ithaca, NY: Cornell University Press, 2005).
15. Andrew Barson, "China Warns Pollution Will Grow with the Economy", DowJones Newswire, 25 de outubro de 2005.
16. Emmanuel Pitsilis, Jonatham Woetzel, e Jeffrey Wong, "Checking China's Vital Signs" (McKinsey Global Institute, dezembro de 2004), http://

www.mckinseyquarterly.com/Economic_Studies/Country_Reports/Checking_
Chinas_vital_signs_I483.

17. *China Daily*, 12 de janeiro de 2006.

18. Diana Farrell, Ulrich Gersh, e Elizabeth Stephenson, "The Value of China's Emerging Middle Class" (McKinsey Global Institute, June 2006), http://www.mckinseyquarterly.com/Retail_Consumer_Goods/The_value_of_Chinas_emerging_middle_class_1798.

19. Dorothy Guerrero, "China: Beyond the Growth Figures", *Globalist*, 21 de fevereiro de 2006, http://www.theglobalist.com/DBWeb/StoryId.aspx/StoryId=5095.

20. World Bank, World Development Indicators, 2006.

21. Ibid.

22. Ibid.

23. U.S. Department of Commerce, International Trade Administration Data, 2006.

24. World Trade Organization Data, 2006.

25. United Nations Conference on Trade and Development (UNCTD), 2006.

26. Ibid.

27. À medida que a população dos EUA continua a envelhecer, esses lucros ajudarão a amparar a aposentadoria de dezenas de milhões de pessoas idosas – e, desse modo, também ajudarão a suportar a demanda doméstica global que colabora para a criação de empregos cujos salários estão subindo apenas muito lentamente. E os europeus também perderão esse benefício, uma vez que os idosos dependem muito mais intensamente das pensões do Estado e têm poucas ações, direta ou indiretamente. Lá, a única maneira de impulsionar a demanda dos idosos será pelo aumento de suas pensões, que apenas reduziriam a renda de todos, que teriam de pagar mais impostos.

28. Veja, por exemplo, "The Economic Impacto of Wal-Mart", Business Planning Solutions Global Insight Advisory Services Division (Boston, MA: Global Insight, 2 de novembro de 2005).

29. A OCDE recolhe todas as estatísticas de empregos no mundo e aplica definições padronizadas. *OCDE Employment Outlook 2005* (Paris: Organization for Economic Cooperation and Development, 2005).

30. International Telecommunications Union, 2006.

31. R. Sean Randolph, "The Innovation Edge: Meeting the Global Competitive Challenge", in *The Innovation Edge: Meeting the Global Competitive Challenge* (San Francisco: Bay Area Economic Forum, setembro de 2006).

32. National Science Board, Science and Engineering Indicators, 2006.

33. PricewaterhouseCoopers and the National Venture Capital Association Money Tree Report, 2006.

34. Clyde Prestowitz, "America's Technology Future at Risk: Broadband and Investment Strategies to Refire Innovation", Economic Strategy Institute, 2006.

35. National Science Board, "Science and Engineering Indicators", 2006.
36. Randolph "The Innovation Edge".
37. Raffaella Sadun e John Van Reenen, "Intellectual property, technology and productivity: Ia ain't what you do it's tha way you do I. T". (Discussion Paper nº 002, EDS Innovation Research Programme, outubro de 2005).
38. World Bank Group, EdStats. http://wwwI.worldbank.org/education/edstats/.
39. Nivedita Das Kundu, "Resurgence of the Russian Economy", IDSA Strategic Comments,http://www.idsa.in/publications/stratcomments/NiveditaKunduI00706.htm.
40. Mehmet Ögütçu, "Attracting Foreign Direct Investment for Russia's Modernization: Battling Agains the Odds", ttp://www.oecd.org/dataoecd/44/45/I942539.pdf.
41.Veja "Russian Federation:2005 Article IV Consultation" at http://www.imf.org/external/pubs/ft/scr/2005/cr05377.pdf; veja também o banco de dados do World Economic Outlook do FMI em http://www.imf.org/external/pubs/ft/weo/2006/0I/data/index.htm.
42. Bank of Finland, "Rússia: Growth Prospects and Policy Debates", http://www.bof.fi/.
43. Veja http://mosnews.com/money/2006/08/08/gdpforecast.shtml; e "Economic Ministry upgrades GDP forecast", http://top.rbc.ru/english/index.shtml?/news/english/2006/08/08/08I23623_bod.shtml
44. William W. Lewis, *The Power of Productivity: Wealth, Poverty and the Threat to Global Stability* (Chicago: University of Chicago Press, 2004).
45. Ibid.
46. E. Andreev, S. Scherbov, e F. J. Willekens, "The Population of Russia: Fewer and Older", Demographic Report 22, Gronigen Demographic Reports, http://www.rug.nl/prc/publications/demographicreports/abstract22.
47. Nicholas Eberstadt, "Growing Old the Hard Way: China, Russia, India", Policy Review, no. 136 (abril-maio de 2006), http://www.hoover.org/publications/policyreview/29I239I.html.
48. United Natios, Human Development Indicators, 2004.
49. Norbert Walter, "Why I Worry AboutRussia", http://www.dbresearch.com/servlet/reweb2.ReWEB?rwkey=u6929389.
50. Lewis, *The Power of Productivity*.
51. Ibid.
52. United Nations, *World Investment Report* 2005, http://www.unctad.org/en/docs/wir2005annexes_en.pdf.
53. "Domestic Constraints on International Participation", in T. N. Srinivasan e Suresh D. Tendylkarm, *Reintegrating India with the World Economy* (Washington, DC: Peter G. Peterson Institute, março de 2003).
54. "India's Economy", *Economist* (22 de setembro de 2005).

55. http://www.buyusa.gov/china/en/power.html.
56. http://www.cslforum.org/china/htm; and http://www.cslforum.org/india.htm.
57. Diana Farrell e Aneta Marcheva Key, "India's lagging financial system", *McKinsey Quarterly*, no. 2 (2005), http://www.mckinseyquarterly.com/Indias_lagging_financial_system_I600.
58. Lewis, *The Power of Productivity*.
59. Jagdish Bhagwati e Arvind Panagariya, "Defensive plays simply won't work", http://www.economictimes.indiatimes.com/.
60. Rajat Gupta, "India's economic agenda: An Interview with Manmohan Singh", *McKinsey Quarterly* (setembro 2005), http://www.mckinseyquarterly.com/Indias_economic_agenda_An_interview_with_Manmohan_Singh_I674.
61. India Brand Equity Foundation, http://www.ibef.org/industry/autocomponents.aspx.
62. Shashank Luthra, Ramesh Mangaleswaran, e Asutosh Padhi, "When to make India a manufacturing base, "*McKinsey Quarterly* (setembro de 2005), http://www.mckinseyquarterly.com/Automotive/When_to_make_India_a_manufactduring_base_I650.
63. Daina Farrell, Noshir Kaka, e Sacha Sturze, "Ensuring India's offshoring future", *McKinsey Quarterly* (setembro de 2005), http://www.mckinsey.com/Operations/Outsourcing/Ensuring_Indias_offshoring_future_I660.
64. Prabuddha Ganguli, "The Pharmaceutical Industry in India", http://www.touchbriefings.com/pdf/I7/pt031_p_ganguli.pdf.
65. Citado, por exemplo, em Raj Jayadev, "To Silicon Valley Indian Entrepreneurs", Asian Week.com, http://www.asianweek.com/200I_I2_07/opinion_voices.html.
66. Ibid.
67. Lawrence Klein e T. Palanivel, *Economic Reforms and Growth Prospects in India* (Canberra: Australian National University, Publishers, 2000).
68. Dani Rodrik e Arvind Subramanian, "Why India Can Grow at 7 Percent a Year or More: Projections and Reflections" (IMF Working Paper, International Monetary Fund, 2004), http://www.imf.org/external/pubs/ft/wp/2004/wp04II8. pdf.
69. V. T. Bharadwaj, Gautam Swaroop e Ireena Vittal, "Winning the Indian consumer", *McKinsey Quarterly* (setembro de 2005).
70. Jagdins Shethm, "Making India Globally Competitive", *Vakalpa*, 2004.
71. P. N. Mari Bhat, "Demographic Scenario, 2025", http://www.planningcommission.nic.in.reports/sereport/ser/vision2025/demogra.pdf.
72. Jean Druze e Amartya Sen, "India's Economic Developement and Social Opportunity", ttp://www.questia.com/.
73. Morgan Stanley, 31 de outubro de 2005.

5. A nova economia do declínio na Europa e no Japão

1. Martin Baily e Diana Farrell, "A Road map for European economic reform", McKinsey Quarterly (September 2005), http://www.mckinseyquarterly.com/ A_road_map_for_European_economic_reform_1679.

2. Bureau of Labour Estatistics, *Comparative Civilian Labor Force Statistics, Ten Countries, 1960-2006* (2007), 18, Table 4, "Civilian Labor Force Participation Rates Approximating U. S. Concepts by Sex, 1960-2006", http://www.bls.gov/fls/lfcompendium.pdf.

3. Organisation for Economic Co-operation and Development, "Annual Houses Worked", in OECD *in Figures*, 2004.

4. Organisation for Economic Co-operation and Development, OECD Statistics, "OECD Estimates of Labour Productivity Levels", http://stats.oecd.org/WBOS?default.aspx?DatasetCode=PDYGTH.

5. Bureau of Labour Statistics, *International Comparisons of Manufacturing Productivity and Unit Labour Cost Trends, Supplementary Tables*, table I.I, "Output per hour in manufacturing, I6 countries or areas, 1950-2006", http://www.bls.gov/fls/prodsupptabletoc.htm.

6. Por exemplo, veja "Reaching Higuer Productivity Growth in France and Germany" (McKinsey Global Insitute, outubro de 2002).

7. United Nations, Comtrade database.

8. U.S. National Science Foundation, Science and Engineering Indicators.

9. "How France Can Win from Offshoring" (McKinsey Global Institute, agosto de 2005).

10. O melhor tratamento recente dessas questões vem da OCDE: Randall Jones e Taesik Yoon, "Strengthening the Integration of Japan in the World Economy to Benefit Mora from Globalisation" (Economics Department Working Paper nº. 526, Organisation for Economic Co-operation and Development, 29 de novembro de 2006).

11. Christine Tierney e Ed Garsten, "Toyota, GM locked in fight for worldwide supremacy", *Detroit News*, 13 de fevereiro de 2005, http://www.detnews.com/2005/special report/0502/I3/A0I-87977.htm.

12. Os resultados são aparentes nas inúmeras patentes dos Estados Unidos emitidas para as empresas de cidadãos americanos ou estrangeiros, especialmente enquanto os EUA foram um mercado indispensável para todos os outros. As 950 mil patentes emitidas pelos EUA para empresas e cidadãos americanos desde 1990 são, novamente, quase três vezes o número emitido para as empresas e cidadãos japoneses, e oito a 20 vezes o número concedido às empresas e aos cidadãos alemães, franceses ou britânicos.

13. Andrés Fuentes, Eckhard Wurzel, Margaret Morgan, "Improving the Capacity to Innovate in Germany" (Economics Department Working Paper nº 407, Organisation for Economic Co-operation and Development, 22 de outubro de 2004).

14. World Bank Group, EdStats, http://wwwI. Worldbank.org/education/edstats/.

15. Stephen Machin e Sandra McNally, "Tertiary Education Systems and Labour Markets", Organisation for Economic Co-operation and Development, janeiro de 2007.

16. Jim Hull, *More than a horse race: A guide to international tests of student achievement*, Center for Public Education. http://www.centerforpubliceducation.org/site/c.kjJXJ5MPIwE/b.2422943/k.3608/More_than_a_horse_race_A_guide_to_international_tests_of_student_achievement.htm.

17. "How France Can Win from Offshoring" (McKinsey Global Institute, agosto de 2005).

18. "Japan and Globalization", *Globalist*, 5 de agosto de 2005, http://www.theglobalist.com/StoryId.aspx?StoryId=4559.

19. Louis Hayes, *Introduction to Japanese Politics*, 4ª ed. (Armonk, NY: M. E. Sharpe, 2005).

20. Organisation for Economis Co-operation and Development, *Economic Survey of Japan* 2005, http://www.oecd.org/document/6I/0,334,en_33873I08_3 3873539_3427462I_I_I_I_I,00.html.

21. Ryosei Kokubun, "China and Japan in the Age of Globalisation", *Japan Review of International Affairs*, 17, nº I (primavera de 2003).

22. World Bank, World Development Indicators, 2006.

23. Paul Tansey, *Productivity: Ireland's Economic Imperative* (prepared for Microsoft Ireland, 2005).

24. Gerry Pyke, FAS Ireland (presentation to Workforce Innovations Conference, Filadélfia, PA, 2005); FAS (Irish National Training and Employment Authority), "Quarterly Labour Market Commentary, First Quarter, 2005".

25. The Luck of the Irish", *Economist* (14 de outubro de 2004).

26. Ibid.

27. Timothy Barnicle, "Ireland Case Study, National Center on Education and the Economy" (manuscrito, novembro de 2005).

28. Sean Dorgan, "How Ireland Became the Celtic Tiger", Heritage Foundation, Backgrounder #1945, 23 de junho de 2006.

29. Ibid.

30. Sobre o caso irlandês, veja David Bloom e David Canning, "Contraception and the Celtic Tiger", *Economic and Social Review* 34, nº 3 (inverno de 2003).

31. Ibid.; veja também David E. Bloom, David Canning, e Jaypee Sevilla, "Economic Growth and the Demographic Transition (NBER Working Paper nº 8685, National Bureau of Economic Research, dezembro de 2001).

32. United Nations, Human Development Indicators, 2006.

33. United Nations Conference on Trade and Development, *World Investment Report* (2005); e Organisation for Economic Co-operation and Deve-lopment Data.

34. International Labour Organisation, Laborstat, 2005.
35. Organisation for Economic Co-operation and Development, 2005.
36. FAS Iirish National Training and Employment Authority), "Quarterly Labour Market Commentary, 1995-2005".
37. Ibid.
38. Tansey, *Productivity: Ireland's Economic Imperative*.
39. Hun Joo Park, "Between Development and State: Recasting Korean Dirigisme" (working paper, KDI School of Public Policy and Management, 2003).
40. Bruce Cummings, Korea's Place in the Sun: *A Modern History* (Nova York: W. W. Norton, 1997).
41. Charles Harvie e Hyun-Hoon Lee, "Export-Led Industrialization and Growth – Korea's Economic Miracle, 1962-89" (Economic Working Paper Series 03-01, University of Wollongong, 2003).
42. World Bank, World Developmente Indicators, 2006.
43. Cummnigs, *Korea's Place in the Sun*.
44. Ibid.
45. Ibid.
46. Ibid.
47. Ibid.
48. World Bank, World Developmente Indicators, 2006.
49. Ibid.
50. Fortune Global 500, 2007.
51. World Bank Group, EdStats, 2006, http://wwwI. Worldbank.org/education/edstats/.
52. Ibid.
53. Organisation for Economic Co-operation and Development, *Economic Survey of Korea*, 2005, http://www.oecd.org/document/I8/o,2340,en_2649_20II 85_35428626_I_I_I_I,00.html.
54. A igualdade econômica é medida pelo índice de GINI, segundo o qual um valor mais alto significa maior desigualdade. O índice de GINI da Coreia do Sul é 31,6, substancialmente mais baixo do que o da Tailândia (42), Cingapura (42,5) e China (44,7), e mais baixo do que países avançados como França (32,7), Itália, Reino Unido (36) e EUA (40,8). World Bank, World Developmente Indicators, 2006; veja também http://www.earthtrends.wriorg/text/economics-business/variable-353.html.
55. Harvie e Lee, "Export-Led Industrialization and Growth". Além disso, 97% de todas as commodities eram produzidas em setores onde três ou menos companhias respondiam por pelo menos 60% do mercado.
56. World Bank, World Developmente Indicators, 2006. Os oito primeiros: Estados Unidos, Japão, Alemanha, Finlândia, Suécia, Suíça, Israel e Islândia.
57. Andrew Eungi Kim e Innwon Park, "Changing Trends of Work in South Korea", *Asian Survey* 46, nº 3 (maio-junho de 2006).

58. Yeonho Lee, "Participatory Democracy and Chaebol Regulation in Korea", *Asian Survey* 45, n° 2 (março-abril de 2005).
59. Organisation for Economic Co-operation and Development, *Economic Survey of Korea* 2005.
60. Organisation for Economic Co-operation and Development, Productivity Statistics, 2005.
61. Kim and Park, "Changing Trends of Work in South Korea".
62. World Bank, World Development Indicators, 2006.
63. United Nations, Population Division, World Population Prospects, 2006 Revisions, 27 de dezembro de 2006, http://www.esa.un.org/unpp/.
64. Organisation for Economic Co-operation and Development, Economic Survey of Korea 2005.
65. O hiato em oportunidades aqui é o maior para as mulheres com nível universitário: somente 55% delas estão na força de trabalho atualmente, comparado a 82% em outros países da OCDE.
66. Na média, os países da OCDE comprometem cerca de 21% das P&D para o setor de serviços, e o hiato médio entre a produtividade nos setores de manufaturas e de serviço é somente 7%.
67. U.S. Bureau of Labor Statistics, International Comparisons of Hourly Compensations Costs for Production Workers in Manufacturing, Supplementary Tables, 2006.
68. Os setores de serviços da Coreia do Sul respondem por apenas 13% da P&D da nação. Organisation for Economic Co-operation and Development, ICT Indicators, 2006.
69. World Bank, World Developmente Indicators, 2006; e Organisation for Economic Co-operation and Development, Broadband Statistics, 2006. Em 2005, a Coreia do Sul ficava atrás apenas da Dinamarca, Holanda e da Islândia no uso de banda larga.

G. A nova geopolítica do superpoder único: os participantes

1. Stephen M. Walt, *Taming American Power, The Global Response to U.S. Primacy* (Nova York: W.W.Norton, 2005).
2. The Venusberg Group, *Beyond 2010: European Grand Strategy in a Global Age* (3rd Venusberg Report, julho de 2007).
3. Thomas B. M. Barnett, *The Pentagon's New Map, War and Peace in the Twenty-first Century* (Nova York: Berkley Books, 2005).
4. Leonard Weiss, "Atoms for Peace", *Bulletin of the Atomic Scientists* 59, no. 6 (1º de novembro de 2003).
5. Scott Sagan, "Why Do States Build Nuclear Weapons? Three Models in Search of a Bomb", *International Security*, 2I, no. 3 (inverno de 1996/1997).

6. Samuel R. Berget, "A Foreign Policy for the Global Age", *Foreign Affairs* 79, no. 6 (novembro-dezembro de 2000).
7. U.S. Department of Defense, *Quadrennial Defense Review Report*, 6 de fevereiro de 2006.
8. Ibid.
9. Peter Spiegel, "Review ordered into vulnerability of U.S. satellites", *Los Angeles Times*, 22 de abril de 2007.
10. Demetri Sevastopulo, "Chinese military hacked into Pentagon", *Financial Times*, 3 de setembro de 2007.
11. Ibid.
12. National Security and the Threat of Climate Change, CNA Corporation, 2006.
13. Leon Aron, "Where is Russia Headed?" http://www.aei.org/publications/filer.all.pubID.22473/pub_detail.
14. Peter Lavelle, "U.S. and Russia – What's Next?" http://www.spacedaily.com/news/russia-04b.html; and Janusz Bugajski, "Ameria=can vs. Russian imperialism", http://www.examiner.com/a-I73697_Janusz_Bugajski_American_vs_Russia_imperialism.html.
15. World Bank, World Development Indicators, 2006.
16. Murray Feshbach, Woodrow Wilson International Center for Scholars.
17. Nicholas Eberstadt, "Growing Old the G=hard Way: China, Russia, India", *Policy Review*, n0. 136 (abril-maio de 2006), http://www.hoover.org/publications/policyreview/29I2391.html.
18. E, Andreev. S. Scherbov, and F. J. Willekens, "The Population of Russia: Fewer and Older", Demographic Report 22, Groningen Demographic Reports, http://www.rug.nl/prc/publications/demographicreports/abstract22.
19. "Protests in China, the Cauldron Boils", *Economist*, 29 de setembro de 2005.
20. Shaoguang Wang, "The Problem of State weakness", *Journal of Democracy* I4, no. I (janeiro de 2003).
21. Protests in China, the Cauldron Boils.
22. Jeffrey Bader, "China's Emergence and Its Implications for the United States" (presentation to Brookings Council, 14 de fevereiro de 2006).
23. Ibid.
24. David Shambaugh, "Modernizing China's Military" (Chinese White Paper on National Security, 2002), http://www.globalsecurity.org/.
25. Demetri Sevastopulo e Mure Dickie, "U.S fears over China's long-range missiles", *Financial Times*, 25 de maio de 2007.
26. Eric McVadon, citado em *International Herald Tribune*, 8 de abril de 2005.
27. Sevastopulo and Dickie, "U.S. fears over China's long-range missiles".
28. Bader, "China's Emergence and Its Implications for the United States".
29. Citado em *Globalist*, 5 de agosto de 2005.
30. Programa de Defesa de Médio Prazo (FY2005-FY2009).

31. Mike M. Mochizuki, "Japan: Between Alliance and Autonomy", in *Strategic Asia 2004-2005: Confronting Terrorism in the Pursuit of Power*, ed. Ashley Tellis and Michael Wills (Seattle: National Bureau of Asian Research, 2004).
32. Matake Kamiya, "Nuclear Japan: Oxymoron or Coming Soon?" Wasshington Quarterly 26, no I (inverno de 2002-2003).
33. Nakanishi Terumasa, "Nuclear Weapons for Japan", in *Japan Echo* 30 (outubro de 2003).
34. Andrew J. Nathan and Bruce Gilley, China's New Rules: The Secret Files (Nova York: New York Review Books, 2003).
35. CNN, Tuesday, 5 de junho de 2007.
36. "What do Do in Iraq: A Roundtable", Foreign Affairs 85, nº 4 (julho-agosto de 2006).

7. A crise que se aproxima na saúde, na energia e no meio ambiente global

1. Ivo Bozon, Warren Campbell e Mats Lindstrand, "Global trends in energy", *McKinsey Quarterly*, nº I (fevereiro de 2007).
2. World Bank, World Development Indicators, 2007.
3. Commonwealth Fund, "First Report and Recommendations of the Commonwealth Fund's International Working Group on Quality Indicators. A Report to Health Ministers of Australia, Canada, New Zealand, the United Kingdom and the United States", junho de 2004.
4. World Bank, World Development Indicators, 2007.
5. Christian Hagist e Laurence Kotlikoff. "Health Care Spending: What the Future Will Lok Like" (report 286, National Center for Policy Analysis, junho de 2006).
6. World Health Organization, database, http://www.who.int/whosis/database/core/core_select.cfm.
7. Ibid.
8. Ibid.
9. Hagist and Kotlikoff, "Health Care Spending: What the Future Will Look Like".
10. Ibid.
11. United Nations, Population Division, World Population Prospects, 2004, Revisions, http://esa.un.org/unpp/.
12. "Age Distribution os Diagnosis and Death", SEER Cancer Statistics Review, 1975-2004, National Cancer Institute, http://www.seer.cancer.gov/csr/I975_2004/.
13. National Health Expenditures, Office of the Actuary, Centers for Medicare and Medicaid Services, janeiro de 2007, http://www.cms.hhs.gov/NationalHealth ExpenData/.

14. Ibid.
15. "How Changes in Medical Technology Affect Care Costs", Henry J. Kaiser Family Foundation, março de 2007, http://www.kff.org/insurance/snapshot/chcm0308070th.cfm.
16. David M. Curler e Mark McClellan, "Is Technological Change in Medicine Worth It?" *Health Affairs* 20, nº 5 (setembro-outubro de 2001).
17. Richard A. Rettig, "Medical Innovation Duels Cost Containment", *Health Affairs*, I3, nº 3 (verão de 1994).
18. Joseph P. Newhouse, "Medical Care Costs: How Much Welfare Loss?" *Journal of Economic Perspectives* 6, nº 3 (verão de 1992).
19. Barry Feder, "Heart Therapy Strains Efforts to Limit Costs", *The New York Times*, 7 de julho de 2007.
20. Elizabeth Docteur e Valérie Paris, "Pharmaceutical Pricing and Reimbursement Policies In Canada" (Health Working Papers nº 24. Organisation for Economic Co-operation and Development, 15 de fevereiro de 2007).
21. Peter Neumann e Milton Weinstein, "The Diffusion of New Technology: Costs and Benefits to Health Care", in *The Changing Economics of Medical Technology*, ed. Annetine C. Gelijns and Ethan A. Halm (Washington, D.C.: National Academy Press, 1991).
22. "How Changes in Medical Technology Affect Health Care Costs."
23. Victor Rodwin, "The Health Care System Under French National Health Insurance: Lessons for Health Reform in the United States", American Journal of Public Health 93, nº 1 (janeiro de 2003); e "Ambulatory Care Use/Physician Visits", National Center for Health Statistics, U.S. Centers for Disease Control, http://www.cdc.gov/nchs/fastats/docvisit.htm.
24. Thomas Buchmueller e Agnes Couffinhal, "Private Health Insurance in France" (Health Working Papers no. 12, Organisation for Economic Co-operation and Development, março de 2004).
25. David Green and Benedict Irvine, "Health Care in France and Germany: Lessons for the UK", at http://www.civitas.org.uk/pdf/csI7.pdf.
26. "Medical Malpractice Policy: France", http://www.electoral-math.com/archive/200504/20050420.html. Os médicos na França e na Alemanha, no entanto, também não têm de pagar pela educação médica ou por seguro contra erros médicos. Nos EUA, a maioria dos novos médicos acumula dívidas educacionais em média entre US$ 100 mil a 140 mil, e os médicos dos EUA pagam seguros contra erros médicos que em 2002 variavam de US$ 3.800 ao ano para um interno na área rural de Minnesota a mais de US$ 200 mil para um obstetra/ginecologista em Miami, Flórida. Paul Jolly, "Medical School Tuition and Young Physician Indebtedness", Association of American Meciaal Colleges, março de 2004, http://www.sls.downstate.edu/financial_aid/docs/MedicalSchoolDebt.pdf; e "Medical Malpractice: Implications of Rising Premiuns on Access to Health

Care", Geberal Accounting Office, GAO-03-836, agosto de 2003, http;//www.gao.gov/new.items/do3836.pdf.

27. "Trouble for French medicine", *Economist*, http://www.economist.com/displaystory.cfm?story_id=2670654.

28. Didem Bernard, "Out of Pocket Expenditures on Health Care Among the Non-elderly Population, 2004" (Medical Expenses Panel Survey, Agency for Helthcare Research and Quality, Department of Health and Human Services, janeiro de 2007).

29. "Highlights on health, France 2004", World Health Organization, http://www.euro.who.int/eprise/main/who/progs/chhfra/system/2005013I_I.

30. "Health Insurance Cost", National Coalition on Health Care, http://www.nchc.org/facts/cost.shtml.

31. Ibid.

32. Paul Dutton, "Health Care in France and the Unirted States: Learning from Each Other", Center on the United States and France, The Brookings Institution, http://www.brookings.edu/fp/cusf/analysis/dutton.pdf.

33. World Heaith Organization, Statistical Information System Online.

34. Ibid.

35. Ibid.

36. Hideki Nomura e Takeo Nakayama, "The Japanese healthcare system", *BMJ* 33I, n° 75I8 (24 de setembro de 3005), http://www.bmj.com/cgi/content/full/33I/75I8/648?etoc&eaf.

37. James R. Bean, "National Healthcare Spending in the U.S. and Japan: National Economic Policy and Implications for Neurosurgery", *Neurologia medico-chirurgica* 45, n° 1 (2005), http://www.jstage.jst.go.jp/article/nmc/45/I/45_I8/_article.

38. Ibid.

39. Eddy van Dooslaer, Cristina Masseria, e Xander Koolman, "Inequalities in access to medical care by income in developed countries," *Canadian Medical Association Journal* I74, n° 2 (17 de janeiro de 2006), http://www.pubmedcentral.nih.gov/articlerender.fcgi?artid+I329455.

40. Derek Wanless, "Securing Good Health for the Whole Population", 25 de fevereiro de 2004, http://www.hn-treasury.gov.uk/consultation_and_legislation/wanless/consult_wanless04_final.cfm.

41. "Health care systems in eight countries: trends and challenges", European Observatiry on Health Care Systems, abril de 2002, http://www.hm-treasury.gov.uk/media/8/3/obseravtory_report.pdf.

42. Ibid.

43. King's Fund, "An Independent Audit of the NHS Under Labour (1997-2005)", http://www.kingsfund.org.uk/publications/kings_fund_publications/an_independent.html.

44. "Core Health Indicators". Statistical Information System Onlime, World Health Organization.

45. Chris Philip e Aaron Smith, "The Quality of UK Healthcare: Comparison to Europe", The Bow Group, http://www.bowgroup.org/harriercollection items/HealthStandards.pdf.

46. *The Economics of Health Care*, apêndice v, NHS cost by age group", table, "Estimated HCHS per capita expenditure by age group, England, 2002/03", Office of Health Economics, http://www.ohe.org/page/knowledge/schools/appemdix/nhs_cost.cfm.

47. United Nations, Population Division, World Population Prospects, http://www.esa.un.org/unpp/.

48. "Health care systems in eight countries: trends and challenges."

49. United Nations, Population Division, World Population Prospects, http://www.esa.un.org/unpp/.

50. Tadahko Tokita, "The Prospects for Reform of the Japanese Healthcare System", *PharmacoEconomics* 20, supl. 3 (2202).

51. World Health Organization, Global InfoBase Online.

52. David Cutler, "An International Look at the Medical Care Financing Problem", in *Health Care Issues in the United States and Japan*, ed. David Wise and Naohiro Yashiro (Chicago: University of Chicago Press, 2006).

53. David Wise, "Introduction, in *Health Care Issues in the United States and Japan*.

54. Ibid.

55. Tokita, "The Prospects for Reform of the Japanese Healthcare System".

56. Elizabeth Docteur e Howard Oxley, "Health Care Systems: Lessons from the Reform Experience" (Health Working Papers no. 9, Organisation for Economic Co-operation and Development, 5 de dezembro de 2003); e Tadashi Fukui and Yashushi Iwamoto", Policy Options for Financing the Future: Health and Long-Term Care Costs in Japan", (NBER Working Paper nº 12427, National Bureau of Economic Research, agosto de 2006).

57. Jean Woo, T. Kwok, F. K. H. Sze, e H. J. Yuan," Aging in China: Health and Social Consequences and Responses", International Journal of Epidemiology 3I, nº 4 (2002).

58. Michael Moreton, M.D. "Healthcare in China", http://www.medhunters.com/articles/healthcareIn China.html.

59. Ibid.

60. World Bank, Briefing Note no. 33233.

61. Howard French, "Wealth Grows, But Health Care Withers in China", *New York Times*, 14 de janeiro de 2006.

62. "700 People Die from TB in China Every Day", *People's Daily*, http://www.english.people.com.cn.english/200I06/05/eng200I0605_7I790.html.

63. "China launches battle against hepatitis", BBC News, 1º de junho de 2002, http://news.bbc.co.uk/2/low/asis-pacific/2020586.stm.

64. World Bank, Briefing Note nº 22325.

65. World Bank, Briefing Note nº 33234.
66. World Bank, Briefing Note nº 33232.
67. World Health Organization database; e "Assessing Government Health Expenditure in China", China National Health Economics Institute, outubro de 2005.
68. United Nations, Population Division, World Population Prospects, 2004 Revisions and World Urbanization Prospects, http://www.esa.un.org/unpp/.
69. WHO Global Infobase Online.
70. World Bank, Briefing Note nº 33234.
71. "Crowd Protests Health Care in China – Joseph Kahn", *China Digital Times*, http://chinadigitaltimes.net/2006/II/crowd_protests_health_care_in_china_joseph_kahn.php.
72. J. Watts, "Protests in China over suspicions of a pay-or-die policy", *Lancet* 369, nº 9556 (13-19 de janeiro de 2007).
73. *International Energy Outlook 2007*, Energy Information Administration, U.S. Department of Energy.
74. Ibid.
75. "Industrial Energy Intensity by Industry", Natural Resources Department, Canada, http://www.oee.nrcan.gc.ca/corporate/statistics/neud/dpa/tableshandbook2/agg_00_6_e_I.cfm?attr=0.
76. "Total Energy Intensity", European Environment Agency, http://themes.eea.europa.eu/IMS/ISpecs/ISpecification20041007I32I34/IAssesmentII44242696225/view_content.
77. Ibid.
78. Ivo Bozon, Subbu Narayanswamy and Vipul Tuli, "Securing Asia's Energy Future", *McKinsey Quarterly Online*, April 2005, http://www.mckinseyquarterly.com.
79. Jacqueline Lang Weaver, "The Traditional Petroleum-based Economy's Eventual Future: Of Peak Oil, Big Oil, Chinese Oil, Flags and Open Doors", Public Law and Legal Theory Series 2006-W-06, University of Houston. O geólogo de Princeton Kenneth Deffeyes estabeleceu o debate ao prever que a produção mundial de petróleo alcançaria o pico em 2005. Não aconteceu. Veja "Is the World Running Out of Oil?", *Wall Street Journal*, 8 de outubro de 2005.
80. "Is the World Running Out of Oil?" *Wall Street Journal*, 8 de outubro de 2005.
81. International Energy Outlook 2007, apêndice D, "High World Oil Price Projections", Energy Information Administration, U.S. Department of Energy.
82. Amory Lovins, *Winning the Oil Endgame* (Snowmass, CO: Rocky Mountain Institute, 2005).
83. Três especialistas em energia da Mckinsey and Company escreveram recentemente: "A oferta apertada e os preços elevados de hoje poderiam disparar um boom e uma forte queda no setor de energia como aquele que abalou

o mundo nos anos 1980." Veja Bozon, Narayanswamy, e Tuli, "Securing Asia's Energy Future".
84. Lovins, *Winning theOil Endgame*.
85. IEA Statements, International Energy Agency, http://www.iea.org/jour nalists/infocus.asp.
86. "Crude Oil and Total Petroleum Imports Top 15 Countries", Energy Information Administration, maio de 2007, http://www.iea.doe.gov/pub/oil_gas/petroleum/data_publications/company_level_imports?currente/import.html.
87. "U.S. Trade in Goods and Services Annual Revision for 2006" e "International Investment Position of the United States at Year End, 1976-2006", Bureau of Economic Analysis, http://www.bea.gov/.
88. Daniel Yergin, "Ensuring Energy Security" *Foreign, Affairs* 85, nº 2 (março-abril de 2006).
89. Flynt Leverett and Pierre Noel, "The New Axis of Oil", *National Interest* (1º de junho de 2006).
90. Flynt Leverett and Pierre Bader, "Managing China-U.S. Energy Competition in the Middle East", Washington Quarterly 29, nº 2 (primavera de 2006).
91. Ibid.
92. Erica Downs, "The Chinese Energy Security Debate", *China Quarterly* no. 177 (2004).
93. "Transportation Indicators for Selected Countries", Federal Highway Administration, http://www.fhwa.dot.gov/ohim/hs0I/in3.htm.
94. *International Energy Outlook* 2006, Energy Information Administration; e Quantifying Energy: BP Statistical Review of World Energy junho de 2006, British Petroleum, http://www.bp.com/liveassets/bp_internet/globalbp/globalbp_uk_english/reports_and_publications/statistical_energy_review_2006/STAGING/local_assets/downloads/pdf/statistical_review_of_world_energy_full_report_2006.pdf.
95. Ivo Bozon, Warren Campbell, e Thomas Vahlenkamp, "Europe and Russia: Charting an energy alliance", *McKinsey Quarterly*, no. 4 (2006), http://www.mckinseyquarterly.com?Energy_Resources_Materials/Europe_and_Russia_Charting_an-energy_alliance_1852.
96. *Uma Verdade Inconveniente*, DVD, dirigido por David Guggenheim (2006; Hollywood: Paramount Pictures, 2006).
97. Kevin Baumert, "The challenge of climate protection: balancing energy and environment", in *Energy and Security: Towards a New Foreign Policy Strategy*, ed. Jan Kalicki and David Goldwyn (Baltimore: The Johns Hopkins Press, 2005).
98. Melanie Kenderdane e Ernest Moniz, "Technology Development and Energy Security" in *Energy and Security: Towards a New Foreign Policy Strategy*.
99. Per_Anders Enkvist, Tomas Nauclér, e Jerker Rosander, "A cost curve for greenhouse gas reduction", *McKinsey Quarterly*, no. 1 (fevereiro de 2007), http://www.mckinseyquarterly.com/A-cost-curve_for-greenhouse_gas_reduction_1911.

100. Ibid.
101. Andrew Batson, "China warns pollution will grow with economy", DowJones Newswire, 25 de outubro de 2005.

8. As imprevisibilidades da história: terrorismo catastrófico e os avanços tecnológicos significativos

1. Christopher Blanchard, "Islam: Sunnis ans Shiites" (Washington, D.C.: Library of Congress, Congressional Research Service , 11 de dezembro de 2006).
2. Ibid.
3. Christopher Blanchard, "The Islamic Traditions of Wahhabism and Salafiyya" (Washington, D.C.: Library of Congress, Congressional Research Service, janeiro de 2007).
4. Guilian Denoeux, "The Forgotten Swamp: Navigating Political Islam", *Middle East Policy* 9, nº 2 (2002).
5. Ibid.
6. Kenneth Katzman, "Al Qaeda: Profile and Threat Assesment" (Washington, D.C.: Library of Congress, Congressional Research Service, 10 de fevereiro de 2005).
7. Spencer Ackerman, "Religious Protection: Why American Muslims Haven't Turned to Terrorism", *New Republic* 233, nº 4743 (12 de dezembro de 2005).
8. "Violent Jihad in Netherlands: Current Trends in the Islamic Terrorist Threat", Center for Strategic and International Studies, 2006.
9. Raphael Perl, "Trends in Terrorism: 2006" (Washington, D.C.: Library of Congress, Congressional Research Service, 21 de julho de 2006: updated 12 de março de 2007).
10. Ellen Messmer, "U.S. cyber counterattack: Bomb'em one way or the other". *Network World*, 8 de fevereiro de 2007, http://www.networkworld.com/news/2007/020807-rsa-cyber-attacks.html.
11. Barton Gellman, "Cyber-Attacks by Al-Qaeda Feared", *Washington Post*, 27 de junho de 2002, http://www.washingtonpost.com/ac2/wp-dyn/A50765-2002Jun26.
12. William Porter, Charles Ferguson, e Leonard Spector, "The Four Faces of Nuclear Terror and the Need for a Prioritized Response", *Foreign Affairs* 83, nº 3 (maio-junho de 2004).
13. Eben Kaplan, "Safeguarding Nuclear Energy", Council on Foreign Relations, April I4, 2006, http://www.cfr.org/publication/I0449/safeguarding_nuclear_energy.html.
14. Carl Behrens e Mark Holt, "Nuclear Power Plants: Vulnerability to Terrorist Attack" (Washington, D.C.: Library of Congress, Congressional Research Service, 4 de fevereiro de 2005).

15. Potter, Ferguson, e Spector, "The Four Faces of Nuclear Terror".
16. Jonathan Medalia, "Terrorist Nuclear Attacks on Seaports: Threat and Response" (Washington, D.C.: Library of Congress, Congressional Research Service, 24 de janeiro de 2005), http://www.fas.org/irp/crs/RS21293.pdf.
17. William J. Perry, "Preparing for the Next Attack", *Foreign Affairs* 80, nº 6 (novembro-dezembro de 2001).
18. Medalia, "Terrorist Nuclear Attacks on Seaports".
19. Daniel Lindley, "The Dark Side of Playing Out the War Scenario", *Chicago Tribune*, 27 de outubro de 2002, http://www.nd.edu/~dlindley/handouts/Chicago TribuneLindleyonIraqWar.htm.
20. *Making the Nation Safer: The Role of Science and Technology in Countering Terrorism*, Committee on Science and Technology for Countering Terrorism, National Research Council (Washington, D.C.: The National Academies Press, 2002), 40, http://www.nap.edu/catalog/10415.html.
21. Sam Nunn, "The Race Between Cooperation and Catastrophe", *Vital Speeches of the Day* 71, nº 12 (2 de abril de 2005), 369; e Lindley, "The Dark Side of Playing Out the War Scenario".
22. Nunn, "The Race Between Cooperation and Catastrophe".
23. Cham Dallas, Address to U. N. General Assembly, U.S. Federal News Service, 27 de março de 2006.
24. Medalia, "Terrorist Nuclear Attacks on Seaports: Threat and Response".
25. Graham Allison, "How to Stop Nuclear Terror", *Foreign Affairs* 83, nº I (janeiro-fevereiro de 2004).
26. Medalia, "Terrorist Nuclear Attacks on Seaports: Threat and Response".
27. Charles Meade and Roger Molçander", Considering the Effects of a Catastrophic Terrorist Attack" (Santa Monica, CA: RAND Corp., 2006) http://www.rand.org/pubs/technical_reports/2006/RAND_TR39I.pdf.
28. Matthew C. Weinzierl, "The Cost of Living", *National Interest* (1º de abril de 2004), 118-122.
29. Meade and Molander, "Considering the Effects of a Catastrophic Terrorist Attack".
30. Anthony Fauci, *The Diane Rehm Show*, WAMU 88.5 FM, 31 de outubro de 2001, http://www.wamu.org/programs/dr/0I/I0/#I.php;
31. Marc L. Ostfield, "Bioterrorism as a Foreign Policy Issue", *SAIS Review* 24, nº 1 (janeiro de 2004).
32. "Chemical and Biological Weapons: Possessions and Programs Past and Present", James Martin Center for Nonproliferation Studies, http://cns.miis.edu/research/cbw/possess.htm.
33. Jim A. Davis, "The loming biological warfare storm: Misconceptions and probable scenarios", *Air & Space Power Journal* (1º de abril de 2003), 57-67.
34. Ibid.
35. Mark G. Polyak, "The Threat of Agroterrorism: Economics of Bioterrorism", *Georgetown Journal of International Affairs* 5, nº 2 (julho de 2004).

36. Robert J. Leggiadro, "Bioterrorism: A Clinical Reality", *Pediatric Annals* 36, n° 6 (junho de 2007).
37. Davis, "The loming biological warfare storm".
38. Robert Lenzner and Nathan Vardi, "Catching the Bad Bug", (16 de agosto de 2004).
39. Davis, "The loming biological warfare storm".
40. *Public health response to biological and chemical weapons: WHO guidance*, World Health Organization (2004), http://www.who.int/csr/delibepidemics/biochemguide/en/index.html.
41. Breanne Wagner, "Germ Warfare: Agencies scramble to create vaccine market", National Defense Industrial Association, 1º de junho de 2005, http://www.thefreelibrary.com/Germ+warfare: +agencies+scramble+to+create+vaccine+market.-a0165192805.
42. F. Fenner, D. A. Henderson, I, Arita, Z. Jezek, e I. D. Ladnyi, "Smallpox and its Eradication", World Health Organization, 1988.
43. Laurie Garrett, "The Nightmare of Bioterrorism", *Foreign Affairs* 80, n° I (janeiro-fevereiro de 2001).
44. A QAP é uma organização terrorista sunita, localizada principalmente na Arábia Saudita. Ela era chamada Al Qaeda e se diz subordinada a esse grupo e a Osama bin Laden. Como a Al Qaeda, ela se opõe à monarquia saudita. O grupo é suspeito de inúmeros assassinatos em massa na Arábia Saudita, o sequestro e o assassinato de Paul Johnson em Riad, e de detonar bombas em Doha, no Qatar, em março de 2005.
45. "Bin Laden calls for regime change in Saudi Arábia, Egypt", *Al Bawaba*, May 5, 2007, http://www.albawaba.com/en/countries/Egypt/2I4789.
46. Thomas Hegghammer, "Terrorist Recruitment and Radicalization in Saudi Arabia", *Middle East Policy Council* I3, n° 4 (inverno de 2006), http://www.mil.no/multimedia/archive00087/Terrorist_Recruitment_87543a.pdf.
47. John C.K. Daly, "Saudi"Black Gold': Will Terrorism Deny The west Its Fix?" *Terrorism Monitor* (4 de dezembro de 2003), http://www.jamestown.org/terrorism/news/uploads/ter_00I_007.pdf.
48. Ibid.
49. Andrew England, "Saudis set up force to guard oil plants", *Financial Times*, 27 de agosto de 2007.
50. Vincent Cable, "The economic consequences of war", *Observer*, 2 de fevereiro de 2003, http://www.observer.guardian.co.uk/iraq/story/0,,886596,00.html.
51. Ibid.
52. Danielk L. Byman, "The Implications of Leadership Change in the Arab World", *Political Science Quaterly*, 120, no. 1 (abril de 2005).
53. Ibid.
54. James Steinberg, Robert Litan, Stephen Cohen, James Lindsay, "America's New War Against Terrorism", The Brookings Institution, 14 de setembro de 2001, http://www.beookings.edu/events/200I/09I4terrorism.aspx.

55. Phil Gordon, "If Pakistan prospers, al-Qaeda won't", *Financial Times*, julho de 2007.

56. Talha Khubaib, "Afghan failure may lead to regime change in Pakistan: UK generals", *Daily Times* (Pakistan), 16 de julho de 2007, http://www.dailytimes.com.pk/default.asp?page=2007%5C07%5CI6%5Cstory_I"-7-2007_pg1_8.

57. "Pakistan, China to set up free trade area", *China Daily*, 26 de dezembro de 2005, http://www.chinadaily.com.cn/english/doc/2004-I2/26/content_403376.htm.

58. "What Is Nanotechnology?" National Nanotechnology Initiative, http://www.nano.gov/html/facts/whatIsNano.html.

59. Michael Deal, "Nanotechnology", Stanford University Nanofabrication Facility, http://snf.stanford.edu/EducationOverview.html.

60. "Unlocking the smallest secrets", *San Francisco Chronicle*, 1º de fevereiro de 2004.

61. M. C. Roco, "International Perspective on Govenment Nanotechnology Funding in 2005", *Journal of Nanoparticle Research* 7, no. 6 (2005), http://www.nsf.gov/.

62. "Applications/Products", National Nanotechnology Initiative, http://www.nano.gov/html/facts/appsprod.html.

63. Gary, Thayer, Fred Roach, e Lori Dauelsberg, "Estimated Energy Saving and Financial Impacts of Nanomaterials by Design on Selected Applications in the Chemical Industry". Los Alamos National Laboratory, março de 2006; "Nanomaterials to 2008" (Study #I887, Freedonia Group, 1º de janeiro de 2005); and "Nanotechnology: Designs for the Future", *ACM:Ubiquity* (2002), http://www.acm.org/ubiquity/interviews/r_merkle_I.html.

64. Thayer, et al., "Estimated Energy Savings"; and Freedonia Group, "Nanotechnology: Designs for the Future".

65. Roco, "International Perspective on Govenment Nanotechnology Funding in 2005".

66. Michael Berger, "Nanotechnology Could Clean up the Hydrogen Car's Dirty Little Secret", *Nanowerk*, 19 de julho de 2007.

67. Tom Bearden, "Interview: Nobel Prize Winner Dr. Richard Smalley", *Online NewsHour*, PBS, 20 de outubro de 2003, http://www.pbs.org/newshour/science/hydrogen/smalley.html.

68. Thayer, et. al., "Estimated Energy Savings".

69. Ibid.

70. Berger, "Nanotechnology Could Clean up the Hydrogen Car's Dirty Little Secret".

71. George Whitesides, "The Once and Future Nanomachine", *Scientific American* (setembro de 2001); e "Interview:Uzi Landman", *Georgia Tech Alumni Magazine Online*, Spring 2005, http://gtalumni.org/Publications/magazine/spr05/campaign.html.

72. "Nanotechnology: Designs for ther Future".
73. David Pescovitz, "Nanoscience's Master Mechanic", *ScienceMatters@Berkeley* 2, nº II)(maio de 2005).
74. "Unlocking the smallest secrets".
75. Rocky Rawstern, "All About Bootstrapping", Nanotechnology Now (novembro de 2003), http://www.nanotech-now.com/CRN-interview-II082003.htm.
76. "Interviews-Martina McGloughlin", *Harvest of Fear*, PBS, 2001, http://www.pbs.org/wgbh/harvest/interviews/mcgloughlin.html.
77. "ISB's Ruedi Aebersold on the Challenges of Proteomics", *Science Watch* 15, nº 3 (maio-junho de 2004), http://www.sciencewatch.com/may-june2004/sw_may-june2004_page3.htm.
78. Gregory Hafy, "Report_William Haseltine", *Life Extension Magazine* (julho de 2002), http://www.lef.org/magazine/mag2002/jul2002_report_haseltine_01.html.
79. Ibid.; e Susan Greenfield, , "The scientist who came in from the cold", *Public Lecture* (1º de agosto de 2004), http://www.thinkers.sa.gov.au/images/Greenfield_PubLect_Transcript.pdf.
80. "Stem Cell Basics", Stem Cell Information, National Institutes of Health, http://www.stemcells.nih.gov/info/basics/basics6.asp.
81. Clive Cookson, "Stem-cell advance offers hope to people with heart failure", *Financial Times*, 27 de agosto de 2007.
82. Fahy, "Report-William Haseltine"; e "Interview with a Mad Scientist". *Daily Kos*, 6 de janeiro de 2006, http://www.dailykos.com/storyonly/2006/I/6/95I38/890I7.
83. Mark Compton, "Enhancement Genetics: Let the Games Begin", *Geneforum* (fevereiro de 2005), http://www.geneforum.org/node/55.
84. "Eric S. Lander's '14-Year Digression' with the Human Genome", *Science Watch* (março-abril de 2002), http://www.sciencewatch.com/march-april2002/sw_march-april2002_page3.htm.
85. Compton, "Enhancement Genetics".
86. Sean O'Hagen, "End of sperm report", *Observer*, 15 de setembro de 2002.
87. "Interviews-Martina Mcgloughlin"
88. Ibid.
89. Ronald Bailey, "Billions Served", *Reason* Online, abril de 2000, http://www.reason.com/news/show/27665.html.
90. *European Business Forum* nº 22 (outono de 2005).
91. Andy Beal, "Microsoft's Robert Scoble Discusses Search Engine Technology", Serach Engine Guide, http://www.searchengineguide.com/beal/2004/0204_abl.html.
92. Entrevista na OCSON, agosto de 2005.
93. Federico Biancuzzi, "Fredom, Innovation, and Convenience: The RMS Interview", Linux DevCenter.com, 22 de dezembro de 2004, http://www.linuxdevcenter.com/pub/a/linux/2004/I2/22/rms_interview.html?page+2.

94. "The End of Corporate IT", *Computerworld* 39, no. 19 (9 de maio de 2005).

95. Patrick Mannion, "Ethernet's Inventor Sounds Off", *EE Times* (11 de novembro de 2005), http://www.eetimes.com/showArticle.jhtml;jsessionid=2T 0UGPW0YOISCQSNDLOSKH0CJUNN2JVN?articleID=173601905.

96. Robert J. Shapiro, "The Internet's Capacity to Handle Fast-Rising Demand for Bandwidth", setembro de 2007, http://www.usiia.org/pubs/Demand.pdf.

97. Ann Bednarz, "Telework Thrives at AT&T", NetworkWorld.com, 19 de dezembro de 2005.

98. "Telework Trending Survey Says", WorldatWork, 8 de fevereiro de 2007, http://www.workingfromanyqhere.org/news/pr020707.html.

99. Caroline Jones, "Teleworking: The Quiet Revolution", Garner Dataquest, 14 de setembro de 2005.

100. "Wireless Unbound: The Surprising Economic Value and Untapped Potencial of the Mobile Phone", McKinsey & Company, dezembro de 2006, http://www.mckinsey.com/clientservice/telecommunications/WirelsUnbnd.pdf.

101. "The Wireless Internet Opportunity for Developing Countries", Wireless Internet Institute, novembro de 2003, http://www.firstmilesolutions.com/documents/The_Wifi_Opportunity.pdf.

102. Richard Koman, "The Next Revolution:Smart Mobs", OpenP2P, 13 de março de 2003, http://www.openp2p.com/pub/a/p2p/2003/03/13/howard.html.

103. Robert J. Shapiro, "Maintaining Contact: The Provision of International Long Distance Service for Low-Income Immigrants in the United States", dezembro de 2006, http://www.sonecon.com/.

104. "Penetration of Mobile Telephony in India & Value Added Services in Indian Mobile Telephony Market", Zinnov Research and Consulting, outubro de 2006, http://www.zinnov.com/presentation/Mobile_VAS.pdf.

105. "Penetration of Mobile Telephony in India & Value Added Services in Indian Mobile Telephony Market".

106. Robert J. Shapiro, "The Internet's Capacity to Handle Fast-Rising Demand for Bandwidth".

107. OLPC Web site, MIT Media Laboratory, http://laptop.nedia.mit.edu/.

108. One Laptop per Child Web site, http://laptop.org/en/laptop/software/.

109. "One Laptop per Child Announces Final Beta Version of Its Revolutionary XO Laptop", Business Wire, 23 de julho de 2007.

110. Hiawatha Bray, "Let the Games Begin", *Boston Globe*, 9 de junho de 2007.

111. Jim Finkle, "Non´profit may launch $350 laptop by Christmas", Reuters, 23 de julho de 2007, http://www.reuters.com/article/companyNewsAndPR/idUSN2336963020070723.

112. World Bank Group, EdStats, http://wwwI.worldbank.org/education/edstats/.

113. United Nations Conference on Trade and Developments, *World Investment Report* 2007, http://www.unctad.org/Templates/webflyer.asp?docid=900I &intItemID=436I&lang=I&mode=highlights.

114. Olga Oliker and Tanya Charlick-Paley, *Assessing Russia's Decline: Trends and Implications for the United States and the U.S Air Force* (Santa Monica, CA: RAND Corp., 2002).

115. Zbigniew Brzezinski, *Second Chance, Three Presidents and the Crisis of America Superpower* (Nova York: Basic Books, 2007), 152-153.

Índice remissivo

Abecásia (região da Geórgia), 340
Academia Nacional de Ciências dos EUA (U.S. National Academy of Sciences) (U.S.), 19-20
acidente nuclear de Three Mile Island, 429-30
Acordo Geral sobre Tarifas e Comércio (GATT), 25
Afeganistão, 337-38, 347, 422, 423-24
África
   comércio internacional, 24
   demografia, 80, 83
   globalização, 133
   mercados de energia, 48, 50, 395
   perspectivas futuras, 461
África do Sul, mercados de energia, 48
Agricultura
   biotecnologia, 449-51
   China, 206
   corporações, 149
Alemanha
   comércio internacional, 270-73

criação de emprego, 263-64
custos com assistência à saúde, 366-69, 374-78
demografia, 15-16, 17, 21-22, 73, 74, 80, 85-86, 98-99, 283
educação, 278-79
emprego, 57, 229
estado regulador, 285
força de trabalho, 89, 93, 95, 235, 264, 265-66, 278
geopolítica, 337, 338
globalização, 32, 55, 60, 188-89
imigração, 128
investimento, 272
mercados de capitais, 226
mercados de energia, 390, 404
mulheres, 265
perspectivas futuras, 467
perspectiva histórica, 261
PIB da, 262-63, 286
política, 283
preços de ações, 180

preços de moradias, 180
produtividade, 267, 268
salários, 461
sistema de bem-estar social, 263
sistema de pensão, 99, 100, 101, 102-3, 105-8, 110, 284
sistema legal, 277
Alexander II (czar da Rússia)
Alivisatos, Paul, 54, 442-43
Al-Qaeda, 52, 324, 346, 396, 423-24, 427, 431, 432, 435, 437, 467. *Veja também* terrorismo islâmico; terrorismo nuclear; terrorismo
America Latina. *Veja também* nações latinoamericanas especificas
   comércio internacional, 24
   demografia, 21, 75, 78, 80
   globalização, 133, 134
   inflação, 178
   mercados de capitais, 171
   perspectivas futuras, 461
   sistema de pensão, 108-9
   tecnologia de informação, 456
anarquismo, 425
Andreev, Evgeny, 240
Anthrax, bioterrorismo, 435-36
Apfel, Kenneth, 122
Arabia Saudita
   China, 400, 401
   fundamentalismo islâmico, 53, 191, 422, 437-40
   geopolítica, 331, 336
   mercados de capitais, 185
   mercados de energia, 50, 390-91, 394-96
   proliferação nuclear, 327, 328
Argelia, proliferação nuclear, 327
Argentina
   globalização, 134-35
   migração (interna), 151

Ashdown, Paddy (Lord Ashdown), 440
Ásia Central, mercados de energia, 48, 50
Ásia Oriental. *Veja* Ásia; China; Japão; outras nações asiáticas especificas
Ásia. *Veja também* China; Japão; outras nações asiáticas especificas
   China, 203, 342, 347-48, 349-51
   comércio internacional, 24, 271
   demografia, 21-22, 75-76, 80, 81
   finanças internacionais, 23-24
   inflação, 178
   mercados de energia, 49-50, 390
   sistema de pensão, 108-9
   tecnologia, 20
assassinatos, 425-26
assistência à saúde. *Veja também* demografia; sistemas de pensão; farmacêuticos; saúde pública; sistemas de bem-estar social
   Alemanha, 366-78, 374-78
   biotecnologia, 446-51
   China, 205, 220, 364, 384-88
   corporações, 147-49
   crise na, 361-64
   demografia, 17-19, 362, 369-70, 375, 382
   Estados Unidos, 122-24, 197-98, 363-64, 366-78
   França, 366-78
   globalização, 28-30, 45-47, 361-62
   Japão, 363, 364, 368, 378-84
   política, 46-47, 362, 363, 367, 377-78
   projeções de custo, 366-74
   Reino Unido, 363, 366-69, 378-84
   Rússia, 339-40
   tecnologia, 46, 53-54, 198, 361-63, 370-71, 419
   turismo medico, 157-59
assistência médica. *Veja* assistência à saúde; farmacêuticos; saúde pública

Agência Internacional de Energia Atômica, 327
ataque terrorista à cidade de Nova York, 52, 324, 427
ataque terrorista à cidade de Oklahoma, 51
ataque terrorista ao World Trade Center (Cidade de Nova York), 52, 324, 427
ataques terroristas de 11/9, 52, 324, 427
ativos intangíveis, corporações, 137, 142-45
ativos. *Veja também* mercados de capitais; investimentos
bolhas em, 179-81
intangíveis, corporações, 137, 142-45
mercados de capitais, 170-75
Austrália
preços de residências, 179, 180
sistema de pensão, 104, 109
Áustria

'baby booms' e 'baby busts', demografia, 18-19, 77-89, 83. *Veja também* demografia
Bader, Jeffrey, 347
Banco central europeu, 177
Banco Mundial, 164, 321
bancos centrais,mercados de capitais, 177, 183
bancos. *Veja* instituições financeiras; serviços financeiros
Bangladesh, migração (interna), 151
Barnett, Thomas, 325, 326
Belarus, mercados de energia, 404-5
Belgica, produtividade, 267
Bhat, P. N. Mari, 257
Bin Lade, Osama, 329, 423, 431
biotecnologia, 361-62, 446-51
bioterrorismo, 433-37
Blair, Tony, 33-34, 189, 286, 337, 380
Bloom, David, 293-94
bolha de preços de ações, 180
bolha de preços de imóveis, 179-80

Borlaug, Norman, 149, 450
Boserup, Ester, 78
Bosnia, 338, 358
botulismo, bioterrorismo, 435-36
Brasil
corporações, 140
globalização, 134
migração (interna), 151
mudança climática, 408
Brin, Sergey, 199
Brown, Gordon, 337
Brown, Harold, 349
Brzezinski, Zbigniew, 467
Bulgária, mercados de energia, 404
Bush, George W., 330, 338
Bush, George W., 112, 122, 200, 329, 332, 335, 336, 349, 410, 450, 464

Caldera Rodríguez, Rafael, 396
Calderon, Felipe, 135
Camboja, 336
Canadá, 48, 140, 392, 396
Canning, David, 293-94
capital. *Veja* globalização; investimento; economia de mercado
Carr, Nicholas, 452
Carter Jimmy, 81
células a combustível (hidrogênio), 49, 444-45
Centro de Prevenção e Controle de Doenças (CDC), 434, 436
cerco de estado-nação, terrorismo 437-40
Chavez, Hugo, 396
Chechênia, 330, 338
Chernobyl, acidente nuclear na Ucrânia, 429-30
China Daily (jornal), 221
China, 201-23
agricultura, 206
Arábia Saudita, 400-1
ciclo econômico, 211-12

comércio internacional, 24, 81, 165, 169, 220-22, 271, 345-46, 350
competição, 30
Coreia, 300-1
corporações, 140, 207
criação de emprego, 222
custos de assistência à saúde, 204, 220, 363-64, 384-88
demografia, 60-61, 75-76, 86-88, 96-97, 114, 119, 203, 213, 387, 459
desigualdade, 204, 208, 213
direitos de propriedade intelectual, 215, 220
economia de mercado, 129-31
educação, 156-57
empresas estatais, 26, 210, 220, 223, 343
estado regulador, 36, 217
Estados Unidos, 181-89, 211-12, 342-54
estrutura de classes, 132
exportações, 164-65, 169, 220-21
força de trabalho, 96-97, 201, 214-16, 220, 344
fundamentalismo islâmico, 346
gastos militares, 17, 347, 348-50, 352
geopolítica, 37, 38-43, 67-68, 212, 324, 330, 342-54, 399-406
globalização, 16-17, 35, 60, 131, 133, 193-94, 200-23, 258, 262
infraestrutura, 65-66, 131, 209-11, 215, 219-20
instituições financeiras, 64, 119, 196, 215
investimento em, 32-33, 202-3, 207, 209-10, 226, 243, 272, 351-52, 460
Japão, 59, 350, 351-53, 402
manufaturas, 193-95, 208-10, 221-22
mercados de capitais, 172, 174-76, 181, 182, 183, 184-88
mercados de energia, 47, 48-49, 50, 53, 365, 390, 396-97, 398-403, 439
migração (interna), 151, 207

mudança climática, 406, 407-8, 409-10, 413-15
nacionalismo, 326, 346
Organização Mundial do Comércio (OMC), 25-26, 27, 329
perspectivas futuras, 460, 465-67, 468
pobreza na, 36, 204, 208-9
política, 64-64, 205-8, 211-12, 213, 218-20, 222-23, 342-45, 353-54
poluição meioambiental, 216
produção e consumo doméstico, 194-96, 210, 212-13, 221
produtividade, 222
proliferação nuclear, 329, 346-48
Rússia, 350-51
salários, 130, 132, 157, 165, 221
saúde pública, 87-88
sistema de bem-estar social, 65, 196, 205, 213, 219-21
sistema de pensão, 114-20, 213, 220
sistema legal, 211, 220
Taiwan, 346-48
taxas de poupança, 201, 212, 220, 386
tecnologia de informação, 144, 233-34, 319
tecnologia, 20, 207, 334-35
vantagens da 60-69, 201, 220
Chirac, Jacques, 112
choques de petróleo, mercados de energia, 394-99
Chun Doo Hwan, 302-3, 307-8
Ciclo de negocis, China, 211-12
Clark, Don, 52
Clinton, William J., 112, 122, 189, 329-30, 338
Clube de Paris, 321
Cohen, Stephen, 439
Comércio internacional. *Veja também* mercados de capitais; mercados de energia; globalização; investimento
África, 24

Índice remissivo   499

mercados de capitais, 181-89
China, 24, 81, 164, 169, 201-3, 220-22, 271, 345-46, 350
Guerra Fria, 24, 81, 224
Europa, 24, 31, 224, 270-73
Alemanha, 270-73
perspectiva histórica, 127-30, 204-5
Índia, 24, 81
Irlanda, 296-97
Itália, 224
Japão, 24, 224, 271
América Latina, 24
protecionismo, 189-91
taxas de 126, 128
Coréia do Sul, 303-6, 313
Reino Unido, 224, 270-73
Estados Unidos, 24, 80-82, 128, 198-200, 211-12, 223-36, 270, 318
guerra, 40, 327-28
competição
    comércio internacional, 126-27
    emprego, 30-31
    inflação, 178-79
    investimento, 32-33
    preços, 165-67
    salários, 163-66
comunismo, China, 206, 219. *Veja também* Guerra Fria; geopolítica; União Soviética.
consequências não intencionais, geopolítica, 336
construção de nação, 358
consumo doméstico,
    China, 194-95, 211, 212-13, 221
    Coreia do Sul, 303, 307
controle de natalidade, 82
controle do estado, terrorismo, 437-41
Coreia do Norte
    geopolítica, 331
    comércio internacional, 81
    proliferação nuclear, 327, 329, 331, 347

Coreia do Sul,
    comércio internacional, 303-5, 313
    competição, 30-31
    consumo doméstico, 303, 307
    corporações, 140, 305
    demografia, 21, 81, 310-12
    educação, 279, 306-7, 312
    emprego, 310-11
    Estados Unidos, 302, 350-51
    força de trabalho, 306, 310-13
    geopolítica, 39
    globalização, 262, 300-15
    igualdade, 307
    infraestrutura, 301
    inovação, 308
    investimento, 300, 305, 308-9, 312
    migração (interna), 151
    modernização, 236, 302-4
    mulheres, 312
    pensões, 311-12
    perspectiva histórica, 300-3
    perspectivas futuras, 310-15
    PIB, 301, 304
    política, 287, 300-7
    produtividade, 312
    reformas, 307-8, 310
    salários, 301
    taxas de crescimento, 310
    tecnologia de informação, 308, 312-13
Coreia. *Veja* Coreia do Norte: Coreia do Sul
corporações
    China, 140, 207
    Coreia do Sul, 140, 305
    estado regulador, 141, 145-48
    Estados Unidos, 200, 227-29, 234-36
    globalização, 126, 131, 135-51
    manufaturas, 148
    multinacional. 24, 135-51
corporações multinacionais
    Estados Unidos, 24
    globalização, 135-51

cosmopolitanismo, corporações, 138
Cotis, Jean Philippe, 286
Courtois, Jean-Philippe, 451
Criação de emprego
   Alemanha, 264
   China, 222
   Estados Unidos, 196-97, 229, 264
   França, 264, 283-84
   globalização, 167-70
   impostos sobre folha de pagamento, 95
   Itália, 263
   Japão, 264
   Reino Unido, 265
Crise financeira da Ásia (1997-1998), 129, 133, 178, 329
Cuba, 24, 81, 331
culto Aum Shinrikyo, 51, 431
custos trabalhistas, impostos sobre folha de pagamento, 95-96. *Veja também* emprego,
Cutler, David, 382

debate sobre elevação do preço do petróleo, mercados de energia, 391-94. *Veja também* mercados de energia
demografia, 71-124. *Veja também* envelhecimento; assistência à saúde; sistemas de pensão; saúde pública; sistemas de bem-estar social
   África, 80, 83
   Alemanha, 16, 17, 21, 73, 74, 80, 85-86, 98-99, 283
   América Latina, 21, 75, 78, 80
   'baby booms', 75-83
   biotecnologia, 449-51
   China, 60, 75-76, 86-88, 96-97, 114-15, 118-19, 203, 213, 387, 458-59
   Coréia do Sul, 21, 81, 310-12
   custos com assistência à saúde, 361, 367-70, 375, 382-83
   estado regulador, 20, 94-96
   Estados Unidos, 74-75, 80, 81-82, 84, 85, 91, 98-99, 458-59
   Europa, 283
   força de trabalho, 21-24, 88-97
   França, 16, 17, 21, 73, 74, 80, 86, 98
   Índia, 256-57
   interações da, 54-69
   investimento, 81-82
   Irlanda, 21, 86, 293
   Itália, 74, 85, 98, 283
   Japão, 16, 21-22, 55, 73, 80, 82, 85, 98-99, 113, 283, 382
   manufaturas, 20
   perspectiva histórica, 13-15
   perspectivas futuras, 457-60
   planejamento familiar, 15
   política, 21-22, 74-76
   produtividade, 20, 266-68
   ramificações econômicas da, 17-22
   Reino Unido, 74, 85, 98
   Rússia, 42, 83, 239-41, 340
   saúde pública, 45-47
   sistema de pensão, 97-124
   Suécia, 85, 98-99
   Tailândia, 81
   taxas de poupança, 90-92
   tecnologia, 20
   visão geral, 71-76
Deng Xiaoping, 62, 206
desemprego. *Veja* desemprego; força de trabalho
desigualdade. *Veja também* estrutura de classe
   China, 203-4, 208, 213-14
   Coreia do Sul, 307
   Coréia, 307
   globalização, 43-45, 168-69
   perspectivas futuras, 464

Dinamarca, 73, 109, 126
direitos de propriedade intelectual
　China, 215, 220
　corporações, 137, 141-45
　geopolítica, 38-39, 41, 186
　Índia, 250-51
　OMIP (WIPO), 38-39, 251, 321
Dobbins, James, 358
Driscoll, John, 30

economia de mercado. *Veja também* mercados de capitais; investimento
　China, 61-65, 130-31
　corporações, 135-37
　América Latina, 134-35
　Rússia, 141-42
　Organização Mundial do Comércio, 129-30
educação
　Alemanha, 278-79
　China, 156-57
　Coreia do Sul, 279, 306-7, 312
　demografia, 21-22
　Estados Unidos, 235, 278-80
　França, 278-80
　gastos públicos com, 131, 132, 278-79
　Índia, 248-50
　Irlanda, 291-93
　Japão, 278-80
　Reino Unido, 278-79, 287
　Rússia, 240
　Suécia, 279
　terceirização, 156-58, 159
Egito, 151, 327, 328
Eigler, Don, 445
Eisenhower, Dwight D., 186, 328
Emirados Árabes Unidos, mercados de energia, 395
empreendedorismo, 56-57. *Veja também* inovação

emprego. *Veja também* salários; força de trabalho
　Alemanha, 57, 264
　Ásia Oriental, 24-25
　competição, 30-31
　Coreia do Sul, 310-11
　demografia, 81-83
　Estados Unidos, 27, 34-34, 167, 228-31
　Europa, 100, 264
　França, 57, 229, 264
　globalização, 27-31, 34-35
　investimento, 167-68
　Irlanda, 33
　Japão, 229, 264
　Organização Mundial do Comércio (OMC), 25-27
　Rússia, 237
　Suécia, 229
　tecnologia, 20
　terceirização, 126-27, 151-63
empresas estatais
　China, 210, 220, 223, 343
　Coreia (chaebols), 307-8, 310
　globalização, 25-26
　mercados de energia, 391
energia elétrica, Índia, 244-45
Engels, Friedrich, 147
envelhecimento. *Veja também* demografia; assistência à saúde, sistemas de pensão; saúde pública; sistemas de bem-estar social
　China, 87-88
　custos com assistência à saúde, 367-70
　demografia, 13-14, 15, 17, 19, 21-24
　saúde pública, 45-47
　sistema de pensão, 97-124
epidemia de influenza (1918-1919), 17, 77, 191
epidemia de influenza na Espanha (1918-1919), 17, 77, 191

Eslováquia, mercados de energia, 404
Espanha, 110, 157, 180, 427
estado de bem-estar. *Veja* assistência à saúde; sistemas de pensão; saúde pública; sistemas de bem-estar social
estado regulador. *Veja também* sistemas legais; políticas; sistemas de bem-estar social
   Alemanha, 285
   China, 36, 217
   corporações, 141, 146-47
   demografia, 19-20, 94-95
   Estados Unidos, 172-74
   Europa, 135, 187-89, 277
   França, 285-86
   globalização, 55-57
   Índia, 243
   Japão, 164, 275, 276-78
   protecionismo, 189-90
   Suécia, 285
   terceirização, 152-55
Estados Unidos
   assistência à saúde, 122-23, 197-98, 363-64, 366-78
   China, 181-89, 211-12, 342-54
   comandos militares, 335
   comércio internacional, 24, 80-81, 128, 199-200, 212, 223-36, 270, 318
   Coreia do Sul, 302, 350-51
   criação de emprego, 196-97, 229, 264
   demografia, 74-75, 80, 81-82, 84, 85, 91, 98-99, 458-59
   educação, 235, 278-80
   emprego, 27, 34-35, 167, 228-31
   estado regulador, 172-74
   finanças internacionais, 23-25
   força de trabalho, 199, 228, 229, 265
   gastos militares, 321-23, 351, 441-42
   geopolítica, 37, 38-43, 200, 317-24, 329-36
   globalização, 15-17, 32, 33-35, 60, 196-200, 225-36
   guerra contra o terrorismo, 419-24
   Guerra do Iraque, 354-59
   imigração, 20, 84, 85, 199, 231
   inovação, 193, 318-19, 440-42
   investimento, 281
   Japão, 352
   mercados de capitais, 177-74, 180-89, 193, 199-200, 212, 226
   mercados de energia, 48, 50, 198-99, 393-94, 396-98, 439
   mudança climática, 406, 407-9, 413-15
   mulheres, 265
   nacionalismo, 326
   perspectiva histórica, 194, 223-25
   perspectivas futuras, 458, 463-68
   PIB dos, 262
   política, 218, 319-21, 338, 356, 357-59
   preços de ações, 180
   preços de imóveis, 179
   produção e consumo doméstico, 224
   produtividade, 56, 234-36, 277, 461
   proliferação nuclear, 329
   Rússia, 338-42
   salários, 130, 224, 228, 262-63, 461
   segurança nacional, 321, 336
   sistema de pensão, 74-75, 100, 103, 104, 111, 120-23, 197-98
   sistema de Previdência Social, 74-75
   sistemas de bem-estar social, 74-75
   status de superpotência, 317-24, 328-36, 464-68
   taxas de juros, 177, 185, 212
   taxas de poupança, 181, 199
   tecnologia de informação, 229-32, 318-19
   tecnologia, 20, 34-35, 197, 230-32, 233-35
   terceirização, 154, 155
   vantagens dos, 198-200, 227-36

Estoque just-in-time, 138
estratégia 'cap-and-trade', mudança climática, 411-13, 414
estratégia de impostos sobre o carbono, mudança climática, 412, 414
estrutura de classe. *Veja também* desigualdade
China, 132
globalização, 43-45, 133-35
Europa. *Veja também* União Europeia; nações européias especificas
comércio internacional, 24, 224, 270-73
consumo, 187
corporações, 139-40
demografia, 16, 55, 73-74, 80, 82, 84, 86, 98-99, 283
economia de mercado, 134
emprego, 263-64
estado regulador, 135, 187-89, 277
força de trabalho, 89-97, 235, 263-66
geopolíticas, 42, 323-24, 337-38
globalização, 32-33, 54-61, 261-63, 270-73
imigração, 84, 126, 286
inovação, 269-70
investimento, 32, 272
mercados de capitais, 172-73, 174
mercados de energia, 341, 389-90, 403-5
nacionalismo, 326
perspectivas futuras, 280-90, 459
problemas da, 263-73
produtividade, 56, 265-69
salários, 224
setores de serviço, 284
sistema de bem-estar social, 198, 263-65
sistema de pensão, 100-11, 284
tecnologia de informação, 229-31
tecnologia, 20
Europa Central, demografia, 80

Europa Oriental. *Veja também* nações especificas da Europa Oriental
comércio internacional, 24
demografia, 80
mercados de energia, 341
expectativa de vida, demografia, 17-19, 81-84. *Veja também* demografia

Fanáticos da Judeia, 424-25, 426
farmacêuticos. *Veja também* assistência à saúde; saúde pública
corporações, 148
globalização, 361-63
Índia, 250-51
terceirização, 154-55
Federal Reserve Bank (U.S.), 177
finanças internacionais, Estados Unidos, 23-25
Finlândia, 59
Fischer, Joschka, 337
fontes de energia alternativas, 48-49
força de mão-de-obra. *Veja* força de trabalho.
força de trabalho. *Veja também* emprego; salários
China, 96-97, 201, 220
demografia, 21-24, 88-97
Europa, 235
França, 89, 94, 95, 235, 264, 265, 278
perspectivas futuras, 281-83
Alemanha, 89, 93, 95, 264, 265, 278
globalização, 130
imigração, 126
Índia, 242, 249-50, 252
Investimento, 167
Irlanda, 290
Itália, 89, 94, 95, 234, 264, 265
Japão, 88-97, 235, 265, 278
terceirização, 151-63

sistema de pensão, 97-124
sistemas de bem-estar social, 93-95
Coreia do Sul, 306, 310-13
Suécia, 89
Reino Unido, 89, 264-66, 278
Estados Unidos, 199, 228, 229, 265
Mulheres, 265
Organização Mundial do Comércio (OMC), 25
Foreign Policy Magazine, 351
Fox, Vincente, 134
França
   comércio internacional, 224, 270-73
   criação de emprego, 264, 283-84
   custos com assistência à saúde, 374-78
   demografia, 16, 17, 21, 73, 74, 80, 86, 98
   educação, 278-80
   emprego, 57, 229, 264
   estado regulador, 285-86
   força de trabalho, 89, 94, 95, 235, 264, 265, 278
   geopolítica, 337, 338
   globalização, 31, 55-56, 60, 188
   imigração, 126
   investimento, 272
   mercados de capitais, 226
   mercados de energia, 390, 403-4
   mulheres, 265
   perspectivas futuras, 467
   perspectiva histórica, 261
   PIB da, 262
   política, 282
   preços de ações, 180
   preços de moradias, 179
   produtividade, 267
   salários, 461
   sistema de bem-estar social, 263
   sistema de pensão, 98, 100, 101, 103, 106-8, 111, 284
   sistema legal, 277

Freeman, Richard, 152
Friedman, Thomas, 258
função consumo
   aumentos na, 179
   globalização, 127-35
   mercados de capitais, 185
função de produção, globalização, 127-35
fundamentalismo islâmico
   Arábia Saudita, 53, 191, 422-40
   captura do Estado-nação, 437-40
   China, 346
   corporações, 146
   geopolítica, 51-53
   mercados de energia, 50-51, 396
   terrorismo islâmico contrastado, 51-52
   terrorismo, 419-24
   Chechênia, 338
Fundo Monetário Internacional (FMI), 38, 177-78, 308-9, 321, 438-39
furacão Katrina, mercados de energia, 397

Gandhi, Indira, 248
Gandhi, Rajiv, 248
gás natural. *Veja* mercados de energia
gastos com defesa. *Veja* gastos militares; guerra
gastos militares, *Veja também* guerra
   China, 17, 347, 348-50, 352
   mercados de energia, 396, 397
   globalização, 17
   Rússia, 338-39
   tecnologia, 440-42
   Estados Unidos, 321-23, 351, 440-41
Gates, Bill, 57
Gates, Robert, 335
geopolítica, 317-59. *Veja também* política.
   União Soviética
   Alemanha, 337, 338
   Arábia Saudita, 331, 336

Índice remissivo 505

China, 37, 38-43, 67-68, 212, 324, 330, 342-54, 399-406
Coreia do Sul, 39
Estados Unidos, 37, 38-43, 200, 317-24, 329-36
Europa, 42, 322-24, 336-38
França, 337, 338
Fundamentalismo islâmico, 51-53
globalização, 37-43, 324-28
guerra contra o terror, 419-24
Guerra do Iraque, 354-59
interações da, 54-69
Irã, 331
Itália, 337, 338
Japão, 39, 42, 352
mercados de capitais, 183, 185-90
mercados de energia, 399-406
mudança climática, 407-15
Nacionalismo, 325-26
perspectiva histórica, 317
perspectivas futuras, 321-24
Reino Unido, 337
Rússia, 42, 330, 338-42, 399-406
terrorismo, 331
George I (rei da Grecia), 425
Georgia, Republica da, 340, 404
globalização, 125-91. *Veja também* mudança climática; comércio internacional
África, 133
Alemanha, 32, 55, 60, 188-89
América Latina, 133-34
assistência à saúde, 361-63
características da, 125-27
China, 16-17, 35, 60, 131, 133, 193-94, 200-23, 258, 262
Coreia do Sul, 262, 300-15
corporações, 135-51
criação de emprego, 167-70
desigualdade, 43-45, 168-69
empresas estatais, 25-26

estado regulador, 55-57
Estados Unidos, 15-17, 32, 33-35, 60, 195-200, 224-36
França, 31, 55-56, 60, 188-89
funções de produção e de consumo, 127-35
gastos militares, 17
geopolítica, 37-43, 324-28
impacto da, 16
Índia, 35, 169, 241-57
inflação, 178-79
interações da, 54-69
investimento, 163-89
Irlanda, 59-60, 262, 295-300
Itália, 60, 188
Japão, 31-32, 55-60, 261-63, 275-80
manufatura, 27-28
mercados de energia, 47-51, 388-99
México, 134
migração (interna), 151
mudança climática, 406-15
perspectiva histórica, 14-15
perspectivas futuras, 189-91, 280-90, 459-68
política, 24, 27, 57-59
produtividade, 29-30, 56, 284
ramificações econômicas, 23-37
Reino Unido, 32, 33-34, 189
Rússia, 236-41
saúde pública, 45-47
Suécia, 59
Taiwan, 131
tecnologia de informação, 451-57
tecnologia, 24, 258-59, 440-42
terceirização, 151-63
terrorismo, 419-24
Goldstein, Lyle, 349
Gorbachev, Mikhail, 62
Gore, Albert Arnold, Jr., 335, 408
Grã-Bretanha. *Veja* Reino Unido

Grande Depressão, 77
Grécia, mercados de energia, 404
Green, Michael, 349
Greenfield, Susan, 54
Greenspan, Alan, 168, 173, 308, 309
Guerra assimétrica, 330-31, 332, 418. *Veja também* terrorismo
Guerra do Golfo Pérsico (1990-1991), 338
Guerra do Iraque, 329, 330-31
   financiamento da, 109
   geopolítica, 354-59
   Japão, 352, 355
   terrorismo, 423-24
Guerra do Vietnã, Coreia, 305
Guerra fria. *Veja também* geopolítica
   combates, 40
   comércio internacional, 24, 81, 224
   Estados Unidos, 224
   Europa, 323-24
guerra nuclear
   China, 347-49
   geopolítica, 324
guerra preventiva, 355-59
guerra. *Veja também* gastos militares
   assimétrica, 330-31, 332, 418
   comércio internacional, 40, 324-28
   Estados Unidos, 37, 109
   geopolítica, 39-40, 324-28
   guerra cibernética, 333-35
   tecnologia, 332-35

Haiti, 329
Hale, David, 210
Hamas, 423
Harvard Business Review, 452
Haseltine, William, 54
Hegghammer, Thomas, 437
Hezbollah, 423
Holanda, 126, 139, 140

horas de trabalho, produtividade, 265-67
Hu Jintao, 219-20, 345, 354
Hungria, 238, 404
Hussein, Saddam, 329, 339

igualdade. *Veja também* estrutura; desigualdade
Iijima, Sumio, 54
imigração. *Veja também* migração (interna)
   demografia, 16
   Estados Unidos, 20, 84, 85, 199, 231
   Europa, 84, 126, 286
   Irlanda, 298
   migração interna, globalização, 151
   terceirização, 157
impostos sobre folha de pagamento
   custos de mão-de-obra, 95-96
   Estados Unidos, 121-22, 123
   França, 282
Impostos sobre valor adicionado (VATs), 99, 382, 384
impostos. *Veja* estado regulador
Índia
   comércio internacional, 24, 81
   corporações, 140
   demografia, 256-57
   direitos de propriedade intelectual, 250-51
   educação, 248-50
   empresas estatais, 26
   energia elétrica, 244-45
   estado regulador, 243
   farmacêuticos, 250-51
   força de trabalho, 242, 249-50, 252
   globalização, 35, 169, 241-57
   indústria automobilística, 247-48
   indústria de cinema, 253-55
   infraestrutura, 243-45
   investimento em, 243, 246-47

Índice remissivo 507

mercados de capitais, 183
mercados de energia, 47, 48, 390
migração (interna), 151
mudança climática, 408, 410
Organização Mundial do Comércio (OMC), 25
política, 242-43, 244-46
proliferação nuclear, 326, 327-28
salários, 130, 157, 242
sistema legal, 244, 256
tecnologia de informação, 233-34, 251-53
tecnologia, 241, 249-53
terceirização, 156, 161, 256
Indonésia, migração (interna), 151
indústria automobilística
   globalização, 23
   Índia, 247-48
   mudança de clima, 410-12, 415
   nanotecnologia, 444
indústria cinematográfica, Índia, 253-55
indústria do aço, Rússia, 239
inflação, globalização, 178-79, 462
infraestrutura
   China, 65-66, 131, 209-11, 215, 219-20
   Coreia do Sul, 301
   globalização, 131
   Índia, 243-45
Inglaterra. *Veja* Reino Unido
Inovação
   Coreia do Sul, 308
   corporações, 143
   Estados Unidos, 193, 318-19, 440-42
   Europa, 269-70
   Japão, 269-70, 275-76
   perspectivas futuras, 281-82
   tecnologia, 53-54, 418-19, 440-57
instituições financeiras
   mercados de capitais, 171-73, 177, 182-83
   China, 64, 119, 196, 215
   Japão, 288

International Energy Agency (Agência Internacional de Energia) (Paris, França), 395, 397
Internet. *Veja* tecnologia de informação
investimento estrangeiro direto. *Veja* investimento
Investimento estrangeiro. *Veja* investimento
Investimento. *Veja também* mercados de capitais
   Alemanha, 272
   China, 32-33, 202-3, 207, 209-10, 226, 243, 272, 351-52, 460
   Coreia do Sul, 300, 305, 308-9, 312
   demografia, 81-82
   Europa, 32, 272
   força de trabalho, 167
   globalização, 163-89
   Hungria, 238
   Índia, 243, 246-47
   Irlanda, 291, 292
   Japão, 273-76, 288
   mercados de capitais, 170-89
   mercados de energia, 390-92
   Organização Mundial do Comércio (OMC), 25-27
   perspectivas futuras, 281
   Pesquisa e desenvolvimento, 230-33
   Polônia, 243
   protecionismo, 190
   Reino Unido, 272
   República Tcheca, 238
   Rússia, 237-38, 239, 339
   salários, 163-66, 169
   terrorismo, 426
Irã
   geopolítica, 330-31
   Guerra do Iraque, 336
   mercados de energia, 51, 395, 439
Irlanda, 290-300, 314
   comércio internacional, 296-97
   demografia, 21, 86, 293
   educação, 291-93

emprego, 229
força de trabalho, 290
globalização, 59-60, 262, 295-300
imigração, 298
investimento em, 291, 292
mercados de energia, 390
orçamentos, 294-96
perspectivas futuras, 460
PIB da, 290-91
política, 291-93
produtividade, 298-99
salários, 291
serviços financeiros, 297
sistema de pensão, 100, 101, 104, 110-11, 298-99
tecnologia, 293, 295-97
terceirização, 156
terrorismo, 426
Islã sunita, 420-22, 438
Islã Xiita, 420-23, 438
Israel, 155, 426
Italia
  comércio internacional, 224
  criação de emprego, 263
  demografia, 74, 85, 98, 283
  força de trabalho, 89, 94, 95, 234, 264, 265
  geopolítica, 337, 338
  globalização, 60, 188
  mercados de energia, 403
  mulheres, 265
  preços de ações, 180
  sistema de bem-estar social, 263
  sistema de pensão, 99, 101, 102-3, 106-7, 110
  terrorismo, 427

Japão
  China, 59, 350, 351-53, 402
  colapso da bolha econômica (anos 1990), 287
  comércio internacional, 24, 224, 27[1]
  consumo, 188
  criação de emprego, 264
  custos com assistência à saúde, 363, 368, 378-84
  demografia, 16, 21-22, 55, 73, 80, 82, 85, 98-99, 113, 283, 382
  educação, 278-80
  emprego, 229, 264
  estado regulador, 164, 275, 276-78
  Estados Unidos, 352
  força de trabalho, 88-97, 235, 265, 278
  geopolítica, 39, 42, 352
  globalização, 31-32, 55-60, 261-63, 275-80
  Guerra do Iraque, 355
  inovação, 269-70, 275-76
  instituições financeiras, 288
  investimento, 273-76, 288
  manufaturas, 193-95
  mercados de capitais, 171-73, 174, 186
  mercados de energia, 341, 397, 398
  mulheres, 265
  nacionalismo, 326
  ocupação da Coreia, 300
  perspectiva histórica, 261
  perspectivas futuras, 280-90, 287-90, 459
  PIB, 262, 276
  política, 287-89
  preços de imóveis, 180
  problemas do, 273-80
  produtividade, 56, 236, 265-70, 275
  protecionismo, 273-76
  salários, 461
  sistema de pensão, 99, 101, 102-3, 109, 111-14
  sistema legal, 273-76
  tecnologia de informação, 229-31
  tecnologia, 20, 289
  terrorismo no, 51, 430

Jay, John, 40
Jiang Zemin, 63, 207
Jin Guilian, 385
Johnston, Alastair Iain, 350
Jones, Stephen, 450
Jordânia, proliferação nuclear, 327
Juengst, Eric, 449
Julius, Deanne, 178

Kamiya, Matake, 352
Kant, Immanuel, 441
Katrina (furacão), mercados de energia, 397
Kennedy, John F., 302
Kennedy, Paul, 322
Kerry, John, 152
Khan, Salman, 253-54
Kim Dae-Jung, 303, 309
Kim Jong-Pil, 302
Kim Woo-Jung, 310
Kim Young Sam, 303
Kohler, Horst, 169
Koizumi, Junichiro, 32, 112, 186, 288
Kokubun, Ryosei, 206, 289
Kosovo, 338, 358
Krugman, Paul, 222
Kuwait, mercados de energia, 390, 395
Kuznets, Simon, 78

Lander, Eric, 449
Lau Nai-keung, 211-12
lei Shira, 145
leis trabalhistas. *Veja* estado regulador
Lenin, V. I., 63
Li Peng, 354
Líbano, 423
limites de emissão de dióxido de carbono, 408-9, 410-11

língua, terceirização, 159-60
Lombardi, Ann, 158
Lopez, T. Joseph, 336
Lotvin, Alan, 45-46
Lucros
corporações, 135-37
investimento, 167
Lula da Silva, Luiz Inacio, 135
Luo Gan, 219, 354
Luxemburgo, produtividade, 267

Machiavelli, Niccolo, 118
Malasia, 130, 243
Malthus, Thomas, 19, 78, 80
manufaturas
China, 193-95, 208-10, 221-22
corporações, 148
demografia, 20
globalização, 27-28
Japão, 193-95
perspectiva histórica, 194
salários, 164
terceirização, 155
Mao Tse Tung, 20, 62, 63
Marx, Karl, 147
massacre de Kwangju, 303, 307
McKinley, William, 425
McVeigh, Timothy, 51
megacorporações. *Veja* corporações, corporações multinacionais
mercados de capitais. *Veja também* globalização; investimento; economia de mercado
America Latina, 171
Arábia Saudita, 185
China, 172, 174-76, 181, 182, 183, 184-88, 201-3
Estados Unidos, 171-74, 180-89, 193, 199-200, 212, 226

França, 226
globalização, 170-81
Índia, 183
Japão, 171-73, 174, 186
protecionismo, 189-90
Reino Unido, 173, 226
mercados de energia, 388-406. *Veja também* países exportadores de petróleo
África, 48
Alemanha, 390, 404
Arábia Saudita, 50, 390-91, 394-96
China, 47, 48-49, 50, 53, 365, 390, 396-97, 398-403, 439
corporações, 148
crise nos, 364-65
Estados Unidos, 48, 50, 198-99, 393-94, 396-98, 439
Forças de oferta e de demanda, 388-94
França, 390, 404
fundamentalismo islâmico, 437-40
gastos militares, 396, 397
geopolítica, 399-406
globalização, 47-51, 53
Hungria, 404
Índia, 47, 48, 390
Irã, 51, 395, 439
Irlanda, 390
Itália, 403
Japão, 341, 397, 398
mercados de capitais, 185-86
México, 390, 396
nanotecnologia, 419, 442-46
preço elevados do petróleo, 391-93
Republica Tcheca, 404
Rússia, 48, 50, 141-42, 238-39, 339, 341-42, 365, 391, 403-6
segurança nacional e choques de petróleo, 394-99

tecnologia, 419, 442-46
terrorismo, 437-40
Merkel, Ângela, 377
Merkle, Ralph, 445
México
competição, 126
globalização, 134
mercados de energia, 390, 396
migração (interna), 151
salários, 130
migração (interna), globalização, 151
Moreton, Michael, 385
mudança climática, 406-15. *Veja também* poluição no meioambiente
China, 406, 408, 410, 413-15
ciência da, 406-7
crise na, 365
Estados Unidos, 406, 407-9, 413-15
estratégia 'cap-and-trade', 411-13
estratégia imposto sobre carbono, 412
geopolíticas, 407-11
Índia, 408, 410
liderança em, 413-15
mercados de energia, 47-51, 148
segurança nacional, 336
tecnologia, 408-11
mudança de regime, 355-59
mulheres
Alemanha, 265
Coreia do Sul, 312
demografia, 81-82
Estados Unidos, 265
força de trabalho, 265
França, 265
Itália, 265
Japão, 265
Reino Unido, 265
mundo livre, comércio internacional, 24
Mushraff, Pervez, 439

Nacionalismo
 China, 326, 346
 Estados Unidos, 326
 Geopolítica, 325-26
 Japão, 326
Nações Unidas, 19, 338
 China, 399
 Guerra do Iraque, 355-56
 mudança climática, 406
 não proliferação. *Veja* proliferação nuclear
National Institutes of Health (Instituto Nacional de Saúde dos EUA), 448
The New York Times (jornal), 371, 385
Nigeria, mercados de energia, 50, 395
Noruega, 267, 395
Nye, Joseph, 353

Okada, Motoya, 352
Organização de Cooperação Econômica da Ásia do Pacifico (APEC), 38
Organização do Tratado do Atlântico Norte (Otan), 323, 329, 338, 339, 358
Organização dos países Exportadores de Petróleo (OPEP), 23, 394, 395, 399, 427
Organização Mundial de Comércio (OMC), 14
 estabelecimento da, 25-26, 129-30
 Estados Unidos, 321, 329
 geopolítica, 37, 39, 338
 impacto da, 25-28
 Índia, 251
Organização Mundial de Propriedade Intelectual (OMPI), 38-39, 251, 321
Organização Mundial de Saúde (OMS), 386, 436
Oriente Médio. *Veja também* nações especificas do Oriente Médio
 China, 399-406
 Estados Unidos, 329-30

 mercados de energia, 48, 49-50, 365
 proliferação nuclear, 327
 terrorismo, 419-24
Ossétia do Sul (região da Georgia), 340

Pacto de Varsóvia, 323, 329, 339
padrões de eficiência com combustível, 139
países exportadores de petróleo. *Veja também* mercados de energia
 China, 399-406
 mercados de capitais, 182, 185, 186
 Rússia, 238
 segurança energética, 394-99
Paquistão
Park Chung-Lee, 301, 302, 305, 307
pesquisa com células-tronco, 449-50
pesquisa com embriões de células-tronco, 449-50
pesquisa e desenvolvimento. *Veja* tecnologia de informação; tecnologia
Peste Negra, 72
Petróleo. *Veja* mercados de energia; países exportadores de petróleo
Petroleum Intelligence Weekly (revista), 390
Phoenix, Chris, 446
Pincus, Gregory, 82
planejamento familiar, demografia, 15
planta de energia nuclear Indian Point (New York), 429
política. *Veja também* estrutura de classes; geopolítica; desigualdade; sistemas legais; estado regulador; sistemas de bem-estar social
 assistência à saúde, 46-47, 362, 363, 367, 377-78, 381, 386-87
 China, 62-64, 205-8, 211-12, 213, 218-20, 222-23, 242-45, 353-54

Coreia do Sul, 287, 300-7
demografia, 21-22, 74-76
Estados Unidos, 218, 319-21, 338, 356, 357-59
França, 282
globalização, 24, 27, 57-59
Índia, 242-43, 244-46
Irlanda, 291-93
Japão, 287-89
mercados de energia, 364-65, 395-98
mudança climática, 407-9, 413-15
perspectivas futuras, 464-67
terrorismo, 422-24
União Europeia, 284-85
Polônia, 157, 237, 243
poluição no meio ambiente, China, 216, 414. *Veja também* mudança climática
poluição, China, 216, 413-15
Portugal, salários, 157
preços, competição, 166-67, 178-79
Primeira Guerra Mundial, 17, 325
produtividade
   Alemanha, 267, 268
   China, 222
   Coreia do Sul, 312
   corporações, 149-50
   demografia, 20, 266-68
   Estados Unidos, 56, 234-36, 277, 461
   Europa, 56, 265-69
   França, 267
   globalização, 29-30, 56, 284
   inflação, 178-79
   Irlanda, 298-99
   Japão, 56, 236, 265-70, 175
   Reino Unido, 267
   Rússia, 239
   salários, 167-69
   tecnologia de informação, 162-63, 454-57
programação de softwares, globalização, 28-30

projeto de genoma humano, 447-48
proliferação nuclear, 325
   ameaça de, 327-28
   Arábia Saudita, 327, 328
   China, 329, 346-48
   Coreia do Norte, 331
   Estados Unidos, 329
   Índia, 326, 327-28
   Irã, 327, 328, 329, 347
   Paquistão, 326, 327, 329, 432
   perspectivas futuras, 465
   Rússia, 431-32
   Terrorismo nuclear, 428, 430-34
   União Soviética, 431-32
protecionismo
   comércio internacional, 189-91
   Coreia, 304
   Estados Unidos, 194
   Japão, 273-75
protocolos de Kyoto, 406, 414
Putin, Vladimir, 238, 241, 391, 404

Quadrennial Defense Review Report (U.S.), 330-31

Rai, Aishwarya, 253
Rao, Cherukuri Rama, 255
Reagan, Ronald, 189
Reich, Robert, 136-37
Reino Unido
   assistência à saúde, 363, 366-69, 378-84
   comércio internacional, 224, 270-73
   criação de emprego, 265
   demografia, 74, 85, 98
   educação, 278-79, 287
   emprego, 229
   força de trabalho, 89, 264-66, 278
   geopolítica, 337

globalização, 32, 33-34
Guerra do Iraque, 337-38, 354-55
investimento, 272
mercados de capitais, 173, 226
mulheres, 265
perspectiva histórica, 194, 262
perspectivas futuras, 286
PIB do, 262
preços de ações, 180
preços de imóveis, 179, 180
produtividade, 267
sistema de pensão, 98, 99, 100-2, 103, 104-6, 284
taxas de juros, 177
terceirização, 156
repressão na Praça de Tiananmen (Pequim, China), 353
Republica Tcheca
  estado regulador, 285
  globalização, 131
  investimento na, 238
  mercados de energia, 404
  modernização, 236-37
  salários, 157
  terceirização, 160
Revolução Cultural (China), 214, 223, 343
Rhee, Syngman, 302, 305
Ribeiro, Bernie, 382
Rockfeller, John D., III, 19
Roh Tae Woo, 302-3, 308
Royal, Marie-Ségolène, 286
Rubin, Robert, 308, 309
Rússia, 403-6 – *Veja também* União Soviética
  assistência à saúde, 339-40
  China, 350-51
  corporações, 140-41
  demografia, 42, 83, 239-41, 340
  economia de mercado, 141-42
  educação, 240

Estados Unidos, 338-42
gastos militares, 338-39
geopolítica, 42, 330, 338-42, 399-406
globalização, 236-41
investimento, 237-38, 239, 339
mercados de energia, 48, 50, 141-42, 238-39, 339, 341-42, 365, 391, 403-6
migração (interna), 151
perspectivas futuras, 465, 467-68
PIB, 339
preços de ações, 180
produtividade, 239
proliferação nuclear, 430-32
salários, 237
sistema de pensão, 240

salários. *Veja também* emprego; força de trabalho
  Alemanha, 461
  China, 165, 314
  consumo, 187
  França, 461
  globalização, 131, 132
  Índia, 130, 157, 242
  Investimento, 163-66
  Irlanda, 291
  Japão, 461
  manufaturas, 164
  México, 130
  perspectivas futuras, 461-63
  Polônia, 157
  Portugal, 157
  produtividade, 167-69
  Republica Tcheca, 157
  terceirização, 157
  Rússia, 237
  Coreia do Sul, 301
  Espanha, 157
  Estados Unidos, 130, 224, 228, 262-63, 461

Santorum, Rick, 122
Sarkozy, Nicholas, 31-32, 188, 282, 284
saúde pública. *Veja também* assistência à saúde; farmacêuticos
   biotecnologia, 446-51
   China, 87-88
   demografia, 18-19, 20-22, 83
   gasto publico com, 131, 132
   globalização, 29-31, 45-47
   tecnologia, 53-54, 419
Schroeder, Gerhard, 112
Schwartz, Jonathan, 451
Scoble, Robert, 451
Seattle, Washington, protestos em, 39
Segunda Guerra Mundial, 77, 355
segurança nacional
   Estados Unidos, 321, 336
   mercados de energia, 394-99
Sen, Amartya, 257
Service Employees International Union, 168
serviços financeiros
   corporações, 147, 150
   Estados Unidos, 23-24, 193
   Irlanda, 297
   Terceirização, 152-55, 159-60
setores de serviço
   Europa, 284
   Globalização, 27-29
   terceirização, 154-57
Shunguang Wang, 344
Síria, geopolíticas, 331
sistema de Previdência Social (U.S.), 74-76, 111-12, 121-23
sistemas de aposentadoria. *Veja* sistemas de pensão
sistemas de bem-estar social. *Veja também* demografia; assistência à saúde; sistemas de pensão; saúde pública
   China, 65, 196, 205, 213, 219-21
   Estados Unidos, 74-75
   Europa, 198, 263-65
   Força de trabalho, 93-95
   França, 263
   Itália, 263
sistemas de pensão
   América Latina, 108-9
   China, 114-20, 213, 220
   Coreia do Sul, 310-12
   demografia, 97-124
   Espanha, 110
   Estados Unidos, 74-75, 100, 103, 104, 111, 120-23, 197-99
   Europa, 100-11, 198
   França, 98, 100, 101, 103, 106-8, 111, 284
   Irlanda, 100, 101, 104, 110-11, 198-99
   Itália, 99, 101, 102-3, 106-7, 110
   Japão, 99, 101, 102-3, 109, 111-14
   Reino Unido, 98, 99, 100-2, 103, 104-6, 284
   Rússia, 240
   Suécia, 98, 99, 101, 102, 109, 110
   taxas de poupança, 103, 113-14, 117
sistemas legais. *Veja também* política, estado regulador
   Alemanha, 277
   China, 211, 220
   França, 277
   Índia, 244, 256
   Japão, 273-76
Solow, Robert, 143
Soros, George, 195
Sérvia, 355
Stern, Andy, 168
subsidiarias estrangeiras, terceirização, 153-55
subsidiarias, estrangeiras, terceirização, 153-55
Suécia
   demografia, 85, 98-99
   educação, 279

emprego, 229
estado regulador, 285
força de trabalho, 89
globalização, 59
preços de imóveis, 179
sistema de pensão, 98, 99, 101, 102, 109, 110
Suíça, corporações, 139-40
Summers, Lawrence, 183
Sun Liping, 119, 344
Sun Tzu, 301
Surdhar, Arvinder, 209

Tailândia, 30, 131
Taiwan, 131, 346-48
Talibã, 337
Tansey, Paul, 300
taxas de juros
    mercados de capitais, 176-78, 184-86, 212
    Reino Unido, 177
    taxas de consumo, 179
taxas de mortalidade. *Veja* demografia.
taxas de poupança
    China, 201, 212, 220, 386
    demografia, 90-92
    Estados Unidos, 182, 199
    sistema de pensão, 103, 113-14, 117
tecnologia de informação. *Veja também* tecnologia
    América Latina, 456
    avanços na, 451-57
    China, 144, 233-34, 319
    Coréia do Sul, 308, 312-13
    corporações, 143-45, 149
    educação, 156-57
    estado regulador, 277-78
    Estados Unidos, 229-32, 318-19
    globalização, 451-57

Índia, 233-34, 251-53
investimento em, 56
Japão, 229-31
mercados de capitais, 171-72
produtividade, 162-63
terceirização, 152-55, 156, 159-61
terrorismo, 333-35, 426-28
tecnologia. *Veja também* tecnologia de informação
    assistência à saúde, 46, 53-54, 198, 361-63, 370-71, 419
    avanços na , 53-54, 418-19, 440-57
    biotecnologia, 446-51
    China, 20, 207, 334-35
    custos de assistência á saúde, 198, 361-63, 370-71
    demografia, 20
    Estados Unidos, 20, 34-35, 197, 230-32, 233-35
    gastos militares, 440-42
    globalização, 24, 258-59, 440-42
    guerra, 332-35
    Índia, 241, 249-53
    Irlanda, 293, 295-97
    Japão, 20, 289
    mudança climática, 408-11
    nanotecnologia, 419, 442-46
    Organização Mundial do Comércio (OMC), 25 28
    produtividade, 56
    tecnologia de informação, 451-57
terceirização
    estado regulador, 153-55
    força de trabalho, 151-63
    globalização, 126-27
    Índia, 156, 161, 256
    manufaturas, 155
    protecionismo, 189-90
terceirização separada, 159-62, 190

terrorismo cibernético, 333-35, 427-28
terrorismo com "bomba suja", 430
terrorismo islâmico. *Veja também* Al-Qaeda; terrorismo nuclear; terrorismo
  agenda política do, 52
  fundamentalismo islâmico contrastado, 51-52
  geopolítica, 39
  globalização, 191
  guerra contra o terror, 419-24
terrorismo nuclear, 51-52, 191, 324, 428-34
terrorismo, 419-40. *Veja também* Al-Qaeda: terrorismo islâmico
  ataque terrorista à cidade de Oklahoma, 51
  ataques terroristas de 9/11, 52, 324, 427
  bioterrorismo, 433-37
  captura da nação-estado, 436-40
  efeitos do, 426-27
  Espanha, 427
  formas de, 51-52, 417-18
  fundamentalismo islâmico, 419-24
  geopolítica, 331
  Irlanda, 426
  Itália, 427
  perspectivas históricas, 424-25
  perspectivas futuras, 466
  perspectivas futuras, 466
  tecnologia de informação, 333-35, 427-28
  tecnologia, 332-35
  terror cibernético, 427-28
  terrorismo nuclear, 52, 191, 324, 428-34
  Tóquio, ataque terrorista ao Japão, 51
Thatcher, Margaret, 33, 104, 105-6, 113, 189, 283, 286
The Economist (revista), 179, 244, 289, 290, 344, 345
The International Labor Organization (ILO) (Organização Internacional do Trabalho), 164

The Lancet (jornal medico), 386, 388
The Wall Street Journal (jornal), 152
Thomas, Bill, 122
Tibete, China, 346
Tóquio, ataque terrorista no Japão, 51
Truman, Harry S., 81
turismo medico, 158-59
turismo, turismo medico, 158-59
Turquia, 180, 404

U.S. Bureau of Labor Statistics, 154, 164, 264
Ucrânia, mercados de energia, 404
Umberto I (rei da Itália), 425
União Européia. *Veja também* Europa; nações européias especificas
  China, 350-51
  comércio internacional, 225-26
  demografia, 98
  expansão da, 58-59
  gastos militares, 17
  geopolíticas, 38-39, 338
  globalização, 261-62
  Irlanda, 297-99
  mercados de energia, 341
  política, 284-86
  sistema de pensão, 106, 110
União Soviética. *Veja também* geopolítica; Rússia
  China, 207
  comércio internacional, 24
  demografia, 80
  fundamentalismo islâmico, 422
  perspectiva histórica, 14, 16
  proliferação nuclear, 431-32
  queda da, 24, 37-38, 40, 62, 129, 207, 320, 323
Union of Concerned Scientists, 429

Variola, bioterrorismo, 435-36
Védrine, Hubert, 337
Venezuela
   geopolítica, 331
   globalização, 135
   mercados de energia, 48, 50, 395, 396
Verlinsky, Yuri, 149

Wagoner, Richard, 276
Wahhabismo, 420-21, 422, 438
Walt, Stephen, 317, 336
Walter, Norbert, 241
Walton, Sam, 57
Wang Jisi, 347
Wen Jiabao, 120, 219, 353
Whitaker, Thomas Ken, 292
Wu Jinglian, 214

Xinjiang (província chinesa), 346, 440

Yeltsin, Boris, 338

Zeng Qinghong, 219
Zettl, Alex, 445
Zhang Lijun, 414
Zhou Enlai, 342
Zhou Yongkang, 119, 214, 344, 345
Zhao Ziyang, 353
Zhu Rongj, 353

Este livro foi composto na tipologia Minion,
em corpo 11,5, e impresso em papel off-white 80g/m²,
no Sistema Cameron da Divisão Gráfica da Distribuidora Record.